U0960320

SEW
国家骨干高职院校建设精品教材

J I N R O N G Q I Y E K U A I J I S H I W U

金融企业会计实务

主　编：彭继跃 邹一清
副主编：刘志辉 王中坚
参　编：郑晓玲 李盛林 王晓燕

中国经济出版社
CHINA ECONOMIC PUBLISHING HOUSE
·北 京·

图书在版编目（CIP）数据

金融企业会计实务/彭继跃，邹一清主编．

北京：中国经济出版社，2013.9(2021.1重印)

ISBN 978－7－5136－2489－3

Ⅰ．①金…Ⅱ．①彭…②邹…Ⅲ．①金融企业—会计—高等职业教育—教材 Ⅳ．①F830.42

中国版本图书馆 CIP 数据核字（2013）第 087831 号

责任编辑　孙晓霞　伏建全

责任审读　贺　静

责任印制　张江虹

封面设计　任燕飞装帧设计工作室

出版发行　中国经济出版社

印 刷 者　北京捷迅佳彩印刷有限公司

经 销 者　各地新华书店

开　　本　787mm×1092mm　1/16

印　　张　18.5

字　　数　486 千字

版　　次　2013 年 9 月第 1 版

印　　次　2021 年 1 月第 4 次

书　　号　ISBN 978－7－5136－2489－3/G·2018

定　　价　39.00 元

中国经济出版社 **网址** www.economyph.com **社址** 北京市东城区安定门外大街 58 号 **邮编** 100011

本版图书如存在印装质量问题，请与本社销售中心联系调换（联系电话：010－57512564）

前言
PREFACE

本书为国家骨干高职院校建设精品教材，按照“模块+项目+任务”的体系构建课程内容，编写思路为：以培养职业能力为核心，以构建工作过程为导向；以培养操作技能为主线，以任务活动为驱动，通过“序化”“简化”“例化”处理好显性知识与默会知识、必备知识与拓展知识、理论知识与实践知识的关系，达到整合课程内容的目的。本书主要体现以下特点：

1.体现工学结合的人才培养模式

为把握高职教育内涵、体现高职教育特色、深化工学结合人才培养模式。本书以金融企业在一个会计期间的完整会计活动为载体，结合金融企业会计业务的特点，在“做中学，学中练”中，既介绍金融企业会计工作的基础知识、方法和步骤，又强化学生对金融企业会计建账、记账、算账、对账、结账、报账等过程的操作技能，实现“教、学、做”三位一体的教学模式。

2.遵循工作过程导向的设计理念

本书以金融企业体系为主线构建课程模块，结合金融企业各体系中工作过程的实际会计岗位为项目，进行任务分解，根据账务处理流程，将课程内容整合为金融企业会计核算基础知识、商业银行会计业务核算、非银行金融机构业务核算、损益与财务报告等四大模块，包含十四个项目、三十五个任务。使学生真实体验金融企业会计业务工作的全过程。

3.按照任务驱动式组织教学活动

为培养高职学生的学习积极性和主动性，在教学内容安排上，我们将每一个模块分解成若干个项目，在每一个项目中，通过设置项目导入、相关知识、拓展提高、课堂讨论和项目训练等活动，以“项目”为驱动诱发、按工作岗位和要求，细分工作“任务”，加强和维持高职学生的成就动机，使学生感受由“项目内驱”走向“任务驱动”的学习过程。

本书由海南经贸职业技术学院副教授、高级经济师彭继跃和中国注册理财规划师、高级会计师邹一清任主编；经济师、国家招标师刘志辉和海南省银行学校副校长、高级讲师王中坚任副主编；海南经贸职业技术学院副教授郑晓玲、李盛林和高级会计师王晓燕参编；最后由海南经贸职业技术学院副书记、副教授徐畅和主编彭继跃审稿。各模块编写分工如下：邹一清、王晓燕合编模块一；彭继跃、王中坚合编模块二；刘志辉、郑晓玲合编模块三；李盛林编写模块四。

本书可作为高职高专和应用型本科经济管理类的专业教材，也可作为中等职业学校财会类的专业教材。

本书的出版得到了中国经济出版社的大力支持。在编写过程中，我们借鉴了一些教材，引用了相关文献，在此一并表示诚挚的谢意！由于作者水平有限，书中难免存在疏漏和不足，敬请读者和同行批评指正。

目录 Contents

前言 /1

模块一 金融企业会计核算基础知识

项目 认识金融企业会计 /002
任务 1 初识金融企业会计核算基础知识 /003
一、了解金融企业 /003
二、走进金融企业会计 /005
任务 2 熟悉金融企业会计工作组织与管理 /008
一、金融企业会计机构 /008
二、金融企业会计制度 /008
三、金融企业会计人员 /008

模块二 商业银行会计核算

项目一 商业银行会计核算方法 /012
任务 1 熟悉商业银行会计科目与账户 /014
一、商业银行会计科目作用 /014
二、商业银行会计科目分类 /014
三、商业银行会计账户 /017
任务 2 正确运用商业银行记账方法 /017
一、记账方法分类 /017
二、表内科目的记账方法——借贷复式记账法 /018
三、试算平衡 /019
四、表外科目的记账方法——单式收付记账法 /020
任务 3 审查和填制商业银行会计凭证 /020
一、商业银行会计凭证的分类和特点 /021
二、会计凭证基本要素和填制要求 /025
三、会计凭证审查、传递和保管 /026
任务 4 掌握商业银行账务组织和账务处理 /028
一、明细核算系统 /028
二、综合核算系统 /031
三、账务处理和账务核对 /034
四、记账规则和错账冲正 /035

项目二 商业银行存款业务核算 /039
任务5 了解商业银行组织存款业务 /040
一、商业银行组织存款业务种类 /040
二、商业银行组织存款业务核算要求 /041
三、商业银行组织存款会计科目设置 /042
任务6 掌握商业银行组织存款业务核算 /042
一、单位存款业务核算 /042
二、储蓄存款业务核算 /048
三、存款利息核算 /054
项目三 商业银行贷款和贴现核算 /062
任务7 了解商业银行贷款业务 /063
一、商业银行贷款种类 /063
二、商业银行贷款业务风险控制 /064
三、商业银行贷款业务核算要求 /064
任务8 掌握商业银行信用贷款业务核算 /065
一、贷款发放核算 /065
二、贷款收回核算 /067
三、不良贷款核算 /071
任务9 掌握商业银行担保贷款业务核算 /073
一、抵押贷款核算 /073
二、质押贷款核算 /075
三、保证贷款核算 /076
任务10 掌握商业银行贷款利息业务核算 /076
一、贷款计息有关规定 /076
二、贷款利息计算方法 /077
三、贷款利息核算 /078
任务11 掌握商业银行票据贴现业务核算 /080
一、贴现业务含义 /080
二、贴现的有关规定 /080
三、账户设置 /080
四、商业汇票贴现核算 /081
五、贴现负债核算 /083
项目四 支付结算业务和核算 /086
任务12 了解商业银行支付结算业务 /087
一、支付结算业务概念和意义 /087
二、支付结算业务核算要求 /087
任务13 掌握商业银行票据结算业务核算 /088
一、银行汇票核算 /088
二、商业汇票核算 /092
三、银行本票核算 /098
四、支票核算 /101

任务 14　掌握非票据结算业务核算 /104
一、汇兑业务核算 /105
二、委托收款核算 /108
三、托收承付核算 /110
四、信用卡核算 /112
项目五　联行往来业务核算 /118
任务 15　了解联行往来业务 /119
一、联行往来核算组织原则 /119
二、联行往来管理体制 /119
三、联行往来基本做法 /120
任务 16　掌握全国联行业务往来核算 /121
一、集中监督、分散核对方式下联行往来业务核算 /121
二、集中监督、集中逐笔核对方式下联行往来业务核算 /128
三、联行电子汇划清算 /130
项目六　金融机构往来核算 /137
任务 17　掌握中国人民银行往来业务核算 /138
一、商业银行存取现金和缴存存款核算 /139
二、再贷款业务核算 /141
三、再贴现业务核算 /142
四、商业银行大额汇划款项核算 /143
五、同城票据交换核算 /146
六、中国现代化支付系统核算 /149
任务 18　掌握同业往来业务核算 /151
一、同业往来核算主要会计科目 /151
二、同业往来核算 /152
项目七　外汇业务核算 /156
任务 19　掌握外汇业务核算 /157
一、了解外汇业务 /157
二、外汇买卖业务核算 /158
任务 20　掌握国际结算业务核算 /166
一、国际汇兑业务核算 /166
二、托收业务核算 /168
三、信用证结算业务核算 /170
模块三
非银行金融机构业务核算
项目一　证券公司业务核算 /178
任务 1　了解并掌握证券公司业务核算 /179
一、了解证券公司业务 /180
二、证券业务核算 /180

项目二 | 信托投资公司业务核算 /191
任务 2 了解信托投资公司业务 /192
一、信托投资公司 /192
二、信托业务种类 /193
三、办理信托业务注意事项 /194
任务 3 掌握信托投资公司业务核算 /194
一、存款业务核算 /194
二、贷款业务核算 /196
三、投资业务核算 /198
四、其他信托业务核算 /203
五、信托投资公司损益核算 /205
项目三 | 期货经纪公司业务核算 /207
任务 4 了解期货公司业务 /208
一、与期货交易所对应的法规和制度 /208
二、与客户对应的法规和制度 /208
三、期货经纪公司会计核算的内容 /209
任务 5 掌握期货经纪公司业务核算 /210
一、商品期货核算 /210
二、金融期货核算 /220
项目四 | 基金管理公司业务核算 /223
任务 6 了解基金管理公司业务 /224
一、证券投资基金分类 /224
二、证券投资基金当事人 /225
任务 7 掌握基金管理公司业务核算 /227
一、基金发行与赎回核算 /227
二、基金投资业务核算 /231
三、基金业务损益核算 /239

模块四 损益与财务报告

项目一 | 损益的核算 /248
任务 1 了解金融企业所有者权益 /249
一、所有者权益性质 /249
二、所有者权益分类 /249
任务 2 所有者权益核算 /250
一、实收资本核算 /250
二、资本公积核算 /252
三、盈余公积核算 /253
四、未分配利润核算 /254
五、一般风险准备核算 /254

任务3　了解金融企业营业收入、成本费用及利润 /255

一、金融企业营业收入 /255

二、金融企业营业成本费用 /256

三、金融企业营业利润 /258

任务4　掌握收入、成本费用及利润核算 /258

一、收入核算 /258

二、成本、费用核算 /262

三、利润及利润分配核算 /266

项目二　年度决算和财务报告编制 /272

任务5　年度决算 /273

一、年度决算的意义 /273

二、年度决算前的准备工作 /273

三、年度决算日的主要工作 /274

任务6　财务报表编制 /275

一、资产负债表 /275

二、利润表 /277

三、现金流量表 /278

参考文献 /284

模块一

金融企业会计核算基础知识

【模块概要】

本模块属于金融企业会计基础知识，通过"了解金融企业会计"项目，初识金融企业会计常识和熟悉金融企业会计工作组织与管理两个任务，引导您循序渐进地认识金融企业特点和金融企业会计常识。知识要点主要有金融企业会计特点、金融企业会计组织和管理等内容。

【知识目标】

理解金融企业与金融企业会计的定义、特点
掌握金融企业会计对象和特点
了解金融企业会计机构的设置
理解金融企业会计工作组织与管理

【能力目标】

掌握金融企业及其会计的特点
掌握金融企业会计的原则
熟悉金融企业会计人员的素质要求
熟悉金融企业会计工作的管理制度

项目

认识金融企业会计

【项目目标】

为了完成本项目两个任务，你需要学习：
金融企业和金融企业会计的定义
金融企业会计的对象和特点
金融企业会计制度
金融企业会计工作组织管理和会计人员的基本要求

【项目安排】

项目导入
相关知识
知识链接
项目小结
课堂讨论
项目训练

【技能目标】

通过完成本项目两个任务的实践(训),你应该能够:
掌握金融企业会计的定义
掌握金融企业会计核算的对象
掌握金融企业会计核算的原则
熟悉金融企业会计机构的设置与管理

【核心技能】

初识金融企业主要经营业务及其会计核算基本作用
掌握金融企业会计的特点
初识金融企业会计内部机制和有关规章制度

项目导入

在我们开始学习金融企业会计的一些基本知识之前,先来听一段关于金融企业和金融企业会计的对话。甲、乙、丙、丁四个同学,在一次聚会上,一通天南海北之后,聊起了金融企业和金融企业会计这一话题。

甲:金融企业会计就是像一般企业的出纳工作,没有多大区别。

乙:你太片面了,金融企业会计不完全是出纳工作,要涉及许多数据的统计工作。

丙:你俩对金融企业会计工作的理解都不完全正确,金融企业会计应该是组织存款、发放贷款等一系列的核算工作。

丁:你们的说法都不全面,金融企业会计应该是国民经济的总出纳、总会计的综合管理部门,因此它既是一项工作,也是一个机构,更是一门学科,要学好它可不容易。

结果,他们谁也说服不了谁。亲爱的同学们,如果让你来谈谈什么是金融企业和金融企业会计的问题,你会怎么说呢?

相关知识

任务1 初识金融企业会计核算基础知识

知识要点:我国金融机构体系

我国金融企业体系包括银行和非银行金融机构。

银行是金融机构最典型的形态,在整个机构体系中占有支配性的地位。在我国,银行包括中国人民银行(即中央银行)、政策性银行、商业银行等。非银行金融机构又叫金融性公司,包括保险公司、证券公司、信托投资公司、租赁公司、资产管理公司、基金管理公司、财务公司、信用社等。

一、了解金融企业

我国金融企业主要由以下几部分组成。

1. 银行机构体系

(1)中国人民银行,是我国的中央银行,其主要职责是:依法制定和执行货币政策;发行人民币，管理人民币流通；监督管理银行间外汇市场；监督管理黄金市场；持有管理、经营国家外汇储备、黄金储备；经营国库；维护支付、清算系统的正常运行；指导、部署金融业反洗钱工作，负责反洗钱的资金监测；负责金融业的统计、调查、分析和预测；从事有关的国际金融活动；国务院规定的其他职责。

（2）政策性银行，是国家为了实现政策性金融和商业性金融相分离，建立经济政策和产业政策服务的金融机构。自1994年起，结合我国的实际情况，先后成立了国家开发银行、中国农业发展银行和中国进出口信贷银行三家政策性银行。国家开发银行主要办理政策性国家重点建设（包括基本建设和技术改造）贷款及贴现业务；中国农业发展银行主要承担国家粮、棉、油储备和农副产品合同收购、农业开发等业务中的政策性贷款，以及代理财政支农资金的拨付和监督使用；中国进出口信贷银行主要是为大型机电成套设备进出口提供买方信贷和卖方信贷，办理贴息、出口信贷担保等业务。

（3）商业银行，是从事货币资金商业性买卖的金融法人。它按照市场导向和地域经济的需求，开展工商业存放款、短期信贷，办理可用支票提取的活期存款业务，提供缴款和支付的媒介，以及其他各种金融业务服务。我国商业银行是自主经营、独立核算、自负盈亏、自我约束、自我发展的具有法人地位和权利的金融企业。

2. 非银行金融机构

近年来我国金融体制改革不断深化和发展，在我国金融体系的格局中除了中央银行（即中国人民银行）、政策性银行、商业银行外，还发展了其他一些金融机构如保险、证券、信托、租赁等金融公司。

（1）信托投资公司，是专门从事信托投资业务的公司。主要经营：信托业务，如信托存款、信托贷款和信托投资等；委托业务，如委托存款、委托贷款和委托投资等；代理业务，如代理保管、代理收付、代理有价证券的发行和买卖及信用担保等；咨询业务，如资信咨询、项目可行性咨询、投资咨询和金融咨询等；兼营业务，如金融租赁、证券业务、房地产开发、国际融资性租赁项目下的进出口业务等；外汇业务，如外汇信托存贷款、投资及在境内外发行和代理发行、买卖外币有价证券等。

（2）证券公司，我国的证券公司分为两类，即综合类证券公司和经纪类证券公司。综合类证券公司的业务包括证券经纪业务、证券自营业务、证券承销业务和经国务院证券监督管理机构核定的其他证券业务。经纪类证券公司只允许专门从事证券经纪业务，即只能专门从事代理客户买卖股票、债券、基金、可转换债券、认股权证等业务。

（3）租赁公司，是从事金融租赁业务的公司。其主要业务有动产和不动产的租赁、转租赁和回租赁业务，各种租赁业务所涉及标的物的购买业务，出租物和抵偿租金产品的处理业务，向金融机构借款及其他融资业务，吸收特定项目下的信托存款，租赁项目下的流动资金贷款业务，外汇业务等。

（4）基金管理公司，是依据法律、法规和基金契约负责基金的经营和管理操作的公司。其主要业务有证券投资基金的发行和赎回，管理和运用证券投资基金从事股票、债券等金融工具的投资等。

（5）财务公司，是由企业集团内部集资组建的，主要为集团内部成员筹集和融通资金、提供金融服务的公司。其主要业务有存贷款、结算、票据贴现、融资租赁、投资、委托及代理发行有价证券等。

（6）信用社，是资本由社员入股，经营由社员民主管理，主要为入股社员服务的合作性质的集体金融组织。其主要业务有城乡个人储蓄存款，农户、个体工商户和集体企业的存贷款和结算业务，代办保险，代收代付业务及经中国人民银行批准的其他业务。随着经济的发展，目前绝大部分的城市信用社已逐渐改组为以城市命名的商业银行，少数经济比较发达地区的农村信用社也组建了农村合作银行,主要为本地区经济发展融通资金。重点为中小企业发展提供金融服务。

(7)保险公司,是经营保险业务和投资业务的经济组织。其主营业务是保险业务,具体包括财产保险业务、人身保险业务和再保险业务。保险公司的投资业务是指保险公司在组织经济补偿或给付保险金的经营过程中,将收取的保险费积聚起来形成保险资金,并按规定用于投资使之增值的业务活动。

二、走进金融企业会计

1. 金融企业会计任务

金融企业是以货币作为主要对象的经营主体,其在国民经济中的地位和作用决定了金融企业会计的主要任务:

(1)按照国家的法令、政策和有关规定,对金融业务活动和财务收支活动进行及时、连续、真实、准确、完整地记录、核算,提供真实、正确的会计数据和信息。加强经济核算,管好金融企业内部资金和财务收支,正确核算成本,维护金融资产的安全,努力增收节支,扩大金融资本积累。

(2)进行会计分析、预测发展趋势。金融企业会计一方面要按照会计准则的要求进行会计处理,另一方面要利用会计数据和资料进行会计分析,评价过去的经营业绩,预测未来的发展趋势,为决策者、投资者、经营管理者提供决策依据,这是在新形势下金融会计的一项重要任务。

(3)加强金融企业内部会计监督,各金融单位应根据自身的经营业务特点,建立健全内部会计监督制度和内部控制制度,防范内部风险,防止金融资产遭受损失,化解金融风险,保证金融业务安全稳健运行。

2. 金融企业会计特点

知识要点:金融企业会计定义

金融企业会计是一种特殊行业的专门会计,是根据会计学的基本原理和基本方法,针对金融业务的工作特点而制定的特种会计,适用于金融系统的会计核算和经营管理。

金融企业会计是财务会计体系中的一种特种专业会计,是为经营金融业务服务的,所以金融企业会计同国民经济其他部门的行业会计相比较,有着不同的特点,主要表现在以下各方面:

(1)金融企业会计的核算同金融各项业务的处理紧密联系在一起。金融企业会计核算过程就是金融业务处理过程,业务处理都离不开会计,金融企业会计处于银行业务活动的第一线。

(2)金融企业会计具有显著的社会性和宏观性。金融业务的会计核算主要是直接面向全社会、面向国民经济各部门、各企业、各单位及广大居民。金融企业会计综合反映了社会宏观经济活动情况,具有社会性和宏观性。

(3)金融企业会计联系面广、影响大、政策性强。金融企业会计通过柜台办理各种门市业务与社会各方面发生密切联系,因此金融企业会计必须认真贯彻执行国家各项经济政策,协调处理好各方面的经济关系。

(4)金融企业会计在核算上具有严密的内部监督机制和管理控制制度。金融企业会计采取严密独特的内部控制与监督方式进行核算,如双线核算、双线核对、账折见面、复核制度、内外对账、当日轧平账务等,以保证金融会计核算正确无误。

(5)金融企业会计核算的电子网络化。金融企业会计核算的业务量大,会计凭证种类繁多,要求处理及时,当天业务当天应该处理完毕。

3. 金融企业会计对象

会计对象是指社会扩大再生产过程中能用货币表现的经济活动,具体表现为资金运动。

金融企业会计对象从总体上看,依然是资金运动,但由于金融在国民经济中的地位和业务活动的特点，决定了金融的资金运动形式有别于其他企业的资金运动形式。以商业银行为例来说明商业银行会计对象的特殊性，从商业银行的资金运动形式来看，表现为：社会货币资金→金融企业信贷资金→社会货币资金。

按照《企业会计准则》和《金融企业会计制度》规定，银行会计对象的具体内容也分为资产、负债、所有者权益、收入、费用、利润六大会计要素，金融企业会计将按六大会计要素的增减变化进行会计核算、反映、监督和管理，为关心金融企业的投资者、债权人及有关利益相关人提供有用的经济信息和财务信息。

4. 金融企业会计基本职能

在漫长的历史进程中，金融企业会计基本职能是适应社会生产实践和经济管理的客观需要产生的，在经济管理中发挥着独特的功能和作用，这就是会计的职能。

(1)核算职能，是指通过确认、计量、记录与报告等程序和方法，反映客观经济活动情况，以提供财务及其他相关的信息。这是会计的首要职能，是所有其他职能的基础。

①会计的确认过程，是指根据一定的判断标准，在经济业务发生或完成后，判断该业务进入会计信息系统时间，具体的项目及报告体系。比如，某企业购买材料，会计人员应该根据会计准则，首先判断该业务何时进行核算，涉及的会计对象要素的性质是什么，在哪一个项目中予以报告等一系列的问题。会计确认是会计人员重要的基础工作，会计确认的准确与否也表现了会计人员专业能力的高低。

②会计计量过程，是会计核算的核心内容，包括对计量尺度的选择和对计量属性的选择。计量的尺度是指计量经济业务所采用的量度，包括实物量度、时间量度及货币量度。因此，会计核算主要以货币作为计量单位。

③会计记录过程，是在会计确认、计量工作的基础上，运用一定的会计记录方法，对企业经济活动进行分类、汇总、加工处理，形成有用的会计信息的过程。

④会计信息报告，是向财务会计报告使用者提供与企业财务状况、经营成果和现金流量等有关的会计信息，有助于财务会计报告使用者作出经济决策。

(2)会计监督职能，是指利用会计信息对经济管理活动进行约束和指导，以维护财经纪律和财务制度的严肃性，防止或减少浪费和损失，揭露贪污盗窃违法行为，保护财产安全和完整的职能。它包括事前、事中、事后的监督。

随着经济发展和经济活动的内容不断变化，会计的职能也随之不断更新与充实，表现为预测、决策等职能。

知识要点：金融企业会计计量属性和基础

金融企业会计计量属性是指会计计量中所采用的价值标准，该标准可以是成本计量——历史成本、重置成本，也可以是售价计量——过去售价、现行售价。随着社会经济发展，各种计量属性被引入会计的核算程序。

金融企业会计的确认、计量和报告应当以权责发生制为基础。即凡是当期已经实现的收入和已经发生或应当承担的费用，无论款项是否收付，都应当作为当期的收入和费用，计入利润表；凡是不属于当期的收入和费用，即使款项已在当期收付，也不应当作为当期的收入和费用。

5. 金融企业会计核算原则

根据我国《会计法》和《企业会计准则——基本准则》、《金融工具确认和计量》、《金融工具列报》等具体准则的规定，金融企业会计的基本原则包括以下内容：

(1)金融企业会计基本假设，是企业会计确认、计量和报告的前提，是对会计核算所处的时间、空间环境等所做的合理设定。金融企业会计的基本假设包括会计主体、持续经营、会计分期和货币计量。

①会计主体，是指企业会计确认、计量和报告的空间范围。在会计主体假设下，金融企业应当对其本身发生的交易或事项进行确认、计量和报告，反映金融企业本身所从事的各项业务活动。明确界定会计主体是开展会计确认、计量和报告工作的重要前提。会计主体不同于法律主体。一般来说，法律主体必然是会计主体，但会计主体不一定是法律主体。

②持续经营，是指在可以预见的未来，企业将会按当前的规模和状态继续经营下去，不会停业，也不会大规模削减业务。在持续经营前提下，会计确认、计量和报告应当以金融企业持续、正常的业务经营活动为前提。企业会计准则体系是以企业持续经营为前提加以制定和规范的，涵盖了从企业成立到清算的整个期间的交易或者事项的会计处理。

③会计分期，是指将一个企业持续经营的生产经营活动划分为一个连续的、长短相同的期间。会计分期的目的，在于通过会计期间的划分，将持续的业务经营活动划分为连续的、相等的期间，据以结算盈亏，按期编制财务报表，从而及时向财务报告使用者提供有关金融企业财务状况、经营成果和现金流量的信息。

④货币计量，是指会计主体在财务会计确认、计量和报告时以货币计量，反映会计主体的生产经营活动。

(2)金融企业会计信息质量要求，是对企业财务报告中所提供的会计信息质量的基本要求，是使财务报告中所提供的会计信息对投资者等使用者决策有用应具备的基本特征。根据《企业会计准则》的规定，它包括可靠性、相关性、可理解性、可比性、实质重于形式、重要性、谨慎性和及时性等。

①可靠性，要求金融企业应当以实际发生的交易或事项为依据进行确认、计量和报告，如实反映符合确认和计量要求的各项会计要素及其他相关信息，保证会计信息真实可靠、内容完整。

②相关性，要求金融企业提供的会计信息应当与投资者等财务报告使用者的经济决策需要相关，有助于投资者等财务报告使用者对企业过去、现在或者未来的情况做出评价或者预测。

③可理解性，要求金融企业提供的会计信息应当清晰明了，便于投资者等财务报告使用者理解和使用。

④可比性，要求金融企业提供的会计信息应当相互可比，这包括两层含义：一是同一金融企业不同时期可比；二是不同金融企业相同会计期间可比。

⑤实质重于形式，要求金融企业应当按照交易或者事项的经济实质进行会计确认、计量和报告，而不仅仅以交易或事项的法律形式为依据。

⑥重要性，要求金融企业提供的会计信息应当反映与金融企业财务状况、经营成果和现金流量有关的所有重要交易或者事项。它要求对资产、负债、损益等有较大影响，进而影响财务会计报告使用者做出合理判断的重要会计事项，必须按规定的会计方法和程序进行处理，并在财务会计报告中予以充分准确地披露；对于次要的会计事项，在不影响会计信息真实性和不至于误导财务会计报告使用者做出正确判断的前提下，可适当简化处理。

⑦谨慎性，要求金融企业对交易或者事项进行会计确认、计量和报告时应保持应有的谨慎，不应高估资产或者收益，低估负债或者费用。针对经济活动中的不确定因素，要求在会计处理上保持小心谨慎的态度，充分考虑到可能发生的风险和损失，当存在不同会计处理程序和方法时，尽可能选择不虚增利润或夸大所有者权益的会计处理程序和方法，以便对防范风险起到预警作用。

⑧及时性，要求金融企业对于已经发生的交易或者事项，应当及时进行确认、计量和报告，不得提前或者延后。为保证会计信息的及时性，务必做到三点：及时收集，及时加工处理，及时传递。

相关知识

任务2　熟悉金融企业会计工作组织与管理

知识要点：商业银行会计机构设置

以商业银行为例，就我国目前的情况来看，县级、城市区级以上的银行，均应设置会计机构。总行设会计司（部），省（市）分行设会计处，地（市）行设会计科，县支行和城市区级银行设会计股。支行以下单位，会计直接延伸至柜台。

一、金融企业会计机构

金融企业会计机构是金融企业机构体系的组成部分，也是具体组织和直接从事会计核算以及管理会计工作的部门。因此，无论是中国人民银行、商业银行或其他非银行机构都应按照会计法的统一规定，结合金融企业业务活动和财务收支的特点，设置会计机构，配备必要的会计人员，并建立和健全各项会计规章制度。

商业银行会计机构分为独立会计核算单位和附属会计核算单位。凡单独编制会计报表和办理年终决算的单位为独立会计核算单位；凡其业务收付由管辖行采用并账或并表进行汇总反映的单位为附属会计核算单位。

二、金融企业会计制度

会计制度是组织会计核算和加强会计工作管理的基本依据。金融企业会计规章制度实行"统一领导、分级管理"的原则，并按国家统一的会计制度和会计准则执行。

各商业银行系统内的制度、办法，由各总行根据统一会计制度制定，并报中国人民银行总行备案，分行可作必要的补充，并抄报同级中国人民银行。

下级机构对上级机构制定的各项制度、办法，必须严肃认真地贯彻执行，不得任意修改或废除，如有意见应及时反映，由上级机构研究解决，在未修改前，仍应按原规定执行，以维护制度的严肃性。

三、金融企业会计人员

金融企业的各级会计机构配备具有一定政策、业务水平和足够数量的会计人员，是做好金融企业会计工作，充分发挥会计职能作用的决定性因素。

金融企业的会计人员包括：会计主管人员、复核人员、记账员、出纳员、稽核、检查、辅导人员和其他从事账务工作的人员。

金融企业会计人员身处业务活动的第一线，因此会计人员必须具备较高的政治素质和业务水平，熟悉国家颁布的财经、会计法规和各项会计准则、制度等。

1. 会计人员的职责

（1）遵守国家的法律、贯彻执行会计法规和会计制度。

（2）按照会计制度的规定和有关核算规程，履行会计核算与监督职能，完成会计任务。通过审查凭证，登记账簿，编制报表，有秩序地进行会计核算，定期会计分析。

（3）加强财务管理，编制财务计划，检查分析财务活动，审核各项开支，提出提高盈利能力的措施。

（4）按照管理权限，拟定辖属单位办理会计事务的具体办法、细则，做好加强会计基础工作的组织、督促和检查。

(5)讲究职业道德,履行岗位职责,文明服务,秉公执法,廉洁奉公。

2. 会计人员的权限

(1)有权要求开户单位及金融企业或其他业务部门,认真执行财经纪律和金融企业有关规章制度、办法。如有违犯,会计人员有权制止纠正。有权对本行各职能部门在资金使用、财产管理、财务收支等方面实行会计监督。

(2)会计人员对违法收支业务予以制止或纠正,应向单位的领导人提出书面意见,要求单位领导进行处理。

(3)发现违反国家政策、财经纪律、弄虚作假等违法乱纪行为,会计人员有权拒绝执行,并向本单位或上级部门报告。

(4)会计人员在行使职权过程中,对违反国家政策、财经纪律和会计制度事项,同本单位领导意见不一致时,会计人员可以向上级部门提出书面报告,请求处理。如果有人对会计人员在行使职权过程中进行刁难或打击报复,上级部门要严肃处理。

【知识链接】

中华人民共和国商业银行法(摘要)

为了保护商业银行、存款人和其他客户的合法权益,规范商业银行的行为,提高信贷资产质量,加强监督管理,保障商业银行的稳健运行,维护金融秩序,促进社会主义市场经济的发展。

1. 商业银行是指依照本法和《中华人民共和国公司法》设立的吸收公众存款、发放贷款、办理结算等业务的企业法人。

2. 经营范围由商业银行章程规定,报中国人民银行批准。依法接受中国人民银行的监督管理。

3. 商业银行以效益性、安全性、流动性为经营原则,实行自主经营,自担风险,自负盈亏,自我约束。

4. 商业银行与客户的业务往来,应当遵循平等、自愿、公平和诚实信用的原则。

5. 商业银行开展业务,应当遵守公平竞争的原则,不得从事不正当竞争。

6. 设立商业银行,应当经中国人民银行审查批准,并颁发经营许可证,凭该许可证向工商行政管理部门办理登记,领取营业执照。商业银行根据业务需要经中国人民银行审查批准可以在中华人民共和国境内外设立分支机构。

7. 商业银行的组织形式、组织机构适用《中华人民共和国公司法》的规定。

8. 商业银行对其分支机构实行统一核算,统一调度资金,分级管理的财务制度。

9. 商业银行办理个人储蓄存款业务,应当遵循存款自愿、取款自由、存款有息、为存款人保密的原则。

10. 商业银行应当按照中国人民银行的规定,向中国人民银行交存存款准备金,留足备付金。

11. 商业银行应保证存款本金和利息的支付,不拖延、拒绝支付存款本金和利息。

12. 商业银行根据国民经济和社会发展的需要,在国家产业政策指导下开展贷款业务。应当实行审贷分离、分级审批的制度。

13. 商业银行应当按照中国人民银行规定的贷款利率的上下限,确定贷款利率。

14. 商业银行贷款,应当遵守资产负债比例管理等有关规定。

15. 商业银行应当依照法律和国家统一的会计制度以及中国人民银行的有关规定,建立健全本行的财务会计制度。

16. 商业银行应当按照国家有关规定,真实记录并全面反映其业务活动和财务状况,编制年度财务会计报告，及时向中国人民银行和财政部门报送会计报表。商业银行不得在法定的会计账册外另立会计账册。

17. 商业银行工作人员泄露在任职期间知悉的国家秘密、商业秘密的，应当给予纪律处分；构成犯罪的，依法追究刑事责任。

【项目小结】

金融机构是指专门从事各种金融活动的组织，它是金融体系的主体。金融机构是个体系，我国金融机构体系包括银行和非银行金融机构，也可以分为商业性金融机构和政策性金融机构。金融企业是个特定的企业范畴，是经营货币信用业务、从事资金融通的经济实体，具体包括商业银行、保险公司、证券公司、信托投资公司、租赁公司等。金融企业会计是以货币计量为主，运用会计的专门方法，对金融企业经营活动过程进行连续、系统、全面、完整的核算和监督，为金融企业经营者及有关方面提供财务状态、经营成果以及现金流量等会计信息，反映企业管理层受托责任履行情况，并有助于会计报告的使用者作出经济决策的一门专业会计。与工业企业会计相比，有其自身的特点。

金融企业会计的工作组织就是指金融机构根据国家的有关法律和行政法规，在各金融机构系统内部设置负责会计工作的职能机构，建立和健全会计的规章制度，配备专门的会计人员，按照会计管理的客观规律，把会计工作科学地组织起来，使会计工作有组织、有领导、有秩序的进行，从而保证会计工作任务的完成。

【课堂讨论】

1. 随着全球经济一体化的推进，经济活动内容不断变化，近年来我国有各种形式的外资金融机构相继进入，这对于金融企业来说，机遇和挑战并存。你如何理解？

2. 金融企业与工业企业、商品流通企业和行政事业单位的资金运动有何不同？

【项目训练】

1. 简述金融企业银行会计的体系。

2. 简述金融企业会计的概念。

3. 简述银行会计的对象和特点。

4. 请指出该商业银行下列经济业务的性质：

(1)该商业银行存放在中央银行的存款4000000元；(2)吸收储户5年期的定期存款30000元；(3)发放给企业3000000元的贷款；(4)收到企业存入的销货现金90000元；(5)收到企业办理银行承兑汇票的手续费50元；(6)银行支付本季度企业活期存款利息共计580500元；(7)银行收到本季度客户贷款利息共计4805000元；(8)该商业银行向所在地人民银行申请再贷款3000000元；(9)本月该商业银行增缴财政性存款2000000元；(10)该商业银行向同城某商业银行拆出款项60000元。

模块二

商业银行会计核算

【模块概要】

本模块从商业银行会计核算方法、存款业务核算、贷款和贴现的核算、支付结算业务核算、现金出纳业务的核算与管理、联行往来业务的核算、金融机构往来的核算和外汇业务核算8个项目22个任务或岗位,全面讲述商业银行全盘会计业务的流程、账务组织内容和账务处理基本核算方法等,引导您循序渐进地认识商业银行会计核算业务常识、特点和会计处理程序。知识要点主要有商业银行各类会计业务的特点和核算流程及商业银行会计工作的组织与管理等内容。

【知识目标】

掌握商业银行会计科目设置、账户凭证的使用和核算方法
正确运用商业银行会计记账方法,掌握处理各种业务的操作能力
理解商业银行会计工作组织与管理
熟练商业银行会计岗位相应业务处理及操作程序

【能力目标】

掌握商业银行以及其业务特点
熟知商业银行会计机构设置、人员分工和内部控制制度
正确区分商业银行会计与其他行业会计异同
掌握商业银行各项会计业务及处理操作程序

项目一

商业银行会计核算方法

【项目目标】

为了完成本项目4个任务,你需要学习:
商业银行会计要素、会计科目和账户
商业银行会计凭证种类、填制方法和使用范围
商业银行会计记账方法
商业银行会计账务组织和账务处理

【项目安排】

项目导入
相关知识
知识链接
项目小结
课堂讨论
项目训练

【技能目标】

通过完成本项目4个任务的实践(训),你应该能够:
熟悉商业银行会计要素、科目和账户并正确使用
掌握商业银行会计处理基本技能
掌握商业银行各类会计业务及账务组织和处理程序

【核心技能】

正确掌握商业银行会计科目、凭证使用和核算方法
掌握商业银行记账方法和账务组织及处理程序

项目导入

在日常生活中,有许多管理活动是通过分类、分层、编号来进行的。

当你走进一家大型超市,你会发现商品的陈列有一定规律,超市管理人员将商品按类型进行分类陈列,如生活用品区、食品区、化妆品区、家电区等,并且对每一个商品都进行了编号,通过商品编号来识别商品的类别、品种、型号等。

在大学里,为了便于管理,教务处要给每个学生建立学籍档案,先将学生进行分类,分出是在哪个系、哪个专业、哪个班级,他的学号是多少,然后才能把他在学校期间的成绩、表现、奖励等记录在学籍档案中。

在中国行政区的划分中,有省、直辖市和自治区,在省设有市、区、县,在直辖市设有区、县,在自治区设有自治州、市、县。在县、区又设有乡、镇等。并且,通过电话区号、邮政编码、行政区划代码等,对各个省(直辖市、自治区)、市、县(区)、镇等进行编号管理。

这些商品的编号和行政区域的划分就类似于我们说的会计科目,那么会计账户和记账方法又是什么关系呢?

实际上,会计账户就像每个家庭户口簿中的一页页卡片,每个家庭成员有一页卡片,卡片上按规定的格式记录该家庭成员的基本情况及变动情况。

相关知识

任务1　熟悉商业银行会计科目与账户

知识要点:商业银行会计基本核算方法

商业银行会计核算方法主要由基本核算方法和商业银行会计处理手续两部分组成。基本核算方法是各项商业银行会计核算手续的高度概括,而商业银行会计核算手续是基本核算方法在各项业务核算中的具体应用。商业银行会计基本核算方法有设置会计科目、确定记账方法、审核和编制会计凭证、设计账务组织和编制会计报表等内容。

商业银行会计科目是指在会计核算体系中,将银行各项业务和财务活动按照不同经济特征和核算内容进行分类的项目,是设置账户及确定财务会计报告项目的依据。

在商业银行会计核算中会计科目是直接连接基本核算方法各组成部分的纽带,是保证会计核算资料系统化的前提,是统一会计核算口径的基础。

一、商业银行会计科目作用

1. 统一核算口径

会计科目是区分经济业务的标志。因此,根据不同经济特征的经济业务,给予一定的名称、代号,规定一定的核算内容以便于各行处对其办理的众多业务,按照相同的口径进行归类核算,并且各行处都能取得统一口径的核算资料,为有关方面进行宏观、微观经济预测、决策服务。

我国商业银行基本会计科目由财政部和中国人民银行总行统一制定,每家银行的会计科目都由各自总行规定了相应的会计科目名称和科目代号。

各商业银行在设置本系统的会计科目时,应以财政部与中国人民银行统一制定的银行基本会计科目为基准,统一核算口径。在不影响会计核算要求和会计报表数据的汇总以及对外提供统一的会计报表格式的前提下,根据实际需要可以增设或者合并某些会计科目。但在报送给总行的会计报表时,均应并入总行制定的会计科目。

2. 连接核算方法

会计科目是商业银行会计的核算工具。从填制记账凭证的会计分录,到编制综合核算的科目日结单、登记总账,再到编制会计报表等一系列方法中,会计科目将上述各种核算方法连接起来,形成一个有机的核算体系,确保会计核算科学、有序地进行。因此,会计科目在会计核算中发挥着很重要的纽带作用。

二、商业银行会计科目分类

1. 商业银行会计科目种类

按照不同认识标准,可以将商业银行会计科目分为不同种类。

(1)按资金性质分类,可分为五类:资产类、负债类、资产负债共同类、所有者权益类和损益类。

①资产类科目,是商业银行各项经济资源的分类名称,用来核算商业银行的各种资金运用情况,包括流动资产、固定资产、无形资产和其他资产等。

②负债类科目,是商业银行各项债务的分类名称,用来核算商业银行的各种债务性资金来源状况,包括短期负债、长期负债和其他负债等。

③资产负债共同类科目,既能反映商业银行的资产业务,又能反映商业银行的负债业务。其余额在借方表现为资产,余额在贷方表现为负债。在编制会计报表时应根据余额方向,分别纳入

资产类或负债类反映。

④所有者权益类科目，是商业银行资本项目的分类名称，用来核算所有者投入资金以及经营所得或亏损情况。前者包括实收资本和资本公积，后者包括盈余公积和未分配利润。

⑤损益类科目，是商业银行各项经营收入和费用支出的分类名称，用来核算商业银行的营业收支等情况，包括利息收入、利息支出、投资收益、管理费用等。

（2）按与资产负债表的关系分类，可以分为表内科目和表外科目（其他行业会计无此说法）。

①表内科目，是指反映商业银行资金实际增减变化而纳入资产负债表内的科目。

②表外科目，是指反映商业银行确已发生而尚未涉及资金的实际增减变化，或不涉及资金增减变化而不列入资产负债表的科目。如“有价单证”、“空白重要凭证”等。

（3）按反映经济业务内容的详略程度分类，可分为一级科目和二级科目。

①一级科目的名称代号及核算内容，具有较强的统一性，科目的设置及修改应高度集中。

②二级科目可以由各商业银行根据自身业务的实际和权限增设。

2. 商业银行会计科目具体内容

财政部所发布的企业会计科目名称和编号如表2－1－1所示，表中打“√”的为商业银行常用的科目（不包括保险公司）。

表2－1－1　科目表

序号	编号	会计科目名称	序号	编号	会计科目名称
		一、资产类	80	2202	应付账款
1	1001	库存现金√	81	2203	预收账款
2	1002	银行存款√	82	2211	应付职工薪酬√
3	1003	存放中央银行款项√	83	2221	应交税费√
4	1011	存放同业√	84	2231	应付利息√
5	1012	其他货币资金	85	2232	应付股利√
6	1021	结算备付金√	86	2241	其他应付款√
7	1031	存出保证金√	87	2251	应付保单红利
8	1101	交易性金融资产√	88	2261	应付分保账款
9	1111	买入返售金融资产√	89	2311	代理买卖证券款√
10	1121	应收票据	90	2312	代理承销证券款√
11	1122	应收账款	91	2313	代理兑付证券款√
12	1123	预付账款	92	2314	代理业务负债√
13	1131	应收股利√	93	2401	递延收益√
14	1132	应收利息√	94	2501	长期借款
15	1201	应收代位追偿款	95	2502	应付债券√
16	1211	应收分保账款	96	2601	未到期责任准备金
17	1212	应收分保合同准备金	97	2602	保险责任准备金
18	1221	其他应收款√	98	2611	保户储金
19	1231	坏账准备√	99	2621	独立账户负债
20	1301	贴现资产√	100	2701	长期应付款
21	1302	拆出资金√	101	2702	未确认融资费用√
22	1303	贷款√	102	2711	专项应付款
23	1304	贷款损失准备√	103	2801	预计负债√

续表

序号	编号	会计科目名称	序号	编号	会计科目名称
24	1311	代理兑付证券√	104	2901	递延所得税负债√
25	1321	代理业务资产√			三、共同类
26	1401	材料采购	105	3001	清算资金往来√
27	1402	在途物资	106	3002	货币兑换√
28	1403	原材料	107	3101	衍生工具√
29	1404	材料成本差异	108	3201	套期工具√
30	1405	库存商品	109	3202	被套期项目√
31	1406	发出商品			四、所有者权益类
32	1407	商品进销差价	110	4001	实收资本√
33	1408	委托加工物资	111	4002	资本公积√
34	1411	周转材料	112	4101	盈余公积√
35	1421	消耗性生物资产	113	4102	一般风险准备√
36	1431	贵金属√	114	4103	本年利润√
37	1441	抵债资产√	115	4104	利润分配√
38	1451	损余物资	116	4201	库存股√
39	1461	融资租赁资产√			五、成本类
40	1471	存货跌价准备	117	5001	生产成本
41	1501	持有至到期投资√	118	5101	制造费用
42	1502	持有至到期投资减值准备√	119	5201	劳务成本
43	1503	可供出售金融资金√	120	5301	研发支出
44	1511	长期股权投资√	121	5401	工程施工
45	1512	长期股权投资减值准备√	122	5402	工程结算
46	1521	投资性房地产√	123	5403	机械作业
47	1531	长期应收款√			六、损益类
48	1532	未实现融资收益√	124	6001	主营业务收入√
49	1541	存出资本保证金√	125	6011	利息收入√
50	1601	固定资产√	126	6021	手续费及佣金√
51	1602	累计折旧√	127	6031	保费收入
52	1603	固定资产减值准备√	128	6041	租赁收入√
53	1604	在建工程√	129	6051	其他业务收入√
54	1605	工程物资√	130	6061	汇兑损益√
55	1606	固定资产清理√	131	6101	公允价值变动损益√
56	1611	未担保余值√	132	6111	投资收益√
57	1621	生产性生物资产	133	6201	摊回保险责任准备金
58	1622	生产性生物资产累计折旧	134	6202	摊回赔付支出
59	1623	公益性生物资产	135	6203	摊回分保费用
60	1631	油气资产	136	6301	营业外收入√
61	1632	累计折耗	137	6401	主营业务成本√
62	1701	无形资产√	138	6402	其他业务成本√
63	1702	累计摊销√	139	6403	营业税金及附加√

续表

序号	编号	会计科目名称	序号	编号	会计科目名称
64	1703	无形资产减值准备√	140	6411	利息支出√
65	1711	商誉√	141	6421	手续费及佣金支出√
66	1801	长期待摊费用√	142	6501	提取未到期责任准备金
67	1811	递延所得税资产√	143	6502	提取保险责任准备金
68	1821	独立账户资产	144	6511	赔付支出
69	1901	待处理财产损益√	145	6521	保单红利支出
		二、负债类	146	6531	退保金
70	2001	短期借款√	147	6541	分出保费
71	2002	存入保证金√	148	6542	分保费用
72	2003	拆入资金√	149	6601	销售费用
73	2004	向中央银行借款√	150	6602	管理费用√
74	2011	吸收存款√	151	6603	财务费用
75	2012	同业存放√	152	6604	勘探费用
76	2021	贴现负债√	153	6701	资产减值损失√
77	2101	交易性金融负债√	154	6711	营业外支出√
78	2111	卖出回购金融资产款√	155	6801	所得税费用√
79	2201	应付票据	156	6901	以前年度损益调整√

三、商业银行会计账户

商业银行会计账户是在商业银行会计科目下按照单位类别和资金性质划分的户头，是商业银行会计明细核算的主要工具。

商业银行会计科目与账户的主要区别是：会计科目是账户的总和，是综合核算的主要工具，一般与总账相联系；账户是会计科目详细内容的反映，是明细核算的主要工具，一般与明细账相联系。

各账户一般要按照一定的顺序编排序号，称为账号。账号由会计科目代号和编号组成，在手工操作时便于辨认和查找，在电算化情况下可以提高工作效率。

相关知识

任务2　正确运用商业银行记账方法

知识要点：商业银行记账方法

商业银行的记账方法包括单式记账法和复式记账法。单式记账法运用于表外科目（一般包括重要单证及其他不涉及商业银行资金的业务的备查登记，如贷款承诺、担保物等）的核算，复式记账法运用于表内科目的核算。

商业银行的记账方法是指在商业银行会计的核算中，按单式或复式记账原理和记账规则，使用一定的记账符号，将经济业务进行整理、分类和登记会计账簿的一种专门方法。

一、记账方法分类

1. 单式记账法

单式记账法，对发生的每一笔经济业务只在一个会计科目中进行登记，各个科目之间记录没有直接联系,也不存在资产负债表的平衡关系,不能全面、系统地反映经济业务,不便于检查账户记录的正确性和完整性。因此,在我国商业银行系统中,仅对表外科目所涉及的会计事项,采用单式记账法进行登记或核算。

2. 复式记账法

复式记账法,对发生的每项经济业务都要按照相等的金额在两个或两个以上相互关联的会计科目中进行登记。复式记账法使有关科目之间的对应关系清楚、明了,对每一项经济业务的来龙去脉以及全部的经济业务都相互联系的登记入账,完整、系统地反映了经济活动的过程和结果。同时,由于对每项经济业务都以相等的金额进行分类登记,因而对记录的结果,可以进行试算平衡,以检查会计记录的正确与否,保证会计工作质量。

二、表内科目的记账方法——借贷复式记账法

借贷记账法是根据复式记账的原理,以“资产 = 负债 + 所有者权益”的会计平衡公式为理论基础,以“借”和“贷”为记账符号,按照“有借必有贷,借贷必相等”的记账规则在账户中进行登记的一种复式记账方法。

1. 记账主体

借贷记账法以会计科目为主体,根据复式记账原理进行记录,以反映资金运动的性质和数量的变化。

2. 记账符号和记账规则

借贷记账法是以“借”、“贷”作为记账符号,按照“有借必有贷,借贷必相等”的记账规则,以及“资产 = 负债 + 所有者权益”的会计平衡公式进行登记的。

当经济业务发生时,会同时引起两个或两个以上的账户发生变化,根据所涉及资金增减变化的内在联系,先要确定所使用的会计科目,以相等的金额记入借贷双方,保证有借方必须有贷方,借贷双方的金额必须相等。

3. 账户结构和记账方向

借贷记账法的账户结构为左方为借方,右方为贷方,见表 2 - 1 - 2。

表 2 - 1 - 2　借贷记账法下各类账户的记账方向

借方	贷方
资产增加	资产减少
负债减少	负债增加
权益减少	权益增加
成本费用增加	成本费用减少
收入减少	收入增加

日常账务处理中常把银行各项业务归纳为四种类型的变化:

(1)资产方与负债或所有者权益方同时增加,增加金额相等。

(2)资产方与负债或所有者权益方同时减少,减少金额相等。

(3)资产方一增一减,增减金额相等。

(4)负债或所有者权益方一增一减,增减金额相等。

下面以商业银行的业务为例说明。

【例 2 - 1 - 1】 储户王丽以现金 800 元存入活期储蓄存款。

这笔业务涉及“库存现金”和“吸收存款”两个科目。现金增加属于商业银行银行资产增加,应记入借方;王丽存款增加了商业银行银行负债,应记入贷方。其分录为:

借:库存现金　　800

　　贷:吸收存款——储蓄存款　　800

【例2-1-2】 某行收到某投资者以现金投入的资本金10000元。

这笔业务涉及"库存现金"和"实收资本"两个科目。现金增加属于商业银行银行资产增加,应记入借方;实收资本属于所有者权益增加,应记入贷方。其分录为:

借:库存现金　　10000

　　贷:实收资本　　10000

【例2-1-3】 红星机械厂归还所借流动资金贷款40000元,利息1500元,由其存款账户支付。

这笔业务涉及"吸收存款"、"贷款"和"利息收入"三个科目,其中:"贷款"属于商业银行银行资产减少,应记入贷方;"吸收存款"属于商业银行银行负债减少,应记入借方;"利息收入"属于商业银行银行收益增加,应记入贷方。其分录为:

借:吸收存款——红星机械厂存款户　　41500

　　贷:贷款——红星机械厂贷款户　　40000

　　　　利息收入——××利息收入　　1500

【例2-1-4】 收兑黄金一份,价格为1000元,以现金支付给客户。

这笔业务涉及"贵金属"和"库存现金"两个科目;两个科目都属于商业银行银行资产,一项资产增加及一项资产减少。其分录为:

借:贵金属——黄金　　1000

　　贷:库存现金　　1000

【例2-1-5】 某行通过转账支付供销大厦活期存款利息800元。

这笔业务是一项费用支出的增加与一项负债的增加。存款利息支出增加属于费用支出的增加,应记入借方;活期存款增加属于负债的增加,应记入贷方。其分录为:

借:利息支出　　800

　　贷:吸收存款　　800

【例2-1-6】 经批准,按法定程序将资本公积200000元转增资本金。

这笔业务是一项所有者权益的减少与另一项所有者权益的增加。资本公积减少属于所有者权益减少,应记入借方;实收资本增加,应记入贷方。其分录为:

借:资本公积　　200000

　　贷:实收资本　　200000

上述经济业务从不同的方面反映了商业银行资产、负债、所有者权益等的增减变化情况,概括起来可以归纳为四种类型:

(1)资产增加,负债或所有者权益增加;

(2)资产减少,负债或所有者权益减少;

(3)资产增加,另一项资产减少;

(4)负债或所有者权益增加,另一项负债或所有者权益减少。

三、试算平衡

借贷记账法是根据复式记账法原理,按照"资产=负债+所有者权益"的平衡理论来检查和平衡账务的。由于每笔业务始终坚持"有借必有贷,借贷必相等"的记账规则,所以每天或一定时期内的借方发生额和贷方发生额必然是相等的。而每天或一定时期内的上期借方余额和贷方余额是相等的,所以本期借方余额与贷方余额也必然是相等的。其账务平衡公式有两个:

1. 发生额平衡

各科目借方发生额合计 = 各科目贷方发生额合计

2. 余额平衡

各科目借方余额合计 = 各科目贷方余额合计

上述六笔经济业务会计分录，通过试算平衡表试算平衡，见表2-1-3。

表2-1-3 试算平衡表

会计科目	上日余额(假设)		本日发生额		本日余额	
	借方	贷方	借方	贷方	借方	贷方
××存款		50000	41500	1600		10100
××贷款	240000			40000	200000	
贵金属	30000		1000		31000	
现金	300000		10800	1000	309800	
利息收入		23000		1500		24500
利息支出	21000		800		21800	
同业拆入		18000				18000
实收资本		200000		210000		410000
资本公积		300000	200000			100000
合计	591000	591000	254100	254100	562600	562600

四、表外科目的记账方法——单式收付记账法

单式收付记账法，即以“收入”和“付出”作为记账符号，当表外科目反映的经济业务发生或增加时计入“收入”方，当表外科目反映的经济业务销账或减少时计入“付出”方，余额表示结存或剩余的表外业务。表外科目的记账金额，一般是按经济业务发生额或凭证的票面额记载，有些控制实物数量的表外科目则按假定价格记载。

相关知识

任务3 审查和填制商业银行会计凭证

知识要点：商业银行会计核算凭证

商业银行会计凭证，是办理商业银行各项业务和财务活动的原始记录或书面证明，也是明确经济责任以及核对账务和事后查考的重要依据。商业银行的会计凭证作为记账凭证时，需要在商业银行内部组织传递，因此记账凭证又称为“传票”。主要有：复式凭证和单式凭证；基本凭证和特种凭证。

一、商业银行会计凭证的分类和特点

（一）商业银行会计凭证的分类

商业银行会计凭证按填制程序和用途，可分为原始凭证和记账凭证两大类。

1. 原始凭证

原始凭证是指在经济业务发生时取得或填制的、用以记录经济业务的发生或完成情况，并作为记账原始依据的会计凭证。原始凭证按其来源不同可分为外来原始凭证和自制原始凭证两种。商业银行的很多原始凭证直接作为记账凭证。

（1）外来原始凭证，它是指在同外部单位或个人发生经济往来关系时，从外部单位或个人取得的原始凭证。商业银行的外来原始凭证有存款凭条、取款凭条、结算凭证，以及购置物品和支付电费的发票等。

（2）自制原始凭证，它是指由商业银行内部经办经济业务的部门或人员，在办理经济业务时自行填制的原始凭证。商业银行的自制原始凭证有利息计算清单、工资结算单、职工福利费计提单等。

2. 记账凭证

记账凭证又称传票，是指根据审核无误的原始凭证填制的、用来记录经济业务摘要内容、确定会计分录、作为记账直接依据的会计凭证。记账凭证有两种不同的分类。

（1）记账凭证按填制的方式不同分类，可分为单式记账凭证和复式记账凭证两种形式。

①单式记账凭证，它是指按每笔经济业务所涉及的每个会计科目，分别填列在各张凭证上的记账凭证。这种凭证的优点是传递方便，便于分工记账、综合整理及装订保管。

②复式记账凭证，它是指将一项经济业务所涉及的会计科目全部集中填制在一张凭证上的记账凭证。这种凭证的优点是能集中反映账户的对应关系，便于了解经济业务的全貌。

商业银行业通常将单式记账凭证和复式记账凭证结合起来运用。

（2）记账凭证按适用的范围不同分类，分为基本记账凭证和特定记账凭证两类。

①基本凭证是商业银行会计部门根据原始凭证及业务事项，自行填制并凭以记账的凭证。

商业银行的基本凭证按其性质和特点可分为3类共10种凭证。

a. 商业银行内部使用的凭证。

此类凭证仅供商业银行内部使用，不对外销售和传递，适用于未设专用凭证的一切现金收付和转账业务：现金收入凭证（见表2-1-4）、现金付出凭证（见表2-1-5）、转账借方凭证（见表2-1-6）、转账贷方凭证（见表2-1-7）。

表2-1-4 中国××银行现金收入传票

总字第　　号

（贷）　　　　　　　　年　　月　　日　　　　　　字第　号

户名或账号	摘要	金额									
		千	百	十	万	千	百	十	元	角	分

附单据　　张

会计　　　　出纳　　　　复核　　　　记账

表 2－1－5　中国××银行现金付出传票

总字第　　号

（借）　　　　　　　　　　　　年　　月　　日　　　　　　字第　号

户名或账号	摘要	金额									
		千	百	十	万	千	百	十	元	角	分

附单据　张

会计　　　　出纳　　　　复核　　　　记账

表 2－1－6　中国××银行转账借方传票

总字第　　号

年　　月　　日　　　　　　字第　号

科目	（借）	对方科目：									
户名或账号	摘要	金额									
		千	百	十	万	千	百	十	元	角	分

附单据　张

会计　　　　出纳　　　　复核　　　　记账

表 2－1－7　中国××银行转账贷方传票

总字第　　号

年　　月　　日　　　　　　字第　号

科目	（贷）	对方科目：									
户名或账号	摘要	金额									
		千	百	十	万	千	百	十	元	角	分

附单据　张

会计　　　　出纳　　　　复核　　　　记账

b. 对外传递但不对外销售的商业银行凭证，适用于未设专用凭证但又涉及外单位的一切转账业务。商业银行主动代为收款或扣款时（如单位存款利息的进账或贷款利息的扣收）使用两种凭证：特种转账借方凭证（见表 2－1－8）、特种转账贷方凭证（见表 2－1－9）。

表 2-1-8　中国××银行特种转账借方传票

总字第　　号

年　　月　　日　　　　字第　号

收款单位	全称			付款单位	全称		
	账号或地址				账号或地址		
	开户银行		行号		开户银行		行号

金额	人民币 大写	千	百	十	万	千	百	十	元	角	分

原凭证金额		赔偿金		科目(借)———— 对方科目(贷)———— 会计　复核　记账
原凭证名称		号码		
转账原因	银行盖章			

附单据　张

表 2-1-9　中国××银行特种转账贷方传票

总字第　　号

年　　月　　日　　　　字第　号

收款单位	全称			付款单位	全称		
	账号或地址				账号或地址		
	开户银行		行号		开户银行		行号

金额	人民币 大写	千	百	十	万	千	百	十	元	角	分

原凭证金额		赔偿金		科目(借)———— 对方科目(贷)———— 会计　复核　记账
原凭证名称		号码		
转账原因	银行盖章			

附单据　张

c. 商业银行特定业务使用的凭证：表外科目收入凭证（见表 2-1-10）、表外科目付出凭证（见表 2-1-11）、外汇买卖借方凭证（见表 2-1-12、表 2-1-15）、外汇买卖贷方凭证（见表 2-1-13、表 2-1-14）。

表 2-1-10　中国××银行表外科目收入传票

年　　月　　日　　　　总字第　　号

表外科目(收入)　　　　字第　号

户名	摘要	金额									
		千	百	十	万	千	百	十	元	角	分
合计											

附单据　张

会计　　出纳　　复核　　记账

表 2-1-11　中国××银行表外科目付出传票

年　　月　　日　　　　　总字第　　号

表外科目(付出)　　　　　　　　　　字第　　号

户名	摘要	金额									
		千	百	十	万	千	百	十	元	角	分
合计											

附单据　张

会计　　　　出纳　　　　复核　　　　记账

表 2-1-12　外汇买卖借方凭证(外币)

年　　月　　日　　　　凭证编号

结汇单位	全称		(借)外汇买卖 (对方科目)
	账号或地址		
外汇金额		牌价	人民币金额
			¥
摘要			会计　复核 记账　制票

附单据　张

表 2-1-13　外汇买卖贷方凭证(人民币)

年　　月　　日　　　　凭证编号

结汇单位	全称		(借)外汇买卖 (对方科目)
	账号或地址		
外汇金额		牌价	人民币金额
			¥
摘要			会计　复核 记账　制票

附单据　张

表 2-1-14　外汇买卖贷方凭证(外币)

年　　月　　日　　　　凭证编号

结汇单位	全称		(借)外汇买卖 (对方科目)
	账号或地址		
外汇金额		牌价	人民币金额
			¥
摘要			会计　复核 记账　制票

附单据　张

表 2-1-15　外汇买卖借方凭证(人民币)

年　月　日　　凭证编号

结汇单位	全称		(借)外汇买卖 (对方科目)	
	账号或地址			
外汇金额		牌价	人民币金额	
			¥	
摘要			会计　复核 记账　制票	

附单据　张

②特定凭证。

特定凭证是指商业银行具以办理业务,并可替代凭证凭以记账的各种专用凭证。一般由商业银行印制,单位购买和填写,并提交商业银行凭以办理某种业务。特定凭证,有的是由客户填写,商业银行凭以记账,如支票、进账单、现金缴款单等;有的由商业银行自行填制,凭以办理业务及记账,如联行报单、商业银行汇票等。特定凭证一般是一式数联套写凭证,格式按有关业务需要设计,在后面的相关项目的任务中会具体的介绍。

(二)商业银行会计凭证的特点

1. 采用单式凭证

商业银行会计凭证采用单式记账凭证,不论现金或转账凭证,一张会计凭证只填制一个会计科目或一个账户,因此每笔业务至少要填制一张或一张以上的传票以适应商业银行的业务需要。

2. 大量使用外来原始凭证代替记账凭证

商业银行办理各项业务,一般都由客户提交有关凭证代替收付款证明,为了避免重复劳动,提高工作效率,商业银行大量采用客户所提交的原始凭证,经审核后代替商业银行的记账凭证。

3. 凭证在各个部门传递

每一笔商业银行业务的会计凭证在办理的过程中,要在所涉及的部门间传递。有的业务不仅要涉及同一家商业银行的两个部门,而且有可能要涉及同城或异地的两家或两家以上的商业银行,这样凭证就必须在相关的商业银行间传递。

二、会计凭证基本要素和填制要求

1. 会计凭证基本要素

会计凭证要素是指各种凭证中必须填写的与经济业务和账务记载有关的事项。

商业银行会计凭证虽然种类多,具体的格式和内容也不一样,但所有的会计凭证都必须填写与经济业务记载有关的基本要素。这些基本要素为:

(1)凭证的名称及编制的年、月、日(特定凭证中的日期由客户填写);

(2)收、付款单位开户商业银行的名称和行号;

(3)收、付款单位的户名和账号;

(4)货币名称、符号和大小写金额;

(5)款项来源、用途、摘要及附件张数;

(6)会计分录和凭证编号;

(7)单位按照有关规定的签章;

(8)商业银行及有关人员的签章。

2. 会计凭证填制要求

(1)原始凭证填制要求

①必须真实和正确。原始凭证中应填写的项目和内容必须真实、正确地反映经济业务的原貌和全貌,无论日期、内容、数量和金额都必须如实填写,不能弄虚作假,改变事实真相。

②必须完整和清楚。原始凭证中规定的项目都必须填写齐全,不能缺漏。文字说明和数字要填写清楚、整齐和规范,凭证填写的手续必须完备。

③必须由经办人员和有关负责人员的签章。原始凭证在填制完成后,经办人员和有关责任人员都要认真审查并签章,对凭证的真实性、合法性负责。

④必须及时填制。原始凭证应在经济业务发生或完成时及时填制,并按规定的程序和手续传递至有关业务和会计部门,以便及时办理后续业务,并进行审查和记账。

(2)记账凭证填制要求

①经济业务必须记录明确。会计人员可以根据每份原始凭证或多份同类经济业务的原始凭证填制一张记账凭证;也可以根据每份原始凭证汇总表填制一张记账凭证;以明确经济业务的来龙去脉和账户的对应关系;还可以利用原始凭证代替记账凭证,以简化核算手续。

②会计科目必须正确运用。会计人员必须根据经济业务的内容,采用会计制度规定的会计科目正确编制会计分录,以保证核算口径的一致,便于综合汇总。

③附件数量必须完整。记账凭证所附的原始凭证必须完整无缺,应在记账凭证上注明所附原始凭证的张数,以便于复核摘要栏内所列明的经济业务内容和确定的会计分录是否正确。

④必须连续编号。记账凭证必须以月份为基础,根据业务发生的顺序连续编总号,并按不同种类的记账凭证连续编分号。倘若一笔经济业务需填制多张记账凭证时,可采取分数编号法,如第3笔业务需要两张记账凭证,这两张记账凭证总号的编号分别为总字3-1/2和总字3-2/2。

⑤内容必须填写完整。记账凭证中的各项内容必须填写完整,制票、记账、复核、出纳、会计等人员在完成了各自的职责以后均应签章。

三、会计凭证审查、传递和保管

1. 会计凭证审查

凭证的审查是指对凭证的正确性、合法性、真实性和完整性进行确认,这是反映和监督经济业务的重要环节。审查的具体内容主要有:

(1)是否属于本行受理的凭证。

(2)使用的凭证种类是否正确,凭证的基本内容、联数与附件是否完整齐全,是否超过有效期限。

(3)账号与户名是否相符。

(4)大小写金额是否一致,字迹有无涂改。

(5)密押、印鉴是否真实齐全。

(6)款项来源、用途是否填写清楚,是否符合有关规定的要求。

(7)内部科目的账户名称使用是否正确。

(8)计息、收费、赔偿金等的计算方法与数额是否正确。

经过审核,符合要求的予以账务处理或进行传递;对于不符合要求的凭证,应拒绝受理。如属内容不全或填写有差错的凭证,应向客户解释清楚,要求客户重填;如属伪造凭证等违法乱纪行为,要认真追究,配合有关部门严肃处理。

2. 会计凭证传递

商业银行会计凭证的传递过程,是指从收到或编制凭证起,直到业务处理完毕,传票装订保管为止的整个过程。

会计凭证的传递,必须做到准确及时、手续严密,先外后内、先急后缓。为了维护金融企业资金

的安全,在人机并用的情况下,凭证传递的基本要求为:

(1)现金收入业务,先收款,后记账,先记现金收入日记簿,后记分户账。以防止漏收或错收款项,保证账款一致。

(2)现金付出业务,先记账(或通过电子计算机查询余额);后付款,先记入付款人的分户账,后记入现金付出日记簿之后,才支付现金。以防止透支、冒领事故的发生。

(3)转账业务,先记付款人账,后记收款人账,代收他行票据必须坚持收妥抵用,以防止单位套用商业银行资金,造成商业银行垫款。

(4)行间或商业银行内部凭证不得交由客户传递,除个别的结算凭证,如商业银行汇票规定可以由客户自行传递外,其他凭证必须经邮局或商业银行内部自行传递,不得交给客户传递,以防产生弊端,造成损失。会计凭证传递程序如图 2－1－1 所示。

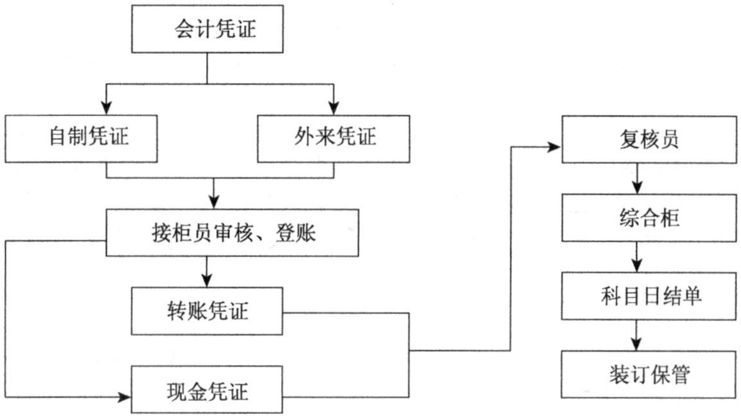

图 2－1－1　会计凭证的一般程序

3. 会计凭证整理、装订和保管

会计凭证是重要会计档案,是事后查考的依据。为了保证会计资料的完整性和安全性,必须按规定装订归档,妥善保管。

(1)凭证的整理。

每天营业终了轧完账之后,对当天已办完会计核算的会计凭证逐日整理装订。在表内科目传票中应将同一会计科目的全部传票集中在一起,按现金收入、现金付出、转账借方、转账贷方顺序排列,每个会计科目的凭证应排列在本科目的科目日结单后面。装订后,将当天所有传票依次逐张编列总号。

计算机应用程度提高,也有按记账流水号(记一笔账又称为一笔流水,记账的次序号即称流水号)次序整理的方法。

(2)凭证的装订。

凭证经整理后,外加传票封面和封底,在封面上要写明日期、传票总数、册数、号码等内容。装订成册后,在结绳处用纸条加封,由装订人员加盖骑缝章,封面上应由装订人员、会计主管人员盖章,以明确责任。无误后入库保管。

(3)凭证的保管。

年内装订成册的会计凭证由会计部门指定专人负责保管,并在规定的时间内,由会计部门编造清册移交本单位的档案部门保管。根据规定,会计凭证的保管期限通常为 15 年,但涉及外事和其他重要的会计凭证要永久保管。在保管期间,倘若发生经济案件,需要某一会计凭证作证时,应采取复制的方式,不能直接抽出原始凭证。对于保管期满需要销毁的会计凭证,必须编造清单,经本单位领导审核,报经上级主管部门批准后,由上级主管部门、档案部门和会计部门共同派员监销。

相关知识

任务4 掌握商业银行账务组织和账务处理

> **知识要点:商业银行账务组织体系**
>
> 商业银行的账务组织从核算体系上划分,包括明细核算和综合核算两个系统。明细核算按账户核算,是反映某个账户的资金增减变化,是综合核算的具体化,对综合核算起补充的作用。综合核算按科目核算,反映某个科目的增减变化,综合核算是明细核算的总括记录,起着统御明细核算的作用。明细核算与综合核算相互配合、相互补充、相互联系、彼此制约,组成一套完整的核算体系。

笑痴 11:34:55 商业银行账务组织就是指在商业银行会计核算中各种账簿的设置、核算程序、核对方法等相互配合的账务,包括各类账簿在数字记载和账务核对方面的相互关系。账务组织主要由各种账簿组成,但为了核算的严密性,还设置了有关表、单,作为账务组织的组成部分。

一、明细核算系统

明细核算是对每一个会计科目分户的详细记录,由分户账、登记簿、余额表和现金收付日记簿组成。其核算程序如图2-1-2所示。

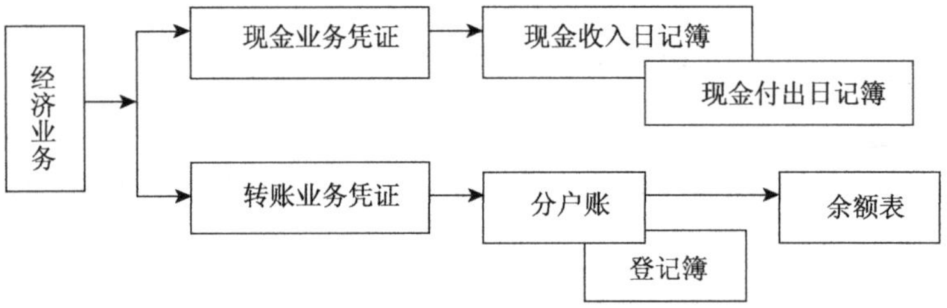

图2-1-2 明细核算程序

1. 分户账(台账)

分户账是明细核算的主要账簿,按户立账,根据凭证逐笔、序时连续记载,具体反映每个账户资金活动情况,因而分户账是办理业务和与客户核对账务的重要工具。

(1)分户账的基本账式。

为了适应不同业务核算的需要,分户账一般设有四种账式。

①甲种账(见表2-1-16)又称"分户式账页",设有借方发生额栏、贷方发生额栏和余额栏三栏,适用于不计息或使用余额表计息的账户、内部往来资金及损益类科目的明细账。

表 2－1－16　甲种

中国××银行（　　）＿＿＿＿账

户名：　　　账号：　　　领用凭证记录：　　　利率：

年		摘要	凭证号码	对方科目代号	借方	贷方	借或贷	余额	复核盖章
月	日				（位数）	（位数）		（位数）	

会计　　　　记账　　　　复核

②乙种账（见表 2－1－17）又称“计息式账页”，设有借方发生额栏、贷方发生额栏、余额栏、积数栏四栏，适用于在账页上直接计算利息积数的账户。

表 2－1－17　乙种账

中国××银行（　　）＿＿＿＿账

本账总页数

户名：　　　账号：　　　领用凭证记录：　　　利率：

年		摘要	凭证号码	对方科目代号	借方	贷方	借或贷	余额	日数	积数	复核盖章
月	日				（位数）	（位数）		（位数）		（位数）	

会计　　　　记账　　　　复核

③丙种账（见表 2－1－18），设有借方、贷方发生额和借方、贷方余额四栏，用于记录需要在借、贷双方反映余额的账户。

表 2－1－18　丙种账

中国××银行（　　）＿＿＿＿账

本账总页数

户名：　　　账号：　　　领用凭证记录：　　　利率：

年		摘要	凭证号码	对方科目代号	发生额		余额		复核盖章
月	日				借方	贷方	借方	贷方	
					（位数）	（位数）	（位数）	（位数）	

会计　　　　记账　　　　复核

④丁种账（见表 2－1－19）又称“销账式账页”，设有借方发生额栏、贷方发生额栏、余额栏和销账栏四栏，适用于记录逐笔销账的一次性业务，它兼有分户核算的作用，同时这种反映方法可以在同一行看出资金的全部面貌，便于核对账务。

表 2－1－19　丁种账

中国××银行（　　）＿＿＿＿账

本账总页数

户名：　　　账号：

年		账号	户名	摘要	凭证号码	对方科目代号	借方	销账			贷方	借或贷	余额
月	日						（位数）	年	月	日	（位数）		（位数）

会计　　　　记账　　　　复核

(2)分户账的有关规定。

①填明账页上首,不得省略(如科目、户名、账号、货币符号、利率、账页编号以及额度等),更换新账页时,应将前页的最后余额过入新账页的第一格余额栏内,并在摘要栏注明"承前页"。对乙种账页还应将计息累计积数同时结转过页。日期栏填写前页最后一笔记账日期。

②分户账记账时,应填制日期,每日根据业务发生先后序时填入。现金收入应待出纳收款后入账,现金付出应审核后记账再由出纳付款。转账业务必须先付后收。对现金支票和转账支票等付方传票应填制凭证号码的最后四位数。

③记账时先核对好户名、账号、币别、印鉴、业务内容,防止串户、冒领、透支等事故发生。

④经济业务发生后,必须根据传票逐笔记载和逐笔结出余额,在分户账摘要栏内简明扼要地写明业务内容和有关凭证号码。采用电算化的应由电脑自动轧出余额。

⑤分户账应按年度更新账页。甲、乙、丙种分户账应将最后余额过入新年度账户,在摘要栏上注明"上年结转"。对乙种账也应将累计积数结转下年。丁种账应逐笔过入新账页的发生额栏并结出余额。在摘要栏加盖"上年结转"戳记,结转完后,各分户账余额合计数应与各科目总账余额核对相符。

2. 登记簿

登记簿是明细核算的辅助性账簿,是适应表内、表外科目某些业务需要而设立的账簿,主要运用于那些在分户账上未能记录或不必要分户记录的重要事项的登记。如对客户交来的托收单据的记录等。其格式可参照分户账,根据需要自行设计,通常有特定格式和一般格式两种。特定格式的登记簿是为了满足某些业务的需要而设置的;一般格式的登记簿(见表2－1－20)通常都设有收入、付出和余额三栏,用来反映数量及金额情况。

表2－1－20　中国××银行(　　)

登记簿(卡)

本账总页数

户名:　　　　单位:　　　　本户页数

年		摘要	收入		付出		余额		复核盖章
			数量	金额	数量	金额	数量	金额	
月	日			(位数)		(位数)		(位数)	

会计　　　　记账

3. 余额表

余额表是指用于抄列分户账余额的表格,是核对总账与分户账余额和计算利息的重要工具。余额表分为计息余额表和一般余额表。

(1)计息余额表(见表2－1－21),其最主要的功能就是计息,适用于计息科目。每日营业终了时,根据同一科目分户账的最后余额逐户填列。当天如果余额不变动或遇节假日,仍应将上日余额填入。每日填记后,还应按科目加记余额合计数(积数),并与总账同一科目余额核对相符。

表 2-1-21 计息余额表

科目名称：　　　　　　　　　　　　　　　　　　　　　　　　　　　　　　　　共　页
科目代号：　　　　　　　　　　　　　　　　　　　　　　　　　　　　　　　　第　页

账号 / 户名 / 余额 / 日期					复核盖章
户名					
余额	（位数）	（位数）	（位数）	（位数）	
上月底止累计应计息积数					
日期 ⋮ 10 天小计 ⋮ 20 天小计 ⋮					
本月合计（本月计息积数）					
应加积数					
应减积数					
本期累计应计息积数					
结息时计算利息数					
备注					

会计　　　　　　复核　　　　　　记账

（2）一般余额表（见表 2-1-22），适用于不计息的科目，按各分户账当日最后余额填制。

表 2-1-22 中国××银行（　　）

一般余额表

年　　　　月　　　　日　　　　　　　　　　　　　　　　共　页　　第　页

科目代号	户名	摘要	余额（位数）	科目代号	户名	摘要	余额（位数）

会计　　　　　　复核　　　　　　制表

4. 现金收付日记簿

现金收入日记簿（见表 2-1-23）和现金付出日记簿（格式与现金收入日记簿相同）是记载和控制现金收入、现金付出笔数和金额的序时账簿，是现金收入和现金付出的明细记录。现金收付日记簿应由出纳根据已办理业务并编列顺序号的现金收入传票和现金付出传票逐笔记载，结出当日库存数，并与实际现金库存数核对相等。

表 2-1-23 现金收入日记簿

柜组名称　　　年　　　　月　　　　日　　　　　　　　　　共　页　　第　页

凭证号数	科目代号	户名或账号	计划项目代号	金额（位数）	凭证号数	科目代号	户名或账号	计划项目代号	金额（位数）

复核　　　　　　出纳

二、综合核算系统

综合核算是按会计科目进行的总括记录，由科目日结单、总账和日计表所组成。其核算程序如图 2 – 1 – 3 所示。

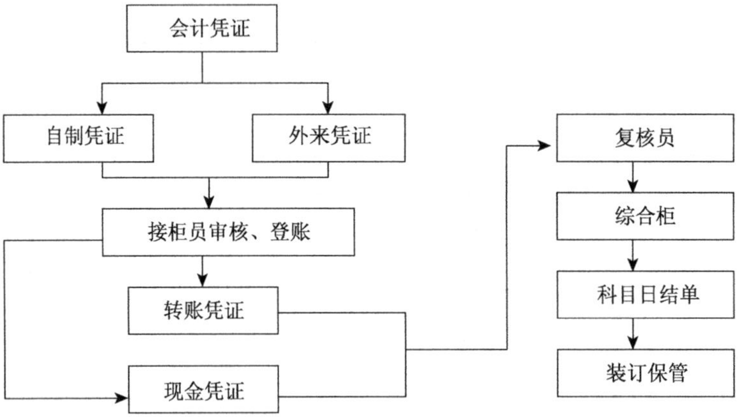

图 2 – 1 – 3　综合核算程序

1. 科目日结单

科目日结单,也称总传票,是每一会计科目当日借、贷方发生额和传票张数的汇总记录,是轧平当日账务的重要工具,也是登记总账的依据。

每天营业结束,将当天处理的全部传票按科目进行整理,同一科目的传票再分别现金付出、现金收入、转账借方、转账贷方各自加计合计数和传票张数,填入科目日结单有关栏内。其中,因为现金科目本身没有会计凭证,所以现金科目的科目日结单最后编制,待其他科目的科目日结单编制好后,将其他所有科目日结单的现金借方合计填入现金科目日结单的贷方,将其他所有科目日结单的现金贷方合计填入现金科目日结单的借方。其格式如表 2 – 1 – 24 所示。

表 2 – 1 – 24　中国 × × 银行(　　)

科目日结单

年　　月　　日

凭证种类	借方		贷方	
	传票张数	金额 (位数)	传票张数	金额 (位数)
现金				
转账				
合计				

附单据　张

事后监督　　　复核　　　记账　　　制单

2. 总账

总账是各科目的总括记录,是综合核算和明细核算相互核对及统御分户账的主要工具,是定期编制各种会计报表的依据。总账按科目设置,有借方、贷方发生额和借方、贷方余额四栏。每日根据该科目的科目日结单的借、贷方发生额合计数登记,每日占一行,并结出当天余额,10 天一小计,每月终了,加计本月的借、贷方发生额和本年累计发生额。每月需更换一次账页。对那些借贷双方反映余额的科目,其余额应根据余额表或分户账的借方、贷方余额分别反映,不得轧差记载。总账格式,如表 2 – 1 – 25 所示。

表 2－1－25　中国××银行(　　)

总账

科目代号:_________

科目名称:_________　　　　　　　　　　　　　　　　　　　　　　　　　第　　号

<table>
<tr><td rowspan="2">年月</td><td>借方</td><td>贷方</td></tr>
<tr><td>(位数)</td><td>(位数)</td></tr>
<tr><td>上年底余额</td><td></td><td></td></tr>
<tr><td>本年累计发生额</td><td></td><td></td></tr>
<tr><td>上月底余额</td><td></td><td></td></tr>
<tr><td>上月底计未计息积数</td><td></td><td></td></tr>
</table>

<table>
<tr><td rowspan="3">日期</td><td colspan="2">发生额</td><td colspan="2">余额</td><td>核对盖章</td></tr>
<tr><td>借方</td><td>贷方</td><td>借方</td><td>贷方</td><td rowspan="2">复核员</td></tr>
<tr><td>(位数)</td><td>(位数)</td><td>(位数)</td><td>(位数)</td></tr>
<tr><td>1
⋮
10 天小计
⋮
20 天小计
⋮
30
31</td><td></td><td></td><td></td><td></td><td></td></tr>
<tr><td>月计</td><td></td><td></td><td></td><td></td><td></td></tr>
<tr><td>自年初累计</td><td></td><td></td><td></td><td></td><td></td></tr>
<tr><td>本期累计计息积数</td><td></td><td></td><td></td><td></td><td></td></tr>
<tr><td>本月累计未计息积数</td><td></td><td></td><td></td><td></td><td></td></tr>
</table>

会计　　　　　　复核　　　　　　记账

总账各科目的核对公式如下:

(1)单方反映余额的:

上日借(贷)方余额＋本日借(贷)方发生额－本日贷(借)发生额＝本日借(贷)方余额

(2)借贷双方反映余额的:

如上日余额轧算为借差,其公式为:

上日借差＋本日借方发生额－本日贷方发生额＝本日借贷方余额轧差数

如上日余额轧算为贷差,其公式为:

上日贷差＋本日贷方发生额－本日借方发生额＝本日贷借方余额轧差数

3. 日计表

日计表(见表 2－1－26)是综合反映当日商业银行全部业务活动的会计报表,也是轧平当日商业银行全部账务的主要工具。它根据当天各总账账户的发生额和余额填制。借、贷方发生额和余额的合计数必须各自平衡。

表 2－1－26　日计表

年　　月　　日　　　　　　　　　　共　页　　第　页

科目代号	科目名称	发生额		余额		科目代号
		借方	贷方	借方	贷方	
		（位数）	（位数）	（位数）	（位数）	
合计						

行长（主任）　　会计　　复核　　制表

三、账务处理和账务核对

账务处理是从受理或编制凭证开始，经过账务记载与核对，编制日计表，直至轧平账务为止的全部过程。其包括账务处理程序、账务核对程序以及错账更正等。

1. 账务处理程序

账务处理程序也称会计核算形式，各种不同的核算形式都是根据登记总账的依据不同而命名的。商业银行的会计核算形式既不同于工商企业中的汇总记账凭证核算形式，也不完全同于科目汇总表核算形式，而是科目日结单核算形式。运用科目日结单汇总每一科目的当日借、贷方发生额，再据以登记总账，是商业银行会计核算形式的显著特点。具体程序如下：

（1）根据经济业务编制现金收入、付出传票和转账借方、贷方传票；

（2）根据现金传票和转账传票登记现金收（付）日记簿和各种分户账及登记簿，并根据分户账编制余额表；

（3）根据现金传票和转账传票编制科目日结单；

（4）根据科目日结单登记总账；

（5）进行总分核对和账实核对；

（6）根据总账编制日计表。

商业银行采用的账务处理程序与核对关系的具体步骤如图 2－1－4 所示。

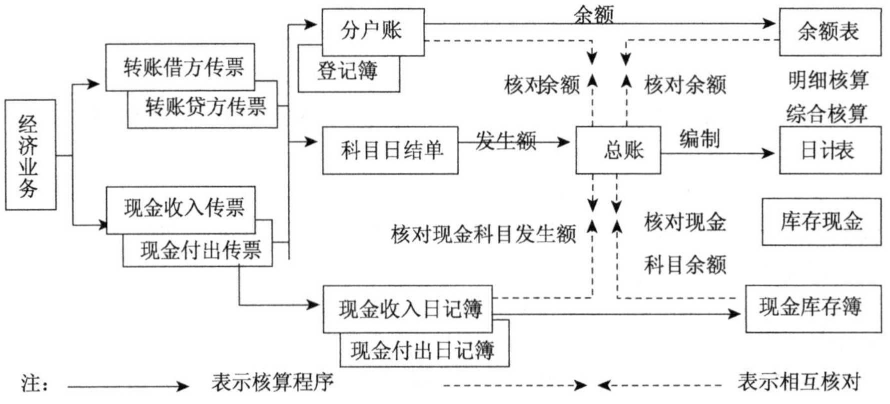

图 2－1－4　账务处理程序与核对关系

2. 账务核对

账务核对是防止账务差错，保证账务记载正确和资金安全的一项必要措施。通过核对可以确保账务正确，做到账账、账款、账据、账实、账表和内外账务六相符。账户核对具体包括每日核对与定期核对等形式。

(1)日核对。

①总分核对。每日营业终了,总账各科目余额与同科目分户账或余额表各户余额合计数额核对相符。

②账款核对。现金收、付日记簿合计数,须与现金科目总账借方、贷方发生额核对相符;现金库存簿的库存数应与实际库存现金和现金科目总账当日余额核对相符。

(2)定期核对。凡未能每日核对的账务,均属定期核对的内容。定期核对的内容包括以下几个方面:

①丁种账记账科目,每旬末加计未销账的各笔金额总数,与该科目总账核对相符。

②计息积数核对。将余额表上的计息积数按旬、按月、按结息期与同科目总账的同期余额累计数核对相符。对应加、应减积数,应审查数字是否正确。

③各种卡片账的核对。如定期储蓄账卡、联行账卡、贷款账卡等,按月与各该科目总账核对相符。

④账实核对。包括固定资产、金银、物品、有价单证、重要空白凭证等,每月账实核对相符,房屋器具定期和在年终决算前账实核对相符。

⑤内外账务核对。存折户坚持账折见面。按月或按季填发"余额对账单"与单位对账,限期收回。

⑥同业往来账户核对。包括商业银行与各单位之间,人民银行与商业银行以及其他金融机构之间的往来款项按月或按季采用一定的对账方法进行核对。

每日核对和定期核对二者必须有机结合,才能确保会计核算质量。

四、记账规则和错账冲正

记账是会计核算的主要内容,为了正确、完整、及时地记载各项经济业务,必须遵循一定的记账规则。如果记账中发生差错,也应按照规定的冲正方法进行更正。

1. 记账规则

(1)账簿的各项内容,必须根据传票的有关事项逐笔记载,做到内容完整、数字准确、摘要简明、字迹清晰,严禁弄虚作假。如传票内容错误或遗漏不全,应更正或补充后再记账。

(2)记账应用蓝黑墨水钢笔书写,复写账页可用圆珠笔及双面复写纸套写。红色墨水只能用于画线和冲账以及按规定用红字书写的有关文字说明。

(3)账簿上所记载的文字及数字,一般只占全格的二分之一,摘要栏文字如一格写不完时可以在下一格连续填写,但其金额应填在末一行的金额栏内。账簿余额结算时,应在元位以"—0—"表示结平。

(4)账簿上的一切记载,不准涂改、刀刮皮擦、挖补和用药水销蚀。

(5)因漏记使账页发生空格时,应在空格的摘要栏用红字注明"空格"字样。

(6)账簿记载均以人民币"元"为单位,元以下计至角、分位,分以下四舍五入。

2. 错账更正

在会计核算中,由于种种原因,可能会产生各种各样的差错,会计人员发现账簿记录错误时,应采用正确的方法进行更正。

(1)画线更正。凡在当日发现账簿记错日期或金额时,应以一道红线把全行数字划销,再将正确的数字填在划销数字的上边,并由记账员在红线左端盖章。如果划错红线,可在红线两端用红色墨水钢笔划"×"销去,并由记账员在右端盖章。如果文字写错,只需将错字用一道红线划销,将正确的文字写入画线文字的上方即可。

(2)红蓝字同方冲正。凡隔日发现记账串户,应填制同一方向的红蓝字冲正传票办理冲正。以红字传票在摘要栏注明“冲销×月×日错账”字样,记入错账串入户。在蓝字传票摘要栏注明“补充×月×日账”字样,记入正确账户。原传票和原记错账页的摘要栏用红字注明“已于×月×日冲正”字样。

(3)蓝字反向更正。如果发现上年度错账,应填制蓝字反方向传票更正,即先用蓝字填制一张与错账方向相反的传票,用以冲销错账;再用蓝字填制一张正确传票补记入账。在摘要栏注明“冲销×月×日错账”字样。

无论采用哪种方法更正错账,其冲正传票都必须经会计主管人员审查盖章后才能办理冲账,并对错账的日期、内容、金额及冲正的日期等进行登记,以便考核、分析研究、改进工作。另外,凡因冲正错账影响到利息计算的,都应计算应加、应减积数,并在余额表或乙种账页中注明。

【知识链接】

记账凭证容易出现的错误及检查技巧

记账凭证即日常会计人员所称的会计传票,它可以将经济业务从原始状态过渡至会计账簿之中,起到了桥梁和传递作用。记账凭证的主要职能是反映经济业务活动在会计处理上所实行的方法(即会计分录),明确会计处理责任。

一、记账凭证容易出现的错误

记账凭证的错误在许多方面与原始凭证有类似之处,记账凭证错误也可能是由于要素方面的错误,诸如日期错误、金额错误、计算错误、摘要错误、格式错误、编号错误等差错。但查账时更应当注意记账凭证错误的特点,找查其特殊之处。记账凭证的错误可能是来源于原始凭证,是原始凭证错误的继续,如会计人员取得伪造的原始凭证,而对其真伪未能鉴别,将其填制记账凭证、登记入账;也可能是填制记账凭证时操作的差误,与原始凭证的正确性无关,如凭证制作人员基本素质较差,将有关经济业务的处理即会计分录做错,使之不能反映经济业务活动的本来面目等。

记账凭证常见的错误主要有:

1. 摘要记录错误。记账凭证的摘要应当简要反映企业业务的基本情况,但避免过于简单,或者记录反映的内容和形式不规范,不能最低限度地说明经济业务活动的情况;或者用语不准确,容易造成误解,或者文字说明词不达意,与实际情况相距甚远;或者让其空缺不写,给舞弊者造成可趁之机。

2. 科目运用错误。没有正确运用有关会计科目,发生了性质运用错误,如将利息支出和金融企业往来支出、吸收存款与同业存款、应收利息和应收股利等混淆。内容错误,如将科目所包括的业务内容弄错,如混淆了银行支票、汇票和本票的区别,将银行汇票、本票列入库存现金等科目之中,将汇兑损益列入财务费用或管理费用之中等。对应关系错误,如将科目借方与贷方关系列错,出现多借多贷或者其他对应关系不明的现象等。

3. 凭证使用错误。收入凭证、支出凭证和转账凭证的用途不明,实际上商业银行可以直接用企业填制的原始凭证入账,在多数情况下,是使用单式记账法和单式凭证,这是与其他行业会计所不同的地方。如果不能正确掌握和应用商业银行会计的这种记账特点,将容易发生重复记账的现象。

4. 记账凭证无编号或者编号错误。记账凭证经常涉及两份及以上的原始凭证,此时应对原始凭证进行编号,用序号区分表示所附的不同的原始凭证;对于同一份原始凭证需要编制多张记账凭证的也要按规定进行编号。

5. 附件数量和金额错误。记账凭证所附的原始凭证的张数和内容与记账凭证不符,或者各张原始凭证所记金额的合计数与记账凭证记录金额不符。

6. 印鉴错误。对已入账记账凭证未加盖有关印章，或者加盖不全，使已入账的凭证与未入账凭证难以区分；有效的记账凭证与出错作废的凭证难以区分；记账凭证中没有记账、审核等人员的签章等。

二、检查记账凭证的内容

在检查记账凭证可能出现问题时，首先应当依据记账凭证的内容进行：

1. 记账凭证的基本要素是否完整，有无缺少或空白，主要是填制日期、编号、业务内容摘要、附原始凭证张数、会计科目及其借贷方向，填制、出纳、复核、会计主管人员的签章等是否清晰、准确。

2. 检查会计科目的运用是否符合经济业务的性质和内容，是否符合有关财务制度和会计制度的规定，借贷方向与金额是否正确。

3. 检查记账凭证签章栏，各级负责人和有关经办人的签章是否齐备。

4. 复核记账凭证各明细科目金额、合计金额是否正确，有无多计、少计和误计。

5. 核对记账凭证与对应的账簿记录是否一致，有无出入和账证不符的情况。

6. 与所附的原始凭证核对，视其数量、金额、摘要、证证有无不符的现象。

三、记账凭证的检查技巧

记账凭证的检查要与原始凭证及会计账簿的检查合理配合。如果只是独立地对记账凭证进行检查，往往只能发现其中存在的某些疑点或异常，却不能找到错误的依据。所以对记账凭证的检查一般既不是终点，也不是起点。

在顺查法情况下，对记账凭证的检查应建立在原始凭证检查的基础之上，根据原始凭证中的错弊追踪到记账凭证，视其有无“假账”真做，真账假做；记账凭证的检查应当是原始凭证检查的继续，而记账凭证的检查也为账簿的检查提供了方向和条件。逆查法，与前述情况相反。所以，查账人员要注意这一环节与其他环节的连接和互动，只有这样，才容易把握有关问题的发生、发展的来龙去脉，取得事半功倍之效。

【项目小结】

会计科目是对会计对象所作的科学分类；会计科目连接了核算方法，规范了核算对象内容，统一了核算口径。

记账方法是按一定的记账规则、使用一定的记账符号，将经济业务进行整理、分类和记入会计账簿的一种专门方法。记账方法可分为单式记账法和复式记账法。借贷记账法是根据复式记账原理，以资产等于负债加所有者权益的平衡公式为基础，以“借”和“贷”为记账符号，按照“有借必有贷，借贷必相等”的记账规则在账户中进行登记的一种复式记账方法。

会计凭证是记录经济业务的发生和完成情况，明确经济责任，并作为记账依据的书面证明。会计凭证可分为原始凭证和记账凭证：原始凭证分为外来原始凭证和自制原始凭证；证账凭证，按填制方式不同分为单式凭证和复式凭证，按适用范围不同分为基本凭证和特定凭证。会计凭证在编制时必须要素齐全，按规定审核、处理、管理、装订、传递和保管。

会计账簿是由具有一定格式的账页组成，以会计凭证为依据，全面、连续、系统地记载各种资金增减变动的记录簿籍。金融企业的会计账簿，大体上可分为分户账、总账、登记簿、序时账簿四种。会计账务处理程序是指金融企业经济业务发生时，从受理或填制会计凭证开始到编制会计报表为止的整个账务核算过程。账务核对是金融会计核算程序中的各有关部分，为防止差错所进行的核实和对账，确保账账、账款、账据、账实、账表及内外账务的全部相符。账务核对的方式主要有每日核对和定期核对两种。按一定的记账规则，正确登记账簿，发生错账可根据具体情况采用画线更正法、红蓝字同向更正法和蓝字反向更正法。

【课堂讨论】

1. 通过以上项目的学习，请同学们列举商业银行会计账务组织体系与其他行业会计账务组织体系的联系和区别。并谈谈商业银行账务组织体系的特点和作用。

2. 请同学们回顾或留意观察你在商业银行办理存取款业务时，银行职员是如何处理业务程序的，从中你能得到哪些启示。

【项目训练】

一、简答题

1. 简述商业银行会计凭证的特点，商业银行账务每日核对的内容。

2. 简要说明商业银行现金科目日结单的编制方法。

3. 商业银行内部使用的基本记账凭证有哪些？它们传递的原则及基本程序如何？

4. 商业银行账务组织包括哪两个系统，各自主要包括哪些账簿？

二、分录练习

海口某银行 2010 年 6 月 5 日发生下列业务（以下单位均在本行开户）：

1. 华夏公司将已到期的定期存款本息 104000 元转存入活期存款账户，办理转账。

2. 华夏公司申请贷款，金额 120000 元，期限 3 个月，经批准，同意贷款。

3. 大润发购物中心送存销货收入 320000 元现金。

4. 储户王伟欲将其活期储蓄存款账户上 10000 元存款转为一年期整存整取定期储蓄存款，办理转账。

5. 海汽公司提交现金支票金额 3000 元，提取备用金，审核无误，予以支付。

要求：根据以上资料编制会计分录。

三、练习会计等式的平衡关系

1. 海口某银行 2010 年 1 月 1 日资产、负债和所有者权益各项目的余额如下：

资产项目	金额	负债和所有者权益项目	金额
库存现金	125600	吸收存款——活期存款	789800
存放中央银行款项	279800	吸收存款——定期存款	375600
联行来账	204400	吸收存款——活期储蓄存款	112200
贷款——短期贷款	889200	吸收存款——定期储蓄存款	156000
贷款——中长期贷款	355000	联行往账	316400
固定资产	141000	实收资本	245000
合计	1995000	合计	1995000

2. 1 月上旬发生下列经济业务：

（1）收到储户王伟存入活期存款 87500 元，现金已入库。

（2）借款单位百乐购物中心以活期存款 90000 元归还短期贷款。

（3）收到居民张红存入定期存款 32000 元，现金已入库。

（4）向中国人民银行解交回笼现金 100000 元。

（5）华夏公司从银行提取现金 5000 元付讫。

（6）储户王伟将活期存款 16000 元转存定期存款。

要求：将发生的每一笔经济业务编制一张会计要素增减变动表，并检查其变动结果是否平衡。

项目二

商业银行存款业务核算

【项目目标】

为了完成本项目2个任务,你需要学习:
商业银行组织存款的意义
商业银行组织存款的种类和政策规定
商业银行组织各类存款业务账务处理和利息计算

【项目安排】

项目导入
相关知识
知识链接
项目小结
课堂讨论
项目训练

【技能目标】

通过完成本项目2个任务的实践(训),你应该能够:
熟悉商业银行组织存款业务的种类
熟悉商业银行组织存款业务原则和核算要求
掌握商业银行组织存款业务账务处理和利息核算

【核心技能】

正确掌握商业银行组织存款业务会计处理的操作技能
深刻领会商业银行组织存款业务在国民经济中的重要作用
掌握商业银行组织存款账务处理和利息的计算方法以及会计处理程序

项目导入

小明刚刚参加工作,工资虽然不高,但是从此产生了相对固定的月收入。她和同事在外合租了一间房,在计算每月开支后,每月可以盈余约500元,于是小明仔细规划了一下自己的资金使用计划。既然已经工作了,就尽量少向父母开口要钱,因为每月结余不多,想不到别的投资方式,她决定在每月工资下发后,固定把500元存入银行,以备不时之需,也开始为未来的生活积累资金。

同学们,假如父母给你的生活费有结余,你会像小明一样存入银行吗?还是你会选择别的方式处理?

相关知识

任务5　了解商业银行组织存款业务

知识要点：商业银行组织存款意义

商业银行的业务有很多，存款业务是其立行之本，是商业银行资金的主要来源。吸收存款是商业银行赖以生存和发展的基础。商业银行只有通过存款业务将资金集中起来，才能实现放款和投资等资产业务，因此不断扩大商业银行的存款业务是扩大放款和投资规模的主要途径。商业银行存款的业务量决定了放款的业务量，直接决定商业银行未来的利差收入，从而决定商业银行的经济效益。

商业银行存款主要有：单位存款、储蓄存款。

商业银行的负债业务可分为存款性负债业务和非存款性负债业务两大部分。存款性负债业务是指商业银行通过各种灵活多样的方式和渠道大力吸收公民个人、企事业单位及政府机构货币资金的业务活动。本项目主要介绍商业银行存款性业务。

一、商业银行组织存款业务种类

存款是商业银行以信用的方式吸收社会暂时闲置资金的筹资活动，是商业银行重要的负债业务和信贷资金的主要来源，可分为以下几类。

(1)按存款来源不同，可分为原始存款和派生存款。原始存款，也称现金存款或直接存款，即企事业单位或个人将现金支票或现金送存银行，增加存款户的货币资金。它除包括公款存款、私人存款两部分外，还包括银行之间的存款即同业存款。派生存款，也称转账存款或间接存款，是指银行以贷款方式自己创造的存款。这种存款的增加，会增加社会的货币供应量。

(2)按存款性质不同，可分为一般性存款、居民个人储蓄存款和财政存款。

①一般性存款是指商业银行吸收的各单位的存款。政府对公款私存的控制：1999 年 11 月 1 日起实行利息税，税率 20%；2000 年 4 月 1 日起存款实名制；2007 年 8 月 5 日起利息税率 5%；2008 年 10 月 9 日起免征所得税。

②居民个人储蓄存款是商业银行吸收城乡居民的闲置资金形成的存款，其特点有：开设该账户的客户；存折、存取款；活期储蓄、定期储蓄；储蓄存款属个人性质。

③财政性存款是指各行经办的财政预算内存款及集中待缴财政的各种款项形成的存款。这种存款也可增加社会的货币供应量。

(3)按存款期限不同，可分为活期存款和定期存款。活期存款是存入时不确定存期，可以随时存取的存款，主要包括单位活期存款和个人活期存款。定期存款是在存款时约定存期，到期支取的存款。其特点有：①期限固定；②持有者获得利息收入，期限越长，利率越高，收益越多；③开设该账户的客户；④银行签发定期存单作为存款凭证，不可转让，可抵押。主要包括单位定期存款和个人定期存款。

(4)按存取式不同，可分为支票存款、存单存款、存折存款、通知存款、协定存款等。支票存款是使用支票办理存取手续的存款方式；存单存款是存款人在存款时所获得存入款项的单据证明，也可称为定期存单；存折存款是使用存折办理存取款手续的存款方式；通知存款是存款人在存入款项时不约定存期，需要支取存款时提前通知银行，按照通知约定的取款日期和金额支取款项的一种存款方式；协定存款是存款人与开户银行签订协定存款合同，约定结算账户的留存额度，超过约定留存额度部分的存款转为协定存款，单独计算计息积数并按协定存款利率计算利息的一种存款方式。

(5)按存款币种不同,可分为人民币存款和外币存款。人民币存款是单位或个人存入人民币款项而形成的存款;外币存款是单位或个人将其外汇资金存入银行,并随时或约期支取的存款。

二、商业银行组织存款业务核算要求

为加强对存款及其结算账户的管理,各存款人应按规定在商业银行开立各种结算账户。

1. 商业银行组织存款账户的设置

存款账户按管理要求的不同划分为基本存款账户、一般存款账户、专用存款账户和临时存款账户。

(1)基本存款账户,是存款人因办理日常转账结算和现金收付的需要而开立的银行结算账户。基本存款账户是存款人的主要账户,每个单位只能拥有一个基本账户。存款人日常经营活动的资金收付及其工资、奖金等现金的支取,应通过该账户办理。

(2)一般存款账户,是存款人因借款或其他结算需要,在基本存款账户开户行以外的银行营业机构开立的银行结算账户。该账户用于办理存款人借款转存、借款归还和其他结算的资金收付。该账户可以办理现金缴存,但不得办理现金支取。

(3)专用存款账户,是存款人按照法律、行政法规和规章,对其特定用途资金进行专项管理和使用而开立的结算账户。专用存款账户用于各项专用资金的收付。

(4)临时存款账户,是存款人因临时需要并在规定期限内使用而开立的银行结算账户。该账户用于办理临时机构以及存款人临时经营活动发生的资金收付。

2. 商业银行组织存款账户的开立

存款单位开立账户时应到拟开户行领取空白“开户申请书”和“印鉴卡”一式三份,如实填写各项内容,并加盖与账户名称一致的单位公章和法人章或根据法人授权书的内容加盖其授权人章;在“印鉴卡”上还可加盖单位财务专用章和法人章,或加盖财务专用章、法人章和财务主管人员章。开户申请人还应提交:营业执照,国家外汇管理规定须提供的资料和批文(开立外汇存款账户时需要),企业标准代码证书,银行需要的其他资料等。

3. 商业银行组织存款账户的管理

(1)单位基本存款账户的存款人只能在一个银行开立一个基本存款账户。

(2)存款人开立基本存款账户、临时存款账户和预算单位开立专用存款账户实行核准制度。经人民银行核准后,由开户行核发开户登记证。但存款人因注册验资需要开立的临时存款账户除外。

申请开立一般存款账户,应向开户银行出具开立基本存款账户规定的证明文件、基本存款账户登记证和借款合同。申请开立专用存款账户时,存款人应出具开立基本存款账户规定的证明文件、基本存款账户登记证和经有权部门批准立项的文件或有关部门的批文等。申请开立临时存款账户,存款人应向银行出具工商行政管理机关核发的营业执照、临时执照或有权部门同意设立外来临时机构的批文。

(3)存款人可以自主选择银行开立结算账户。开户可以实行双向选择,存款人可以自主选择银行,银行也可以自愿选择存款人开立账户,银行不得违反规定强行拉客户在本行开户,任何单位和个人也不能干预存款人在银行开立和使用账户。

(4)存款人开立和使用银行结算账户,不得利用银行结算账户进行偷逃税款、逃废债务、套取现金及其他违法犯罪活动,也不允许出租和转让他人。

三、商业银行组织存款会计科目设置

(1)“吸收存款”科目属于负债类,核算企业(银行)吸收的除同业存放款项以外的其他各种存款,包括单位存款(企业、事业单位、机关、社会团体等)、个人存款、信用卡存款、特种存款、转贷款资金和财政性存款等。银行收到客户存入的款项时,应按实际收到的金额,借记“存放中央银行款项”、“库存现金”等科目,按存入资金的本金,贷记本科目(本金),按其差额,贷记或借记本科目(利息调整);支取款项时,应按归还的金额,借记本科目(本金),贷记“存放中央银行款项”、“库存现金”等科目,按应转销的利息调整金额,借记或贷记本科目(利息调整),按其差额,贷记或借记“利息支出”科目;余额反映在贷方,反映企业吸收的除同业存放款项以外的其他各项存款余额。本科目应当按照存款类别及存款单位。分别设置“本金”、“稍息调整”等进行明细核算。

(2)“利息支出”科目属于损益类,核算商业银行在吸收存款、发行金融债券等业务中按国家规定的适用利率向债权人支付的利息。金融机构之间发生拆借、存款等业务以及贴现、转贴现资金的利息支出,在“金融企业往来支出”科目中核算,不在本科目核算。

商业银行定期计提应付利息时,借记本科目,贷记“应付利息”、“发行债券(应付利息)”、“吸收存款”、“存放中央银行款项”等科目。期末应将本科目余额结转利润,借记“本年利润”科目,贷记本科目,结转后本科目应无余额。

(3)“应付利息”科目属于负债类,核算商业银行吸收存款或发生借款的当期应付而未付的利息。商业银行计算应付利息时,借记“利息支出”、“金融企业往来支出”等科目,贷记本科目;实际支付利息时,借记本科目,贷记“活期存款”、“定期存款”等科目;余额反映在贷方。

(4)“应交税费”科目属于负债类,核算企业按照税法规定计算应交的各种税费,包括增值税、消费税、营业税、所得税、资源税、土地增值税、城市维护建设税、房产税、土地使用税、车船使用税、矿产资源补偿费等。银行代扣代缴的个人所得税等,也通过本科目核算。商业银行发生应交税款项时,借记“银行存款”等科目,贷记本科目;上缴税款时,贷记本科目,借记“银行存款”等科目;余额在贷方。本科目其期末贷方余额反映银行未交的税费。

相关知识

任务6　掌握商业银行组织存款业务核算

知识要点:商业银行组织存款的原则

储蓄存款的原则是:存款自愿、取款自由、多存不限、为储户保密。

单位存款的原则是:商业银行有权(另有法律规定的除外)拒绝任何其他单位或个人查询;拒绝任何其他单位和个人冻结扣划;并保证存款本金和利息的按期支付。

一、单位存款业务核算

(一)存款业务的种类和特点

单位存款根据存款币种不同,可分为单位人民币存款、单位外汇存款。

1. 单位人民币存款

具体包括单位活期存款、单位定期存款、单位协定存款和单位通知存款四类。

(1)单位活期存款。

①概念及特点:一种随时可以存取、按结息期计算利息的存款,其存取主要通过现金或转账办理。其特点为:不固定期限,客户存取方便,随时可以支取。

②业务程序:存款单位开立账户时应到拟开户行领取和如实填写“开户申请书”和“印鉴卡”一式三份,并加盖规定印章。同时,开户申请人还应提交营业执照、企业标准代码证书等规定资料。

③分类:分为基本存款账户、一般存款账户、临时存款账户和专用存款账户。

(2)单位定期存款。

单位定期存款是指银行与存款人双方在存款时事先约定期限、利率,到期后支取本息的存款。起存金额为1万元,存期分为三个月、半年、一年三档。客户若临时需要资金,可办理提前支取或部分提前支取。

(3)单位协定存款

单位协定存款是指客户通过与银行签订《协定存款合同》,约定期限、商定结算账户需要保留的基本存款额度,由银行对基本存款额度内的存款按结息日或支取日活期存款利率计息,超过基本存款额度的部分按结息日或支取日人民银行公布的高于活期存款利率、低于六个月定期存款利率的协定存款利率给付利息的一种存款。起存金额为10万元。

客户开户的前提是:须同时开立基本存款账户或一般存款账户(简称“结算户”或A户),用于正常经济活动的会计核算,电脑才会自动生成协定存款账户(B户)。

业务程序:开户—存入—支取—结息—销户。

(4)单位通知存款。

单位通知存款是指存款人在存入款时不约定存期,支取时需提前通知金融机构,约定支取日期和金额方能支取的存款。

业务程序:开户—存入—通知—支取—清户。

2. 单位外汇存款(对公外汇存款)

单位外存款是银行吸收境内依法设立的机构、驻华机构和境外机构外汇资金的业务。其账户开立要求除与单位人民币存款相同外,还须提供国家外汇管理局规定的资料和批文。

(1)按照期限长短分为活期对公外汇存款和定期对公外汇存款。

中资企业外汇定期存款可分为一个月、三个月、六个月、一年、二年五档;外商投资企业、国内外金融机构外汇定期存款,分为七天通知、一个月、三个月、六个月、一年、二年六档。七天通知存款的起存金额不低于50万美元。

(2)按照金额大小分为小额外币存款和大额外币存款。

①小额外币存款:利率按银行业协会的规定执行,期限包括活期、七天通知、1个月、3个月、6个月、1年或2年。

②大额外币存款。

a. 起存金额按银行协会的规定执行。目前各币种起存金额分别为美元300万(含)、英镑200万(含)、欧元340万(含)、日元3亿(含)、港币2300万(含)、加拿大元440万(含)、瑞士法郎530万(含)。

b. 币种:美元、英镑、欧元、日元、港币、加拿大元、瑞士法郎及其他可自由兑换货币。

c. 期限:1个月、3个月、6个月、1年、2年或双方协商一致的其他期限。

d. 大额外币存款的基准利率和最高利率以国际金融市场同业拆借利率(LIBOR)为基准,参照银行协会和同业的利率水平进行调整。

(二)活期存款业务的核算

1. 存入现金的核算

单位存入现金时,应填写一式二联现金缴款单或送款单(见表2-2-1),连同现金交银行出纳部门。出纳部门经审查凭证点收现金,登记现金收入日记簿,并复核签章后,将第一联加盖“现金收讫”章后作为回单退交存款人，第二联送会计部门，凭以代现金收入传票登记单位存款分户账。其会计分录为：

借：库存现金

　　贷：吸收存款——活期存款——××单位存款户——本金

【例2-2-1】 某银行收到锅炉厂解交的现金88000元，清点无误，根据解款单第二联，作如下分录：

借：库存现金　　88000

　　贷：吸收存款——活期存款——锅炉厂——本金　　88000

表2-2-1　中国××银行现金存款单（现收传票）

科目：　　　　年　月　日

<table>
<tr><td>存款单位全称</td><td></td><td>账　号</td><td colspan="9"></td></tr>
<tr><td>款项来源</td><td></td><td>开户银行</td><td colspan="9"></td></tr>
<tr><td colspan="3" rowspan="2">人民币
（大写）</td><td>百</td><td>十</td><td>万</td><td>千</td><td>百</td><td>十</td><td>元</td><td>角</td><td>分</td></tr>
<tr><td></td><td></td><td></td><td></td><td></td><td></td><td></td><td></td><td></td></tr>
</table>

<table>
<tr><td rowspan="2">券别</td><td rowspan="2">张数</td><td colspan="8">金　额</td><td rowspan="2">券别</td><td rowspan="2">张数</td><td colspan="6">金　额</td></tr>
<tr><td>十</td><td>万</td><td>千</td><td>百</td><td>十</td><td>元</td><td>角</td><td>分</td><td>千</td><td>百</td><td>十</td><td>元</td><td>角</td><td>分</td></tr>
<tr><td>一百元券</td><td></td><td></td><td></td><td></td><td></td><td></td><td></td><td></td><td></td><td>五角券</td><td></td><td></td><td></td><td></td><td></td><td></td><td></td></tr>
<tr><td>五十元券</td><td></td><td></td><td></td><td></td><td></td><td></td><td></td><td></td><td></td><td>二角券</td><td></td><td></td><td></td><td></td><td></td><td></td><td></td></tr>
<tr><td>贰拾元券</td><td></td><td></td><td></td><td></td><td></td><td></td><td></td><td></td><td></td><td>一角券</td><td></td><td></td><td></td><td></td><td></td><td></td><td></td></tr>
<tr><td>十元券</td><td></td><td></td><td></td><td></td><td></td><td></td><td></td><td></td><td></td><td>五分币</td><td></td><td></td><td></td><td></td><td></td><td></td><td></td></tr>
<tr><td>五元券</td><td></td><td></td><td></td><td></td><td></td><td></td><td></td><td></td><td></td><td>二分币</td><td></td><td></td><td></td><td></td><td></td><td></td><td></td></tr>
<tr><td>二元券</td><td></td><td></td><td></td><td></td><td></td><td></td><td></td><td></td><td></td><td>一分币</td><td></td><td></td><td></td><td></td><td></td><td></td><td></td></tr>
<tr><td>一元券</td><td></td><td></td><td></td><td></td><td></td><td></td><td></td><td></td><td></td><td></td><td></td><td></td><td></td><td></td><td></td><td></td><td></td></tr>
</table>

2. 支取现金的核算

支票户向银行支取现金时，应签发现金支票（见图2-2-1），并在支票上加盖预留印鉴，由收款人背书后送交会计部门。会计部门接到现金支票后，应重点审查：支票是否真实；记载事项是否齐全；大小写金额是否相符；是否超过提示付款期限（支票的提示付款期限从出票日起十天）；其签章与预留印鉴是否相符（见图2-2-2）；出票人账户是否有足够支付的存款；是否背书等。经审查无误后，以现金支票代现金付出传票登记分户账后，交出纳部门凭以付款。其会计分录为：

借：吸收存款——活期存款——××单位存款户——本金

　　贷：库存现金

会计人员签章、复核，出纳员根据现金支现金付出日记簿，配款复核后，向取款人支付现金。

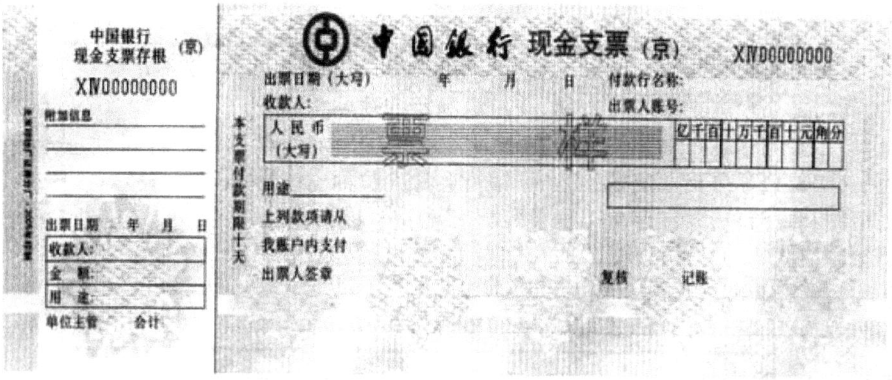

图 2－2－1　现金支票正面格式

附加信息:	收款人签章 年 月 日	(贴粘单处)
	身份证件名称:　　发证机关:	
	号码	

图 2－2－2　现金支票背面格式

(三)单位定期存款的核算

定期存款商业银行与存款人双方在存款时事先约定期限、利率,到期后支取本息的存款。定期存款用于结算或从定期存款账户中提现金。客户若临时需要资金可办理提前支取部分提前支取。

1. 存入定期存款

单位存入定期存款时,需向商业银行提交单位存款存入凭条,并预留印鉴。商业银行从其单位活期存款账户中转出预存款项,为其开立定期存款账户。商业银行按规定审查无误后,以支票作转账借方传票并凭以填制一式三联单位定期存款证实书。经复核后,以第一联代定期存款转账贷方传票,第三联作定期存款卡片账,第二联加盖业务公章和经办人员名章后交存款人作存款凭据。其会计分录为:

借:吸收存款——活期存款——××单位活期存款户——本金

　贷:吸收存款——定期存款——××单位定期存款户——本金

2. 支取定期存款

定期存款方式有以下几种。

①到期全额支取,按规定利率本息一次结清。

②全额提前支取，商业银行按支取日挂牌公告的活期存款利率计付利息。

③部分提前支取，若剩余定期存款不低于起存金额，则对提取部分按支取日挂牌公告的活期存款利率计付利息，剩余部分存款按原定利率期限执行；若剩余定期存款不足起存金额，则应按支取日挂牌公告的活期存款利率计付利息，并对该项定期存款予以清户。

人民币单位定期存款在存期内按照存入日挂牌公告的定期存款利率计付利息，遇利率调整，不分段计息。单位持存单支取定期存款时，银行会计人员抽出该户卡片进行核对。核对无误后，计算出利息，填制利息清单，并在存单上加盖“结清”戳记。以存单代定期存款转账借方传票，卡片账作附件，另编制三联特种转账传票，一联代利息支出科目转账借方传票，一联代活期存款账户转账贷方传票，另一联代收账通知交存款人。

借：吸收存款——定期存款——××单位定期存款户——本金

　　应付利息——期存款利息支出户

　　贷：吸收存款——活期存款——××单位活期存款户

定期存款到期后，如果单位要求续存，可以按结清旧户另开新存单办理。

（四）单位其他存款形式

单位存款还包括通知存款、协定存款和集团账户存款业务。这三种存款业务资金的存入和支取与前述定期存款相同，在此只对相关业务规定进行简单介绍。

1. 单位通知存款

单位通知存款是存款人在存入款项时不约定存期，需要支取存款时提前通知银行，按照通知约定的取款日期和金额支取款项的一种存款方式。

①单位通知存款开户。凡在开户行开立人民币基本存款账户或一般账户的企业、事业、机关、部队、社会团体和个体经济户等单位，只要通过电话或书面通知开户行的公司存款部门，即可申请办理通知存款。客户不需要约定存期，只在支取时事先通知存款银行。

开户时单位须提交开户申请书、营业执照正本副本影印件等，并预留印鉴。印鉴应包括单位财务专用章、单位法定代表人章（或主要负责人章）、财务人员章及辨码印鉴（适用于具备条件的分支机构）。商业银行为客户开出记名式《单位通知存款开户证实书》（以下简称证实书，见表2－2－2）。证实书仅对存款单位证实，不得作为质押权利凭证。证实书如果遗失，银行不予办理挂失，不再补发新的证实书。支取存款时，客户应向银行出具证实书遗失公函，银行按约定支取方式办理取款手续。

表2－2－2　中国××银行单位定期存款开户证实书

年　　月　　日　　No.

<table>
<tr><td>存款人名称</td><td colspan="3"></td><td colspan="4">存款人账号</td><td colspan="6"></td></tr>
<tr><td>存　　期</td><td></td><td>利　率</td><td></td><td colspan="4">到　期　日</td><td colspan="6">年　月　日</td></tr>
<tr><td rowspan="2">金额</td><td colspan="3" rowspan="2">人民币
（大写）</td><td>千</td><td>百</td><td>十</td><td>万</td><td>千</td><td>百</td><td>十</td><td>元</td><td>角</td><td>分</td></tr>
<tr><td></td><td></td><td></td><td></td><td></td><td></td><td></td><td></td><td></td><td></td></tr>
<tr><td colspan="8">贵单位已在我行开立单位定期整存整取存款
（银行业务公章）</td><td colspan="6">备注：
本证实书仅对存款人开户证实，不得作为质押的权利凭证。</td></tr>
</table>

复合　　　　　　记账　　　　　　制票

②单位通知存款存入。通知存款为记名式存款，起存金额为50万元，须一次性存入，可以选择现金存入或转款存入，存入时不约定期限。

通知存款不管实际存期的长短，统一按存款人取款提前通知的期限长短划分为一天通知存款和七天通知存款两个品种。一天通知存款必须至少提前一天通知约定支取存款,七天通知存款必须至少提前七天通知约定支取存款。单位选择通知存款品种后不得变更。存款人进行通知时应向开户银行提交《单位通知存款取款通知书》,提交方式有客户本人到银行或者传真通知,但支取时须向银行递交正式通知书。

③单位通知存款支取。单位通知存款可一次或分次支取,每次最低支取额为 10 万元以上。支取存款利随支清,支取的存款本息只能转入存款单位的其他存款户,不得支取现金。具体支取方式包括:

a. 单笔全额支取,存款单位需出具单位通知存款证实书。

b. 部分支取,部分支取须到开户行办理。部分支取时账户留存金额不得低于 50 万元,低于 50 万元起存金额的,做一次性清户处理,并按清户日挂牌活期利率计息办理支取手续并销户。留存部分金额大于 50 万元的,银行按留存金额、原起存日期、原约定通知存款品种出具新的通知存款证实书。

④注意事项。客户应与银行约定取款方式,填写《通知存款支取方式约定书》;清户时,客户须到开户行办理手续,银行将账户本息以规定的转账方式转入其指定的账户;单位通知存款利率按中国人民银行规定同期利率执行。单位通知存款实行账户管理,其账户不得做结算户使用。

2. 协定存款

协定存款是指客户通过与银行签订《协定存款合同》,约定期限、商定结算账户需要保留的基本存款额度,由银行对基本存款额度内的存款按结息日或支取日活期存款利率计息,超过基本存款额度的部分按结息日或支取日人民银行公布的高于活期存款利率、低于六个月定期存款利率的协定存款利率给付利息的一种存款。

①开户与资金存入。单位应与开户行签订《协定存款合同》,合同期限最长为一年(含一年),到期任何一方如未提出终止或修改,则自动延期。凡申请在商业银行开立协定存款账户的单位,须同时开立基本存款账户或一般存款账户(以下简称"结算户"),用于正常经济活动的会计核算,该账户称为 A 户,同时电脑自动生成协定存款账户(以下简称 B 户)。如单位已有结算账户,则将原有的结算账户作为 A 户,为其办理协定存款手续。

协定存款只对结算账户流水 50 万元以上的存款单位办理,结算账户转协定存款后的留存额度最低为 10 万元。

单位存款资金往来全部通过结算账户往来,由银行根据结算账户存款变化情况以及约定留存额度自动在活期存款与协定存款之间进行调整,调整的金额起点为 1 万元。结算账户存款余额超过约定留存额度的,将超过部分自动计入协定存款积数中;存款余额低于约定留存额度或通过结算账户支付款项超过留存额度,由会计核算系统自动从协定存款转入活期存款。

②支取与结息。协定存款账户的 A 户视同一般结算账户管理使用,可用于现金转账业务支出,A 户、B 户均不得透支,B 户作为结算户的后备存款账户,不直接发生经济活动,资金不得对外支付。

每季末月 20 日或协定存款户(B 户)销户时应计算协定存款利息。结算账户中的活期存款与协定存款分别计算计息积数,结息日根据活期存款与协定存款计息积数分别按照活期存款利率和协定存款利率计算利息。季度计息统一于季度计息日的次日入账;如属协定存款合同期满终止续存,其销户前的未计利息于季度结息时一并计入结算户(A 户)。

③销户。协定存款合同期满,若单位提出终止合同,应办理协定存款户销户,将协定户(B 户)的存款本息结清后,全部转入基本存款账户或一般存款账户中。

结清 A 户,B 户也必须同时结清。在合同期内原则上客户不得要求清户。如有特殊情况,须提出书面声明,银行审核无误后,办理清户手续。

④注意事项。如开户行已开办通存通兑业务的，协定存款账户（A户）内资金可以在其他已联网机构使用；协定存款余额两年以上（含两年）低于起存金额的，将利息结清后，作为一般账户处理，不再享受优惠利率；协定存款账户连续使用两年以后仍需继续使用，须与银行签订《协定存款合同》。

3. 集团账户存款

集团账户存款业务主要是指集团总公司一级账户的存款业务。集团总公司通过集团一级账户资金的上收和下拨，在其子公司之间进行资金的灵活调剂，达到加强资金的集中管理，提高资金使用效率的目的。

①集团账户的开立与使用。集团总公司和其子公司均作为独立的法人，在银行开立结算存款账户。集团总公司开立的账户作为集团一级分户账账户，集团子公司开立的账户作为集团二级分户账账户，集团二级分户账账户是集团一级分户账账户的补充反映，其账户存款余额、存款积数、存款利息等只作为控制数据，便于与其总公司进行资金清算。由于集团总公司一级分户账账户是其各子公司二级分户账账户的总括反映，因此集团总公司一级分户账账户应保持一定的存款余额，保证其子公司二级分户账账户的正常结算支付需要，在集团一级账户存款余额不足的情况下，必须限制其子公司的支付，在集团子公司账户发生款项冻结时，其总公司以及存款账户也应受到相应数额的冻结控制。

②集团账户存款的账务结转。集团子公司二级存款账户每发生一笔结算收付业务，必须及时在其总公司集团一级存款分户账上体现，即集团二级分户账账务结转一级分户账，该过程一般由计算机系统自动完成。通过计算机特定处理，结转之后子公司仍可查阅其账户中已结转的部分，以便于控制其资金头寸。

（五）对账与销户

1. 对账

对账是指商业银行与单位核对存款账户余额。商业银行与开户单位的经济往来，由于双方记账时间有先后以及发生技术性差错等原因，会导致双方账务不相符或产生未达账项。为了及时查清未达账项，保证内外账务相符和保护存款安全，商业银行必须与开户单位经常进行账务核对。

商业银行与单位的对账，可分为随时对账和定期对账两种形式。

①随时对账。商业银行为支票存款户记账，采用套写账页，商业银行会计每记满一页，就将账页的对账联交单位对账；单位以对账联与其银行往来账逐笔进行核对，发现问题，及时到银行查明更正。这种对账形式，适用于逐笔核对发生额，可防止双方账务记载中的错误。

②定期对账。商业银行与单位除平时对账外，商业银行还应于每季度末及每年11月末向开户单位填发一式两联"余额对账单"，交给开户单位对账。开户单位核对后，如经核对发现不符，应在对账单回单联注明未达账项及金额，以便双方查找处理。对于双方账务长期不符的开户单位，要采取必要的措施限期查清。商业银行将开户单位退回的对账回单按科目、账号顺序排列装订保管。

2. 销户

存款单位因迁移、合并、停产等原因不再使用原来存款账户时，应及时到商业银行办理销户手续。银行办理销户时，应首先与销户单位核对存款账户余额，核对相符后，对应计算利息的存款账户要结清利息。对支票存款户，应收回所有空白支票，对存折存款户，应收回存折注销。然后将原存款账户的余额转入其他存款账户或其他地区金融机构。撤销后的账户应停止使用。

二、储蓄存款业务核算

1. 储蓄存款原则和种类

储蓄存款指为居民个人积蓄货币资产和获取利息而设定的一种存款。储蓄存款基本上可分为活期和定期两种。活期储蓄存款虽然可以随时支取，但取款凭证——存折不能流通转让，也不能透支。传统的定期储蓄存款的对象一般仅限于个人和非营利性组织，且若要提取，必须提前七天事先通知银行，同时存折不能流通和贴现。

（1）储蓄原则

我国的储蓄原则是："存款自愿、取款自由、存款有息、为储户保密。"居民个人所持有的现金是个人财产，任何单位和个人均不得以各种方式强迫其存入或不让其存入储蓄机构。同样，居民可根据其需要随时取出部分或全部存款，储蓄机构不得以任何理由拒绝，并要支付相应利息。储户的户名、账号、金额、期限、地址等均属于个人隐私，任何单位和个人没有合法的手续均不能查询储户的存款。

（2）储蓄种类

储蓄按期限不同，分为活期储蓄和定期储蓄两大类。其中定期储蓄可分为整存整取、零存整取、整存零取、存本取息、定活两便、协议存款、通知存款、教育储蓄。

按币种不同，可分为人民币储蓄、外币储蓄。

2. 活期储蓄存款核算

（1）开户

步骤1：储户持本人有效身份证件，填写"活期储蓄存款凭条"（见表2－2－3），连同现金、身份证件一并提交银行。

表2－2－3　中国××银行存款凭条

年　　月　　日　　　　　序号：

客户填写	户名＿＿＿＿ 账（卡）号＿＿＿＿ 顺序号＿＿＿＿ 币种（√）：人民币□ 港币□ 美元□ 英镑□ 其他＿＿＿ 开户的客户请继续填写背面	金额	百 十 万 千 百 十 元 角 分
日期：	日志号：	交易码：	币种：
金额：	终端号：	主　管：	柜员：

步骤2：银行审查凭条、验明身份证件并点收现金无误后，登记开销户登记簿，编列账号，开立分户账和签发存折，然后以存款凭条代现金收入传票入账。经复核凭条、存折及分户账各项内容并复点现金无误后，在存款凭条上加盖"现金收讫"章和名章后留存，分户账加盖复核名章后专夹保管，存折加盖业务公章和名章后与身份证件一并交储户。会计分录为：

借：库存现金

　　贷：吸收存款——活期储蓄存款——××人户

（2）续存

步骤1：储户填写"活期储蓄存款凭条"，连同现金、存折一并提交银行。

步骤2：银行审查存折、凭条和点收现金无误，并核对账折相符后，登记分户账和存折，结出本次金额，同时还应根据分户账上次余额及实存天数计算出积数，填入分户账与上次余额相对应的积数栏中。然后，将存折退交储户，存款凭条代现金收入传票留存。会计分录为：

借：库存现金

　　贷：吸收存款——活期储蓄存款——××人户

（3）支取

步骤1：储户口述取款要求，存折提交银行。

步骤2:银行审查存折并核对账折无误后,登记分户账和存折,结出本次余额,同时还应根据分户账上次余额及实存天数计算出积数,填入分户账与上次余额相对应的积数栏中。经复核无误,根据支取金额配款,将现金和存折交储户,在取款凭条(见表2-2-4)上加盖“现金收讫”章及名章后,代现金付出传票留存。会计分录为:

借:吸收存款——活期储蓄存款——××人户

　　贷:库存现金

表2-2-4　　中国××银行取款凭条

年　　月　　日　　序号:

<table>
<tr><td rowspan="7">客户填写</td><td colspan="10">户名______ 账(卡)号______ 顺序号______</td></tr>
<tr><td colspan="10">币种(√):人民币□ 港币□ 美元□ 英镑□ 其他______</td></tr>
<tr><td>现金或转账(√)　现金□ 转账□</td><td rowspan="2">金额</td><td>百</td><td>十</td><td>万</td><td>千</td><td>百</td><td>十</td><td>元</td><td>角</td><td>分</td></tr>
<tr><td>转入账(卡)号______ 顺序号______ 户名______</td><td></td><td></td><td></td><td></td><td></td><td></td><td></td><td></td><td></td></tr>
<tr><td colspan="10">______</td></tr>
<tr><td colspan="10">取款人证件名称______ 号码______</td></tr>
<tr><td colspan="10">代理人证件名称______ 号码______ 代理人签名______ (客户印鉴)</td></tr>
<tr><td colspan="11">日期:　日志号:　交易码:　币种:
金额:　终端号:　主　管:　柜员:</td></tr>
</table>

(4)销户

若储户要求注销账户,则应将账户内的款项全部取出,并本息一并结清,其处理手续与支取时基本相同。但销户时应根据计算的利息填制一式两联利息清单,一联连同本息一起交储户,另一联留存,于营业终了后,汇总编制利息支出科目传票。同时,在取款凭条、存折和分户账上加盖“结清”戳记,存折作为取款凭条的附件,分户账另行保管,并销记开销户登记簿。会计分录为:

借:吸收存款——活期储蓄存款——××人户

　　应付利息——活期储蓄利息户

　　贷:库存现金

3. 定期储蓄存款业务核算

定期储蓄存款是指存入时约定存款期限,一次或分次存入本金,到期一次或分次支取本金和利息的一种储蓄方式。定期储蓄主要有以下几种:整存整取、零存整取、存本取息、整存零取、定活两便款、通知存款、教育储蓄。

(1)整存整取定期储蓄存款核算

整存整取定期存款是在存款时约定存期,一次存入本金,全部或部分支取本金和利息的服务。起点金额与存期:整存整取定期存款50元起存,其存期分为三个月、半年、一年、二年、三年、五年。

①开户。储户来银行开户时,应填写整存整取定期储蓄存款凭证,连同身份证件和现金交银行。银行审核凭证和身份证件,根据存款凭证的金额清点现金。经点收无误后,填制一式三联整存整取定期储蓄存单,第一联代现金收入传票办理转账,第二联作存单退储户保管,第三联作卡片账由银行留存。其会计分录如下:

借:库存现金

　　贷:吸收存款——定期储蓄存款——整存整取定期储蓄存款××户

同时,登记开销户登记簿。如储户要求凭印鉴支取,则除了在第一、三联上预留印鉴外,各联均应加盖凭印鉴支取戳记和经办人名章。

②支取的核算。

到期支取。储户持到期存单取款时，抽出该户卡片账与存单核对，凭印鉴支取的，还应核对印鉴；若大额支取还应出示身份证件。银行审核无误后，按规定计算出应付利息，将利息分别填写在存单和卡片账上，销记开销户登记簿，同时填制两联利息清单，以存单代现金付出传票办理转账。其会计分录如下：

借：吸收存款——定期储蓄存款——整存整取定期储蓄存款××户

　　利息支出——定期存款利息支出户

　　贷：库存现金

　　　　应付税费——代扣利息税

将现金、利息清单（第二联）、身份证件与客户。

a. 过期支取。储户持过期存单取款时，其处理手续与到期支取相同，但利息计算应包括到期利息和过期利息。

b. 提前支取。存款尚未到期，储户如急需用款，可以凭本人身份证件办理全部提前支取或部分提前支取。

c. 全部提前支取时，应交验存款人身份证件，经查验无误后，在存单背面摘录证件名称、号码、发证机关，然后在存单和卡片账上加盖“提前支取”戳记，并按提前支取规定计付利息。其余手续与到期支取相同。

d. 部分提前支取时，除对支取部分按提前支取办法支付本息并注销原存单外，对未取部分应另开新存单，并在新存单上注明原存入日期、利率和到期日以及“由××号存单部分转存”字样。其会计分录如下：

借：吸收存款——定期储蓄存款——整存整取定期储蓄存款××户（全部本金）

　　利息支出——定期储蓄利息支出户（提前支取部分利息）

　　贷：库存现金（提前支取部分应给储户的本息）

　　　　定期储蓄存款——整存整取定期储蓄存款××户（续存本金）

　　　　应付税费——代扣利息税

（2）零存整取定期储蓄存款核算

零存整取存款是指客户按月定额存入，到期一次支取本息的服务。起点金额与存期：零存整取存款人民币5元起存，多存不限。零存整取存款存期分为一年、三年、五年。存款金额由客户自定，每月存入一次。

①开户和续存。储户申请开户时，应填写零取储蓄存款凭条，连同身份证件和现金交经办人员。银行审核凭证和身份证件，根据存款凭证的金额清点现金。经点收无误后，凭以开立零存整取储蓄存款存折，登记分户账、开销户登记簿。其分户账按所编列账号排列保管，并以存款凭条代现金收入传票，办理转账。其会计分录如下：

借：库存现金

　　贷：吸收存款——定期储蓄存款——零存整取定期储蓄存款××户

经复核后，存折和身份证件交与储户。凭印鉴支取的，应预留印鉴，并加盖凭“印鉴支取”的戳记。储户在存期内续存时，应将存折与分户账核对相符后，再按与开户手续相同的程序办理。

②支取。储户持存折来银行支取现金，账折见面，计算利息，在存折和分户账上填记本金、利息和本息合计数，同时填写利息清单，销记开销户登记。其会计分录如下：

借：吸收存款——定期储蓄存款——零存整取定期储蓄存款××户

　　利息支出——定期存款利息支出户

　　贷：库存现金

　　　　应付税费——代扣利息税

定期储蓄存款业务的过期支取、提前支取,比照整存整取。

(3)存本取息定期储蓄存款核算

存本取息是指存款本金一次存入,约定存期及取息期,存款到期一次性支取本金,分期支取利息的业务。起点金额与存期:存本取息定期存款5000元起存。存本取息定期存款存期分为一年、三年、五年。存本取息定期存款取息日由客户开户时约定,可以一个月或几个月取息一次;取息日未到不得提前支取利息;取息日未取息,以后可随时取息,但不计复息。

①开户。储户申请开户时,应填写一式三联定期存本取息储蓄存单,连同身份证件和现金交经办人员。存单各联的用途及核算手续与整存整取相同,但签发存单时,银行经办人员应根据存入金额、存期、利率和取息次数,计算出每次应付利息金额,填入存单的有关栏目内。其会计分录如下:

借:库存现金

　　贷:吸收存款——定期储蓄存款——存本取息定期储蓄存款××户

②支取利息。储户在存期内按约定时间持存单来银行支取利息时,应填写存本取息定期储蓄取息凭条。经办人员审核无误后,将取息日期和取息金额记入存单和卡片账,凭条作“利息支出”科目传票。其会计分录如下:

借:利息支出——定期存款利息支出户

　　贷:库存现金

　　　　应付税费——代扣利息税

如储户到期未取利息,以后可以随时支取,但利息不计复利。储户支取本金比照整存整取。

(4)整存零取定期储蓄存款核算

整存零取定期储蓄存款是指本金一次存入,约定存期,分次支取本金,到期支取利息的一种储蓄存款。其最低起存金额为1000元,存期分为一年、三年和五年三个档次。整存零取定期储蓄存款的核算手续与存本取息基本相同,开户时应在存单内填写取本金次数和每次支取数额。

(5)定活两便储蓄存款业务核算

人民币定活两便储蓄存款是存款时不确定存期,一次存入本金随时可以支取的业务。起点金额:定活两便存款50元起存。存款利率:存期不满三个月的,按天数计付活期利息;存期三个月以上(含三个月),不满半年的,整个存期按支取日定期整存整取三个月存款利率打六折计息;存期半年以上(含半年),不满一年的,整个存期按支取日定期整存整取半年期存款利率打六折计息;存期在一年以上(含一年),无论存期多长,整个存期一律按支取日定期整存整取一年期存款利率打六折计息。

(6)通知储蓄存款

通知存款是一种不约定存期,支取时需提前通知银行,约定支取日期和金额方能支取的存款。通知存款不论实际存期多长,按存款人提前通知的期限长短划分为一天通知存款和七天通知存款两个品种。一天通知存款必须提前一天通知约定支取存款,七天通知存款则必须提前七天通知约定支取存款。

(7)教育储蓄

教育储蓄是一种特殊的零存整取定期储蓄存款,享受优惠利率,更可获取额度内利息免税。起存金额:50元,本金合计最高限额为2万元人民币。存款利率:存款到期,凭存款人接受非义务教育(全日制高中、大中专、大学本科、硕士和博士研究生)的录取通知书或学校开具的存款人正在接受非义务教育的学生身份证明,可享受整存整取的利率。在存期内遇有利率调整,按开户日挂牌公告的相应储蓄存款利率计付利息,不分段计息。利息免税:2万元本金限额内,可免征利息税。适合对象:适用于在校小学四年级(含四年级)以上的学生。

4. 储蓄所日结和事后监督

日结储蓄所每天账务处理的最后环节。由于储蓄所是非独立核算单位,其账务通过并表或并账方式纳入其管辖行进行账务处理。因此,在每日营业终了,储蓄所经过结账、对账之后,应向其管辖行报账。

(1)储蓄所日结处理

①按储蓄种类,分别存取款凭条,编制有关储蓄科目现金或转账借、贷方传票。

②汇总所有利息清单,编制利息支出科目现金借方传票。

③编制营业汇总储蓄日报表,营业汇总储蓄日报表是反映当日全部储蓄业务情况的报表,是轧平和核对账务的有力工具。编制方法如下:根据有关科目日结单分别填入有关储蓄类别发生额借、贷栏,并结出余额;根据开销户的传票,登记开、销户栏,计算结存户数;核对开销户情况。储蓄日报表中的储蓄开销户数,应与新开户的账户及收回的存单(折)核对相符。

④核对空白重要凭证。储蓄日报表中的空白重要凭证的本日结存数,应与本日各种重要凭证的实际结存数相符。

⑤定期(最少一个月)通过各种储蓄分户账余额与储蓄有关科目余额核对相符,以保证账务的正确。

(2)管辖行的账务处理和事后监督

①账务处理。基层储蓄所的业务是管辖行业务的一部分,每日营业终了,应将储蓄所的业务并入管辖行储蓄业务中。账务合并方式有并账式和并表式两种。

a. 并账式的处理。管辖行收到储蓄所填送的传票和储蓄日报表,经审核无误,对各储蓄存款科目应按储蓄所分别立账,并根据储蓄传票登记在有关账户内。管辖行轧账时,将储蓄传票视同本身传票一起处理。

b. 并表式的处理。采用并表式的储蓄所,自己有一套独立的账务体系。管辖行对储蓄所账务不设分户账,将日报表与同日的日报表合并,编制全辖汇总日计表。

②事后监督。

a. 审核凭证、报表。对各基层储蓄所报表的凭证、报表应认真审查,包括凭证内容是否完整,金额有无错误,账簿记载是否正确,利息计算有无错误,签章是否齐全等。

b. 逐笔事后复核监督。管辖行对储蓄所的各类储蓄存款应设立明细分户账进行监督。由于银行电算化的普及,各大中城市的储蓄所大多已采用计算机进行事后监督。一般是对原始凭证进行二次记账,即在审查凭证、日报表无误的基础上,将各类凭证按新开户、续存、支取、销户等类型进行清分,然后将各种凭证输入计算机,由计算机进行逐户逐日核对监督。

5. 存单(折)挂失

储户将存单、存折遗失,可向其开户行申请挂失。储户遗失存单、存折来银行申请挂失时,应填写挂失申请书一式三联,并提供本人身份证明。银行查明没有支付时,以挂失申请书第一联留存备查;第二联加盖公章后交给储户,作为日后换取新存单(折)的凭证;第三联凭以登记“储蓄挂失登记簿”。

在挂失卡片账上用红笔注明“×年×月×日挂失”字样,以防冒领。银行在挂失7天后,经过核对查实,没有发现问题和异议,储户可凭申请书第二联于7日后来行办理补发新存单(折)手续。补发时,应注销原户,另开新户。新存单(折)仍按原起息日计息,并在原账页及开销户登记簿上注明“挂失结清”字样,以便日后查考。

三、存款利息核算

> **知识要点:《人民币单位存款管理办法》的规定**
>
> (1)单位定期存款在存期内按存入日挂牌的定期存款利率计息,利率调整时不作调整。
>
> (2)单位定期存款可以全部或部分提前支取,但只能提前支取一次,全部(部分)按支取日挂牌活期存款利率计息。部分支取后余额不足起存金额予以清户。
>
> (3)单位定期存款到期不取,逾期部分按支取日挂牌的活期存款利率计付利息。
>
> (4)单位活期存款按结息日挂牌的活期存款利率计息,遇利率调整分段计息。
>
> (5)通知存款按支取日挂牌同档通知存款利率计息。

1. 计算利息规定

(1)计息范围。商业银行吸收存款人资金,除财政性预算内存款以及有特殊规定的款项不计利息外,应按规定支付利息。会计部门应按结息期和计算方法,准确地计算利息。对于应付而未付的存款利息按权责发生制进行核算。

(2)计息时间。存期是存款的时间,一般说存期"算头不算尾",也就是存入日计算利息,支取日不计算利息,其计算方法是从存入日算至支取的前一日为止。

具体计算利息时,对定期存款与活期存款的存期计算有所不同。定期存款计算利息时,按照存期"算头不算尾"的方法,从存入日算至支取的前一日为止。存期一般按对年、对月计算,对年按360天,对月按30天。

单位活期存款除非清户,一般均连续不间断发生存取款业务。因此,活期存款利息一般采取定期结息的做法,即按季结计利息。具体方法是采用余额表或乙种账计算计息积数,对活期存款的存期也就按照实际天数计算,所谓实际天数就是按照日历天数,大月按31天计算,小月按30天计算,平月按28天(或29天)计算。

个人储蓄的活期存款按季度计算利息,每季末月20日为结息日,从上季末月21日至本季末月20日。

单位和个人的定期存款利息计算,根据存期的档次,于存款到期日,利随本清。单位存款利息不交纳利息税,个人储蓄存款利息根据国务院决定自2007年8月15日起,将储蓄存款利息所得个人所得税的适用税率由现行的20%调减为5%。

(3)利息计算公式。

$$利息 = 本金(存款金额) \times 存期 \times 利率$$

本金元位起息,元位以下不计息。计算的利息保留到分位,分位以下四舍五入。

利率是指一定存款的利息与存款本金的比率。利率由国务院授权中国人民银行制定与公布,各金融机构执行。

利率表示:年利率采用%表示、月利率采用‰表示、日利率采用‱表示。其中:年利率除以12为月利率,月利率除以30为日利率。

2. 单位存款利息核算

(1)单位活期存款利息核算

①单位活期存款一般按季结息,每季末20日为结息日。

单位活期存款利息的计算方法与活期储蓄存款利息计算方法基本相同,均采用积数计息法,只是形式略有不同:采用余额表和分户账。

余额表计息法有专门计算利息的工具或表格——余额表。

余额表是每日根据各科目分户账当日最后余额抄列的,各户逐日余额相加之后,就是该户的计算积数。

$$利息 = 本季计息积数 \times 日利率$$

②分户账计息

形式基本与活期储蓄存款积数计息的方法相同。

分户账计息法直接在乙种分户账页上计息，不要专门的计算利息工具或表格。

注：余额表法和分户账法均是积数计息法的运用。其计算公式为：

利息 = 累计应计息日积数 ×（月利率 ÷ 30）

【例 2－2－2】 某银行 9 月份计息余额表中的 A 单位活期存款余额如表 2－2－5 所示。

表 2－2－5　× × 银行计息余额表

户名、账号 / 余额 / 日期	A 单位存款户	合计
1	201008	
2	96000	
3	102000	
4	130000	
5	104000	
6	86000	
7	74000	
8	96000	
9	134000	
10	166000	
10 天小计	160000	
20 天小计	1148000	
30 天小计	1822000	
本月合计	3152000	
至上月底未计息积数	6128000	
应加积数	16000	
应减积数	22000	
至结息日累计应计息积数	7944000	
至本月底累计未计息积数	1330000	
结息日计算利息数	993	

A 单位活期存款至上月底未计息积数（即 6 月 21 日至 8 月 31 日的累计计息积数）为 6128000 元，9 月份 1 ~20 日的计息积数为 1822000 元，本季度应加积数为 16000 元，应减积数为 22000 元，所以第三季度的计息积数（即上期结息日至 9 月 20 日止的累计应计息积数）为 7944000 元（1822000 + 6128000 + 16000 － 22000）。若已知月利率为 3.75‰，则第三季度 A 单位活期存款的应计利息为：

7944000 × 3.75‰ ÷ 30 = 993（元）

表中“至本月底累计未计息积数”=3152000-1822000=1330000(元)

金融企业计息后，一般是在次日入账，并逐户编制“存款利息通知单”，一式三联，第一联作贷方传票，第二联作借方传票（汇总编制利息支出科目传票的，此联左附件），第三联代收账通知交给各存款单位。其转账的会计分录为：

借：利息支出——活期存款利息支出户　　933

　贷：××存款——A单位　　933

【例2-2-3】 A公司3月21日至6月20日活期存款账户累计积数为1800000元，由于错账冲正应加积90000元，累计应计息积数1890000元，月利率0.3%。

利息=1890000×(0.3%÷30)=18.9(元)

借：利息支出　　18.9

　贷：吸收存款——活期存款——A公司活期存款　　18.9

③账页计息。采用乙种账结计利息的，存款账户使用带积数的乙种账。当存款人存款账户发生资金收付后，按前一次最后余额乘以该余额的实存天数计算出积数，记入账页的“日数”和“积数”栏内。如更换账页，应将累计积数过入新账页第一行内，待结息日营业终了，加计本结息期内的累计天数和累计积数，以积数乘以日利率，即可得出应付利息数。计算方法与会计分录同上。

【例2-2-4】 某银行甲单位的计息分户账如表2-2-6所示。

表2-2-6

户名：甲单位　　账号：　　利率：1.5‰

××年		摘要	借方	贷方	借或贷	余额	复核盖章	日期	积数
月	日								
3	21	结息		20.00	贷	1000.00		9	9000.00
3	30	转收		400.00	贷	1400.00		19	26600.00
4	18	信汇	600.00		贷	800.00		15	12000.00
5	3	现收		100.00	贷	900.00		36	32400.00
6	8	委收		300.00	贷	1200.00		13	15600.00
		合计						92	95600.00
6	21	结息		4.78	贷	1204.78			

计息积数算出后，按上述余额表计息方法办理转账。

【例2-2-5】 某银行2010年9月20日编制的短期贷款计息表的本季累计积数华为商厦为22560000元、风华工厂为39420000元、振兴公司为63120000元，5.4%为合同利率，请采用合同利率计算确定利息收入。

华为商厦贷款利息=22560000×5.4%/360=3384(元)

风华工厂贷款利息=39420000×5.4%/360=5913(元)

振兴公司贷款利息=63120000×5.4%/360=9468(元)

(2)单位定期存款利息计算

主要采用利随本清法计息。

应付利息=存款金额×存期×相应定期存款利率

注：存款天数的计算对年、对月、对日，不能对日的话，可先对上月当日，再算实际超出日=到期日-对日日。

【例2-2-6】 B单位于2009年9月1日存入银行定期存款1000000元，存期1年，年利率为2.52%。2010年9月1日到期，该单位于9月7日来行支取，支取日活期存款年利率为0.72%，其利息计算如下：

到期利息 = 1000000 × 1 × 2.52% = 25200（元）

逾期利息 = 1000000 × 6 ×（0.72% ÷ 360）= 120（元）

借：利息支出　　25320

　贷：吸收存款——定期存款——B单位定期存款户　　25320

借：吸收存款——定期存款——B单位定期存款户　　1025320

　贷：吸收存款——活期存款——B单位定期存款户　　1025320

【例2－2－7】 2010年4月1日某银行收到酒精厂签发的转账支票一张，金额为10000元，要求转存两年期的定期存款，名义利率为5%，利随本清，审核无误，作如下分录：

借：吸收存款——活期存款——酒精厂　　10000

　贷：吸收存款——二年期定期存款——酒精厂——本金　　10000

3. 储蓄存款利息核算

（1）活期储蓄存款利息核算

按规定活期储蓄存款按季结息，银行按当日活期储蓄存款挂牌利率结计利息，每季末月20日为结息日，从上季末月21日至本季末月20日。未到结息日清户的，利息按清户日活期储蓄利率计算，算至清户日前一日为止。

活期储蓄存款利息计算方法采用计息积数查算表法，按储户每次存取发生额，随时查出计息积数，结出积数余额。结息日或清户日，以积数余额乘以当日活期储蓄存款利率，并按国家规定税率代扣利息所得税后，即为储户应得利息。

【例2－2－8】 某银行2010年12月20日储户张平、王乐、李强活期储蓄存款的积数分别为5800000元、8500000元、4500000元，年利率为0.72%，利息税税率为5%。

1. 提取应付储户活期储蓄利息，予以转账，作分录如下：

应付利息 =（5800000 + 8500000 + 4500000）× 0.72%/360 = 376（元）

其中　张平 = 5800000 × 0.72%/360 = 116（元）

　　　王乐 = 8500000 × 0.72%/360 = 170（元）

　　　李强 = 4500000 × 0.72%/360 = 90（元）

借：应付利息　　376

　贷：吸收存款——活期储蓄存款——张平　　116

　　　　　　　　　　　　　　——王乐　　170

　　　　　　　　　　　　　　——李强　　90

2. 为税务部门代扣利息税，作分录如下：

应交税费 = 376 × 5% = 18.8（元）

其中：张平 = 116 × 5% = 5.8（元）

　　　王乐 = 170 × 5% = 8.5（元）

　　　李强 = 90 × 5% = 4.5（元）

借：吸收存款——活期储蓄存款——张平　　5.8

　　　　　　　　　　　　　——王乐　　8.5

　　　　　　　　　　　　　——李强　　4.5

　贷：应交税费——代扣利息税　　18.8

（2）定期储蓄存款利息核算

①整存整取定期储蓄存款利息计算。根据《储蓄管理条例》的规定，整存整取定期储蓄存款在原定存期内的利息，一律按存入日银行挂牌公告的利率计付利息，存期内遇利率调整，不分段计

息;整存整取定期储蓄存款未到期,储户全部或部分提前支取的,提前支取部分按支取日活期储蓄存款利率计息,其余部分到期时,按原存入日挂牌公告的定期储蓄存款利率计息;整存整取定期储蓄存款过期支取的,除约定自动转存的以外,其超过原定存期的部分,按支取日活期储蓄存款利率计息。

应付利息 = 本金 × 存期 × 利率

实付利息 = 应税利息 ×(1 - 税率)

【例 2-2-9】 储户李玥2010年9月10日存入整存整取定期储蓄存款60000元,定期一年,年利率为2.52%。该储户2011年9月10日到期支取。

应付利息 = 60000 × 2.52% = 1512(元)

代扣利息税 = 1512 × 20% = 302.4(元)

实付利息 = 1512 - 302.4 = 1209.6(元)

借:利息支出	1512	
贷:吸收存款——定期储蓄存款——李玥		1209.6
应付税费——代扣利息税		302.4
借:吸收存款——定期储蓄存款——李玥	61209.6	
贷:库存现金		61209.6

②零存整取定期储蓄存款利息计算。零存整取定期储蓄存款按约定存期到期支取的利息,根据不同情况,可以采用不同的计算方法。

【例 2-2-10】 储户王玮于2009年8月18日来银行办理零存整取定期储蓄存款,月存500元,存期一年,利率为1.5%。该储户于2010年8月18日到期支取。

每元存款利息基数 = (1 + 12) ÷ 2 × 1.5‰ = 0.00975(元)

应付利息 = 6000 × 0.00975 = 58.5(元)

扣除利息所得税 = 58.5 × 20% = 11.7(元)

实付利息 = 58.5 - 11.7 = 46.8(元)

借:利息支出	58.5	
贷:吸收存款——定期储蓄存款——王玮		46.8
应付税费——代扣利息税		11.7
借:吸收存款——定期储蓄存款——王玮	6046.8	
贷:库存现金		6046.8

过期支取的应付利息为到期息与过期息之和。到期息按正常规定计算,过期息则按最后余额与过期月数及支取日挂牌公告的活期储蓄存款利率计息;提前支取可比照整存整取定期储蓄存款的计息办法计算利息,不满整月的零头天数不计利息。

知识要点:零存整取计息方法

常用计算方法有固定基数法、月积数法和日积数法三种。

(1)固定基数法是指事先算出每元存款利息基数,到期乘以存款余额的计息方法。这种方法适用于存款逐月全存,到期支取的利息。

每元存款利息基数 =(1 + 存款月数)÷2 × 月利率

(2)月积数法是适用于存款已到期,但有漏存月份情况下计算利息的方法。将零存整取储蓄存款分户账的每月存款余额乘以所存月数即月积数。到期支取时,按月积数乘以同档月利率,即为应付利息数。

> (3)日积数法,即储户每次来存款时,根据存入发生额乘以业务发生日至存款到期日的天数("算头不算尾"),取得计息积数,按"存加取减"的原则,结出积数余额。到期日,以积数余额乘以存入日约定利率即为应付利息数。

③存本取息定期储蓄存款利息计算。存本取息每次支取利息数按如下公式计算:

每次支取利息数 = (本金 × 存款月数 × 月利率) ÷ 支取利息次数

【例2-2-11】 储户刘建于2006年8月20日存入本金10000元,存期一年,月利率为1.5‰,每3个月支取利息一次。

每次支取利息数 = (10000 × 12 × 1.5‰) ÷ 4 = 45(元)

扣除利息所得税 = 45 × 20% = 9(元)

实付利息 = 45 - 9 = 36(元)

借:利息支出	45	
贷:吸收存款——定期储蓄存款——刘建		36
应付税费——代扣利息税		9
借:吸收存款——定期储蓄存款——刘建	36	
贷:库存现金		36

④整存零取定期储蓄存款利息核算。在这种储蓄存款方式下,到期计息可采用本金平均数法和月积数法。本金平均数法计息公式为:

到期应付利息 = (全部本金 + 每次支取本金额) ÷ 2 × 存期 × 利率

【例2-2-12】 储户李倩一次存入本金60000元,一年期,每月支取一次3000元。月利率为1.5‰,最后一次支取日期为到期日,连同利息一并支取。

到期应付利息 = (60000 + 3000) ÷ 2 × 12 × 1.5‰ = 567(元)

代扣利息税 = 567 × 20% = 113.4(元)

实付利息 = 567 - 113.4 = 453.6(元)

借:利息支出	567	
贷:吸收存款——定期储蓄存款——李倩		453.6
应付税费——代扣利息税		113.4
借:吸收存款——定期储蓄存款——李倩	3453.6	
贷:库存现金		3453.6

储户在存期内若要求部分提前支取,可提前支取一至二次,但必须在以后月份内停取一至二次。剩余款项的支取日按原定日期不变。如果提前支取全部余额,则根据实存金额及实存日期,按规定的活期储蓄利率计息;过期支取,可比照零存整取储蓄存款原则办理。

(3)定活两便储蓄存款利息计算

定活两便储蓄存款利息,根据实际存期同档的整存整取定期储蓄利率,按一定的折扣计算。不满规定存期的按活期利率计算。具体规定为:存期不满三个月的,按支取日挂牌公告的活期利率计算;存期三个月以上(含三个月)不满半年的,整个存期按支取日挂牌公告的整存整取三个月定期储蓄利率打六折计息;存期半年以上(含半年)不满一年的,整个存期按支取日挂牌公告的整存整取半年定期储蓄利率打六折计息;存期在一年以上的(含一年),无论存期多长,整个存期一律按支取日整存整取一年期定期储蓄利率打六折计息。

【知识链接】

关于储蓄存款业务的有关规定

1. 储蓄存单(折)挂失规定。储户遗失存单(折)时,必须出示本人有效身份证件,并提供姓名、存款时间、种类、金额、账号及住址等有关情况,向存款行书面申请挂失。银行审核后,经查实该笔存款确未支付时,方可受理挂失申请,否则不能办理。

2. 储蓄存款的查询和止付。对个人储蓄存款,如司法机关向银行查询与案件直接有关的个人存款时,必须向银行提出县级或县级以上法院、检察院、公安机关或国家安全机关等正式查询公函,并提供存款人的姓名、存款日期、金额等情况。停止支付的期限最长不超过6个月,逾期自动撤销,如有特殊原因需要延长的,则应重新办理止付手续。

3. 储蓄存款的没收规定。人民法院判决没收违法犯罪分子的储蓄存款时,银行应根据人民法院判决书办理。当事人的原存单(折)作废,将判决书或裁定书收入档案永久保管。

4. 储蓄存款的过户规定。①存款人死亡后,合法继承人应向当地公证机关申请办理继承权证明书,银行凭以办理过户或支付手续。如存款的继承权发生争议时,由人民法院判处。银行凭人民法院的判决书、裁定书或调解书办理过户或支付手续。②在国外的华侨、外籍华人和港澳台同胞在国内银行的存款或委托银行代为保管的存款,如原存款人死亡,其合法继承人在国内者,可凭原存款人的死亡证明向当地公证机关申请办理继承权证明书,银行凭以办理存款的过户或支付手续。

【项目小结】

组织存款业务是商业银行以信用方式吸收社会资金的筹资活动,是商业银行信贷资金的主要来源,是商业银行生存和发展的基础,对促进市场经济发展,调整经济结构,稳定金融,缓和市场供求矛盾,支援国家建设具有重要意义。存款种类:按存款的对象分为单位存款和个人存款;按存款的稳定性分为活期存款和定期存款;按币种分为人民币存款和外币存款。存款业务核算的要求为:正确使用科目和账户;准确及时办理存款业务;维护存款人的合法权益。单位存款结算账户有:基本存款账户、一般存款账户、专用存款账户和临时存款账户。

核算业务主要包括:存入、支取和利息的计算。个人存款业务的核算主要包括:开户、续存、支取、销户。利息计算的基本规定:计息起点、日期、利率等利息的计算与核算。

【课堂讨论】

1. 通过本项目的学习,同学们知道了存款利息的计算和处理方法,但你们是否知道决定利率的因素有哪些?

2. 利率对国民经济有何影响,将会如何影响?

【项目训练】

一、简答题

1. 存款有哪些不同的分类?我国居民储蓄原则是什么?
2. 单位在银行的存款账户有哪几种类型?活期存款有哪两种计息形式?
3. 单位活期存款账户有哪些种类?什么是单位定期存款?
4. 什么是个人存款实名制?个人储蓄存款有哪些主要种类?

二、练习单位存款业务的核算

资料:某银行发生下列有关的经济业务:

1.6月5日收到欣欣商厦送来的解款单和解交的现金129800元,清点无误,予以入账。

2.6月15日收到欣欣商厦签发的现金支票,提现金18800元,审查无误后,当即支付其现金。

3.6月20日根据下列计息余额表的本季累计积数计算并结转本季度应负担的利息。利率为0.72%。

(1)欣欣商厦本季累计积数为18400000元;(2)盛世公司本季累计积数为45600000元;(3)福旺工厂本季累计积数为28100000元。

4.6月25日收到福旺工厂签发的转账支票1张,金额78000元,要求转存一年期的定期存款,审查无误,予以转账。

5.7月5日,收到盛世公司交来本日到期的存单一张,金额75000元,存期一年,假设实际利率与名义利率均为1.98%。要求将支取的本息转入活期存款户,予以入账。

6.7月10日,收到福旺工厂交来本日到期的存单一张,金额84000元,存期三年,年利率为2.52%。要求将支取的本息转入活期存款户,审核无误,予以入账。

7.7月20日,收到欣欣商厦交来过期15天的存单一张,金额96000元,存期半年,年利率为1.89%,活期存款年利率为0.72%。要求将支取的本息转入活期存款户,审核无误,予以入账。

要求编制会计分录。

三、练习个人储蓄存款业务的核算

资料:某银行发生下列有关的经济业务:

1.5月30日收到方正先生送交开户的储蓄存款凭条,填列活期储蓄,金额为9000元;并收到其缴存的现金9000元。分别审查,点收无误后,现金已入库。

2.6月15日收到王月小姐送交续存的储蓄存款凭条,填列活期储蓄,金额为12000元;并收到其缴存的现金12000元。分别审查,点收无误后,现金已入库。

3.6月20日收到张达先生送交的储蓄取款凭条,填列活期存款,金额为3000元,审查无误后,交付其现金3000元。

4.6月20日,储户王月、张达、刘芳和方正活期储蓄存款积数分别为9000000元、7200000元、4800000元和360000元,年利率为0.72%,利息税税率为5%。提取应付储户活期储蓄存款利息,并为税务部门代扣利息税。

5.7月30日,张达先生送交销户的储蓄取款凭条,填列活期储蓄,金额为16152元,积数为484560元,经审查无误。利息税税率为5%,代扣利息税后,以现金支付其本金和税后利息。

6.8月1日收到田生先生送交开户的储蓄存款凭条,填列整存整取储蓄,存期一年,金额为20000元;并收到其缴存的现金20000元。分别点收无误后,现金已入库。

7.8月15日,收到王月小姐交来当日到期的整存整取储蓄存单一张,金额18000元,存期一年,假设实际利率与名义利率均为1.98%。要求支取本息。经审查无误,按5%税率代扣利息税后,以现金支付其本金和税后利息。

8.9月12日,收到赵宏小姐交来当日到期的零存整取定期储蓄存折,该存折每月存入600元,存期一年,假设实际利率与名义利率均为1.71%,结存金额为7200元。查明细账卡累计积数为46800元。经审查无误,按5%税率代扣利息税后,以现金支付其本金和税后利息。

要求编制会计分录。

项目三

商业银行贷款和贴现核算

【项目目标】

为了完成本项目5个任务,你需要学习:
商业银行贷款业务的意义、原则要求和政策规定
商业银行贷款分类条件及区别
商业银行各类贷款利息计算和账务处理
商业银行贷款程序和管理

【项目安排】

项目导入
相关知识
知识链接
项目小结
课堂讨论
项目训练

【技能目标】

通过完成本项目5个任务的实践(训),你应该能够:
熟悉商业银行贷款原则和政策规定
熟悉商业银行各类贷款业务的处理流程和管理要求
掌握商业银行贷款账务处理和利息计算方法

【核心技能】

正确掌握商业银行贷款的种类和原则
掌握商业银行贷款发放和收回等业务的管理流程
掌握商业银行贷款业务核算的账务处理和利息计算方法

项目导入

杨总最近心情很好,因为公司又签下了一个土石方开挖运输合同。常言道:人无远虑,必有近忧。由于工程量比较大,如果要满足工程的需要,公司必须添置几台大型设备(包括运输车辆),但公司目前资金存在缺口,必须融资。杨总向多方咨询,最终选择了向银行贷款,并根据银行的贷款所需条件,准备了相应材料,最终获得了这笔贷款,完美地解决了目前资金的缺口,使得项目顺利推进。

同学们，如果你们遇到类似的资金问题，你们会首先想到向银行贷款吗，或者会采取别的什么方式解决？

相关知识

知识要点：商业银行贷款原则、主要风险控制及对贷款人资信状况评价

商业银行发放贷款应遵循资金使用安全性、流动性和盈利性的原则。

商业银行开办贷款业务主要面临信用风险、市场风险和经营风险等。目前国际上较为通用的评价借款人资信状况的标准，简称为“5C”原则，即对借款人品质（Character）、借款人能力（Capacity）、借款人的资本（Capital）、借款人贷款担保情况（Collateral）、借款人的环境条件（Condition）五个方面进行评价。

任务7　了解商业银行贷款业务

商业银行对集聚的资金，除必须保留一定部分的日常备付金及在中央银行存放一定比例准备金外，其余部分一般作为资产业务运用出去，以便形成商业银行的收益来源。贷款与贴现业务是商业银行的主要资产业务，是根据信贷政策和产业政策对国民经济各部门进行的资金支持。通过贷款与贴现业务，既可满足社会对资金的需求，又可使商业银行盈利。

一、商业银行贷款种类

按照不同的标准，可以将商业银行贷款业务分为以下几类。

（1）按期限划分，分为短期信贷业务、中期信贷业务和长期信贷业务。短期期限在1年以内（含1年），中期期限在1~5年之间（含5年），长期期限在5年以上。

（2）按担保方式，分为信用信贷业务、担保信贷业务（包括保证、抵押和质押方式）。

（3）按币种划分，分为本币信贷业务和外币信贷业务。

（4）按性质和用途划分，分为固定资产贷款（包括基本建设贷款、技术改造贷款、房地产开发贷款等）、流动资金贷款（包括工商业和建筑业等流动资金贷款）、循环额度贷款、消费贷款、保证、承兑等信贷品种。

（5）按贷款的组织形式划分，分为普通贷款、联合贷款和银团贷款。

（6）按贷款的资金来源划分，分为信贷资金贷款、委托贷款和境外筹资转贷款等。

（7）按授信对象划分，分为公司类信贷业务和个人类信贷业务。

（8）按还款方式，分为一次偿还的贷款和分期偿还的贷款。一次偿还的贷款是在贷款到期时一次偿还本金，利息根据约定，或在整个贷款期间分期支付，或在贷款到期时一次支付。分期偿还的贷款是按年、按季、按月以相等的金额还本付息。

（9）按照自主程度，分为自营贷款、委托贷款和特定贷款。自营贷款是指商业银行自主发放的贷款，贷款本息由商业银行收回，贷款的风险由商业银行承担，自营贷款是构成商业银行贷款的主要部分。委托贷款是指由委托人提供资金，由受托人根据委托人指定的贷款对象、用途、金额、期限和利率代为发放、监督使用并协助委托人收回的贷款。在办理委托贷款业务的过程中，贷款人只收取手续费，并且不承担贷款的风险。特定贷款是指经国务院批准并对贷款可能造成的损失采取相应补救措施后责成国有独资商业银行发放的贷款。此类贷款具有政策性贷款的性质，但又不属于政策性贷款，如扶贫救灾贷款。

（10）按贷款的质量和风险程度不同，可分为正常贷款、关注类贷款、次级贷款、可疑贷款和损失贷款。正常贷款是指借款人能够履行合同，有充分把握按时、足额偿还本息；关注类贷款是指尽管借款人目前有能力偿还本息,但是存在一些可能对偿还产生不利影响的因素;次级贷款是指借款人的还款能力出现了明显问题,依靠其正常经营收入已无法保证足额偿还本息;可疑贷款是指借款人无法足额偿还本息,即使执行抵押或担保也肯定造成一定损失;损失贷款是指在采取所有可能的措施和一切必要的法律程序后,本息仍无法收回或只能收回极少部分。

二、商业银行贷款业务风险控制

按照《中华人民共和国商业银行法》、《贷款通则》、《商业银行资产负债比例管理办法》及银行业务处理程序,为有效防范信贷风险,商业银行主要做以下工作。

(1)借款人资信状况评价。信用分析是商业银行防范贷款信用风险的主要方法。借款人的资信状况直接关系到商业银行贷款的安全性,因此商业银行在办理信用贷款时,应严格审查借款人的资信状况,了解客户履约还款的可靠程度,从而有针对性地加强贷款管理。

(2)借款人财务状况评价。财务状况评价就是商业银行对借款人财务报表中的有关数据资料进行确认、比较和研究分析,以便掌握借款人的财务状况和还款能力,为商业银行的贷款决策提供依据。

(3)做好已发贷款的跟踪监督和到期催收工作。信贷人员在贷款发放以后,应做好贷款的贷后管理工作,一方面可以约束借款人按照贷款的用途使用贷款并严格执行贷款合同规定的所有条款,降低借款人发生道德风险的可能性;另一方面可以随时了解、监督借款人的经营状况,在借款人经营状况恶化时,及时采取措施,保护商业银行贷款的安全。对于即将到期的贷款,信贷人员应做好催收工作,以便按时收回贷款。

三、商业银行贷款业务核算要求

在进行贷款核算时,尤其是对中长期贷款核算时,主要应遵循以下原则。

(1)本息分别核算。商业银行发放的中长期贷款,应当按照实际贷出的贷款金额入账。期末,应当按照贷款本金和适用的利率计算应收取的利息,贷款本金和利息分别进行核算。

(2)商业贷款与政策性贷款分别核算。由于政策性贷款的发放与国家相关政策导向有密切相关性,而且政策性贷款在利率上也通常具有一定的优惠,因此商业银行应将商业贷款与政策性贷款分别核算。

(3)自营贷款和委托贷款分别核算。自营贷款是指商业银行以合法方式筹集的资金自主发放的贷款,其风险由商业银行承担,并由商业银行收取本金和利息。委托贷款是指委托人提供资金,由商业银行(受托人)根据委托人确定的贷款对象、用途、金额、期限、利率等而代理发放、监督使用并协助收回的贷款,其风险由委托人承担。商业银行发放委托贷款时,只收取手续费,不得代垫资金。

(4)应计贷款和非应计贷款应分别核算。非应计贷款是指贷款本金或利息逾期 90 天没有收回的贷款。应计贷款是指非应计贷款以外的贷款。当贷款的本金或利息逾期 90 天时,应单独核算。当应计贷款转为非应计贷款时,应将已入账的利息收入和应收利息予以冲销。从应计贷款转为非应计贷款后,在收到该笔贷款的还款时,首先应冲减本金;本金全部收回后,再收到的还款则确认为当期利息收入。

相关知识

任务8 掌握商业银行信用贷款业务核算

知识要点:商业银行信用贷款的核算方法

核算方式特点:由借款单位向银行提出申请,银行根据批准的贷款计划,逐笔立据,逐笔审查,逐笔发放,约定期限,一次贷放,一次或分次归还贷款,按照规定利率计收利息的一种贷款核算方式。

一、贷款发放核算

逐笔核贷是商业银行发放贷款最常用的核算方式。目前,我国商业银行发放的信用贷款、担保贷款、抵押贷款多采用逐笔核贷的贷款核算方式。

借款人申请贷款时,首先向信贷部门提交贷款申请书,经信贷部门审核批准后,双方商定贷款的额度、期限、用途、利率等,并签订借款合同或协议。借款合同必须采取书面形式,必须由当事人双方的法定代表人或凭法定代表人的书面授权证明的经办人签章,并加盖法人公章。如果双方当事人约定合同必须公证或鉴证的,当事人必须办理公证或鉴证手续。借款合同一经签订,具有法律效力,银行和借款人必须共同遵守、履行。借款合同格式如表2-3-1所示。

表2-3-1 借款合同申请书

<table>
<tr><td>借款人</td><td></td><td>账号</td><td></td><td>已借款金额</td><td></td></tr>
<tr><td>申请贷款金额</td><td></td><td>还款日期</td><td></td><td>借款利息(月息)</td><td></td></tr>
<tr><td>借款用途及理由</td><td colspan="5"></td></tr>
<tr><td colspan="2">借款方
借款单位(章)
负责人(章)
经办人(章)</td><td colspan="2">借款担保方
担保单位(章)
负责人(章)</td><td colspan="2">贷款方
贷款银行(章)
经办人(章)</td></tr>
<tr><td colspan="6">银行审核意见:</td></tr>
<tr><td colspan="6">上列贷款按银行核定金额,双方商定如下合同,共同遵守:
1. 贷款方应按核定的贷款金额用途,保证按计划提供贷款;否则应按规定付给借款方违约金。
2. 借款单位保证按规定的用途使用贷款,未经贷款方的同意,不得挪作他用。如转移贷款用途,贷款方有权进行处罚,收取罚息、提前收回贷款、停止发放新的贷款等信用制裁措施。
3. 上列借款,借款方应保证按期归还。如需延期使用,借款方最迟在贷款到期前3天提出延期使用申请,经贷款方同意办理延期手续。贷款方未同意延期或未办理延期手续的逾期贷款,按政策规定加收20%~50%的罚息。
4. 贷款到期一个月后,如借款方未按期归还贷款本息,由担保单位负责偿还本息和逾期罚息。
5. 本合同一式三份,借款方、贷款方、担保方各持一份。</td></tr>
</table>

借款合同签订以后,借款单位需要用款时,应填制一式五联的借款凭证,送信贷部门审批,其格式如表2-3-2所示。第一联为借方凭证,第二联为贷方凭证,第三联为回单、代收账通知,第四联为放款记录,第五联为到期卡。经信贷部门审查同意后,在借款凭证上加注贷款编号、贷款种类、贷款期限、贷款利率、银行核定贷款金额等项目,送会计部门注明贷款编号、贷款种类、贷款期限、贷款利率、银行核定贷款金额等项目,送会计部门凭以办理放款手续。

表 2－3－2　银行(　　贷款)借款凭证(申请书代付出凭证)

单位编号:　　　　　　　　　　　年　月　　日　　　　　　银行编号:

<table>
<tr><td rowspan="3">收款单位</td><td>名称</td><td></td><td rowspan="3">借款单位</td><td>名称</td><td colspan="8"></td></tr>
<tr><td>往来户账号</td><td></td><td>放款户账户</td><td colspan="8"></td></tr>
<tr><td>开户银行</td><td></td><td>开户银行</td><td colspan="8"></td></tr>
<tr><td>借款期限</td><td></td><td>利率</td><td></td><td>起息日</td><td colspan="8"></td></tr>
<tr><td rowspan="2">借款申请金额</td><td colspan="2" rowspan="2">人民币(大写)</td><td>亿</td><td>千</td><td>百</td><td>十</td><td>万</td><td>千</td><td>百</td><td>元</td><td>角</td><td>分</td></tr>
<tr><td></td><td></td><td></td><td></td><td></td><td></td><td></td><td></td><td></td><td></td></tr>
<tr><td rowspan="2">借款原因及用途</td><td colspan="2" rowspan="2">银行核定金额</td><td>亿</td><td>千</td><td>百</td><td>十</td><td>万</td><td>千</td><td>百</td><td>元</td><td>角</td><td>分</td></tr>
<tr><td></td><td></td><td></td><td></td><td></td><td></td><td></td><td></td><td></td><td></td></tr>
<tr><td colspan="3" rowspan="3">银行审批
负责人
信贷部门主管
信贷员</td><td>期限</td><td>计划还款日期</td><td colspan="8">计划还款金额</td></tr>
<tr><td></td><td></td><td colspan="8"></td></tr>
<tr><td></td><td></td><td colspan="8"></td></tr>
<tr><td colspan="3">还款内容</td><td colspan="10"></td></tr>
<tr><td colspan="3">兹根据你行贷款办法规定,申请办理上述借款,请核定贷给
此致
银行
(借款单位预留往来户印鉴)</td><td colspan="10">会计分录:借
对方科目:贷
会计
复核
记账</td></tr>
</table>

会计部门收到借款凭证后,应认真审查信贷部门的审批意见,审核凭证各项内容填写是否正确、完整,大小写金额是否一致,印鉴是否相符。审核无误后,以第一、第二联借款凭证分别代替借方凭证和贷方凭证,办理转账。

企业发放贷款时,设立“贷款”科目进行核算,本科目可按贷款类别、客户,分别“本金”、“利息调整”、“已减值”等进行明细核算。

借:贷款——借款单位户(合同本金)

　　贷:吸收存款——借款单位户(实际支付的金额)

　　　　(或借)贷款——利息调整

将第三联回单加盖转讫章后交借款单位作为贷款入账的收账通知。第四联会计部门加盖转讫章后送信贷部门作为放款记录留存备查,据以监督贷款的发放和收回。第五联由会计部门在贷款转账手续办妥后,按到期日日期顺序排列,专夹妥善保管,据以监督借款单位按期归还贷款。

【例 2－3－1】 2010 年 12 月 31 日,某支行发放给润丰公司 3 年期一次还本付息的信用贷款,合同本金 2000 万元,年复利率 5%,一次性按本金 2.75% 扣除手续费。则:

交易成本 $= 2000 \times 2.75\% = 55$(万元)

贷款初始确认金额 $= 2000 - 55 = 1945$(万元)

设实际利率为 i,则 $1945 = 2000 \times (1 + 5\%)^3 \div (1 + i)^3$

因为 $(1 + 5\%)^3 = 1.1576$,所以 $(1 + i)^3 = 1.1903$,所以 $i = 6\%$。

发放贷款时的会计分录如下:

借:贷款——润丰公司——本金　　　　20000000

　　贷:吸收存款——活期存款——润丰公司　　　　19450000

　　　　贷款——利息调整　　　　550000

二、贷款收回核算

按时收回贷款是商业银行放款的一项重要原则，也是贷款业务核算的重要内容。商业银行会计部门应经常查看贷款借据的到期情况，在贷款快要到期时，与信贷部门联系，通常提前三天通知借款单位准备还款资金，以便到期时按期还款。

1. 金融资产的后续计量

根据《企业会计准则第 22 号——金融工具确认和计量》准则第 33 条规定，企业应当按照公允价值对金融资产进行后续计量，且不扣除将来处置该金融资产时可能发生的交易费用。但是，下列情况除外：

（1）持有至到期投资以及贷款和应收款项，应采用实际利率法，按摊余成本计量。

（2）在活跃市场中没有报价且其公允价值不能可靠计量的权益工具投资，以及与该权益工具挂钩并须通过交付该权益工具结算的衍生金融资产，应当按照成本计量。

商业银行发放的贷款的后续计量，应当采用实际利率法，按摊余进行成本计量。

2. 贷款的摊余成本

商业银行发放的贷款的摊余成本，是指该金融资产的初始确认金额，减去已偿还的本金，加上采用实际利率法将该初始确认金额与到期日之间的差额进行摊销形成的累计摊销额，扣除已发生的减值损失。

如果有客观证据表明该金融资产的实际利率与名义利率相差很小，也可采用名义利率对摊余成本进行后续计量。

3. 贷款的后续计量与核算

收回贷款的核算主要分以下几种情况。

（1）贷款到期借款单位主动归还贷款。当借款单位主动归还贷款时，应签发转账支票及填制一式四联的还款凭证办理还款手续。还款凭证格式如表 2-3-3 所示。

表 2-3-3 银行（贷款）还款凭证（借方凭证）

年 月 日 合同编号：

<table>
<tr><td rowspan="3">借款单位</td><td>名称</td><td colspan="2"></td><td rowspan="3">付款单位</td><td>名称</td><td colspan="10"></td></tr>
<tr><td>放款户账号</td><td colspan="2"></td><td>往来户账号</td><td colspan="10"></td></tr>
<tr><td>开户银行</td><td colspan="2"></td><td>开户银行</td><td colspan="10"></td></tr>
<tr><td>还款日期</td><td colspan="3">年 月 日</td><td>还款次序</td><td colspan="11">第 次还款</td></tr>
<tr><td rowspan="2" colspan="2">偿还金额</td><td rowspan="2" colspan="4">人民币（大写）</td><td>亿</td><td>千</td><td>百</td><td>十</td><td>万</td><td>千</td><td>百</td><td>元</td><td>角</td><td>分</td></tr>
<tr><td></td><td></td><td></td><td></td><td></td><td></td><td></td><td></td><td></td><td></td></tr>
<tr><td colspan="3">还款内容</td><td colspan="13"></td></tr>
<tr><td colspan="3">由我单位往来划转归还上述借款
（借款单位预留往来账户印鉴）
（银行主动收贷时免盖）</td><td colspan="13">会计分录：借
对方科目：贷
会计 复核 记账</td></tr>
</table>

商业银行会计部门收到借款人提交的还款凭证后，应与贷款账簿进行核对，按照借款单位所填的原借款凭证上的银行贷款编号，抽出留存的原到期卡，核对无误后，于贷款到期日办理收回贷款的转账手续。在到期日转账时，应认真核对支票的印鉴，查看借款单位存款账户是否有足够的余额等，以转账支票作为借方凭证，以还款凭证作为附件，以还款凭证第二联作为贷方凭证办理转账。转账后，第三联还款凭证，由会计部门送信贷部门核销原放款记录。第四联由会计部门在办妥还款转账手续后，在回单上加盖公章，交还借款单位，作为归还贷款的通知。如借款属分次归还，则

应在原借据上做分次还款记录。

①未减值贷款的处理。资产负债表日，企业应按贷款的合同本金和合同约定的名义利率计算确定应收利息的金额，其会计分录为：

借：应收利息

贷：利息收入

(或借)贷款——利息调整

合同约定的名义利率与实际利率差异较小的，也可采用合同利率计算利息收入。

分期收到利息时，其会计分录为：

借：吸收存款——活期存款——××借款单位存款户

贷：应收利息

收回未减值贷款时，应按客户归还的金额作如下会计分录：

借：吸收存款——活期存款——××借款单位存款户

贷：应收利息

贷款——××借款单位贷款户——本金

贷款本金和应收利息全部归还的，同时存在利息调整余额时，还应转销"贷款——利息调整"科目金额，借记或贷记"贷款——利息调整"，贷记或借记"利息收入"科目。

存在利息调整余额的，还应同时结转。

【例2-3-2】 沿用[例2-3-1]中资料，做2011年至2013年有关计息还贷的会计处理。

2011年12月31日，确认贷款利息，作如下会计分录：

借：应收利息 1000000=(2000万×5%)

贷款——利息调整 167000

贷：利息收入 1167000=(1945万×6%)

2012年12月31日，确认贷款利息，作如下会计分录：

借：应收利息 1050000=(2000万+100万)×5%

贷款——利息调整 187020

贷：利息收入 1237020=(1945万+116.7万)×6%

2013年12月31日，确认贷款利息，作如下会计分录：

借：应收利息 1102500=(2000万+100万+105万)×5%

贷款——利息调整 208741.2

贷：利息收入 1311241.2=(1945万+116.7万+123.702万)×6%

还本付息时作如下会计分录：

借：吸收存款——活期存款——润丰公司 23165261.2

贷：贷款——润丰公司——本金 2000万

应收利息 3165261.2=1167000+1237020+1311241.2-550000

②减值贷款的处理。资产负债表日，对于减值贷款按应减计的金额：

借：资产减值损失

贷：贷款损失准备

借：贷款(已减值)

贷：贷款(本金)

(利息调整)

同时，应按贷款的摊余成本和实际利率计算确定的利息收入金额：

借：贷款损失准备

贷：利息收入

此外，还需按合同本金和合同约定的名义利率计算应收利息金额进行表外登记。

收回减值贷款时：

借：吸收存款——借款单位户（实际收到的金额）

贷款损失准备（贷款损失准余额）

贷：贷款（已减值）

资产减值损失（差额）

【例2-3-3】 2010年1月1日，某支行以"折价"方式向茂盛公司发放一笔5年期贷款50000000元（实际发放给茂盛公司的款项为49000000元），合同年利率为10%，贷款每年收取利息5000000元。该银行将其划分为贷款和应收款项，初始确认此笔贷款时实际利率为10.53%。

2012年12月31日，有客观证据表明茂盛公司发生严重财务困难，某支行据此认定对茂盛公司的贷款发生了减值，并预期2013年12月31日将收到利息5000000元，但2015年12月31日仅收到本金25000000元。

2012年12月31日，某支行对茂盛公司应确认的减值损失按该日确认减值损失前的摊余成本与未来现金流量现值之间的差额确定（小数点后数据四舍五入）。

1. 2012年12月31日未确认减值损失前，某支行对茂盛公司贷款的摊余成本计算：

2010年1月1日，对茂盛公司贷款的摊余成本 = 49000000（元）

2010年12月31日，对茂盛公司贷款的摊余成本 = 49000000 + 49000000 × 10.53% − 5000000 = 49159700（元）

2011年12月31日，对茂盛公司贷款的摊余成本 = 49159700 ×（1 + 10.53%）− 5000000 = 49336216（元）

2012年12月31日，对茂盛公司贷款（确认减值损失前）的摊余成本 = 49336216 ×（1 + 10.53%）− 5000000 = 49531320（元）

2. 2012年12月31日，某支行预计从对茂盛公司贷款将收到现金流量的现值计算：

$50000000 \times (1 + 10.53\%)^{-1} + 25000000 \times (1 + 10.53\%)^{-2} = 24987147$（元）

3. 2012年12月31日，某支行应确认的贷款减值损失 = 49531320 − 24987147 = 24544173（元）

对以摊余成本计量的金融资产确认减值损失后，如有客观证据表明该金融资产价值已恢复，且客观上与确认该损失后发生的事项有关（如债务人的信用评级已提高等），原确认的减值损失应当予以转回，计入当期损益。但是，该转回后的账面价值不应当超过假定不计提减值准备情况下该金融资产在转回日的摊余成本。

【例2-3-4】 2010年1月1日，某支行向瑞恒公司发放了一笔贷款15000000元。贷款合同年利率为10%，期限6年，借款人到期一次偿还本金。假定该贷款的实际利率为10%，利息按年收取。其他有关资料及账务处理如下（小数点后数据四舍五入）：

1. 2010年，某支行及时从瑞恒公司收到贷款利息：

2010年1月1日，发放贷款：

借：贷款——本金　　15000000

　　贷：吸收存款——活期存款——瑞恒公司　　15000000

2010年12月31日，确认并收到贷款利息：

借：应收利息　　1500000

　　贷：利息收入　　1500000

借：吸收存款——活期存款——瑞恒公司　　1500000

　　贷：应收利息　　1500000

2. 2011 年 12 月 31 日，因瑞恒公司经营出现异常，某支行预计难以及时收到利息。于是，某支行根据当前掌握的资料，对贷款合同现金流量重新作了估计，如表 2-3-4、表 2-3-5 所示。

表 2-3-4　贷款合同现金流量　　金额单位：元

时　间	未折现金额	折现系数	现　值
2012 年 12 月 31 日	1500000	0.9091	1363650
2013 年 12 月 31 日	1500000	0.8264	1239600
2014 年 12 月 31 日	1500000	0.7513	1126950
2015 年 12 月 31 日	16500000	0.6830	11269500
小　计	21000000	—	14999700

表 2-3-5　新预计的现金流量　　金额单位：元

时　间	未折现金额	折现系数	现　值
2012 年 12 月 31 日	0	0.9091	0
2013 年 12 月 31 日	10000000	0.8264	8264000
2014 年 12 月 31 日	2000000	0.7513	1502600
2015 年 12 月 31 日	0	0.6830	0
小　计	12000000	—	9766600

2011 年 12 月 31 日，确认贷款利息：

借：应收利息　　1500000

　　贷：利息收入　　1500000

2011 年 12 月 31 日，某支行应确认的贷款减值损失

= 未确认减值损失前的摊余成本 - 新预计未来现金流量现值

=（贷款本金 + 应收未收利息）- 新预计未来现金流量现值

= 16500000 - 9766600 = 6733400（元）

相关账务处理如下：

借：资产减值损失　　6733400

　　贷：贷款损失准备　　6733400

借：贷款——已减值　　16500000

　　贷：贷款——本金　　15000000

　　　　应收利息　　1500000

3. 2012 年 12 月 31 日，某支行预期原先的现金流量估计不会改变：

确认减值损失的转回 = 9766600 × 10% = 976660（元）

相关账务处理如下：

借：贷款损失准备　　976660

　　贷：利息收入　　976660

据此，2012 年 12 月 31 日贷款的摊余成本 = 9766600 + 976660 = 10743260（元）

4. 2013 年 12 月 31 日，某支行预期原先的现金流量估计不会改变，但 2013 年当年实际收到的现金却为 9000000 元。

相关账务处理如下：

借：贷款损失准备　　1074326

贷:利息收入　　1074326

借:吸收存款——活期存款——瑞恒公司　　9000000

贷:贷款——已减值　　9000000

借:资产减值损失　　999386

贷:贷款损失准备　　999386

注:2013 年 12 月 31 日计提贷款损失准备前,贷款的摊余成本 = 10743260 + 1074326 - 9000000 = 2817586(元)。由于某支行对 2014 年及 2015 年的现金流入预期不变,因此应调整的贷款损失准备 = 2817586 - 1818200 = 999386(元)。相关计算如表 2 - 3 - 6 所示。

表 2 - 3 - 6　现值计算　　金额单位:元

时　间	未折现金额	折现系数	现　值
2014 年 12 月 31 日	2000000	0. 9091	1818200
2015 年 12 月 31 日	0	0. 8264	0
小　计	2000000		1818200

5. 2015 年 12 月 31 日,某支行预期原先的现金流量估计发生改变,预计 2016 年将收回现金 1500000 元;当年实际收到的现金为 1000000 元。相关账务处理如下:

借:贷款损失准备　　181820

贷:利息收入　　181820

借:吸收存款——活期存款——瑞恒公司　　1000000

贷:贷款——已减值　　1000000

借:资产减值损失　　363630

贷:贷款损失准备　　363630

注:2015 年 12 月 31 日计提贷款损失准备前,贷款的摊余成本 = 1818200 + 181820 - 1000000 = 1000020(元)。因此,应调整的贷款损失准备 = 1000020 - 1363650 = 363630(元)。其中,1363650 元系 2 × 10 年将收回现金 1500000 元按折现系数 0. 9091 进行折现后的结果。

6. 2016 年 12 月 31 日,某支行将贷款结算,实际收到现金 2000000 元。相关账务处理如下:

借:贷款损失准备　　136365

贷:利息收入　　136365

借:吸收存款——活期存款——瑞恒公司　　2000000

贷款损失准备　　4999985

贷:贷款——已减值　　2000000

资产减值损失(差额)　　4999985

(2)贷款到期由银行主动扣收。贷款到期借款人能主动归还贷款,而其存款账户中的存款余额又足够还款的,会计部门可及时与信贷部门联系,征得同意后,由信贷部门填制“贷款收回通知单”,加盖信贷部门业务公章交会计部门。会计部门凭以填制三联特种转账传票,一联代借方传票,一联代贷方传票,一联代收账通知连同注销后的借据第一联一并交借款单位。会计分录同上。

三、不良贷款核算

1. 贷款展期

贷款到期由于客观情况发生变化,借款人经过努力仍不能还清贷款的,短期贷款必须于到期日 10 日以前,中长期贷款必须于到期日一个月以前,由借款人向银行提出贷款展期的书面申请,写明展期的原因,商业银行信贷部门视具体情况决定是否展期。对同意展期的贷款,应在展期申请书上签署意见,然后将展期申请书交给会计部门。每一笔贷款只能展期一次,短期贷展期不得超过原贷款的期限,中长期贷款展期不得超过原贷款期限的一半,最长不得超过三年。

会计部门收到贷款展期申请书后,应主要审查以下内容:信贷部门是否批准、有无签章;展期贷款的金额与借款凭证上的金额是否一致;展期时间是否超过规定期限,展期利率的确定是否正确。审核无误后,在贷款分户账及到期卡上批注展期还款利率及还款日期,同时将一联贷款展期申请书加盖业务公章后交借款单位收执,另一联贷款展期申请书附在原借据后,按展期后的还款日期排列。贷款展期不需办理转账手续。

2. 逾期贷款

逾期贷款指借款合同到期(含展期后到期)未归还的贷款。当贷款逾期时,借款单位存款账户无力归还贷款时,商业银行会计部门应于贷款到期日营业终了,通过会计分录将贷款转入"逾期贷款"账户。核算时由会计部门填制两联特种转账借方传票:

借:逾期贷款——××借款单位逾期贷款户

　　贷:贷款——××借款单位贷款户

办妥上述手续后,将逾期贷款借据另行保管,加强催收。

逾期贷款从逾期之日起,按罚息利率计收罚息,直到清偿本息为止,发生罚息利率调整情况则分段计息。待借款单位的存款户有资金时,银行应按规定的扣款顺序,一次或分次扣收逾期贷款。扣收时,由银行填制特种转账借贷方传票,办理转账:

借:吸收存款——活期存款——××借款单位存款户

　　贷:逾期贷款——××借款单位逾期贷款户

　　　　应收利息

3. 非应计贷款

按现行会计制度规定,当贷款本金或利息逾期90天仍未收回,应转入"非应计贷款"账户单独核算。会计部门根据经审核确认不良贷款的相关单证,填制特种转账凭证办理转账。其会计分录为:

借:非应计贷款——××借款单位非应计贷款户

　　贷:逾期贷款——××借款单位逾期贷款户

同时应计利息停止计入当期利息收入,纳入表外核算。其会计分录为:

借:利息收入

　　贷:应收利息

　　　　(或借)贷款——利息调整

收入:应收未收利息

收回非应计贷款本息时:

付出:应收未收利息

再转入表内(即已计提):

借:利息收入

　　贷:应收利息

　　　　(或借)贷款——利息调整

收回时:

借:吸收存款——活期存款——××借款单位存款户

　　贷:非应计贷款——××借款单位非应计贷款户

　　　　应收利息(按已计提利息)

　　　　利息收入(按其差额即利息调整余额)

相关知识

任务9 掌握商业银行担保贷款业务核算

知识要点:商业银行抵押贷款的有关规定

依据《担保法》,下列财产可以作为贷款抵押物:依法规定抵押人所有的不动产、动产;依法规定抵押人有权处分的不动产、有权处分的动产、承包并经发包方同意抵押的土地使用权。同时规定下列财产不得抵押:土地所有权;耕地、宅基地、自留地、自留山;学校、幼儿园、医院等以公益事业为目的的事业单位,社会团体的教育设施、医疗卫生设施和其他社会公益设施;所有权、使用权不明或者有争议的财产;依法被查封扣押监管的财产;依法不得抵押的其他财产。

一、抵押贷款核算

1. 抵押贷款发放

抵押贷款是担保贷款的一种,是商业银行对借款人以一定财产作为抵押而发放的一种贷款。借款人到期不能归还贷款本息时,商业银行有权依法处置贷款抵押物,并从所得价款收入中优先收回贷款本息,或以该抵押物折价充抵贷款本息。

抵押贷款一般采取逐笔核贷的贷款核算方式。抵押贷款由借款人向商业银行提出申请,并向商业银行提交《抵押贷款申请书》,写明借款用途、金额、还款日期、抵押品名称、数量、价值、存放地点等有关事项,同时提交有权处分人的同意抵押(质押)的证明或保证人同意保证的有关证明文件。

商业银行办理抵押贷款,先应确认抵押物的所有权或经营权,债务人只有拥有对财产的所有权,并具有最终的处分权,才可以作为抵押人向商业银行申请抵押担保贷款。商业银行选择的抵押物必须是合法取得的、可以流通、易于变现和处分的。抵押物的使用期必须长于借款期,贷款到期后,抵押物的变现价值应大于借款本息。

抵押贷款经商业银行信贷部门审查同意后,由借款人同商业银行签订抵押贷款借款合同,并将抵押品或抵押品产权证明移交银行。合同及有关资料,如商业银行认为有必要的公证,应由公证机关对其真实性、合法性进行公证。对易受灾害侵害的抵押物,借款方应办理财产保险,并将保单交银行保管。如发生损失,商业银行可以从保险赔偿中收回抵押贷款。

对于有关抵押品,商业银行应签发《抵(质)押品代保管凭证》一式两联,一联交借款人。另一联由银行留存。同时登记表外科目,收:代保管有价值品。

抵押贷款中,流动资金贷款最长不超过一年,固定资金贷款一般为一年至三年,最长不超过五年。

抵押贷款通常不是按抵押品价值全额贷放,而是按抵押品价值的一定比例贷放贷款。这个比率通常称为抵押率,抵押率的计算公式如下:

$$\text{抵押率} = 1 - \frac{\text{抵押物预计贬值额}}{\text{抵押物现值}} \times 100\%$$

商业银行在办理抵押贷款时,抵押率一般控制在80%以下,对于一些科技含量高、更新速度快的机器设备抵押率还会更低,一般控制在50%以下。

借款人使用贷款时,由信贷部门根据确定的贷款额度,填写一式五联的借款凭证,签字后加盖借款人的预留印鉴,经信贷部门有关人员审批后,与抵押贷款有关单证一并送交会计部门。

会计部门收到信贷部门转来的有关单证,经审查无误后,根据有关规定及借款人的要求办理转账。

借:抵押贷款——借款人贷款户

贷:吸收存款——借款人存款户

2. 抵押贷款收回的核算

抵押贷款到期,借款人应主动提交还款凭证,连同银行出具的抵押品代保管收据,办理还款手续,其会计分录为:

借:吸收存款——借款人存款户

贷:抵押贷款——借款人贷款户

利息收入——抵押贷款利息收入户

同时销记表外科目,原抵押申请书作为表外科目付出传票的附件。

付:代保管有价值品。

3. 逾期抵押贷款的核算

抵押贷款到期,借款单位如不能按期归还贷款本息,商业银行应将其贷款转入逾期贷款科目核算,并按规定计收罚息。出现下列情况,商业银行有权依法处理抵押物品:借款合同履行期满,借款人未按期偿还贷款本息,又未同银行签订贷款展期协议或申请展期未经批准的;抵押期间,借款人死亡、无继承人获受遗赠人的;借款人的继承人拒绝偿还贷款本息或继承人放弃继承的;借款人被解散、宣布破产或依法撤销的;其他可以依法处分抵押物的情形。商业银行处理抵押品主要有两种方式:作价入账和出售。

《担保法》第53条规定,债务履行期届满抵押权人未受清偿的,可以与抵押人协议以抵押物折价或者以拍卖、变卖该抵押物所得的价款受偿;协议不成的,抵押权人可以向人民法院提起诉讼。商业银行实现抵押权的形式主要有三种,即拍卖、变卖抵押物或提起诉讼。

(1)将抵押品作价入账的核算。将抵押品作价入账时,应按抵押贷款本金及应收利息之和作价进行账务处理,其会计分录为:

借:固定资产

贷:逾期贷款——借款人户

应收利息——应收抵押贷款利息户

累计折旧

(2)出售抵押品的核算。商业银行按规定拍卖借款人的抵押品时,应以拍卖所得的净收入抵补抵押贷款本息。

①净收入高于贷款本息。根据《担保法》规定,若拍卖所得净收入高于贷款本息之和,其差额归抵押人所有,其会计分录为:

借:现金(或××存款)

贷:逾期贷款——借款人户

应收利息——应收抵押贷款利息

其他应付款——抵押人

②拍卖或变卖净收入不足以清偿贷款本息。若拍卖所得净收入不足以抵偿贷款本息及处理费用,债务人以其他资产拍卖或变卖偿还贷款本息。但抵押权人(银行)不再享有优先受偿权。抵押人如果为第三人而非债务人,抵押人不负责剩余未清偿贷款本息,而只能由债务人承担。

如果债务人拍卖或变卖其他财产之后仍然无法清偿债务,对于符合规定的低于贷款本金不足部分,从贷款损失准备中核销,应收利息从坏账准备中核销,其会计分录为:

借:现金(或××存款)

贷款损失准备

贷:逾期贷款——借款人户

同时,

借:坏账准备

贷:应收利息——应收抵押贷款利息

③净收入高于贷款本金,但低于贷款本息之和。如拍卖所得的净收入高于贷款本金,但低于贷款本息之和,则拍卖所得金额在全额补偿贷款本金和部分应收利息后,不足部分从坏账准备中核销,其会计分录为:

借:库存现金(或××存款)

坏账准备

贷:逾期贷款——借款人户

应收利息——应收抵押贷款利息

二、质押贷款核算

知识要点:质押和抵押的区别

质押是指债务人或第三人将其动产移交债权人占有或将某项权利出质,以该动产和权利作为债权的担保。债务人不履行债务时,债权人有权按照法律规定的程序和方式以该动产或权利,折价或以拍卖、变卖该动产或权利的价款优先受偿的制度。质押分为动产质押和权利质押。

抵押不转移抵押物的占有,而动产质押转移质押物的占有。抵押没有权利抵押,即权利不能作为抵押物,但权利是可以作质押的。

1. 动产质押

动产质押是指债务人或第三人将其动产移交债权人占有,将其动产作为债权的担保。在质押关系中,债务人或第三人为出质人,债权人为质权人,移交的动产为质物。出质人与质权人应以书面形式订立质押合同,质押合同自质物移交质权人占有时生效。质押合同应包括:被担保的主债权种类、金额;债务人履行债务的期限;质物的名称、数量、质量、状况;质押担保的范围;质物的处理方式及价格;质物移交的时间;质物毁损灭失的风险责任;当事人需要约定的其他事项。

2. 权利质押

可以办理权利质押的权利主要包括:汇票、支票、本票、债券、存款单、仓单、提单;依法可以转让的股份、股票;依法可以转让的商标权、专利权、著作权中的财产权;依法可以质押的其他权利。

(1)以汇票、支票、本票、债券、存款单、仓单、提单出质的,应当在合同约定期限内将权利凭证交付质权人。质押合同自权利凭证交付之日起生效。

(2)以载明兑现或提货日期的汇票、支票、本票、债券、存款单、仓单、提单出质的,汇票、支票、本票、债券、存款单、仓单、提单兑现或提货日期先于债务履行期的,质权人可以在债务履行期届满前兑现或者提货,并与出质人协议将兑现的价款或者提取的货物用于提前清偿所担保的债权或者向与出质人约定的第三人提存。如果兑现或提货日期后于所担保债权清偿期的,质权人可以于担保债权清偿期届满时,直接向债务人请求给付,但以出质人担保的债权为限。

(3)以依法可以转让的股票出质的,出质人与质权人应当订立书面合同,并向证券登记机构办理出质登记,质押合同自登记之日起生效。股票出质后不得转让,但经出质人与质权人协商同意的可以转让。

(4)以有限责任公司的股份出质的,适用《公司法》股份转让的有关规定。质押合同自股份出质记载于股东名册之日起生效。

(5)以依法可以转让的商标专用权、专利权、著作权中的财产权出质的,出质人与质权人应当订立书面合同,并向有关管理部门办理出质登记,质押合同自登记之日起生效。

不得转让的票据不得质押。

关于质押贷款的具体核算,可以比照抵押贷款的核算手续进行。

三、保证贷款核算

保证贷款是指担保法规定的保证方式以第三人承诺在借款人不能偿还贷款时,按约定承担一般保证责任或者连带责任而发放的贷款。

知识要点:保证贷款的限制条件

国家机关不得作为保证人;学校、幼儿园、医院等以公益为目的的事业单位、社会团体不得作为保证人;企业法人的分支机构、职能部门不得作为保证人。

对保证贷款,商业银行要求借款人提供贷款担保人。商业银行除了和借款人签订借款合同外,还必须与担保人签订保证合同,保证贷款到期如果借款人无力偿还时,则由保证人代为偿还。保证方式分为一般保证责任和连带保证责任。

1. 一般保证,是指当事人在保证合同中约定,债务人不能履行债务时,由保证人承担保证责任。一般保证的保证人在主合同纠纷未经审判或者仲裁,并就债务人财产依法强制执行仍不能履行债务时,对债权人可以拒绝承担保证责任。

2. 连带保证,是指当事人在保证合同中约定保证人与债务人对债务承担连带责任。连带责任保证的债务人在主合同规定的债务履行期届满没有履行债务的,债权人可以要求债务人履行债务,也可以要求保证人在其保证内承担保证责任。一般在借款合同或保证合同中要明确规定保证人的保证方式,如果在合同中不约定保证的责任,则默认为连带保证。

关于保证贷款的业务手续与核算方法可参照信用贷款的做法。

相关知识

任务10　掌握商业银行贷款利息业务核算

知识要点:商业银行贷款计息的有关规定

计息时间:每季末20日。计息方法:利随本清、定期结息。计息利率:正常贷款按合同利率,逾期贷款加罚利率。不能偿还本息按加罚利率计收复利。

一、贷款计息有关规定

发放贷款应按照人民银行规定的利率以及浮动幅度确定合同利率。

1. 短期贷款

短期贷款按合同签订日银行挂牌利率计息,借款合同期内,遇利率调整不分段计息。可以每季结息一次,结息日为每季末月20日;可以每月结息一次,结息日为每月20日。计算的利息计入当期损益。

2. 中长期贷款

中长期贷款利率按照借款合同约定的期限,合同生效日银行挂牌利率相应的档次计算利息,每满一年后,再按当时挂牌利率重新确定下一年度利率。每年结一次,结息日为每年12月20日。计算的利息计入当期损益。

3. 贷款展期

贷款展期，期限应累计计算，累计期限达到新的利率期限档次时，自展期之日期起，按展期日挂牌的同档次利率确定利率计息，达不到新的期限档次时，按展期日的原档次利率计息。

4. 逾期贷款

发放的贷款到期（含展期，下同）90天后尚未收回的，其应计利息停止计入当期利息收入，纳入表外核算；已计提的贷款应收利息，在贷款到期90天仍未收回的，或在应收利息逾期90天后仍未收到的，冲减原已计入损益的利息收入，转表外核算。

逾期贷款计收罚息，罚息利率在借款合同载明的贷款利率水平上加收30%～50%；借款人未按合同约定用途使用借款的罚息利率，由现行按万分之五计收利息，改为在借款合同载明的贷款利率水平上加收50%～100%。对逾期或未按合同约定用途使用借款的贷款，从逾期或未按合同约定用途使用贷款之日起，按罚息利率计收利息，直至清偿为止。对不能按时支付的利息，按罚息利率计收复利。

5. 贷款到期日为节假日的利息计算

贷款到期日为节假日的，如在节假日前一日归还，应扣除归还日至到期日的天数后，按合同利率计算利息；节假日后第一个工作日归还，应加收到期日至归还日的天数，按合同利率计算利息；节假日后第一个工作日未归还，应从节假日后第一个工作日按照逾期贷款利率计息。

二、贷款利息计算方法

银行发放的各种贷款，除国家有特殊规定和财政补贴外，均应按规定计收利息。商业银行贷款利息的计息有定期结息和利随本清两种方法。

1. 定期结息

定期结息是实行按季（或月）结息的一种计息方法。按权责发生制原则，银行按季计算贷款的应收利息，贷款利息当期实际收到时计入当期损益。每季度末月20日（或每月20日）为结息日，一般采用余额表计息或分户账账页计息的做法。定期结息的计算天数按日历天数，有一天算一天，全年按365天或366天计算。“算头不算尾”，即从贷出的那一天算起，至还款的前一天止。

利息计算采用计息余额表累计计息积数，乘以日利率的方法。公式为：

$$利息=累计积数\times日利率$$

【例2-3-5】 某支行2010年9月20日编制的短期贷款计息表的本季累计积数华为商厦为22560000元、风华工厂为39420000元、振兴公司为63120000元，合同利率为5.4%，请采用合同利率计算确定利息收入。

华为商厦贷款利息 $=22560000\times5.4\%\div360=3384$（元）

风华工厂贷款利息 $=39420000\times5.4\%\div360=5913$（元）

振兴公司贷款利息 $=63120000\times5.4\%\div360=9468$（元）

2. 利随本清

利随本清也称为逐笔结息的计息方式。贷款到期，借款人还款时，应计算自放款日起至还款之日前一日止的贷款天数，然后利用如下公式计算。

$$应收利息=还款金额\times日数\times月利率\div30$$

3. 逾期贷款利息计算

贷款发生逾期，从转入逾期贷款账户之日起，余额表应单独立户登记，积数应根据逾期金额和实际逾期天数单独计算，利息改按规定逾期贷款利率计收。发生罚息利率调整情况则分段计息。

$$逾期利息=逾期金额\times实际逾期天数\times逾期贷款利率$$

【例2-3-6】 某支行于2010年4月8日向百姓商场发放贷款一笔，金额为30万元，期限6

个月，月利率4.35‰为合同利率，现行逾期贷款利率为2.1‱。假定该笔贷款于同年10月28日归还，采用利随本清的计息方法，按合同利率计算确定利息收入。

到期利息＝300000×6×4.35‰＝7830（元）

逾期利息＝300000×20×2.1‱＝1260（元）

应收利息合计为9090元。

【例2－3－7】 某支行于2010年3月5日向虹桥百货发放贷款一笔，金额为26万元，期限3个月，月利率4.35‰为合同利率，现行逾期贷款利率为2.1‱。假定该笔贷款于同年7月13日归还，采用利随本清的计息方法，按合同利率计算确定利息收入。

到期利息＝260000×3×4.35‰＝3393（元）

逾期利息＝260000×38×2.1‱＝2074.80（元）

应收利息合计为5467.8元。

三、贷款利息核算

商业银行应通过"应收利息"资产类科目核算发放贷款、存放同业、拆出资金等生息资产当期应收的利息，科目应按贷款种类、拆出资金单位等设置明细账。本科目期末为借方余额，反映银行表内核算的已计提尚未收回的贷款利息、存放同业利息、拆除资金利息等。

按期计提贷款应收利息时，商业银行编制"计收利息清单"（见表2－3－7）一式三联，直接从借款单位存款账户中扣收。其中一联作支款通知，另两联分别代转账借方、贷方传票办理转账。会计分录如下：

1. 当期收到利息时：

借：应收利息

　　贷：利息收入

　　　　（或借）贷款——利息调整

收到利息时：

借：吸收存款——活期存款——××借款单位存款户

　　贷：应收利息

2. 如当期未收到利息时：

借：应收利息

　　贷：利息收入

　　　　（或借）贷款——利息调整

以后时间收到时：

借：吸收存款——活期存款——××借款单位存款户

　　贷：应收利息

表2－3－7　中国××银行贷款利息清单

账别：　　　　　　　　　　年　月　日　　　　　　　　　　第　页　共　页

序号	账号	户名	天数	积数	利率	付息账号	金额
合　计							
（银行盖章）						科目（借） 对方科目（贷）	

【例2-3-8】 承【例2-3-5】计收贷款利息。其会计分录如下：

借:应收利息　　18765

　贷:利息收入　　18765

借:吸收存款——活期存款——华为商厦　　3384

　——风华工厂　　5913

　——振兴公司　　9468

　贷:应收利息　　18765

3. 当贷款成为非应计贷款时,应将已入账但尚未收取的利息收入和应收利息予以冲销;其后发生的应计利息,应纳入表外核算。贷款成为非应计贷款,在收到该笔贷款的还款时,首先应冲减本金;本金全部收回后,再收到的还款则确认为当期利息收入。已转入表外核算的应收利息以后收到时,应按以下原则处理。

(1)本金未逾期,且有客观证据表明借款人将会履行未来还款义务的,应将收到的该部分利息确认为利息收入。收到该部分利息时,按收到的金额记:

借:吸收存款——活期或定期存款——存款单位户

　贷:利息收入

(2)本金未逾期或逾期未超过90天,且无客观证据表明借款人将会履行未来还款义务的,以及本金已逾期的,应将收到的该部分利息确认为贷款本金的收回。收到该部分利息时,按收到的金额记:

借:吸收存款——活期或定期存款——存款单位户

　贷:贷款——短期或中长期贷款——借款单位户

(3)当拆出资金到期(含展期,下同)90天后仍未收回的,或者拆出资金尚未到期而已计提应收利息逾期90天后仍未收回的,应将原已计入损益的利息收入转入表外核算,其后发生的应计利息纳入表外核算。

4. 住房抵押贷款利息计算

我国目前个人商业住房贷款主要采用等额本息还款和等额本金还款两种贷款还款方法,具体本息计算方法如下:

(1)等额本息还款计算公式(12个月以上):

$$\text{按月等额本息还款}=\frac{\text{贷款本金}\times\text{月利率}\times(1+\text{月利率})^{\text{还款期数}}}{(1+\text{月利率})^{\text{还款期数}}-1}$$

(2)等额本金还款计算公式(12个月以上):

$$\text{第 n 期利息}=\text{贷款本金}\times[1-(n-1)\div\text{还款期数}]\times\text{月利率}$$

$$\text{第 n 期还款金额}=\text{月平均还本金额}+\text{第 n 期利息}$$

借款期限为12个月以内(含12个月)的,借款人应当选择一次性还本付息,利随本清的还款方式,即在借款期限届满之日一次性将借款本息全部归还给贷款人,利息按借款天数和相应的年利率计算。

相关知识

任务11 掌握商业银行票据贴现业务核算

知识要点:票据贴现业务的特点

票据贴现业务严格讲属于贷款的一种,但贴现同一般贷款相比,既有共同之处又有不同点。共同点主要有两者都是银行的资产业务,是借款人的融资方式,商业银行都要计收利息。不同点主要是以下几个方面:资金投放的对象不同;体现的信用关系不同;计息的时间不同;放款期限不同;资金的流动性不同。

一、贴现业务含义

票据贴现是指票据持有人在票据到期以前,为获得资金而向商业银行贴付一定的利息所作的票据转让。目前,银行办理贴现业务的票据主要是商业汇票。商业汇票按承兑人的不同可以分为商业承兑汇票和银行承兑汇票。商业汇票一律记名,允许背书转让,期限最长不超过6个月。

贴现与贷款都属商业银行的资产,二者的本质相同。但其区别主要是:

1. 融资基础不同,贷款是以借款人或担保人的信誉、还款能力为基础,或者以抵押品和质物为基础,而贴现是以商业汇票为基础。

2. 信用关系不同,贷款的当事人是银行、借款人和担保人,贷款到期后,由借款人或由担保人归还贷款。票据贴现的当事人是银行、贴现申请人和票据上背书的各个关系人,票据到期后,票据上的各个关系人均负有连带付款责任。

3. 计息方法不同,贷款利息的收取是在使用资金之后按季或按月收取,而贴现利息则是在办理贴现时扣收。

4. 借款期限不同,贷款是由借款人申请,经商业银行审查后确定,而贴现期限是以票据的有效期为准。在相同期限的情况下,贴现利率应略低于贷款的利率,通常贴现率占贷款利率的90%或95%为宜。

二、贴现的有关规定

1. 持票人到银行申请贴现时,由信贷部门进行审查,对符合条件的,按票据到期值扣除贴现息后,将款项付给持票人。

2. 贴现率可略低于短期贷款利率。由于计息的时间不同,在相同期限的情况下,贴现利率应略低于贷款的利率,通常贴现率占贷款利率的90%或95%。

3. 办理贴现具备的条件:在商业银行开立存款账户的企业法人及其他组织;与出票人或直接前手具有真实的商品交易关系;提供增值税发票和商品发运单据复印件。

三、账户设置

1. 贴现资产

资产类科目,用以核算银行办理商业票据的贴现、转贴现融出资金等业务的款项,本科目应当按照贴现类别和贴现申请人分别“面值”、“利息调整”进行明细核算。期末借方余额,反映商业银行办理的贴现、转贴现融出资金等业务的款项余额。

2. 贴现负债

负债类科目，用以核算商业银行办理商业票据的转贴现融入资金等业务的款项，本科目应当按照贴现类别和贴现金融机构，分别"面值"、"利息调整"进行明细核算。期末贷方余额，反映商业银行办理的转贴现融入资金等业务的款项余额。

四、商业汇票贴现核算

商业汇票持有者如急需使用资金，可持汇票向开户银行申请贴现。

1. 为客户办理贴现

客户如需申办贴现，必须符合条件，按规定提供有关证明资料，见图 2－3－1。

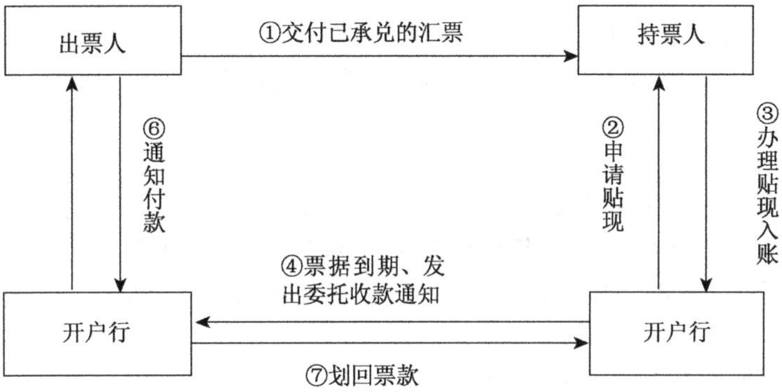

图 2－3－1　商业承兑汇票贴现程序

填制一式五联的贴现凭证如表 2－3－8 所示，第一联为贴现借方凭证，第二联为持票人账户贷方凭证，第三联为贴现利息贷方凭证，第四联为商业银行给持票人的回单，第五联为贴现到期卡。

贴现申请人在第一联凭证上按规定签章后，将凭证及商业汇票一并送交商业银行信贷部门。信贷部门根据信贷管理办法及结算规定进行贴现审查后，填写《××汇票贴现审批书》，提出审查意见，按照贷款审批权限，报经相关部门审批。贷款决策部门审查同意后，应在《××汇票贴现审批书》上签署决策意见，并在贴现凭证的"银行审核"栏签注"同意"字样并加盖有关人员名章后，送交会计部门。

表 2－3－8　贴现凭证（代申请书）

申请日期：　年　月　　日　　　　　　　　　　第　　号

<table>
<tr><td rowspan="3">贴现汇票</td><td>种类</td><td></td><td>号码</td><td></td><td rowspan="3">持票人</td><td>名称</td><td colspan="2"></td></tr>
<tr><td>出票日</td><td colspan="3">年　月　日</td><td>账号</td><td colspan="2"></td></tr>
<tr><td>到票日</td><td colspan="3">年　月　日</td><td>开户银行</td><td colspan="2"></td></tr>
<tr><td>汇票承兑人</td><td>名称</td><td></td><td>账号</td><td></td><td>开户银行</td><td colspan="3"></td></tr>
<tr><td rowspan="2">汇票
金额</td><td colspan="6" rowspan="2">人民币（大写）</td><td colspan="2">千 百 十 万 千 百 十 元 角 分</td></tr>
<tr><td colspan="2"></td></tr>
<tr><td rowspan="2">贴现率</td><td rowspan="2">%</td><td rowspan="2">贴现
利息</td><td colspan="3">千 百 十 万 千 百 十 元 角 分</td><td rowspan="2">实付
贴现金额</td><td colspan="2">千 百 十 万 千 百 十 元 角 分</td></tr>
<tr><td colspan="3"></td><td colspan="2"></td></tr>
<tr><td colspan="3">附送承兑汇票申请贴现，请审核。
持票人签字</td><td>银行审核</td><td colspan="2">负责人
信贷员</td><td colspan="3">科目：贷
对方科目：借
复核　　记账</td></tr>
</table>

会计部门接到贴现凭证及商业汇票后，按照规定的贴现率，计算出贴现利息并予以扣收。贴现利息的计算方法如下：

贴现利息 = 汇票金额 × 贴现天数 ×（月贴现率 ÷ 30）

实付贴现金额 = 汇票金额 - 贴现利息

将按规定贴现率计算出来的贴现利息、实付贴现金额填在贴现凭证有关栏内，办理转账手续。商业银行通过“贴现资产”科目核算办理商业票据的贴现、转贴现和再贴现业务的款项。该科目应按贴现种类和贴现申请人进行明细核算，期末为借方余额，反映银行办理的贴现款项。

借：贴现资产——商业承兑汇票或银行承兑汇票（面值）

　　贷：吸收存款——贴现申请人户（实付贴现额）

　　　　贴现资产——利息调整（利息）

同时按汇票金额登记表外科目，收：代保管有价值品。

资产负债表日，应按实际利率计算确定的贴现利息收入的金额：

借：贴现资产——利息调整

　　贷：利息收入

实际利率与约定的名义利率差异不大，也可采用约定名义利率计算利息收入。

【例 2-3-9】 某支行于 2007 年 9 月 13 日收到泰达公司交来贴现凭证和商业承兑汇票各一份，该票据由在当地工商银行海口支行开户的广发工厂签发并承兑 90000 元，到期日为 11 月 5 日，月贴现率为 3‰。

贴现利息 = 90000 × 3‰ ÷ 30 × 53 = 477（元）

贴现净额 = 90000 - 477 = 89523（元）

借：贴现资产——贴现——面值	90000	
贷：吸收存款——活期存款——泰达公司		89523
贴现资产——贴现——利息调整		477

2. 为其他金融机构办理转贴现核算

商业银行为其他金融机构办理票据的转贴现，其会计分录为：

借：贴现资产——转贴现——面值（票面金额）

　　贷：存放中央银行款项（实际支付的金额）

　　　　贴现资产——转贴现——利息调整（差额）

3. 贴现、转贴现到期收回票款的核算

（1）贴现汇票到期收回处理

商业汇票到期，贴现银行作为收款人在汇票背面“背书”栏加盖结算专用章并由授权的经办人员签名或盖章，注明“委托收款”字样，于汇票到期前匡算邮程，提前填制托收凭证一式五联，留下第一、第二联，据以登记“发出委托收款凭证登记簿”，将第三、四、五联托收凭证及汇票送交付款人开户银行或承兑银行。将第五联贴现凭证作为第二联托收凭证的附件存放。

付款人开户银行或承兑银行收到上述托收凭证及汇票后，对于商业承兑汇票，于汇票到期日将票款从付款人账户内付出；对于银行承兑汇票，应从应解汇款科目付出，划往贴现银行。其会计分录为：

借：吸收存款——活期存款——商业承兑汇票人单位存款户

　　贷：联行往账（或清算资金往来等科目）

贴现银行于收到划回的票款后，以第二联托收凭证代传票，以第五联贴现凭证作附件办理转账，并销记“发出委托收款凭证登记簿”。其会计分录为：

借：联行来账（实际收到的金额）

(或清算资金往来、存放中央银行款项等有关科目)
贴现资产——贴现——利息调整
——转贴现——利息调整
贷:贴现资产——贴现——面值(票面金额)
——转贴现——面值
利息收入(差额)
(2)贴现汇票到期未收回处理
贴现银行如果收到付款人开户银行或承兑银行退回的托收凭证、拒付理由书和汇票,可依据《中华人民共和国票据法》、《支付结算办法》的规定,向贴现申请人追索票款,即对已贴现的金额,直接从贴现申请人账户收取。其会计分录为:
借:吸收存款——活期存款——贴现申请人存款户
贴现资产——贴现——利息调整
贷:贴现资产——贴现——面值(票面金额)
利息收入(差额)
若贴现申请人存款账户余额不足,则不足部分转作逾期贷款,会计分录如下:
借:吸收存款——活期存款——贴现申请人存款户
逾期贷款——贴现申请人贷款户
贴现资产——贴现——利息调整
贷:贴现资产——贴现——面值(票面金额)
利息收入(差额)

五、贴现负债核算

1. 转贴现核算
商业银行持有贴现票据向其他金融机构转贴现,应按照实际收到的金额记入"存放中央银行款项"科目:
借:存放中央银行款项
贴现负债——转贴现——利息调整(差额)
贷:贴现负债——转贴现——面值
2. 贴现负债利息核算
资产负债表日,应按实际利率计算确定的利息费用,记入"利息支出"科目:
借:利息支出
贷:贴现负债——转贴现——利息调整
如果实际利率与合同约定利率差异很小,也可以采用合同约定的名义利率计算确定利息费用。
3. 贴现票据到期,归还转贴现款项核算
贴现票据到期时,应按照实际支付金额记入"存放中央银行款项"科目:
借:贴现负债——转贴现——面值
利息支出(差额)
贷:存放中央银行款项
贴现负债——转贴现——利息调整

【知识链接】

金融资产减值的确认

在资产负债表日,商业银行对有证据可表明金融资产发生减值,应计提减值准备:

1. 发行方或债务人发生严重的财务困难；

2. 债务人违反了合同条款，如偿付本金或利息发生违约或逾期；

3. 债权人出于经济或法律方面的考虑，对发生财务困难的债务人作出让步；

4. 债务人可能倒闭或进行其他财务重组；

5. 因发生重大财务困难，该金融资产无法活跃在市场继续进行交易；

6. 债务人经营所处的技术、市场、经济或法律环境等发生重大不利变化，使权益工具投资人可能无法收回资金成本；

7. 权益工具投资的公允价值发生严重或非暂时性下跌；

8. 其他表明金融资产发生减值的客观证据。

【项目小结】

贷款是金融企业对借款人提供的按约定的利率和期限还本付息的货币资金。对于加强企业管理和提高银行利润有重要意义。贷款有短期、中期、长期贷款；有自营贷款和委托贷款；有信用贷款、担保贷款和贴现贷款；有单位贷款和个人贷款等多种划分方法。贷款核算要求：严格贷款手续；监督贷款的使用和收回；做好不良贷款的计算和分析工作。

商业银行对贷款业务需设置“贷款”科目、“利息收入”等科目进行核算。贷款核算分单位贷款核算和个人贷款核算。

票据贴现是指商业汇票的持票人在票据到期前为取得资金而将票据转让给商业银行，商业银行按票面额扣除从贴现日至汇票到期日的利息后，以其差额付给收款人的一种信用活动。贴现是一项融通资金的业务，同时又是票据转让行为。

贷款损失准备金是按一定比例提取，用于补偿贷款损失的准备金。商业银行为了抵御和减少贷款风险，设置“贷款损失准备”、“资产减值损失”等科目对可能发生或已经发生的贷款损失进行核算。

发放贷款应按照人民银行规定的利率以及浮动幅度确定合同利率；短期贷款按贷款合同签订日的相应档次的法定贷款利率计息；中长期贷款利率实行一年一定；贷款利息的计算方法有定期结息和利随本清。

【课堂讨论】

某年1月16日，私营独资甲企业向某行申请贷款20万元做家电生意，由AAA级企业海滨公司提供保证担保。某行审查后，认为海滨公司完全具有保证能力，于是就向甲企业贷款20万元，贷款期限为2个月，但在合同中没有约定保证期限。至本年3月16日贷款到期后，某行多次派人向甲企业催款，但甲企业的法定代表人孙某答应家电款收回后立即还款。某行认为保证单位具有保证能力，合同又没有问题，就疏忽了保证期限问题。9月20日，某行得知甲企业做家电生意被骗无力还款时，方想要求保证人承担保证责任。但海滨公司以保证期限已过拒绝承担保证责任。

同学们请讨论：

1. 海滨公司拒绝承担担保责任是否合理？

2. 孙某应承担什么责任？

【项目训练】

一、简答题

1. 简述贷款和贴现的区别。

2. 简述贷款的分类。

二、业务题

（一）练习信用贷款的核算

资料：某银行发生下列有关的经济业务（注：假定合同约定利率与实际利率差别不大，下列各业务题均采用合同利率)：

1. 1 月 10 日，收到信贷部门转来远达商厦借款凭证一份，准予信用贷款，金额为 80000 元，期限为一个月，年利率为 5.4%。利随本清，经审查无误后，予以转账。

2. 1 月 20 日，收到信贷部门转来农户王林借款凭证一份，准予信用贷款，金额为 20000 元，期限为 10 个月，年利率为 5.4%，利随本清。经审查无误后，付给现金。

3. 2 月 10 日，收到远达商厦提交的还款凭证一份，金额 80360 元，其中 80000 元为归还一个月期限的贷款，360 元为支付贷款利息。经审查无误后，予以转账。

4. 3 月 20 日，编制的短期贷款计息余额表的本季累计积数嘉禾商厦为 27660000 元、城东工厂为 36840000 元、广林公司为 59340000 元，年利率为 5.4%，计收本季度利息。

5. 3 月 20 日，计提农户王林本季度 20000 元贷款的利息。

6. 10 月 20 日，嘉禾商厦有一笔半年期的信用贷款 30000 元，已到期，但无款归还，予以转账。

7. 10 月 30 日，嘉禾商厦归还逾期 10 日的贷款 30000 元，并按 7.56% 的逾期贷款年利率计收利息。

8. 11 月 20 日，农户王林以现金付清今年 1 月 20 日所借信用贷款 20000 元的本息。

要求：编制会计分录。

(二) 练习票据贴现业务的核算

资料：工商银行海口支行发生下列有关的经济业务(注：假定合同约定利率与实际利率差别不大，下列各业务题均采用合同利率)：

1. 3 月 5 日，收到武南工厂交来贴现凭证和商业承兑汇票各一份，商业承兑汇票由在工商银行海口支行开户的海汽公司签发，金额为 108000 元，到期日为 5 月 20 日，月贴现率为 3‰。经审查无误后，予以贴现。

2. 4 月 12 日，收到天河工厂交来贴现凭证和商业承兑汇票各一份，商业承兑汇票由在工商银行龙华支行开户的东兴工厂签发，金额为 99000 元，到期日为 7 月 20 日，月贴现率为 3‰。经审查无误，予以贴现。

3. 5 月 20 日，收到工商银行南航支行退回的委托收款凭证、商业承兑汇票和由其签发的付款人未付款项通知书，金额为 108000 元的票款未收到，将武南工厂贴现的票款从其账户中扣回。

4. 7 月 20 日，收到工商银行龙华支行转来天河工厂的商业承兑汇票款 99000 元。

要求：编制会计分录。

(三) 练习贷款损失准备和坏账准备的核算

资料：工商银行海口支行发生下列有关的经济业务：

1. 2007 年 1 月 1 日，向信达公司发放信用贷款 2000 万元，实际支付 2000 万元(不考虑交易费用)，贷款期限为 3 年，合同约定利率为 6%，于次年初收取利息(注：假定合同约定利率与实际利率差别不大，均采用合同利率)。

(1) 最初该贷款发放、年末计提利息、次年收回利息以及 3 年后收回本金。

(2) 假定该贷款发放后的第 3 年初，接受贷款的企业由于遭受火灾，出现严重的财务危机，贷款预计可收回金额仅为本金的 60%，第 2 年、第 3 年的利息均无法收到。

(3) 假定第 4 年初，该银行收到了该笔贷款本金的 60%，其余款项由于接受贷款企业破产无法再收回，减值经批准后作为贷款损失予以转销。

2. 2005 年 4 月 15 日，永兴公司因遭受重大水灾，经追偿后仍有 25000 元逾期贷款和 3200 元利息无法追回，经上级核准分别作贷款损失和坏账损失处理。

要求：编制会计分录。

项目四

支付结算业务和核算

【项目目标】

为了完成本项目4个任务,你需要学习:
商业银行支付结算原则、纪律和政策规定
商业银行票据与非票据结算种类、业务流程和管理要求
商业银行支付结算业务的账务处理方法和操作程序

【项目安排】

项目导入
相关知识
知识链接
项目小结
课堂讨论
项目训练

【技能目标】

技能目标
通过完成本项目4个任务的实践(训),你应该能够:
熟悉商业银行支付结算原则、纪律和法规
熟悉商业银行支付结算操作流程
掌握商业银行支付结算业务会计核算方法和账务处理程序

【核心技能】

熟练掌握商业银行支付结算业务核算的操作流程和有关规定及要求
正确掌握和灵活运用商业银行支付结算会计核算方法和账务处理技能

项目导入

近期由于某原材料供应商问题,不能按时供货,某工厂采购人员紧急寻找到了一个新的供应商,并确认该供应商完全有能力按时保质保量供货。

由于该新供应商在异地,双方又是初次合作,还没有建立起相互信任,都担心交易风险。于是工厂决定,由财务人员到开户银行开出银行汇票,并由采购人员携带银行汇票,到新供应商所在地进行交易。

次日,采购人员前往此供货单位,在监督货物装车发运后将银行汇票交给供应商,从而保证了工厂的正常生产。

同学们:通过以上实例,你们对于银行支付结算工具了解多少?本实例中某工厂采用了银行汇票的支付工具,是支付结算业务的一种,你们还知道有哪些其他结算方式吗?这些结算方式的

流程又是什么?

相关知识

任务12 了解商业银行支付结算业务

知识要点:支付结算业务的管理体制

我国《现金管理暂行条例》中规定,开户单位之间的经济往来,除规定可以使用现金的项目外,必须通过银行进行转账结算。目前,商业银行可以提供结算方式:银行汇票、商业汇票、银行本票、支票、汇兑、托收承付、委托收款和信用卡等。客户可以根据自身业务需要,自主选择。

一、支付结算业务概念和意义

在我国,除少数经济往来的款项按规定可以使用现金结算以外,大量社会支付结算是指单位、个人在社会经济活动中使用票据、信用卡和汇兑、托收承付、委托收款等结算方式进行货币给付及资金清算的行为。

一方面,可以简化结算手续、缩短结算过程,有利于加速资金周转、促进商品交易、劳务供应和资金调拨等经济活动,有效促进发展;另一方面,组织社会支付结算业务,有利于集中社会闲散资金,稳定和扩大信贷资金来源;有效监督国民经济活动中资金活动的情况,发挥社会总会计的职能,并通过账户资金划转节约现金使用,减少货币发行,调节货币流通,节约社会流通费用。

支付结算工作任务,是根据经济往来组织支付结算,准确、及时、安全地办理支付结算,并按照有关法律、法规、制度和办法的规定管理支付结算,保障支付结算活动的正常进行。

我国支付结算实行集中统一和分级管理相结合的办法。支付结算的有关制度和办法,由中国人民银行总行负责统一制定,并由中国人民银行组织、协调、管理和监督全国的社会支付结算工作,协调和处理银行之间的支付结算纠纷。

各省、自治区、直辖市分行,根据统一支付结算制度,制定实施细则,并报人民银行总行备案;根据需要可制定单项支付结算办法,报经人民银行总行批准后执行。人民银行分行、支行负责组织、协调、处理本辖区银行之间的支付结算纠纷。

商业银行总行可以根据统一的支付结算制度,结合本行情况和经济活动的需要,制定具体管理实施办法,报经中国人民银行总行批准后执行。商业银行总行负责组织、管理、协调本行内的支付结算工作,协调、处理本行内分支机构之间的支付结算纠纷。

二、支付结算业务核算要求

1. 遵循结算原则

结算原则:恪守信用,履约付款;谁的钱进谁的账,由谁支配;银行不垫款。

2. 支付结算纪律

(1)银行的主要结算纪律:不准以任何理由压票、任意退票、截留挪用客户和他行资金;不准无理拒绝支付由银行支付的票据款项;不准违章签发、承兑、贴现票据,套取银行资金;不准签发空头银行汇票、银行本票和办理空头汇款;不准在结算制度之外规定附加条件;不准改变对企事业单位和个人开立账户;不准拒绝受理、代理他行正常结算业务;不准改变企事业单位和个人违反结算纪律的制裁;不准受理无理拒付、不扣或少扣滞纳金、罚金;不准逃避向人民银行转汇大额汇划款项。

(2)单位和个人遵守结算纪律:不准签发没有资金保证的票据或远期支票;不准签发、取得和转让没有真实交易和债权债务的票据;不准无理拒绝付款;不准违反规定开立账户、出租、出借账户和使用账户。

相关知识

任务13 掌握商业银行票据结算业务核算

知识要点:商业银行票据结算的主要方式

商业银行的票据结算业务主要包括:银行汇票、商业汇票、银行本票和支票等结算方式。

一、银行汇票核算

银行汇票是出票银行签发的,由其在见票时按照实际结算金额无条件支付给收款人或者持票人的票据。银行汇票的出票人为经人民银行批准办理银行汇票业务的商业银行,银行汇票的出票银行即为商业银行汇票的付款人。

1. 银行汇票基本规定

(1)单位和个人各种转账结算,均可使用银行汇票。银行汇票可以用于转账,填明“现金”字样的银行汇票也可以用于支取现金。

(2)银行汇票的出票和付款,全国范围限于中国人民银行和各商业银行参加“全国联行往来”的银行机构办理。跨系统银行签发的转账银行汇票的支付,应通过同城票据交换将银行汇票和解讫通知提交给同城有关银行支付后抵用。

(3)银行汇票代理付款人是代理本系统出票银行或跨系统签约审核支付款汇票款项的银行。代理付款不得受理未在本行开立存款户的持票人为单位直接提交的汇票。

(4)银行汇票的提示付款期限自出票日起一个月。持票人超过付款期限提示付款的,代理付款人不予受理。

银行汇票的实际结算金额不得更改,更改实际结算金额的银行汇票无效。

2. 银行汇票流程(见图2-4-1)

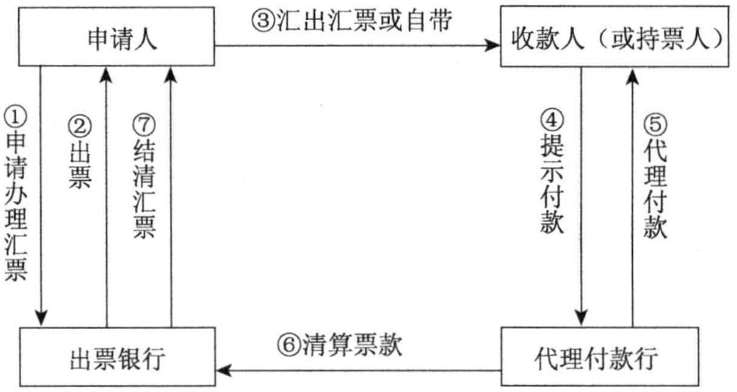

图2-4-1 银行汇票流程图

3. 银行汇票会计核算

(1)汇款人向银行申请汇票

单位或个人需要使用银行汇票,应向银行填写银行汇票申请书一式三联,第一联为存根,第二联为借方凭证,第三联为贷方凭证。出票银行受理申请人提交的第二、第三联汇票申请书时,需详细审查其内容是否填写齐全、清晰,汇票上的签章是否为预留银行的签章;申请书填明“现金”字样的,要看申请人和收款人是否均为个人,且申请人是否交存现金。

对银行汇票申请书有关内容审查无误后,出票行才可予以受理。对申请人转账交付的,出票行以第二联申请书作为借方凭证,第三联作为贷方凭证,转账分录为:

借:吸收存款——活期存款(申请人户或其他有关科目)

　　贷:汇出汇款

【例2-4-1】 工商银行海口支行收到海汽公司交来银行汇票申请书一份,申请签发银行汇票60000元,经审查无误后,款项从其存款账户收取,当即签发银行汇票一张,金额60000元,交付该公司。作会计分录如下:

借:吸收存款——活期存款——海汽公司　　60000

　　贷:汇出汇款　　60000

申请人交付现金的,出票行以第三联申请书作贷方凭证,其分录为:

借:库存现金　　60000

　　贷:汇出汇款　　60000

汇票凭证一式四联,第一联为卡片,第二联为汇票,第三联为解讫通知,第四联为多余款收账通知。填写的汇票经审核无误后,在第二联上加盖汇票专用章,并由授权的经办人签名或盖章,在实际结算金额栏的小写金额上端用总行统一制作的压数机压印出票金额,然后连同第三联一并交给申请人。第一联上加盖经办、复核名章,在逐笔登记汇出汇款账并注明汇票号码后,连同第四联一并专夹保管,见图2-4-2、图2-4-3。

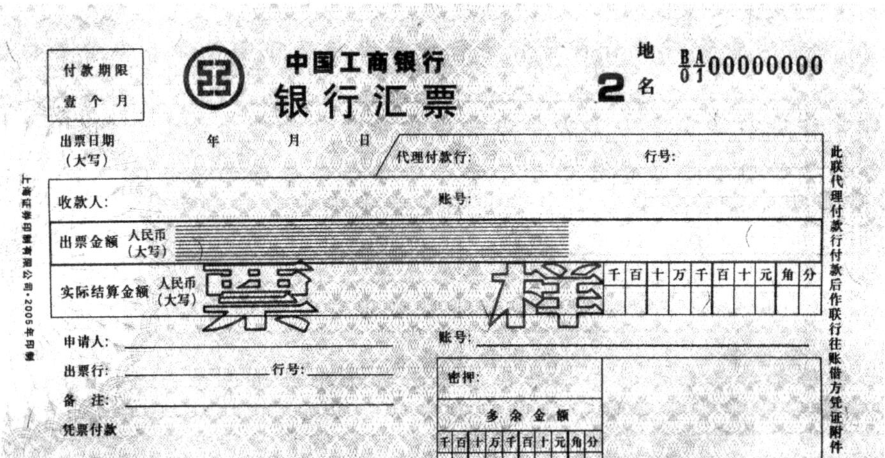

图2-4-2　银行汇票正面格式

(2)持票人接受并审核汇票

银行汇票的申请人将出票行开给的汇票第二、第三联作为支付手段交给汇票上记名的收款人,用以偿付商品或劳务结算款项。收款人审查无误后,应在汇票出票金额以内,按实际交易结算款项的金额办理结算。将实际结算金额和多余金额填入银行汇票和解讫通知的有关栏内。

(3)持票人向银行兑付汇票

①持票人在代理付款行开立账户

持票人向开户银行提示付款时,应在汇票背面"持票人向银行提示付款签章"处签章,签章须

<table>
<tr><td>被背书人</td><td>被背书人</td></tr>
<tr><td>被背书人签章
年 月 日</td><td>被背书人签章
年 月 日</td></tr>
<tr><td colspan="2">持票人向银行
提示付款签章： 身份证件名称： 发证机关：
号码：</td></tr>
</table>

（贴粘单处）

图 2-4-3 银行汇票背面格式

与预留银行签章相同，然后将银行汇票和解讫和通知及两联进账单一并送交开户银行。

开户银行接到汇票、解讫通知和两联进账单，审查无误后，将汇票作为借方凭证附件，第二联进账单作贷方凭证，办理转账，会计分录为：

借：联行科目

　　贷：吸收存款——活期存款（持票人户）（或其他有关科目）

第一联进账单上加盖转讫章作收账通知交给持票人，解讫通知加盖转讫章随联行借方报单寄给出票行。

【例 2-4-2】 工商银行海口支行收到本行开户的南国公司交来的进账单和由工商银行沈阳北城支行签发的银行汇票各一份，银行汇票出票金额为 50000 元，进账单金额和银行汇票实际结算金额均为 48000 元。经审查无误后，作分录如下：

借：联行往账——沈阳北城支行　　48000

　　贷：吸收存款——活期存款——南国公司　　48000

②持票人未在代理付款开户

若持票人未在代理付款行开户，代理付款行除按上述要求审查汇票等凭证外，还必须认真审查持票人的身份证件，在汇票背面“持票人向银行提示付款签章”处是否有持票人的签章和注明身份证件名称、号码和发证机关，并要求提交持票人身份证件复印件留存备查。对现金汇票持票人委托他人向代理付款行提示付款的，在汇票后面是否作委托收款背书，以及是否注明持票人和被委托人身份证件名称、号码及发证机关，并要求提交持票人和被委托人身份证件复印件留存备查。审查无误后，以持票人姓名开立应解汇款账户，并在该分户账上填明汇票号码以备查考，第二联进账单作贷方凭证：

借：联行科目（或其他联行科目）

　　贷：应解汇款——持票人户

【例 2-4-3】 工商银行海口支行收到王明先生交来的进账单和由工商银行石家庄城北支行签发的银行汇票各一份，银行汇票出票金额为 20000 元，进账单金额和银行汇票实际结算金额也为 20000 元。经审查无误后，作分录如下：

借：联行往账——石家庄城北支行　　20000

　　贷：应解汇款——王明　　20000

“应解汇款”账户只付不收，付完清户，不计付利息。转账支取的，该账户的款项只能转入单位或个体工商户的存款账户，严禁转入储蓄和信用卡账户。

③原持票人需要支取现金

代理付款行经审查汇票上填写的申请人和收款人确为个人，并按规定填明“现金”字样，以及填写的代理付款行名称确为本行的，可办理现金支付手续；未填明“现金”字样，需要支取现金的，由代理付款行按照现金管理规定审查支付，另填一联现金借方凭证，会计分录为：

借：应解汇款——持票人户

　贷：库存现金

持票人超过汇票期限，则不能向代理付款行提示付款。持票人须在票据权利时效内向出票银行作出说明，并提供本人身份证件或单位证明，持银行汇票和解讫通知向出票银行请求付款。出票行将汇票款从“汇出汇款”科目转入“应解汇款”科目，再由持票人重新办理申请汇票手续或办理汇兑结算方式将款项汇出。

(4)银行汇票结清

出票行收到代理付款行寄来的联行报单及解讫通知后，抽出原专夹保管的汇票卡片，经核对确属本行出票，借方报单与实际结算金额相符，多余金额结计正确无误后，按不同情况分别作如下处理：

①汇票全额解付

出票行在汇票卡片的实际结算金额栏填入全部金额，在多余款收账通知的多余金额栏填写“—0—”，汇票卡片作借方凭证，解讫通知和多余款收账通知作借方凭证的附件，会计分录为：

借：汇出汇款

　贷：联行科目(或其他联行科目)

同时销记汇出汇款账。

②汇票有多余款

出票行应在汇票卡片和多余款收账通知上填写实际结算金额，汇票卡片作为借方凭证，解讫通知作为多余款贷方凭证，会计分录为：

借：汇出汇款(汇票金额)

　贷：联行科目(实际结算金额)

　　吸收存款——活期存款(申请人户)

　　(或其他有关科目)(多余款金额)

同时销记汇出汇款账，在多余款收账通知多余金额栏填写多余金额，加盖转讫章，通知申请人办记单位是海汽公司。

【例2-4-4】 工商银行海口支行收到工商银行石家庄城北支行寄来联行借方报单，办汇单位是海汽公司银行，汇票解讫通知和多余款收账通知，填列汇票金额为50000元，实际结算金额为48000元，多余金额为2000元。经审查无误后，将多余金额退回泰达公司：

借：汇出汇款——海汽公司　　50000

　贷：联行来账——石家庄城北支行　　48000

　　吸收存款——活期存款——泰达公司　　2000

③申请人未在出票行开立账户

出票行应将多余金额先转入其他应付款科目，以解讫通知代其他应付款科目贷方凭证，会计分录为：

借：汇出汇款

　贷：联行科目

　　其他应付款——申请人户

同时销记汇出汇款账，并通知申请人持申请书存根及本人身份证件来行办理领取手续。领取

时,以多余款收账通知代其他应付款科目借方凭证,会计分录为:

借:其他应付款——申请人户

　　贷:库存现金

二、商业汇票核算

商业汇票是出票人签发的,委托付款人在指定付款日期无条件支付确定金额给收款人或持票人的票据,分为商业承兑汇票和银行承兑汇票两种,商业承兑汇票由银行以外的付款人承兑,银行承兑汇票由银行承兑。商业汇票的付款人即为承兑人。

1. 商业汇票的基本规定

(1)商业汇票的使用,必须是在银行开立存款账户的法人以及其他组织之间,且必须具有真实的交易关系或债权债务关系。出票人不得签发无对价的商业汇票,用以骗取银行或者其他票据当事人的资金。

(2)商业汇票可以在出票时向付款人提示承兑后使用,也可以在出票后先使用,然后再向付款人提示承兑。定日付款或出票后定期付款的商业汇票,持票人应在汇票到期日前向付款人提示承兑;见票后定期付款的汇票,持票人应当自出票日起一个月内向付款人提示承兑。

(3)商业汇票的付款人接到出票人或持票人向其提示承兑的汇票时,应当向出票人或持票人签发收到汇票的回单,记明汇票提示承兑日并签章。付款人应在自收到提示承兑的汇票之日起3日内承兑,或出具证明,拒绝承兑。

(4)汇票的付款期限,最长不得超过6个月。定日付款的汇票,付款期限自出票日起计算;出票后定期付款的汇票,付款期限自出票日起按月计算;见票后定期付款的汇票,付款期限自承兑或拒绝承兑日起按月计算,三种情况都需在汇票上记载具体的到期日。

(5)商业汇票的提示付款期限,自汇票到期日起10日。持票人应在提示付款期内通过开户银行委托收款或直接向付款人提示付款。对异地委托收款的,持票人可匡算邮程,提前通过开户银行委托收款。超过提示付款期,开户银行不予受理。

(6)符合条件的商业汇票的持票人可持未到期的商业汇票向银行申请贴现(有关内容在项目三已讲述)。

2. 商业承兑汇票结算流程(见图2-4-4)

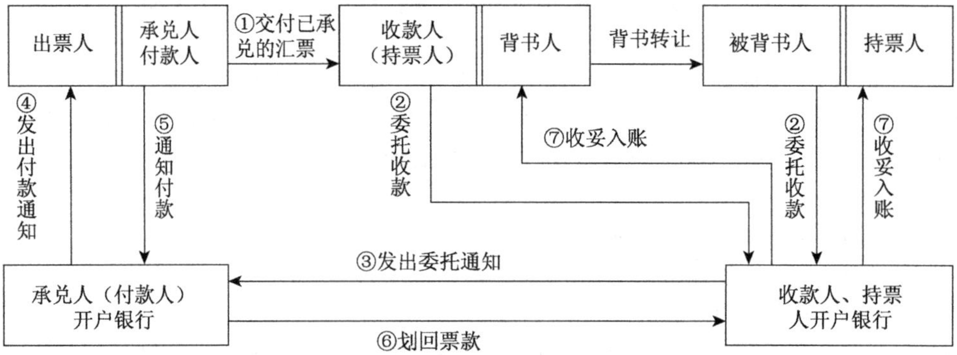

图2-4-4　商业承兑汇票结算的流程

3. 商业承兑汇票核算

(1)商业承兑汇票签发

商业承兑汇票的出票人,必须是在银行开立存款账户的法人以及其他组织,与付款人具有真实的委托付款关系，且具有支付汇票金额的可靠资金来源。签发商业承兑汇票（见图 2-4-5、图 2-4-6）必须记载表明“商业承兑汇票”的字样、无条件支付的委托、确定的金额、付款人的名称、收款人的名称、出票日期和出票人的签章。这些内容缺一不可，否则汇票无效。

（2）商业承兑汇票承兑

商业承兑汇票可以由付款人签发并承兑，也可以由收款人签发交由付款人承兑；付款人承兑商业汇票，应当在汇票正面记载“承兑”字样和承兑日期并签章。付款人承兑时不得附有条件，否则视为拒绝承兑。付款人对承兑的汇票负有到期无条件支付票款的责任。

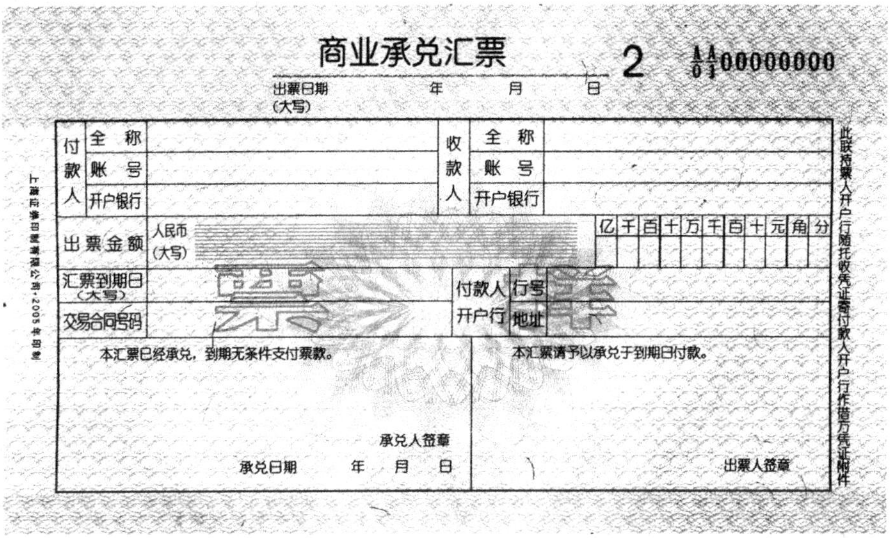
商业承兑汇票 2 AA/01 00000000
出票日期（大写） 年 月 日
付款人 全称 账号 开户银行
收款人 全称 账号 开户银行
出票金额 人民币（大写） 亿 千 百 十 万 千 百 十 元 角 分
汇票到期日（大写）
付款人开户行 行号 地址
交易合同号码
本汇票已经承兑，到期无条件支付票款。
承兑人签章
承兑日期 年 月 日
本汇票请予以承兑于到期日付款。
出票人签章
此联持票人开户行随托收凭证寄付款人开户行作借方凭证附件
上海证券印制有限公司·2005年印制

图 2-4-5 商业承兑汇票凭证

被背书人	被背书人
背书人签章 年 月 日	背书人签章 年 月 日

（贴粘单处）

图 2-4-6 商业承兑汇票凭证背面

商业承兑汇票的付款人承兑后，该汇票即可作为延期付款的一种支付手段，收款人作为持票人，可在提示付款期内通过开户银行或直接向付款人提示付款。

（3）持票人委托开户行收取汇票款

持票人在提示付款期内，委托开户银行收取商业承兑汇票款时，应先填制邮划或电划的委托收款凭证，邮划与电划的区别在于款项划回的方式不同，邮划为邮寄凭证划回款项，电划为拍发电报划回款项。填制委托收款凭证时，还应在“委托收款凭据名称”栏注明“商业承兑汇票”及汇票号码，然后委托收款凭证同汇票一并送交开户银行。

开户银行接到汇票和委托收款凭证,审查无误后,即在委托收款凭证各联上加盖“商业承兑汇票”戳记,委托收款凭证第一联加盖业务公章,退给持票人;第二联专夹保管;第三、第四、第五联与商业承兑汇票一并寄交付款人开户行。

(4)付款人开户行收到汇票处理

付款人开户行收到持票人开户行寄来的委托收款凭证及汇票后,应按前述内容认真进行审核,确定付款人确在本行开户,承兑人在汇票上的签章与预留银行的签章相符,即可将商业承兑汇票留存,委托收款凭证第五联转交给付款人并签收。

付款人接到开户银行的付款通知,应在当日通知银行付款。在接到通知次日起的3日内未通知银行付款的,视同付款人承诺付款,银行应于第四日上午开始营业时,将票款划给持票人。划款时可能出现两种情况:

①付款人的银行账户有足够款项支付汇票款

将第三联委托收款凭证作借方凭证,汇票加盖转讫章作附件,会计分录为;

借:吸收存款——活期存款(付款人户)

(或其他有关科目)

贷:联行科目(异地)

存放中央银行款项(同城)

转账后,银行在第四联委托收款凭证上填注支付日期,与联行报单一并寄交持票人开户行,或向持票人开户行拍发电报。

【例2-4-5】 工商银行海口支行收到工商银行石家庄城北支行寄来托收凭证及商业承兑汇票各一份,系海汽公司支付石家庄机械厂的货款30000元。经审查无误后,予以支付,作分录如下:

借:吸收存款——活期存款——海汽公司　30000

贷:联行往账——石家庄城北支行　30000

②付款人的银行账户不足支付

银行应填制付款人未付票款通知书,在委托收款凭证备注栏注明“付款人无款支付”字样,连同汇票一并寄回持票人开户行。处理与委托收款结算无款支付相同。

银行在付款人接到通知日的次日起3日内收到付款人的拒绝付款证明时,应按委托收款结算拒绝付款的手续处理,注明“拒绝付款”的委托收款凭证、拒付证明及汇票均寄回持票人开户行。

(5)持票人开户银行收到划回票款或退回凭证

持票人开户行收到付款人开户行寄来的联行报单及委托收款凭证(或拍来的电报),将原留存的第二联凭证抽出,与收到的凭证相核对。审核无误后,在凭证上填注转账日期,以第二联委托收款凭证作贷方凭证,会计分录为:

借:联行科目(异地)

存放中央银行款项(同城)

贷:吸收存款——活期存款(持票人户)(或其他有关科目)

【例2-4-6】 工商银行石家庄城北支行收到工商银行海口寄来托收凭证第四联收账通知及联行邮划贷方报单各一份,系石家庄机械厂托收的货款30000元。经审查无误后,予以入账,作分录如下:

借:联行来账——海口支行　30000

贷:吸收存款——活期存款——石家庄机械厂　30000

转账后,将第四联委托收款凭证加盖转讫章,作为收账通知交给持票人。

持票人开户行收到付款人开户行发来的未付票款通知书或拒绝付款证明以及退回的汇票和委托收款凭证,应按委托收款结算时情况处理手续办理,将未付款通知书或拒绝付款证明及汇票和委托收款凭证一并退还给持票人,并由持票人签收。

4. 银行承兑汇票核算

(1)银行承兑汇票签发

银行承兑汇票的出票人,必须是在承兑银行开立存款账户的法人以及其他组织,且与承兑银行具有真正的委托付款关系,出票人必须资信状况良好,具有支付汇票金额的可靠资金来源。

银行承兑汇票应由在承兑银行开立存款账户的存款人签发。签发银行承兑汇票必须记载表明“银行承兑汇票的字样”、无条件支付的委托、确定的金额、付款人和收款人的名称以及出票日期和出票人签章,见图2-4-7、图2-4-8。银行承兑汇票结算基本流程见图2-4-9。

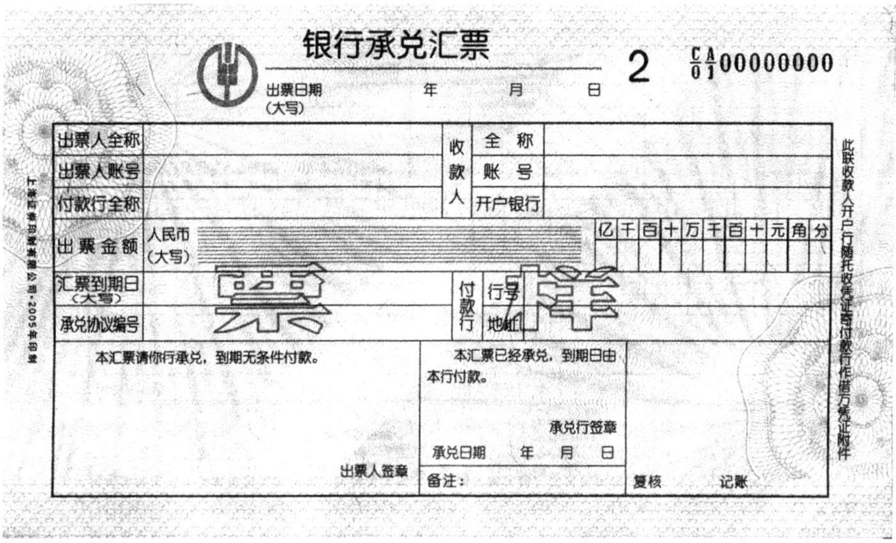

银行承兑汇票　2　CA 01 00000000

出票日期（大写）　年　月　日

出票人全称		收款人	全　称	
出票人账号			账　号	
付款行全称			开户银行	
出票金额	人民币（大写）			亿千百十万千百十元角分
汇票到期日（大写）		付款行	行号	
承兑协议编号			地址	
本汇票请你行承兑，到期无条件付款。 出票人签章		本汇票已经承兑，到期日由本行付款。 承兑行签章 承兑日期　年　月　日 备注：	复核　记账	

此联收款人开户行随托收凭证寄付款行作借方凭证附件

票样

上海证券印刷有限公司·2005年印制

图2-4-7　银行承兑汇票

被背书人	被背书人
背书人签章 年　月　日	背书人签章 年　月　日

（贴粘单处）

图2-4-8　银行承兑汇票背面

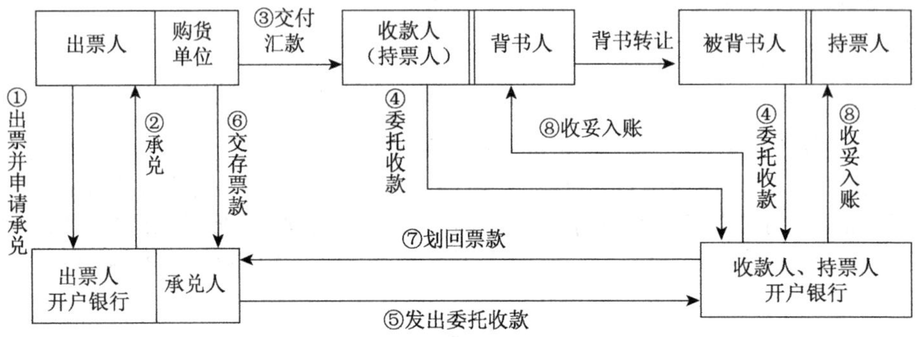

图2－4－9　银行承兑汇票流程

(2)银行承兑汇票承兑

银行承兑汇票的出票人或持票人持银行承兑汇票向银行提示承兑时，银行的信贷部门需按有关规定和审批程序，对出票人的资格、资信、购销合同和汇票记载的内容进行认真审查，必要时可由出票人提供担保。符合规定和承兑条件的，与出票人签署承兑协议，一联留存，另一联及副本和第一、第二联汇票一并交会计部门。

会计部门接到汇票和承兑协议，应审查汇票必须记载的事项是否齐全，出票人的签章是否符合规定，出票人是否在本行开有存款账户，汇票上记载的出票人名称、账号是否相符，汇票是否为统一规定印制的凭证。审核无误后，在第一、第二联汇票上注明承兑协议编号，并在第二联汇票“承兑人签章”处加盖汇票专用章，并由授权的经办人签名或盖章。由出票人申请承兑的，将第二联汇票连同第一联承兑协议交给出票人；由持票人提示承兑的，将第二联汇票交给持票人，第一联承兑协议交给出票人。还要按票面金额向出票人收取万分之五的手续费，会计分录为：

借：吸收存款——活期存款(承兑申请人户)

　(或其他有关科目)

　贷：手续费收入

承兑银行将留存的第一联汇票卡片及承兑协议副本专夹保管，并在登记簿上登记。

(3)持票人委托开户银行收取汇票款

持票人在提示付款期内，委托开户银行向承兑银行收取票款时，应填制异地邮划或电划委托收款凭证，在“委托收款凭证名称”栏注明“银行承兑汇票”及其汇票号码，连同汇票一并送交开户行。

开户银行按规定要求审查无误后，在委托收款凭证各联上加盖“银行承兑汇票”戳记，委托收款凭证第一联加盖业务公章交持票人，第二联专夹保管，第三、第四和第五联连同汇票一并寄交承兑银行。

(4)承兑银行到期收取汇票款

承兑银行因留有汇票和承兑协议，故应每天查看汇票的到期情况，对于到期的汇票，应于到期日(法定休假日顺延)向承兑申请人收取票款。承兑银行需填制两联特种转账借方凭证，一联特种转账贷方凭证，并在“转账原因”栏注明“根据××号汇票划转票款”。会计分录为：

借：吸收存款——活期存款(承兑申请人户)

　(或其他有关科目)

　贷：应解汇款——承兑申请人户

一联特种转账借方凭证加盖转讫章后作支款通知交给出票人。

【例2－4－7】　收款单位海汽公司在开户行工商银行海口支行一个月前为出票人杭州刺绣厂

承兑的银行承兑汇票一张，金额100000元，已经到期，向出票人收取票款，作分录如下：

借：吸收存款——活期存款——海汽公司 100000

贷：应解汇款——海汽公司 100000

①出票人账户无款支付

应在特种转账凭证的“转账原因”栏注明“××号汇票无款支付转入逾期贷款账户”，并每日按万分之五计收利息。转账的会计分录为：

借：逾期贷款——承兑申请人逾期贷款户

贷：应解汇款——承兑申请人户

一联特种转账借方凭证加盖业务公章转交出票人。

【例2-4-8】 工商银行海口支行三个月前为出票人第一百货公司承兑的银行承兑汇票一张，金额80000元，已经到期。而第一百货公司账户余额为60000元，予以收取，不足款项转入逾期贷款户，作分录如下：

借：吸收存款——活期存款—第——百货公司 60000

贷款——逾期贷款户——第一百货公司 20000

贷：应解汇款——第一百货公司 80000

②出票人账户存款余额不足的，应在特种转账凭证的“转账原因”栏注明“××号汇票划转部分票款”，不足部分转入逾期贷款户。会计分录为：

借：吸收存款——活期存款（承兑申请人户）

逾期贷款——承兑申请人逾期贷款户

贷：应解汇款——承兑申请人户

一联特种转账借方凭证加盖转讫章作支款通知交给承兑申请人。

(5)承兑银行支付汇票款

承兑银行收到持票人开户行寄来的汇票和委托证后，应抽出专夹保管的汇票卡片和承兑协议副本，并认真审查。应于汇票的到期日或到期日之后的见票日，按照委托收款划款阶段的处理手续办理，会计分录为：

借：应解汇款——承兑申请人户

贷：联行科目（异地）

存放中央银行款项（同城）

将委托收款凭证第四联上填注支付日期后，同联行报单一并寄持票人开户行，或向持票人开户行拍发电报。

【例2-4-9】 工商银行海口支行收到工商银行哈尔滨顺通支行寄来托收凭证及本行承兑的银行承兑汇票各一份，系海汽公司支付哈尔滨五金厂的货款100000元，分录为：

借：应解汇款——海汽公司 100000

贷：联行往账——哈尔滨顺通支行 100000

(6)持票人开户行收账

持票人开户行接到承兑银行寄来的联行报单及委托收款凭证或拍来的电报，按照委托收款款项划回的手续处理，将留存的第二联委托收款凭证抽出，与收到的第四联凭证核对，核对无误后，在第二联凭证上填注转账日期，并以此作为贷方凭证：

借：联行科目（异地）

存放中央银行款项（同城）

贷：吸收存款——活期存款（持票人户）

（或其他有关科目）

转账后,第四联委托收款凭证加盖转讫章后,作为收账通知交给持票人。

(7)已承兑的银行承兑汇票注销、挂失和丧失

出票人对未使用已承兑的银行承兑汇票,应到承兑银行申请注销。申请注销时交回第二、三联汇票,银行从专夹中抽出该份第一联汇票和承兑协议副本核对相符后,在第一、三联汇票备注栏和承兑协议副本上注明"未用注销"字样,将第三联汇票加盖业务公章退交出票人。

已承兑的银行承兑汇票丧失,失票人到承兑银行挂失时,应提交三联挂失止付通知书。承兑银行接到挂失止付通知书,应从专夹中抽出第一联汇票卡片和承兑协议副本,核对相符确未付款的,方可受理。在第一联挂失止付通知书上加盖业务公章作为受理回单,第二、第三联于登记汇票挂失登记簿后,与第一联汇票卡片一并另行保管,凭以控制付款。已承兑的银行承兑汇票丧失,失票人凭法院出具的其享有票据权利的证明向承兑银行请求付款时,银行经审查确未支付的,应根据人民法院出具的证明,抽出原专夹保管的第一联汇票卡片,核对无误将款项付给失票人。

三、银行本票核算

银行本票是银行签发的,承诺自己在见票时无条件支付确定的金额给收款人或持票人的票据。银行本票由银行签发,见票即付,信用高,支付功能强。

1. 银行本票基本规定

(1)单位和个人在同一票据交换区域需要支付各种款项时,均可使用银行本票。

(2)银行本票可以用于转账,注明"现金"字样的银行本票可以用于现金支取。

(3)银行本票可分为定额和不定额本票两种,定额银行本票的面额分为1000元、5000元、10000元和50000元四种。

(4)银行本票的出票人为经人民银行当地分支行批准办理银行本票业务的银行。

(5)银行本票的提示付款期自出票日起最长不得超过2个月。持票人超过提示付款期付款的,代理付款人不予受理。银行本票的代理付款人是代理出票银行审核支付银行本票款项的银行。

2. 银行本票流程(见图2-4-10)

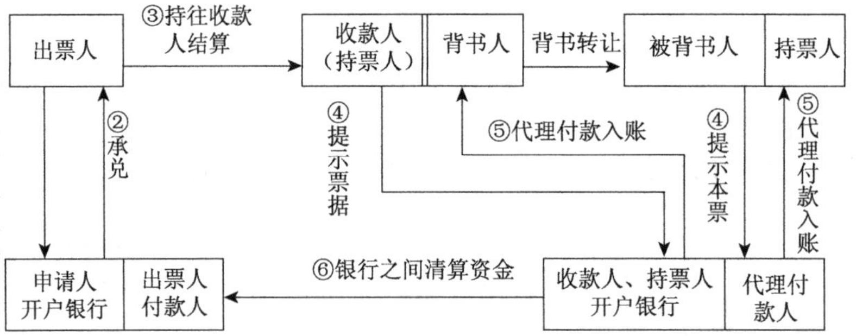

图2-4-10 银行本票流程

3. 银行本票会计核算

(1)银行本票出票行核算

申请人使用银行本票,应向银行填写"银行本票申请书",填写收款人名称、申请人名称、支付金额、申请日期等事项并签章。申请人和收款人均为个人,需要支取现金的,应在"支付金额"栏先填写"现金"字样;申请人或收款人为单位的,不得申请签发现金银行本票。银行本票申请书一式三联,第一联为存根,第二联为借方凭证,第三联为贷方凭证。交现金办理本票的,第二联注销。银行本见图2-4-11、图2-4-12。

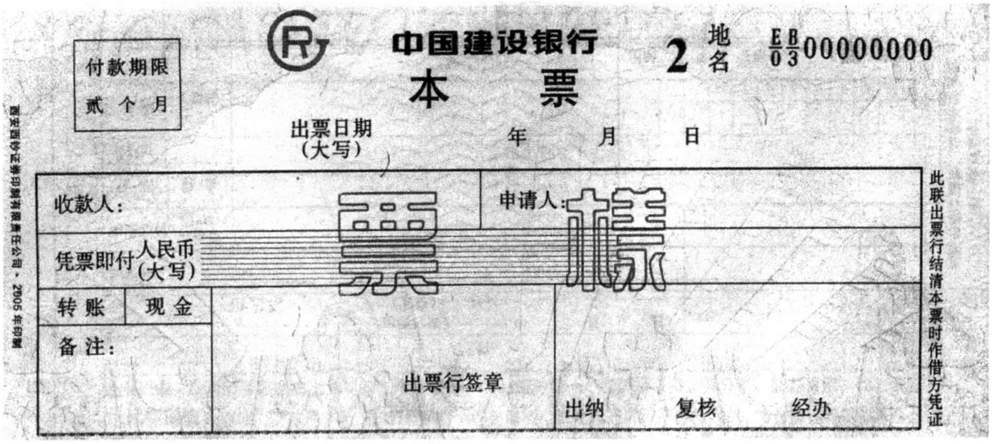

图 2-4-11 银行本票

被背书人	被背书人
背书人签章 年 月 日	背书人签章 年 月 日
持票人向银行 提示付款签章:	身份证件名称: 发证机关: 号码

（贴粘单处）

图 2-4-12 银行本票背面

出票银行受理银行本票申请书,应认真审查其填写内容是否齐全、清晰;申请书填明"现金"字样的,要审查申请人和收款人是否均为个人。审查无误后,收妥款项并签发银行本票。出票银行签发银行本票的账务处理如下。

①转账交付的,以第二联申请书作为借方凭证,第三联作为贷方凭证,分录为:

借:吸收存款——活期存款〔申请人户〕

（或其他有关科目）

贷:本票

②现金交付的,以第三联作为贷方凭证,会计分录为:

借:库存现金

贷:本票

"本票"科目是负债账户,用以核算银行签发本票所吸收的款项。应按定额本票和不定额本票分户进行核算。出票银行在办理转账或收妥现金后,签发银行本票。

不定额银行本票凭证一式两联,第一联卡片,第二联本票;定额银行本票凭证分为存根联和正联。填写时,本票的出票日期和出票金额必须大写;用于转账的,须在银行本票上划去“现金”字样;支取现金的,须在银行本票上划去“转账”字样。不定额银行本票需用压数机压印出票小写金额。

签发完毕,出票银行在本票上签章后,定额本票正联交申请人,不定额本票第二联交申请人。第一联卡片或存根联盖章后留存,并专夹保管。

【例 2-4-10】 工商银行海口支行收到悦达公司交来银行本票申请书,申请签发银行本票 30000 元。经审查无误后,款项从其存款户收取,当即签发银行本票 30000 元,交付该公司,作分录如下:

借:吸收存款——活期存款——悦达公司　　30000

　贷:本票　　30000

(2)银行本票付款行核算。

①本票收款人处理

本票的申请人取得银行本票后,将其用于债权债务的结算,将本票转给相关的收款人。收款人可以将银行本票背书转让给被背书人。收款人或被背书人需在付款期内持本票向银行兑付。

②代理付款行处理

代理付款行接到在本行开户的持票人直接交来的本票和两联进账单时,应认真审查。审查无误后,即可办理兑付手续。

当持票人与原申请人在同一行处开户时,代理兑付行兑付的就是本行签发的本票。此时,应以本票第一联代借方凭证,进账单第二联代贷方凭证办理转账,分录为:

借:本票

　贷:吸收存款——活期存款(持票人户)

　　(或其他有关科目)

第一联进账单加盖转讫章交持票人作收账通知。

当持票人与原申请人不在同一行处开户时,代理兑付行以进账单第二联代贷方凭证办理转账,会计分录为:

借:存放中央银行款项(或其他有关科目)

　贷:吸收存款——活期存款(持票人户)

　　(或其他有关科目)

第一联进账单加盖转讫章交持票人,通过同城票据交换将其转给出票银行。

持票人向银行兑取现金时,需要认真查验本票上填写的申请人和收款人是否均为个人、收款人和被委托人的身份证件,并要求提交收款人和被委托人身份证件的复印件留存备查。审查无误后,将本票作为借方凭证,本票卡片或存根联作为附件:

借:本票(或存放中央银行款项)

　贷:库存现金

(3)银行本票结清核算

当持票人与申请人在同一行处开户时,本票付款时即可结清“开出本票”科目;当持票人与申请人不在同一行处开户时,代理付款行通过同城票据交换提出本票,出票行收到交换提入的本票时,抽出专夹保管的本票卡片或存根,经核对确属本行出票,将本票作为借方凭证,本票卡片或存根作为附件,办理本票的结清:

借:本票

　贷:存放中央银行款项

对于同时收到跨系统银行交换划来的计收息凭证,经核对无误后,办理转账:

借:金融企业往来支出

　　贷:存放中央银行款项

【例2-4-11】 工商银行海口支行从农业银行海口支行票据交换提入本票一张,金额40000元,经审查无误后,作分录如下:

借:本票　　40000

　　贷:存放中央银行款项　　40000

四、支票核算

支票是出票人签发的,委托办理支票存款业务的银行在见票时无条件支付确定的金额给收款人或者持票人的票据。

支票是一种委托式信用证券,分为转账支票和现金支票两种。支票上印有“现金”字样的为现金支票(见图2-4-13、图2-4-14),现金支票只能用于支取现金。支票上印有“转账”字样的为转账支票(见图2-4-15、图2-4-16),转账支票只能用于转账。支票上未印有“现金”或“转账”字样的为普通支票,普通支票既可以用于转账,也可以用于支取现金。在普通支票左上角划有两条平行线的,为画线支票,画线支票只能用于转账,不能提取现金。

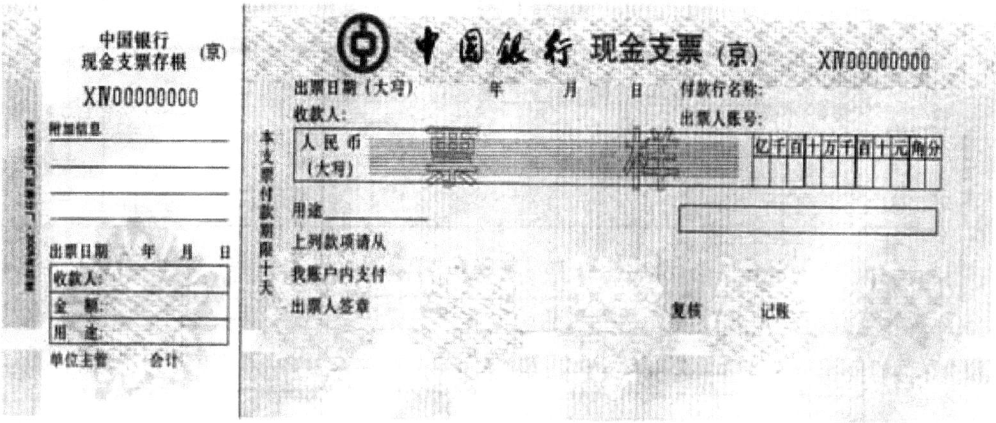
中国银行
现金支票存根 (京)
XⅣ00000000
附加信息
出票日期 年 月 日
收款人:
金 额:
用 途:
单位主管 会计

中国银行 现金支票 (京) XⅣ00000000
出票日期(大写) 年 月 日 付款行名称:
收款人: 出票人账号:
本支票付款期限十天
人民币(大写) 亿千百十万千百十元角分
用途
上列款项请从
我账户内支付
出票人签章 复核 记账

图2-4-13　现金支票正面格式

附加信息:	收款人签章 年 月 日
	身份证件名称:　　发证机关:
	号码

(贴粘单处)

图2-4-14　现金支票背面格式

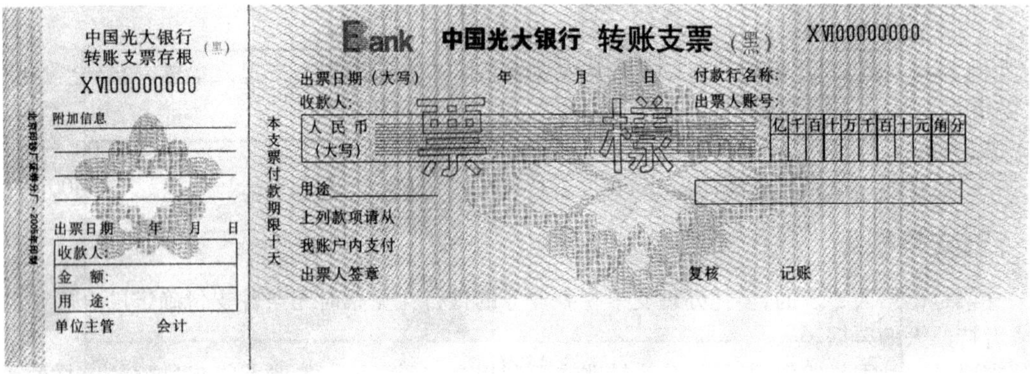
中国光大银行
转账支票存根（黑）
XⅥ00000000
附加信息
出票日期　年　月　日
收款人：
金　额：
用　途：
单位主管　会计

本支票付款期限十天

Bank　中国光大银行　转账支票（黑）　XⅥ00000000
出票日期（大写）　年　月　日　付款行名称：
收款人：　出票人账号：
人民币（大写）　亿 千 百 十 万 千 百 十 元 角 分
用途
上列款项请从
我账户内支付
出票人签章　复核　记账

图 2－4－15　转账支票

附加信息：	被背书人
	背书人签章 年 月 日

（贴粘单处）

图 2－4－16　转账支票背面格式

1. 支票基本规定

(1)支票的使用范围为同一票据交换区,单位和个人在同一票据交换区域的各种款项结算均可使用支票。

(2)支票的使用涉及出票人、付款人和收款人等。出票人即填制支票的单位或个人。支票的出票人必须是在经中国人民银行当地分行批准办理支票业务的银行机构开立支票存款账户的单位或个人;支票的付款人为支票上记载的出票人开户银行;支票的收款人,即支票上标明的收款单位或个人。

(3)支票的提示付款期限自出票日起 10 日,但人民银行另有规定的除外。对超过提示付款期限的,持票人开户银行不予受理,付款人不予付款。

(4)禁止出票人签发空头支票,否则银行将按规定予以退票,并按票面金额处以一定比例的罚款。对屡次签发空头支票的,银行应停止其签发支票。

2. 转账支票核算

(1)持票人与出票人在同一行处开户处理手续,见图 2－4－17、图 2－4－18。

①银行受理持票人交存支票

银行接收持票人交来的支票和两联进账单(见表 2－4－1)时,应对其内容进行严格的审查。对支票进行上述审查无误后,将支票作为借方凭证,以进账单第二联作为贷方凭证办理转账,会计分录为:

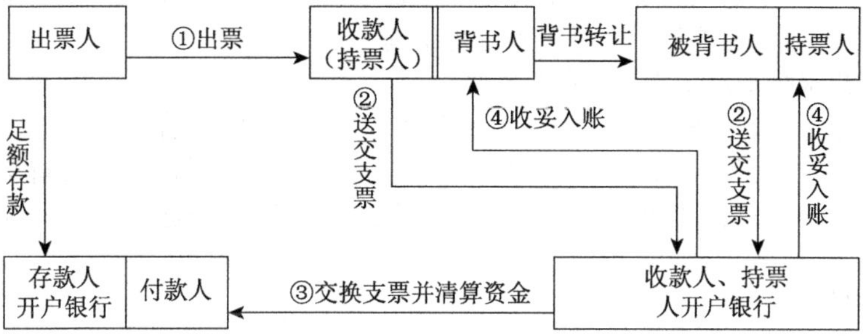

图 2－4－17 收款人持转账支票办理结算基本流程（借记支票流程）

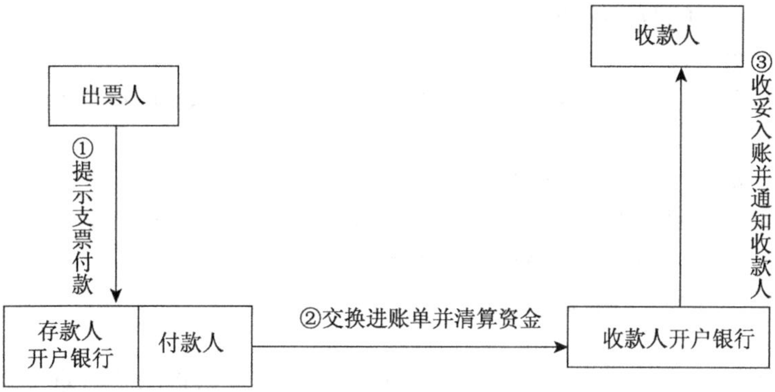

图 2－4－18 出票人持转账支票委托开户行将款项划转给收款人的结算流程（贷记支票流程）

借：吸收存款——活期存款（出票人户）

贷：吸收存款——活期存款（持票人户）

（或其他有关科目）

进账单第一联加盖转讫章交持票人作为收账通知。

表 2－4－1 中国××银行进账单（回单）

年 月 日 第 号

<table>
<tr><td rowspan="3">付款人</td><td>全 称</td><td></td><td rowspan="3">收款人</td><td colspan="3">全 称</td><td colspan="7"></td></tr>
<tr><td>账 号</td><td></td><td colspan="3">账 号</td><td colspan="7"></td></tr>
<tr><td>开户银行</td><td></td><td colspan="3">开户银行</td><td colspan="7"></td></tr>
<tr><td rowspan="2">人民币
（大写）</td><td colspan="3" rowspan="2"></td><td>千</td><td>百</td><td>十</td><td>万</td><td>千</td><td>百</td><td>十</td><td>元</td><td>角</td><td>分</td></tr>
<tr><td></td><td></td><td></td><td></td><td></td><td></td><td></td><td></td><td></td><td></td></tr>
<tr><td colspan="2">票据种类</td><td colspan="2"></td><td colspan="10" rowspan="3">复核 记账</td></tr>
<tr><td colspan="2">票据张数</td><td colspan="2"></td></tr>
<tr><td colspan="4">备注</td></tr>
</table>

此联由收款人开户行作贷方凭证

②银行受理出票人送交支票

出票人向银行送交支票时，应填写三联进账单，连同支票一并送交开户银行。银行仍按审查的内容予以审查，审查无误，进行账务处理，会计分录与受理持票人交存支票时相同。转账后，进账单第一联加盖转讫章后,交出票人作为回单;进账单第三联加盖转讫章后作为收账通知,转交收款人。

(2)持票人与出票人不在同一行处开户处理手续

①持票人开户银行受理持票人交存的支票

持票人开户银行收到持票人交存的支票和两联进账单时,仍按前述内容进行审查,审查无误后,在第二联进账单上加盖"收妥后入账"戳记,将第一联进账单加盖转讫章交持票人,支票按照同城票据交换的有关规定,及时提出交换,待退票时间过后,以第二联进账单作为贷方凭证,办理转账,会计分录为:

借:存放中央银行款项

　　贷:吸收存款——活期存款(持票人户)

出票人开户银行收到交换提入的支票,也应当按照上述规定对支票的内容进行审查,审查无误后,以支票作为借方凭证,办理转账,会计分录为:

借:吸收存款——活期存款(出票人户)

　　贷:存放中央银行款项

若支票发生退票,出票人开户银行应将其作为"其他应收款"处理;持票人开户银行则作为"其他应付款"处理。

②出票人开户银行受理出票人送交的支票

出票人开户银行接到出票人交来的转账支票和三联进账单时,仍按上述内容进行审查,审查无误后,以支票作为借方凭证办理转账,会计分录为:

借:吸收存款——活期存款(出票人户)

　　贷:存放中央银行款项

第一联进账单加盖转讫章,交出票人作为回单;第二、第三联进账单盖章后,按照同城票据交换的有关规定,及时提出交换。

收款人开户银行收到提入的第二、第三联进账单,审查无误后,以第二联进账单作为贷方凭证,办理转账,会计分录为:

借:存放中央银行款项

　　贷:吸收存款——活期存款——收款人户

第三联进账单加盖转讫章交收款人作为收账通知。

现金支票的核算可参照模块二之项目二"商业银行存款业务核算"中有关内容。

(3)支票的领购和挂失

银行的存款人需领购支票时,应填写《票据和结算凭证领用单》加盖与预留银行签章相同的签章。银行审核后,收取支票工本费和手续费,在"重要空白凭证领用登记簿"上注明领用日期、存款人名称、支票起止号码等以备核查,然后将支票交存款人。支票账户的存款人结清账户时,必须将全部剩余空白支票交回银行,由银行统一处理。

支票丢失,失票人应及时到支票的付款行办理有关挂失手续,并提交挂失止付通知书,银行审核无误并确定票款未付后,登记"支票挂失登记簿",并在出票人分户账做出标记,凭以掌握止付。

相关知识

任务14　掌握非票据结算业务核算

知识要点:非票据业务结算主要方式

非票据结算方式,是指信用卡、汇兑、托收承付和委托收款等不适用票据的结算方式。

一、汇兑业务核算

汇兑结算，是汇款人委托银行将款项汇给收款人的结算方式。作为一种传统的结算方式，汇兑结算便于汇款人向异地的收款人主动汇款。汇兑结算广泛应用于单位和个人的各种款项的结算。

1. 汇兑结算基本规定

(1)签发汇兑凭证必须记载的事项：必须表明“信汇”或“电汇”的字样；无条件支付的委托；确定的金额；收款人名称；汇款人名称；汇入地点、汇入行名称；汇出地点、汇出行名称；委托日期和汇款人签章等。

(2)汇款人和收款人均为个人，需要在汇入银行支取现金的，应在信、电汇凭证的“汇款金额”大写栏，先填写“现金”字样，后填写汇款金额。

(3)汇款回单只能作为汇出银行受理汇款的依据，不能作为该笔汇款转入收款人账户的证明。

(4)汇兑按解付方式不同，分直接入账和不直接入账。不直接入账的款项应先贷记“应解汇款”科目，然后按收款人的意见办理解付。但严禁转入储蓄和信用卡账户。

(5)对于收款人要求分次支付的汇款，应开立临时存款户，该户只付不收，付完清户，不计利息。

(6)汇入银行对收款人拒收汇款或经过两个月无法交付的汇款，应主动办理退汇。

2. 汇兑结算流程(见图2-4-19)

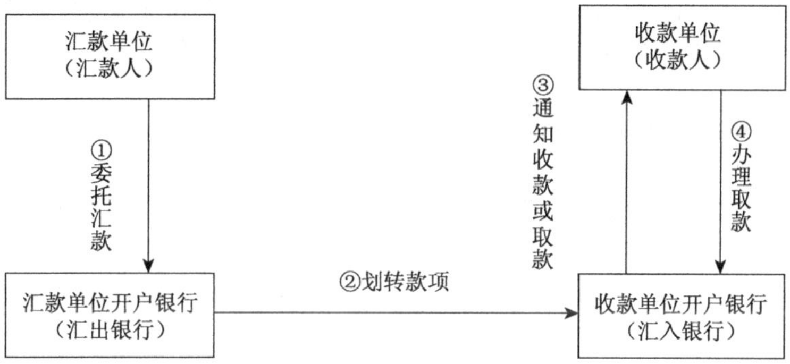

图2-4-19 汇兑结算的基本流程

3. 汇兑业务核算

以信汇业务为例，汇出行与汇入行为同一系统行。信汇是指由汇款人将款项委托银行以邮寄的方式，汇给收款人所在地的银行，由银行解付汇款的结算方式。汇款人委托银行办理信汇款时，应向银行提交一式四联信汇凭证(见表2-4-2)，第一联回单，第二联借方凭证，第三联贷方凭证，第四联收账通知。

表 2-4-2　××银行信汇凭证(借方)

委托日期　年　月　日　　　　第　号

<table>
<tr><td rowspan="3">汇款人</td><td>全　称</td><td colspan="2"></td><td rowspan="3">收款人</td><td colspan="3">全　称</td><td colspan="7"></td></tr>
<tr><td>账　号</td><td colspan="2"></td><td colspan="3">账　号</td><td colspan="7"></td></tr>
<tr><td>汇出地点</td><td colspan="2">省　市/县</td><td colspan="3">汇入地点</td><td colspan="7">省　市/县</td></tr>
<tr><td colspan="2" rowspan="2">人民币
(大写)</td><td colspan="3" rowspan="2"></td><td>千</td><td>百</td><td>十</td><td>万</td><td>千</td><td>百</td><td>十</td><td>元</td><td>角</td><td>分</td></tr>
<tr><td></td><td></td><td></td><td></td><td></td><td></td><td></td><td></td><td></td><td></td></tr>
<tr><td colspan="5" rowspan="2">此汇款支付给收款人
汇款人签章</td><td colspan="2">支付密码</td><td colspan="8"></td></tr>
<tr><td colspan="10">附加信息及用途:
复核
记账</td></tr>
</table>

此联由收款人开户行作贷方凭证

(1)汇出行处理

汇出行受理信汇凭证时,应认真审核,审核无误后,第一联信汇凭证加盖转账付讫章退给汇款人,办理转账。

汇款人转账交付的,第二联信汇凭证作借方凭证,会计分录为:

借:吸收存款——活期存款——汇款人户

　　贷:联行往账

【例 2-4-12】　工商银行海口支行收到在本行开户的旺达公司交来的信汇凭证一份,要求将 30000 元货款汇给在工商银行青岛红旗支行开户的橡胶厂。经审核无误后,汇款从其存款户中扣除,作分录如下:

借:吸收存款——活期存款——旺达公司　　30000

　　贷:联行往账　　30000

汇款人交付现金的,银行另填一张特种转账贷方凭证,以第二联信汇凭证作借方凭证办理转账。会计分录为:

借:库存现金

　　贷:应解汇款

借:应解汇款

　　贷:联行往账

转账后第三联信汇凭证加盖联行专用章与第四联随同联行报单一并寄汇入行。

(2)汇入行处理

汇入行收到汇出行寄来的联行邮划贷方报单和信汇凭证第三、四联,应审查第三联信汇凭证上的联行专用章与联行报单上印章是否一致,经审核无误,区别情况处理。

①直接入账

即收款人在汇入行开立存款账户,可将汇入款项直接转入收款人账户,以第三联信汇凭证作贷方传票办理。会计分录为:

借:联行来账

　　贷:吸收存款——活期存款——收款人户

转账后,第四联信汇凭证加盖转账收讫章交收款人作收账通知。

【例 2-4-13】　工商银行海口支行收到工商银行哈尔滨江南支行寄来的邮划给橡胶厂货款的信汇凭证一份,金额 30000 元,经审查无误后,予以入账,作分录如下:

借:联行来账　　30000

　　贷:吸收存款——活期存款——橡胶厂　　30000

②不直接入账

即收款人未在银行开立存款账户，银行应以第三联信汇凭证作为贷方凭证，将款项转入“应解汇款”账户。会计分录为：

借：联行来账

　　贷：应解汇款——收款人户

收款人取款时，应交验本人身份证件，并严格进行审查，无误后可以一次或分次支付现金，或根据取款人的要求办理转汇。会计分录为：

借：应解汇款——收款人户

　　贷：库存现金

(3)退汇处理

退汇是指将已经汇出，但尚未解付的汇款退回给汇款人。退汇包括汇款人申请退汇和汇入行主动退汇两种。不管是哪种情况，退汇仅限于不直接入账的汇款。对直接入账的，银行不受理退汇，由汇款人与收款人自行联系退汇。

①汇款人要求退汇

汇款人申请退汇时，对于收款人在汇入行开立账户的，由汇款人与收款人自行联系退汇；对收款人未在汇入行开立账户的，应由汇款人备函或出具本人身份证件，连同原信、电汇回单，一并交汇出行办理退汇。

a. 汇出行受理退汇业务的处理

应填制一式四联“退汇通知书”，第一联交原汇款人，第二、三联寄交汇入行，第四联与函件和回单联一起保管。

b. 汇入行接到退汇通知书后的处理

应区别以下两种情况处理：经查该笔汇款如果尚未解付，应向收款人索回取款便条，并以第二联退汇通知书代借方凭证，第四联汇款凭证为附件办理转账。会计分录为：

借：应解汇款——收款人户

　　贷：联行往账

转账后，第三联退汇通知书随同贷方报单寄回原汇出行。

经查该笔汇款已经解付，应在第二、三退汇通知书上注明解付情况及解付日期，留存第二联退汇通知书，以第三联退汇通知书通知原汇出行。

c. 汇出行收到退汇的处理

汇出行收到汇入行寄来的邮划贷方报单及第三联退汇通知书时，以第三联退汇通知书代贷方凭证办理转账。

原汇款人在汇出行开立存款账户的，其会计分录为：

借：联行来账

　　贷：吸收存款——活期存款——原汇款人户

原汇款人未在汇出行开立存款账户的，其会计分录为：

借：联行来账

　　贷：其他应付款——原汇款人户

借：其他应付款——原汇款人户

　　贷：库存现金

②汇入行主动退汇

对于收款人拒绝接受汇款或超期两个月未领取的汇款，汇入行应主动办理退汇。

a. 汇入行处理

汇入行办理退汇时，应填制一联特种转账借方凭证和两联特种转账贷方凭证，并在凭证上注明“退汇”字样，将第四联汇款凭证作附件。会计分录为：

借：应解汇款——原收款人户

　　贷：联行往账

两联特种转账贷方凭证连同联行报单寄原汇出行，同时销记应解汇款登记簿。

b. 原汇出行收到退汇处理

汇出行收到有关凭证后，以一联特种转账贷方凭证作贷方传票。会计分录为：

借：联行来账

　　贷：吸收存款——活期存款——原汇款人户

另一联特种转账贷方凭证加盖转讫章作收账通知交给原汇款人。如汇款人未在汇出行开立账户的，则通过“其他应付款”科目，再通知原汇款人来行办理取款手续。

二、委托收款核算

委托收款是收款人委托银行向付款人收取款项的结算方式。委托收款结算的划款方式有邮划和电报划两种，由收款人选用。

1. 委托收款基本规定

(1)单位和个人凭已承兑商业汇票、债券、存单等付款人债务证明办理款项的结算，均可使用委托收款结算方式。

(2)委托收款在同城、异地均可以使用。

(3)签发委托收款凭证必须记载规定的事项为：表明“委托收款”的字样；确定的金额；付款人名称；收款人名称；委托收款凭证名称及附寄单证张数；委托日期；收款人签章。欠缺其中之一，银行不予受理。

(4)委托收款以银行以外的单位为付款人的，委托收款凭证必须记载付款人开户银行名称；以银行以外的单位或在银行开立存款账户的个人为收款人的，委托收款凭证必须记载收款人开户银行名称；以未在银行开立存款账户的个人为收款人的，委托收款凭证必须记载被委托银行名称；欠缺记载的，银行不予受理。

(5)委托收款以银行为付款人的，银行应当在当日将款项主动支付给收款人；以单位为付款人的，银行应及时通知付款人，付款人应于接到通知的当日书面通知银行付款。付款人在接到通知的次日起3日内(遇法定休假日顺延)未通知银行付款，视同付款人同意付款，并于次日上午营业时，将款项划给收款人。

(6)在同城范围内，收款人收取公用事业费或根据国务院的规定，可以使用同城特约委托收款。

(7)根据付款情况的不同，委托收款可以分为按期支付、无款支付和拒绝支付三种情况。

2. 委托收款核算

委托收款结算的基本流程如图2-4-20所示。

(1)收款人开户行受理委托收款处理

收款人委托银行收款时，应提交一式五联托收凭证(见表2-4-3)，邮划或电划。第一联回单，第二联贷方凭证，第三联借方凭证，第四联收账通知，第五联付款通知。收款人在第二联凭证上签章后，将有关托收凭证和债务证明提交开户银行。

收款人开户行收到托收凭证后，应认真审核，审核无误后，第一联托收凭证加盖业务公章退给收款人，第二联收款凭证登记“发出委托收款结算凭证登记簿”后专夹保管，第三联凭证加盖联行专用章连同第四、五联凭证及有关债务证明，一并交付款人开户行。

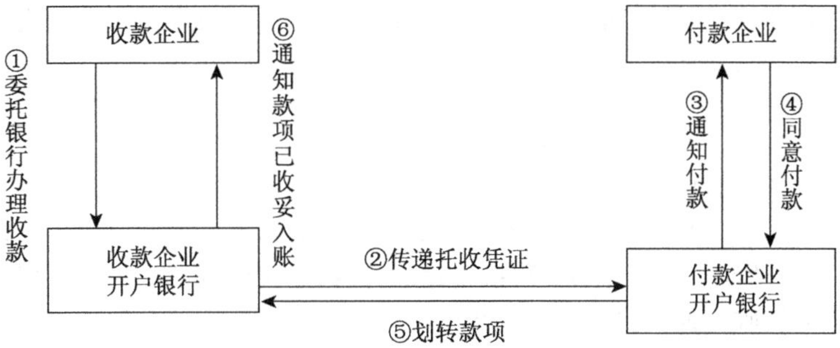

图 2-4-20　委托收款结算的基本流程

表 2-4-3　托收凭证

托收凭证（贷方凭证）

委托日期　　年　　月　　日

业务类型	委托收款（□邮划　□电划）　托收承付（□邮划　□电划）						
付款人	全称			收款人	全称		
	账号				账号		
	地址	省　市县	开户行		地址	省　市县	开户行
金额	人民币（大写）			亿 千 百 十 万 千 百 十 元 角 分			
款项内容		托收凭据名称		附寄单证张数			
商品发运情况				合同名称号码			
备注： 收款人开户银行收到日期 年 月 日		上列款项随附有关债务证明，请与办理。 收款人签章		复核　　记账			

次联收款人开户银行作贷方凭证

(2)付款人开户行处理

付款人开户行接到收款人开户行寄来的邮划或电划第三、四、五联托收凭证及有关债务证明，审查是否属于本行受理的凭证，无误后，在凭证上注明收到日期，根据第三、四联凭证逐笔登记“收到委托收款结算凭证登记簿”后专夹保管，分情况处理。

①付款人为银行的，银行应在当日将款项主动支付给收款人，以第三联托收凭证作借方凭证，有关债务证明作其附件，会计分录为：

借：应解汇款——出票人户

　　贷：联行往账

转账后，银行在收到委托收款登记簿上填明转账日期，并以第四联凭证作资金汇划发报凭证。

②付款人为单位的，银行分别作如下处理：

a. 付款人按期支付

银行应将托收凭证第五联加盖业务公章后连同有关债务证明及时交给付款人，并由付款人签收。付款人应于接到通知的次日起 3 日内通知银行付款，若银行在付款期内未接到付款人付款通知，则视为同意付款。银行应于付款期满次日上午营业时将款项划给收款人，以第三联凭证作借

方凭证,留存债务证明的,债务证明及第五联付款通知书作附件办理转账。会计分录为:

借:吸收存款——活期存款——付款人户

贷:联行往账

其余手续视同付款人为银行的处理。

b. 付款人无款支付或拒绝支付

银行在付款人签收日起3日内,付款人账户不足支付全部款项或收到付款人填制的四联拒付理由书及付款人持有的债务证明和第五联托收凭证,核对无误后,将第三、四联拒付理由书连同债务证明和第四、五联托收凭证一并寄收款人开户行。

(3)收款人开户行处理

①款项划回

收款人开户行收到付款人开户行寄来的联行贷方报单及所附的第四联托收凭证时,应将留存的第二联凭证抽出,核对无误后,在两联凭证上填注转账日期,应以第二联托收凭证作转账贷方凭证,办理转账。会计分录为:

借:联行来账

贷:吸收存款——活期存款——收款人户

转账后,将第四联托收凭证加盖转账收讫章作收账通知送交收款人。

②付款人无款支付或拒绝支付

收款人开户行接到第四联托收凭证和第三、四联付款人未付款通知书以及债务证明或第三、四联拒付理由书,核对无误后,将第四联托收凭证及一联未付款项通知书以及收到的债务证明或第四联拒付理由书退给收款人。收款人在未付款项通知书或拒付理由书上签收后,收款人开户行将第一联未付款项通知书或第三联拒付理由书连同第二联托收凭证一并保管备查。

三、托收承付核算

托收承付也称异地托收承付,是指收款人根据购销合同发货后,委托银行向异地付款人收取款项,并由收款人向银行承认付款的结算方式。托收承付结算款项的划回方法,分邮寄和电报两种,由收款人选用。

1. 托收承付主要规定

(1)使用托收承付结算方式的收款单位和付款单位,必须是国有企业、供销合作社以及经营管理较好,并经开户银行审查同意的城乡集体所有制工业企业。

(2)办理托收承付结算的款项,必须是商品交易,以及因商品交易而产生的劳务供应的款项。代销、寄销、赊销商品的款项,不得办理托收承付结算。

(3)收付双方使用托收承付结算必须签有符合《经济合同法》的供销合同,并在合同上订明使用托收承付结算方式。

(4)收付双方办理托收承付结算,必须重合同、守信用。收款人对同一付款人发货托收累计3次收不回货款的,收款人开户行应暂停收款人向该付款人办理托收;付款人累计3次提出无理拒付的,付款人开户行应暂向外停办理托收。

(5)收款人办理托收,除另外有规定外,必须具有商品确已发运的证件。

(6)托收承付结算每笔的金额起点为10000元。新华书店系统每笔的金额点为1000元。

(7)签发托收承付凭证必须记载要素事项。欠缺要素事项之一的,银行不予受理。

(8)付款人货款的承付方式有验单付款和验货付款两种,由收付款双方协商选用,并在合同中明确规定。验单付款的承付期为3天,从付款人开户银行发出承付通知书的次日算起(承付期内遇法定休假日顺延)。验货付款的承付期为10天,从运输部门向付款人发出提货通知书的次日算起。

(9)付款人在承付期内,未向银行表示拒绝付款,银行即视作承付,并在承付期满的次日(法定休假日顺延)上午银行开始营业时,将款项主动从付款人的账户内付出,按照收款人指定的划款方式,划给收款人。

(10)付款人在承付期满日银行营业终了时,如无足够资金支付货款,其不足部分,即为逾期未付款项,按逾期付款处理。付款人开户行对付款人逾期支付的款项,应当根据逾期付款金额和逾期天数,按每天5‱计算逾期付款赔偿金。

(11)付款人开户银行对逾期未付的托收凭证,负责进行扣款的期限为3个月(从承付期满日算起)。期满时,付款人仍无足够资金支付该笔尚未付清的欠款,银行应于次日通知付款人将有关交易单证在2日内退回银行。付款人逾期不退回单证的,开户银行应当自发出退证通知的第3日起,按照该笔尚未付清欠款的金额,每天处以万分之五但不低于50元的罚款,并暂停付款人对外办理结算业务,直到退回单证时止。

(12)根据付款的情况不同,托收承付可以分为按期承付、提前承付、多承付、逾期付款、部分付款和拒绝付款等多种情况。

2. 托收承付核算

托收承付基本流程如图2-4-21所示。

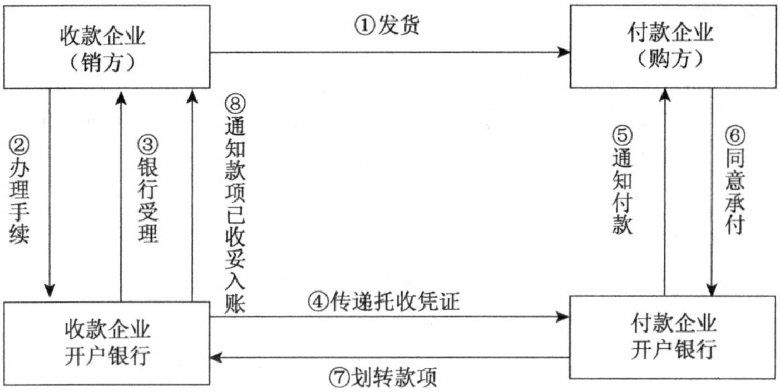

图2-4-21 托收承付结算的基本流程

(1)收款人开户银行受理托收承付

收款人办理托收时,应填制托收凭证,一式五联。收款人在第二联托收凭证上签章后,将托收凭证和有关单证提交开户行。

收款人开户行收到上述凭证后,应认真审查有关内容,无误后,根据第二联托收凭证登记"发出托收结算凭证登记簿",其余处理手续与收款人开户行受理委托收款的处理手续基本相同。

(2)付款人开户行处理

付款人开户行接到收款人开户行寄来的托收凭证及交易单证时,应审查付款人是否在本行开户,所附单证的张数与凭证的记载是否相符。审查无误后,在凭证上填注收到日期和承付期,及时通知付款人。

①全额付款处理

付款人在承付期满日开户行营业终了前,账户有足够资金支付全部款项的,付款人开户行应在次日上午开始营业时,办理划款手续。此时收款人开户行的处理手续与委托收款时付款人为单位的处理手续基本相同。

②逾期付款处理

付款人在承付期满日开户行营业终了前,账户无款支付的,付款人开户行应在托收凭证和登记簿备注栏注明“逾期付款”字样,并填制三联“托收承付结算到期未收款通知书”。待付款人账户有款可一次或分次扣收款时,比照付款的有关手续处理,将逾期付款的款项和赔偿金一并划给收款人。

赔偿金的计算公式为:赔偿金金额 = 逾期付款金额 × 逾期天数 × 0.5‰

赔偿金实行定期扣付,每月计算一次,于次月 3 日单独划给收款人。在月内有部分付款的,其赔偿金随同部分支付的款项划给收款人,对尚未支付的款项,月终再计算赔偿金,于次月 3 日划给收款人。

③全部拒绝付款或部分拒绝付款处理

付款人在承付期内,如有正当理由,可以向银行提出全部或部分拒绝付款。付款人在承付期内提出全部拒绝付款时,应填具四联全部或部分拒绝付款理由书,连同有关拒付证明、托收凭证和单证送交开户行。经银行审查,不同意拒付的,要实行强制扣款;对无理的拒付,而增加银行审查时间的,银行应按规定扣收赔偿金。然后银行将拒绝付款理由书和第四、五联托收凭证及有关单证一并寄收款人开户行。

(3)收款人开户行办理托收款划回的处理

收款人开户行托收款项划回的处理比照委托收款款项划回的处理。

四、信用卡核算

信用卡是指商业银行向个人和单位发行的、凭以向特约单位(如商店、旅馆、娱乐场所、饭店等)购物、消费和向银行存取现金,且具有消费信用的特制载体卡片。信用卡的外观为带有卡名、卡号、持卡人姓名、有效期、信息磁条、防伪标志等内容的卡片。信用卡广泛运用于商品经济的支付与结算,具有“电子货币”功能。

1. 信用卡结算基本规定

《支付结算办法》对信用卡结算做出了明确的规定。其主要内容包括以下几方面。

(1)限制信用卡备用金账户的资金来源

单位卡账户的资金必须从其基本存款账户转入,不得交存现金,不得将销售收入的款项存入该账户;个人卡账户的资金以其持有的现金存入,或以其工资性款项及属于个人的劳动报酬收入转账存入,严禁将单位的款项存入个人卡账户。规定有利于防止将信用卡账户变相作为基本存款账户使用,遏制公款私存和公款消费。

(2)严格信用卡使用范围

信用卡应主要用于消费性支付。单位卡不得用于 10 万元以上的商品交易、劳务供应款项的结算。

(3)加强现金管理

单位卡一律不得支取现金。个人卡提取现金时,超过支付限额的,代理银行应向发卡银行索权。这些规定有利于限制利用信用卡大量套取现金,有利于加强对消费基金的控制。

(4)控制支付风险

①限定透支额度:信用卡透支额,金卡最高不得超过 1 万元,普通卡最高不得超过 5000 元。

②限定透支期限:信用卡透支期限最长为 60 天。

③明确透支利息的计算:信用卡透支利息,自签单日或银行记账日起,15 日内按日息万分之五计算,超过 15 日按日息万分之十计算,超过 30 日或透支金额超过规定限额的,按日息万分之十五计算。透支利息不分段,按最后期限或者最高透支额的最高利率档次计算。

④禁止恶意透支。恶意透支是指持卡人超过规定限额或规定期限,并且经发卡银行催收无效的透支行为。

⑤设立备用金存款制度和担保制度。申领信用卡要向发卡行交存一定的备用金。发卡银行根据申请人的资信程度,要求其提供担保。担保的方式可采用保证、抵押或质押。

2. 信用卡结算业务会计核算

信用卡的核算包括发卡行发卡、购物消费、持卡人支取现金及注销的处理。

信用卡结算的基本流程图图 2－4－22 所示。

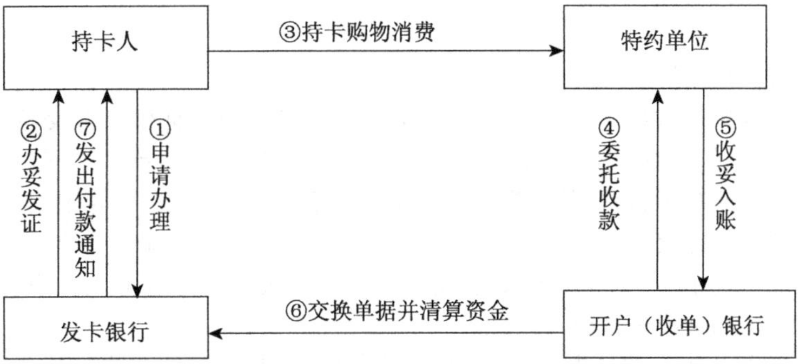

图 2－4－22　信用卡结算基本流程

下面,我们仅以单位卡为例,介绍信用卡发卡及消费业务的会计核算。

(1)信用卡发放

单位申请使用信用卡,应按发卡银行规定向发卡银行填写申请表。发卡银行审查同意后,应及时通知申请人前来办理领卡手续,并按规定向其收取备用金和手续费。申请人从其基本存款账户支付以上款项。具体分以下两种情况。

①申请人已在发卡银行机构开有基本存款账户

申请人开具支票、填写三联进账单,交发卡行经办人员。经办人员审查无误后,支票作借方凭证,第二联进账单作贷方凭证,另填制一联特种转账贷方凭证,作收取手续费贷方凭证。会计分录为:

借:吸收存款——活期存款(申请人户)
　　贷:吸收存款——信用卡存款(申请人户)
　　　　手续费收入

银行经办人员将第一联进账单加盖转讫章作回单交给申请单位。

个人申请信用卡时,按规定银行要收取备用金和手续费,备用金的收取可以是现金,也可以转账。个人申请人交存现金的,会计分录为:

借:库存现金
　　贷:吸收存款——信用卡存款(申请人户)
　　　　手续费收入

【例 2－4－14】　工商银行海口支行收到新华工厂交来的进账单和转账支票各一份,进账单金额为 20000 元,转账支票金额为 20020 元,其中:20000 元为交存备用金,20 元为手续费。经审查无误后,发给信用卡,作分录如下:

借:吸收存款——活期存款——新华工厂　　20020
　　贷:吸收存款——信用卡存款——新华工厂　　20000
　　　　手续费收入　　20

②申请人未在发卡银行机构开立基本存款账户

申请人开具支票、填写二联进账单,交发卡银行经办人员。发卡银行经办人员审核无误后,在二联进账单上按票据交换场次加盖“收妥后入账”的戳记，将第一联加盖转讫章交给持票人。支票按照票据交换的规定及时提出交换。退票时间过后，第二联进账单作贷方凭证；并另填制一联特种转账贷方凭证，作收取手续费贷方凭证。会计分录为：

借：存放中央银行款项

　贷：吸收存款——信用卡存款（申请人户）

　　手续费收入

（2）信用卡购物消费核算

①特约单位开户行核算

持信用卡在特约单位购物、消费时，持卡人应将信用卡和身份证件一并交特约单位。特约单位审查无误后填制四联签购单并由持卡人签名确认，然后将签购单回单联连同信用卡和身份证件交还持卡人。每日营业终了，特约单位根据签购单汇总表填制汇计单，计算手续费和净计金额，连同签购单和进账单一并送交开户行办理转账。特约单位开户行收到特约单位送交的三联进账单、三联汇计单和两联签购单后，经审查无误后，将签购单等有关凭证寄持卡人开户行，收取持卡人应付的款项。应分别不同情况进行会计处理。

a. 持卡人开户行为本行的处理，即持卡人与特约单位在同一银行开户。其会计分录为：

借：吸收存款——信用卡存款——信用卡持卡人户

　贷：吸收存款——活期存款——特约单位户

　　手续费收入

【例 2－4－15】 工商银行海口支行收到信达家电商厦交来签购单、汇计单和进账单各一份，列明本行开户的王国华先生购物消费 10000 元，手续费按 3‰计算，经审核无误后，作分录如下：

借：吸收存款——信用卡存款——王国华　　10000

　贷：吸收存款——活期存款——信达家电商厦　　9970

　　手续费收入　　30

b. 持卡人开户行为异地同系统银行的处理，即持卡人与特约单位在同系统异地开户。其会计分录为：

借：联行往账

　贷：吸收存款——活期存款—特约单位户

　　手续费收入

c. 持卡人开户行为同城跨系统银行的处理，即持卡人与特约单位不在同行开户。其会计分录为：

借：存放中央银行

　贷：吸收存款——活期存款——特约单位户

　　手续费及佣金收入

②持卡人开户行核算

持卡人开户行收到特约单位开户行同城交换来的或寄来的有关单证时，应认真审查。审查无误后据以分别不同情况办理转账。

a. 持卡人开户行收到异地同系统银行发来的信用卡签购单等的处理。其会计分录为：

借：吸收存款——信用卡存款——信用卡持卡人户

　贷：联行来账

b. 持卡人开户行从票据交换所提回信用卡签购单等的处理。其会计分录为：

借：吸收存款——信用卡存款——信用卡持卡人户

　贷：存放中央银行

【例 2-4-16】 工商银行海口支行从农业银行海口支行同城交换提入汇计单和本行持卡人兴旺公司的签购单各一张，金额均为 15000 元，经审核无误后，作分录如下：

借：吸收存款——信用卡存款——兴旺公司　　15000

　　贷：存放中央银行　　15000

如果持卡人信用卡账户不足支付的，其不足部分纳入“贷款——短期贷款”科目核算，并按规定计算透支利息向持卡人收取。

(3)信用卡支取现金处理

个人持卡人在银行支取现金时，应填制四联取现单连同信用卡和身份证件一并交发卡银行或代理银行。银行经审查无误后，由持卡人在取现单上签名确认，然后将取现单回单联加盖现金付讫章连同信用卡、身份证件交还持卡人，并办理支款手续。

①对本行发行的信用卡支取现金的，其会计分录为：

借：吸收存款—信用卡存款—信用卡持卡人户

　　贷：库存现金

②对同一票据交换区域其他银行机构发行的信用卡支取现金的，经审查无误，应向持卡人开户行提出票据交换，其会计分录为：

借：存放中央银行

　　贷：应解汇款——持卡人户

待退票时间过后无退票的即支付现金，会计分录为：

借：应解汇款——持卡人户

　　贷：库存现金

持卡人开户行收到从票据交换所提回的凭证。作如下会计分录：

借：吸收存款——信用卡存款——信用卡持卡人户

　　贷：存放中央银行

③对异地同系统行发行的信用卡支取现金的，应向持卡人开户行办理联行划款手续，即将第二联取现单随联行借方报单寄持卡人开户行。会计分录为：

借：联行往账

　　贷：应解汇款——持卡人户

同时按取现金额的 1% 收取手续费后，支付现金。会计分录为：

借：应解汇款——持卡人户

　　贷：库存现金

　　　　手续费及佣金收入

持卡人开户行收到联行报单等凭证，复核无误后办理转账。会计分录为：

借：吸收存款——信用卡存款——信用卡持卡人户

　　贷：联行来账

④对联网的信用卡处理。受理持卡人交来的信用卡和身份证件后，审核无误，打印一式两联取现单，交持卡人签字并核对无误后，支付现金。会计分录为：

借：其他应收款

　　贷：库存现金

持卡人开户行收到交易信息，实时作账务处理。会计分录为：

借：吸收存款——信用卡存款——信用卡持卡人户

　　贷：其他应付款

(4)信用卡注销处理

持卡人不需要继续使用信用卡时,应持卡主动到发卡银行办理销户手续。银行核对有关账务并确认无误后,分情况处理。

①单位卡注销时,会计分录为:

借:吸收存款——信用卡存款——信用卡持卡人户

　利息支出——信用卡利息支出户

　贷:吸收存款——活期存款——信用卡持卡人基本存款户

②个人卡注销时,会计分录为:

借:吸收存款——信用卡存款——信用卡持卡人户

　利息支出——信用卡利息支出户

　贷:库存现金(或有关科目)

【知识链接】

信用证诈骗案的启示

某经济集团法定代表周某为长期非法占有国家资金,伙同他人共同策划以虚构进口贸易的方式,通过对外循环开立180天远期信用证,达到非法获取银行资金的目的。并指使其他人配合何某,实施诈骗。从1995年8月15日至1996年8月21日,某经济集团凭借虚构的进口货物合同、交通银行某分行对合同的“见证意见书”,通过某省轻工业品进出口公司在中国银行某分行共计骗开信用证33份,议付31份,获取总金额7507.4万美元。除用于偿还集团债务及业务支出外,余额用于循环开立信用证、支付利息及手续费,造成中行某分行实际损失3549.95万美元,严重破坏了国家金融管理秩序,其行为均已构成信用证诈骗罪。周某信用证诈骗案的主要特点:(1)通过开立180天远期信用证,较长的时间差,隐蔽性大,不易察觉,能配合其他条件实施诈骗;(2)中外勾结,即国内不法诈骗犯为信用证的开证申请人与境外不法外商为信用证的受益人两者互相勾结,用连环套实施诈骗;(3)为掩护实施诈骗,虚构炮制假进口合同。信用证诈骗的防范方针应该是:“预防为主,后治为辅;治本为主,治标为辅;治本兼治标,从源头上治。”

【项目小结】

支付结算,是指单位、个人在社会经济活动中使用票据、信用卡和汇兑、托收承付、委托收款等结算方式进行货币给付及资金清算的行为。它对调节货币流通、节约现金使用、扩大信贷资金来源,促进经济发展具有重要作用。单位、个人和银行在办理支付结算业务时必须恪守信用,履约付款;谁的钱进谁的账,由谁支配;银行不垫款。参与支付结算的购销双方以及银行都必须严格遵守支付结算纪律。

票据结算业务的核算主要包括:支票、银行本票、银行汇票、商业汇票。支票具有清算及时、使用方便、收付双方都具有法律保障和结算灵活的特点;银行本票具有信誉度高、支付能力强,并有代替现金使用功能的特点;银行汇票具有使用灵活、通汇面广、安全方便、兑现性强的特点;商业汇票具有信用性强、结算灵活的特点。

非票据结算方式的核算包括:汇兑、委托收款、托收承付、电子银行支付结算。汇兑结算具有使用范围广、手续简便、收付款迅速等特点。托收承付结算具有物资运动和资金运动紧密结合,由银行维护双方正当权益的特点;委托收款结算具有实用性强、恪守信用、履约付款等特点。

【课堂讨论】

某机械厂财务部8月15日开出两张票据:一张为面额10000元的支票,用于向甲宾馆支付会议费;另一张为面额200000元的银行承兑汇票,到期日为9月5日,用于向乙公司支付材料款,该汇票银行已经承兑。

8 月 20 日，甲宾馆向银行提示付款。银行发现该支票为空头支票，遂予以退票，并对某机械厂处以 1000 元罚款。甲宾馆要求某机械厂除支付其 10000 元会议费外，还另需支付其 2000 元赔偿金。9 月 5 日，乙公司向银行提示付款时，得知某机械厂的账户余额不足 200000 元。

同学们，根据票据的有关规定，请回答下列问题：

1. 银行对某机械厂签发空头支票处以 1000 元罚款是否符合法律规定？

2. 甲宾馆能否以某机械厂签发空头支票为由要求其支付 2000 元赔偿金？

3. 银行能否以某机械厂账户余额不足 200000 元为由，拒绝向乙公司付款？

【项目训练】

以下业务均由工商银行海口支行办理，请根据要求作出相应的会计分录。

（一）支票业务核算

1. 海洋服装厂开出现金支票一张，金额为 6000 元，作出银行支付现金的会计分录。

2. 木器厂将他行开户的建筑公司开出的转账支票及进单账提交银行收款，金额为 30000 元，参加票据交换后无退票，作出银行为持票人入账的会计分录。

3. 大华公司持转账支票及进账单来行办理入账，金额 3000 元，付款人为在同一银行开户的高洪公司，作出银行为收款人入账的会计分录。

（二）本票业务核算

4. 王东海向开户行提交现金及银行本票申请书一式三联，金额为 6000 元，要求签发银行本票。作出银行签发银行本票的会计分录。

5. 绿岛公司开户行提交银行本票申请书一式三联，金额为 8000 元，要求签发银行本票。作出银行签发银行本票的会计分录。

6. 省纺织进出口公司持银行本票及三联进账单来行办理兑付，金额为 35000 元，经审核该本票为本行签发，作出银行付款的分录。

7. 华联商厦持银行本票及三联进账单来行办理兑付，金额为 2500 元，经审核该本票非本行签发，作出银行代理付款的会计分录。

（三）银行汇票业务核算

8. 某建筑公司提交汇票委托书一份，申请签发银行汇票，金额为 30000 元，准备持往异地采购原材料，作出银行签发银行汇票的会计分录。

9. 李立提交现金及银行汇票申请书一式三联，金额为 8000 元，要求签发银行汇票持往异地采购，审核无误办理转账。

10. 开户单位电器公司提交异地工行签发的银行汇票，金额为 24000 元，要求全额兑付，审查无误予以办理。作出银行办理兑付的分录。

11. 收到开户单位水表厂提交的银行汇票二、三联及进账单，汇票金额为 60000 元，实际结算金额为 59700 元，该汇票系异地工行签发。作出银行办理付款的分录。

12. 持票人张洋持异地工行签发，由本行解付的银行汇票，金额为 25000 元，符合规定，支付现金。作出代理付款银行支付现金的会计分录。

13. 接到异地工行寄来的邮划借方报单及解讫通知，金额为 24000 元，原汇票金额为 25000 元，原汇款单位是本行开户单位轴承厂。作出银行结清汇票款的分录。

14. 接到异地工行寄来的邮划借方报单及解讫通知，金额为 11000 元，原汇票金额为 15000 元，原汇款人高峰。审核无误办理转账。

15. 李阳持银行汇票委托书第一联及个人身份证来行领取银行汇票的多余款 300 元，经审核无误后付给现金。作出银行付出现金的会计分录。

（四）商业银行汇票业务核算

16. 食品公司承兑的一笔汇票本日到期,汇票金额为 20000 元,该公司存款账户有足够款项支付,收款人为异地面粉厂,作出银行办理划款的会计分录。

17. 接到异地工行寄来的邮划贷方报单及托收凭证,金额为 10000 元,此款系开户单位机械厂收取的商业承兑汇票款,经审核无误,予以收账。

18. 开户单位持银行承兑汇票来行申请承兑,汇票金额为 20000 元,经信贷部门审查同意,双方签订承兑协议,会计部门办理承兑手续,并按 5‰收取承兑手续费。

19. 将到期的银行承兑汇票为 20000 元抽出,向汇票承兑申请人电子元件制造厂收取票款,办理转账手续。作出银行从承兑申请人账户中收取票款的会计分录。

20. 银行承兑汇票一张到期,金额 10000 元,但承兑申请人百货公司只能支付 6000 元,其不足部分转为逾期贷款。作出银行从承兑申请人账户中收取票款的会计分录。

21. 收到异地工行寄来的托收凭证及银行承兑汇票,银行承兑汇票已过到期日,金额为 39000 元,收款人是北京爱立信分公司,付款人是本行开户单位木材厂,作出银行办理划转汇票款项的分录。

22. 收到异地工行寄来的邮划贷方报单及托收凭证,金额为 56000 元,收款人为本行开户单位饲料公司收取的银行承兑汇票款经审核无误,予以收账。

项目五

联行往来业务核算

【项目目标】

为了完成本项目 2 个任务,你需要学习:

联行往来业务的概念、作用、体系和管理模式

联行往来的操作流程

联行往来业务的核算方式和跟踪处理程序

【项目安排】

项目导入

相关知识

知识链接

项目小结

课堂讨论

项目训练

【技能目标】

通过完成本项目 2 个任务的实践(训),你应该能够:

熟悉联行往来业务的意义和操作流程

掌握联行往来核算方法和账务处理程序

熟悉联行往来电子汇划与资金清算业务流程和账务处理

【核心技能】

掌握全国联行往来业务的种类、核算流程和管理模式

掌握全国联行往来业务的会计核算方法

熟练掌握并正确应用联行往来汇划与资金结算业务会计处理

项目导入

某公司每月都必须向各供货商支付货款，该公司的开户行是中国银行某支行，但是该公司的各供货商的开户银行都不一样，甚至遍布全国各地的不同银行，该公司的财务人员只需要到自己的开户行即中国银行某分行办理相应的付款手续，就可以顺利地将货款汇划至各供货商的账户中。

同学们知道这是联行业务吗？你们对联行业务了解多少？

相关知识

任务 15　了解联行往来业务

知识要点：全国联行往来的管理体制和基本做法

我国各国有银行的联行往来的管理模式实行的是“集中统一、分级管理”的原则，各商业银行各自建立了系统内联行往来。按照联行管理的辖属范围和会计核算主体，可以分为全国联行往来、分行辖内往来和支行辖内往来。

全国联行往来的基本做法主要有两种：一种是集中监督、分散核对；另一种是集中监督、集中逐笔核对，也叫集中清算制，它是指各银行的总行负责清算。

随着市场经济的不断发展，企业间经济交往日益频繁，资金流量不断增加，客观需要银行为其提供优质的支付清算服务。建设现代化的支付系统是社会经济发展的客观需要，是银行履行支付清算职责，改进支付清算方法，连接商品经济和社会经济活动的“大动脉”。

一、联行往来核算组织原则

联行是银行系统内各行处在资金上具有往来关系的银行，联行往来是系统内银行的资金账务往来，它是由于银行间办理资金调拨、货币结算、相互间代收、代付款项而引起的。联行往来是银行办理社会支付、银行内部资金划拨的基础，是加速社会资金流动的有力工具。

联行业务核算要有利于畅通汇路，促使和加速资金流动。贯彻资金分开原则，促使银行独立经营、相互占用资金、及时清算；统一管理、分级负责，联行电子汇划和资金清算具体做法要由总行统一制定，分级负责执行和实施；既要简便适用，又要有利于严密监督。

二、联行往来管理体制

我国银行实行的是分支行制，按行政区域设立各级行处。受这种银行组织形式的制约，各级联行分别由总行、一级分行、县(市)支行三级管理机构负责管理。

1. 全国联行往来，适用于总行与所属各级分支之间以及不同省、自治区、直辖市各机构之间的资金账务往来。这些行处具有办理全国联行的资格，体现在：一是有总行核准颁发的全国联行行号；二是有总行颁发的全国联行业务专用章。

全国联行行号是办理联行业务的代名行，由各银行的总行统一颁发，在全国范围内不得重复。

联行专用章则是办理联行业务的专用印鉴，也是由总行核发。联行专用章由专人保管，有严格的管理规定。

具备全国联行行号和联行专用章的行处，在涉及系统内省际汇划往来时，可直接填发全国联行报单，按总行规定的全国联行往来制度办理联行业务，并由总行负责监督和清算。

2. 分行辖内往来，适用于省、自治区、直辖市分行与所辖各分支机构之间以及同一省、自治区、直辖市辖内各银行机构之间的资金账务往来。分行辖内联行往来账务由分行负责监督管理。参加分行辖内往来的行处，经分行核准，由管辖分行颁发分行辖内往来行号和专用章，按分行辖内往来制度办理，由分行负责监督和清算。

3. 支行辖内往来，适用于县(市)支行与所属各机构之间以及同一县(市)支行内各机构之间的资金账务往来。其所涉及的账务由县(市)支行管理监督。参加支行辖内往来的行处，经支行核准，由管辖支行颁发支行辖内往来行号和专用章，按支行辖内往来制度办理联行账务，由支行负责监督和清算。

总行、分行和支行的三级管理机构分别负责辖内经办机构往来的收发、记录、清算和监督。三级管理模式有利于根据资金活动的不同范围，采取不同的核算方式，克服凭证纸质传递的制约，缩短凭证传递的过程，加速资金汇划的速度。

三、联行往来基本做法

1. 发报行核算

发报行是联行往来账务的发生行，是保证联行账务正确进行的基础，对整个联行工作质量起着重要作用。其具体包括：报单编制；报单审查与寄发；联行往账报告表编制。

2. 收报行核算

收报行是联行往账的受理者，它对发报行寄来的联行报单及所附凭证，须认真审核和再复核，准确、迅速办理转账和对账，以保证全国联行往来核算工作的正确进行。

3. 总行电子计算中心

总行电子计算中心是对全国联行往来账务进行逐笔集中监督的部门，它根据联行往账报告表监督联行往账；按收报行行号编制对账表，寄收报行对账，监督联行来账，以保证全国联行往账与来账双方一致。

全国联行往来的基本做法主要有两种：一种是集中监督、分散核对，它是由总行的电子计算中心集中监督全国联行往来账，各收报行根据中心编发的对账表进行逐笔核对，其全部内容可以概括为："直接往来、分别核算；集中监督，分散核对；划分年度，查清结平。"这种方式原理相对比较简单，账务对应明了。另一种是集中监督、集中逐笔核对，也叫集中清算制，它是指各银行的总行负责清算。

随着电子计算机网络和卫星通信技术的发展，中国人民银行和各商业银行相继开办了联行电子汇划清算业务。联行电子汇划清算要求各级银行在上一级银行开立备付金存款账户，由上级行逐级清算当天的往来汇差资金。有关内容将在本项目分别介绍。

相关知识

任务16 掌握全国联行业务往来核算

知识要点:联行电子汇划与资金清算的基本做法

电子联行资金汇划清算的基本做法:实存资金、同步清算、头寸控制、集中监督。

(1)实存资金:是指以清算行为单位在总行清算中心开立备付金存款账户,用于汇划款项时资金的清算。

(2)同步清算:是指发报经办行通过其清算行经总行中心将款项划至收报经办行的同时,总行清算中心办理清算行之间的资金清算。

(3)头寸控制:是指各清算行在总行清算中心开立的备付金存款账户应保留足够余额,不得透支,便于总行清算中心对各行汇划款实行集中清算。如清算行备付金存款余额不足,应及时调入。

(4)集中监督:是指总行清算中心对汇划往来数据发送、资金清算、备付金存款账户资信情况和行际间查询查复事宜进行管理和监督。

一、集中监督、分散核对方式下联行往来业务核算

1. 会计科目设置

由于存在两种联行往来清算方式,根据不同的联行模式设置不同的联行往来科目。联行往来划分为往账和来账两个系统,相应的在两种核算方式下,基本的科目有“联行往账”和“联行来账”。

(1)“联行往账”科目是全国联行往来专用科目,由发报行使用。发报行划拨款项、填发联行报单时,其联行账项的借、贷使用本科目核算。如果代为他行收款,该科目记贷方;如果代他行付款,则该科目记借方。

(2)“联行来账”科目也是全国联行专用科目,由收报行使用。收报行在接到发报行寄来的联行报单时,其联行账项的借、贷使用本科目核算。记账方向与联行往账相反。本科目是联行往来账务中的过渡科目。收报行接到总行电子计算中心的对账表,与联行来账逐笔核对后,即通过分录转入“已核对联行来账”科目。联行来账全部核对完毕,该科目无余额。

(3)“已核对联行来账”科目由收报行使用,收报行接到电子计算中心的对账表,经与联行来账卡片核对,办理转账手续时,使用本科目核算。转账时,应根据对账表所列的全部发生额转入本科目。其中,与报单核对相符的部分,与“联行来账”科目对转;与报单不相符的部分,与“未核销报单款项”科目对转。

(4)“未核销报单款项”科目由收报行使用。收报行在接到总行电子计算中心寄来的对账表,经与联行来账卡片核对后的待查款项用本科目核算。本科目属于过渡性科目,其余额应在借贷双方同时反映,不得轧差。

为划分上年和下年账务,全国联行往来还设置了四个上年度科目,即“上年联行往账”、“上年联行来账”、“已核对上年联行来账”、“未核销上年报单款项”。新年度开始,将上年联行账务不通过分录直接转入相应的上年度科目或上年度户,以分别进行核算。

2. 会计凭证种类

联行往来的会计凭证主要是各种联行报单。联行报单是银行重要空白凭证,是联行间办理资金划拨和处理账务的重要依据,它贯穿联行往来的整个核算过程,是联结发报行、收报行与总行电子计算中心的纽带。每一种模式的每一联凭证的联次、尺寸和报单编号都有严格规定。报单由专

人保管，有专门的登记簿登记每一单报单的领用和使用情况。根据不同的联行模式，也设置了不同的联行报单，它们的种类基本上相同，区别主要在于报单的联次。

分散清算制的报单分为三类六种。

（1）邮划联行往来报单（含邮划借方报单和邮划贷方报单两种）。邮划联行往来借方报单由发报行填制，一式三联。其中第一联寄收报行转账后作来账卡片，第二联随往账报告表寄总行报告中心，第三联发报行留底作往账卡片。邮划联行往来贷方报单由发报行填制，一式三联，各联的用途同借方报单（见表 2－5－1、表 2－5－2）。

表 2－5－1　中国工商银行邮划借方报单　　（来账卡片）1

<table>
<tr><td rowspan="2">发报行</td><td>行号</td><td colspan="3"></td><td colspan="5">编制　年　月　日</td><td colspan="2" rowspan="2">收报行</td><td>行号</td><td colspan="5"></td><td colspan="5">号码</td></tr>
<tr><td>行名</td><td colspan="8"></td><td>行名</td><td colspan="10"></td></tr>
<tr><td>付款单位
账号或名称</td><td>收款单位
账号或名称</td><td>千</td><td>百</td><td>十</td><td>万</td><td>千</td><td>百</td><td>十</td><td>元</td><td>角</td><td>分</td><td rowspan="2">合计
金额</td><td>千</td><td>百</td><td>十</td><td>万</td><td>千</td><td>百</td><td>十</td><td>元</td><td>角</td><td>分</td></tr>
<tr><td></td><td></td><td></td><td></td><td></td><td></td><td></td><td></td><td></td><td></td><td></td><td></td><td></td><td></td><td></td><td></td><td></td><td></td><td></td><td></td><td></td><td></td></tr>
<tr><td></td><td></td><td></td><td></td><td></td><td></td><td></td><td></td><td></td><td></td><td></td><td></td><td colspan="11">事由</td></tr>
<tr><td></td><td></td><td></td><td></td><td></td><td></td><td></td><td></td><td></td><td></td><td></td><td></td><td colspan="11">附件</td></tr>
<tr><td></td><td></td><td></td><td></td><td></td><td></td><td></td><td></td><td></td><td></td><td></td><td></td><td colspan="11"></td></tr>
<tr><td colspan="2" rowspan="2">备注：
借　报</td><td colspan="2" rowspan="2">发报
行</td><td colspan="5" rowspan="2">（发报行联行专用章）</td><td colspan="2" rowspan="2">收报
行</td><td colspan="12">核对印鉴
复核　　　　记账</td></tr>
<tr><td colspan="12">转账日期　　　年　月　日</td></tr>
</table>

表 2－5－2　中国工商银行邮划贷方报单　　（来账卡片）1

<table>
<tr><td rowspan="2">发报行</td><td>行号</td><td colspan="3"></td><td colspan="5">编制　年　月　日</td><td colspan="2" rowspan="2">收报行</td><td>行号</td><td colspan="5"></td><td colspan="5">号码</td></tr>
<tr><td>行名</td><td colspan="8"></td><td>行名</td><td colspan="10"></td></tr>
<tr><td>付款单位
账号或名称</td><td>收款单位
账号或名称</td><td>千</td><td>百</td><td>十</td><td>万</td><td>千</td><td>百</td><td>十</td><td>元</td><td>角</td><td>分</td><td rowspan="2">合计
金额</td><td>千</td><td>百</td><td>十</td><td>万</td><td>千</td><td>百</td><td>十</td><td>元</td><td>角</td><td>分</td></tr>
<tr><td></td><td></td><td></td><td></td><td></td><td></td><td></td><td></td><td></td><td></td><td></td><td></td><td></td><td></td><td></td><td></td><td></td><td></td><td></td><td></td><td></td><td></td></tr>
<tr><td></td><td></td><td></td><td></td><td></td><td></td><td></td><td></td><td></td><td></td><td></td><td></td><td colspan="11">事由</td></tr>
<tr><td></td><td></td><td></td><td></td><td></td><td></td><td></td><td></td><td></td><td></td><td></td><td></td><td colspan="11">附件</td></tr>
<tr><td></td><td></td><td></td><td></td><td></td><td></td><td></td><td></td><td></td><td></td><td></td><td></td><td colspan="11"></td></tr>
<tr><td colspan="2" rowspan="2">备注：
贷　报</td><td colspan="2" rowspan="2">发报
行</td><td colspan="5" rowspan="2">（发报行联行专用章）</td><td colspan="2" rowspan="2">收报
行</td><td colspan="12">核对印鉴
复核　　　　记账</td></tr>
<tr><td colspan="12">转账日期　　　年　月　日</td></tr>
</table>

（2）电划联行往来报单（含电划借方报单和电划贷方报单两种）。电划借方报单和电划贷方报单都是一式三联，由发报行填制。第一联作为拍发电报的依据；第二联报告联，同邮划报单，随往账报告表寄总行报告中心；第三联留存作往账卡片（见表 2－5－3、表 2－5－4）。

表 2-5-3　中国工商银行电划借方报单　　（往账报告卡）3

发报行	行号		编制　年　月　日	收报行	行号		号码
	行名				行名		

账号或地址											
付款单位名称	亿	千	百	十	万	千	百	十	元	角	分
收款单位名称											
事　由											

备注： 借　　报	管辖分行	输入	复核
		传送日期	年　月　日

表 2-5-4　中国工商银行电划贷方报单　　（往账报告卡）3

发报行	行号		编制　年　月　日	收报行	行号		号码
	行名				行名		

账号或地址											
付款单位名称	亿	千	百	十	万	千	百	十	元	角	分
收款单位名称											
事　由											

备注： 贷　　报	管辖分行	输入	复核
		传送日期	年　月　日

（3）电划联行往来补充报单（含电划借方补充报单和电划贷方补充报单两种）。与上两类报单不同的是，电划联行往来补充报单由收报行填制，一式三联。第一联收报行将收到的电文翻译过来填制，用途同邮划报单第一联，寄收报行转账后作来账卡片；第二联收报行代转账传票；第三联收报行交给收款或付款单位，作为收款或付款通知（见表 2-5-5、表 2-5-6）。

表 2-5-5　中国工商银行电划借方补充报单　　（来账卡片）1

发报行	行号		编制　年　月　日	收报行	行号		号码
	行名				行名		

账号或地址											
付款单位名称	亿	千	百	十	万	千	百	十	元	角	分
收款单位名称											
事　由	密　押										

备注： 借　　报	管辖分行	译电 记账	核押 复核
		转账日期	年　月　日

表 2-5-6　中国工商银行电划贷方补充报单　　（来账卡片）1

<table>
<tr><td rowspan="2">发报行</td><td>行号</td><td></td><td>编制　年　月　日</td><td rowspan="2">收报行</td><td>行号</td><td></td><td>号码</td></tr>
<tr><td>行名</td><td colspan="2"></td><td>行名</td><td colspan="2"></td></tr>
<tr><td colspan="8">账号或地址</td></tr>
<tr><td colspan="4">付款单位名称</td><td colspan="4">亿 | 千 | 百 | 十 | 万 | 千 | 百 | 十 | 元 | 角 | 分</td></tr>
<tr><td colspan="4">收款单位名称</td><td colspan="4"></td></tr>
<tr><td colspan="4">事　由</td><td colspan="4">密　押</td></tr>
<tr><td colspan="4" rowspan="2">备注：
贷　　报</td><td rowspan="2">管辖分行</td><td colspan="3">译电　　核押
记账　　复核</td></tr>
<tr><td colspan="3">转账日期　　年　月　日</td></tr>
</table>

3. 账务处理

由于集中监督、分散核对方式下主要有发报行、收报行和总行电子计算中心三方共同构成一个联行核算系统，下面分别就发报行、收报行、计算中心和收报行分散对账几方面阐述各方的具体账务处理。

（1）发报行处理

①编发报单

发报行的联行往来业务的起点是编发报单。联行业务发生时，发报行按规定签发联行报单，并加盖联行专用章。如遇需要还要编发密押。经审核无误后，发报行将第一、二联报单连同有关附件寄给收报行。如果是代收款业务，签发代收报单，会计分录为：

借：吸收存款——活期存款

　　贷：联行往账

如果是代付业务，签发借方报单，会计分录相反：

借：联行往账

　　贷：吸收存款——活期存款

【例 2-5-1】 工行海口支行受本行开户单位某科技公司委托，向工行上海分行营业部某开户单位进出口公司电汇款项 50 万元。该笔业务属于海口支行代上海分行收款，海口支行编制电划贷方报单，并据以拍发电报。海口支行会计分录为：

借：吸收存款——活期存款（某科技公司）　　500000

　　贷：联行往账　　500000

【例 2-5-2】 工行海口支行收到持票人某科技公司银行汇票，该汇票是由工行广州分行营业部出票，结算金额 10 万元。该业务属于海口支行代广州分行营业部付款，海口支行审核无误后，编制邮划借方报单，会计分录为：

借：联行往账　　100000

　　贷：吸收存款——活期存款（某科技公司）　　100000

【例 2-5-3】 工商银行海口支行于 7 月 6 日收到本行开户单位机电公司提交的两联进账单及省外某地同系统的南海支行签发的银行汇票二、三联，汇票出票金额为 20000 元，实际结算金额为 18000 元，经审核无误，办理转账。

借：联行往账　　18000

　　贷：吸收存款——活期存款——机电公司　　18000

根据这笔业务,海口支行应编制邮划借方报单一份。

【例2-5-4】 某银行海口支行于6月9日接到客户装饰公司的委托汇出信汇款30000元,收款人为省外某地系统内的阳光支行某开户单位,办理转账。

借:吸收存款——活期存款——装饰公司 30000

　贷:联行往账 30000

根据这笔业务,海口支行应编制邮划贷方报单一份。

②编制联行往账报告表

报告表有全国联行往账报告表和全国联行来账报告表两种。它是管辖分行和总行监督联行往账的工具。联行往账报告表是发报行向总行报告本行和业务状况的工作报告,是总行监督控制发报行正确办理联行往账核算和办理对账的重要依据。

发报行应于每天营业终了,将本日发出的全部往账报单第三联先按借、贷方分清,然后再按收报行行号顺序排列,并按电划、邮划分别整理,据以编制联行往账报告表一式两份。经审核无误后,将报单第二联的报告卡附在往账报告表后面,寄往总行计算机中心或经电子汇总系统传输给总行(见表2-5-7)。

【例2-5-5】 某银行海口支行2010年2月9日共发出电划借方报单6笔,共160万元,邮划借方报单9笔,共32万元,电划贷方报单8笔,共76万元,邮划贷方报单5笔,共17万元,2月8日联行往账报告表为借方余额20万元,编制当日联行往账报告表(见表2-5-7)。

表2-5-7 行号　行名

全国联行往账报告表

2010年2月9日　　　　编号(　)

摘要	借方											贷方										
	笔数		金额									笔数		金额								
	电划	邮划	千	百	十	万	千	百	元	角	分	电划	邮划	千	百	十	万	千	百	元	角	分
上期余额	/	/			2	0	0	0	0	0	0	/	/									
本日发生额	6	9		1	9	2	0	0	0	0	0	8	5			9	3	0	0	0	0	0
本日余额	/	/		1	1	9	0	0	0	0	0	/	/									
备注																						

分行							
分行	输入		联行专用章:	经办行	会计主管	复核	制表
	复核						

联行往账报告表一式二联,复核后,经会计主管审核签章,在第二联上加盖联行专用章,并附第三联报单寄管辖分行。第一联附第四联报单一并留存保管。

③编制联行往账科目日结单

报单第三联作为卡片账,随往账报告表留存联一并保管,并根据科目日结单登记联行往账总账。

(2)收报行处理

①收报行对于收到的报单,要区分完整报单和不完整报单进行处理。

a. 收到完整报单,收报行根据第一联报单和附件办理转账。如果是贷方报单,会计分录为:

借:联行来账

　贷:吸收存款——活期存款

如果是借方报单,会计分录相反:

借:吸收存款——活期存款

　贷:联行来账

【例2-5-6】 接**【例2-5-3】**,南海支行收到海口支行邮划借方报单及解讫通知,经审核,该汇票系开户单位高桥公司日前来行申请签发,现需结清。其会计分录如下:

借:汇出汇款　　20000

　贷:联行来账　　18000

　　吸收存款——活期存款——高桥公司　　2000

【例2-5-7】 接**【例2-5-4】**,阳光支行收到海口支行邮划贷方报单及信汇凭证,经审核,收款人为开户单位炉具厂,办理兑付手续。其会计分录如下:

借:联行来账　　20000

　贷:吸收存款——活期存款——炉具厂　　20000

【例2-5-8】 工商银行海口支行受本行开户单位某科技公司委托,向工行上海分行营业部某开户单位进出口公司电汇款项50万元。该笔业务属于海口支行代上海分行收款,海口支行编制电划贷方报单,并据以拍发电报。上海分行收到海口支行的汇款电报,审核无误后,凭以填制"电划贷方补充报单",会计分录为:

借:联行来账　　500000

　贷:吸收存款——活期存款(进出口公司)　　500000

【例2-5-9】 工商银行海口支行收到持票人海口某科技公司银行汇票,该汇票是由工行广州分行营业部出票,结算金额为10万元。该业务属于海口支行代广州分行营业部付款,海口支行审核无误后,编制邮划借方报单。工行广州分行营业部收到海口支行寄来的邮划借方报单和汇票解讫通知,经核对无误后,记联行来账,分录为:

借:汇出汇款　　100000

　贷:联行来账　　100000

b. 收到不完整报单,能否转账应该以行号为准。如果报单上的行名、行号是本行,但附件是他行;或者行号是本行,但行名和附件是他行,这种情况下,只要行号是本行的,都应该以行号为准,按本行报单处理。然后再填制另外的联行报单,将款项划至正确的收报行,同时通知原发报行。

【例2-5-10】 中行海口支行收到中行上海分行寄来的第一联借方报单和银行汇票,金额为10万元,经审核后,所收报单上收报行行号、行名是本行,银行汇票为中行广州分行。海口支行编制借方报单办理转划,会计分录为:

借:联行往账——广州分行　　100000

　贷:联行来账——上海分行　　100000

c. 如果行号不是本行,但行名和附件均为本行;或行名、行号均不是本行的,但附件确是本行的,收报行可先根据附件办理转账。同时,另外填制联行报单连同原报单一并寄往原报单所列的收报行,并通知原发报行。

②编制联行来账报告表。处理完报单后,每日营业终了,收报行要将本行收到的全部来账报单第二联先按借、贷方分开,发报行行号顺序排列,并按邮划、电划分别整理,据以编制联行来账报告表一式两份(见表2-5-8)。

【例2-5-11】 8月17日,海口支行共收到邮划借方报单7笔,金额4万元,邮划贷方报单5笔,金额12万元,编制电划贷方补充报单6笔,金额3万元,编制电划借方补充报单7笔,金额8万元,

8月16日联行来账报告表为贷方余额10万元,则编制8月17日联行来账报告表(见表2-5-8)。

表2-5-8 行号 行名

全国联行来账报告表

2010年8月17日 编号( )

摘要	借方											贷方										
	笔数		金额									笔数		金额								
	电划	邮划	千	百	十	万	千	百	元	角	分	电划	邮划	千	百	十	万	千	百	元	角	分
上期余额																1	0	0	0	0	0	0
本日发生额	7	7				1	2	0	0	0	0	6	5			1	5	0	0	0	0	0
本日余额																1	3	0	0	0	0	0
备注																						

分行				经办行	会计主管	复核	制表
	输入		联行专用章:				
	复核						

联行来账报告表一式两份,经复核后,一份附第二联报单寄管辖分行,另一份连第一联报单一并留存保管。

(3)总行电子计算中心处理

总行电子计算中心负责连接发报行和收报行,总行对全国联行往来的监督由电子计算中心负责,它根据发报行发来的联行往账报告表,监督全国联行的往账,并根据报单第二联按收报行逐笔抄录对账表寄收报行,据以同联行来账卡片账逐笔核对。对账表主要栏目是:发报行行号、对账表日期、报单日期、报单种类、报单号码合计数、对账表余额和贷方报单金额、借方报单笔数和借方报单金额。

(4)收报行分散对账处理

收报行收到总行发来的对账表后,根据对账列的各笔报单,从来账卡片中取出对应报单,就行号、报单号码种类和金额、内容等事项逐一核对相符后,将对账日期填在报单上,并自制转账传票予以转账。如果是贷方报单余额,会计分录为:

借:已核对联行来账

　　贷:联行来账

　　　　未核销报单款项

如果是借方报单余额,则会计分录为:

借:联行来账

　　贷:已核对联行来账

对未核销报单查清后,先反方向冲销未核销科目,如处理来账,会计分录为:

借:未核销报单款项

　　贷:联行来账

借:联行来账

　　贷:吸收存款——活期存款

4. 查清未达,年度结转

一定时期内,联行往来的来账和往账总体该是平衡的,这是因为有一笔往账必有一笔来账相对应,往账额必定等于来账总额。但是由于联行间的往账和来账发生的时间和地点不同,造成发报行和收报行一方已经入账,但另一方尚未入账,从而产生了未达联项。为了保证全国联行业务的顺利进行,规定每年12月31日为划分年度线,彻底清理联行间的账务。

(1)划分年度

新年度开始后,各行将"联行往账"、"联行来账"、"全国联行汇差"科目余额,不通过会计分录直接转入"上年联行往账"、"上年联行来账"和"全国联行汇差——上年户",与新年度联行账务分别核算,不得混淆。发报行于新年度开始,不再签发上年度的联行报单,收报行于新年度开始起,收到发报行上年度签发的联行报单,应在"上年联行来账"科目核算,向总行报送联行来账报告表也应该区分上年度和本年度。总行应于新年度开始,将报告表和报告卡的总账、分户账以及未配对、已配对、待查明细账全部结转上年户,与本年度发生的账务严格分开。

(2)上年未达账项的清查

判断上年未达账项是否查清,主要检查以下几个方面。

①发报行上年最后一份联行往账报告表的余额与上年联行往账科目总账的余额相符。

②收报行上年联行来账卡片全部与总行电子计算中心寄来的上年对账表核对无误,上年联行来账科目已结平。

③收报行已核对上年联行来账科目余额与总行电子计算中心寄来的上年度最后一份对账表的余额核对相符。

④收报行的未核销上年报单款项科目的借、贷方余额全部查清结平。

⑤收报行的"未转账错误报单登记簿"内的上年错误报单,已全部处理。

上述几个方面都满足后,各行处上年联行账务只有上年联行往账、已核对上年联行来账两个科目有余额,标志着上年未达账项全部查清。

(3)上年联行往来查清未达后上报和余额的划转

上年联行账务查清后,将查清的未达上报和上年联行往来余额进行上划,各联行单位根据上年联行往账科目和上年已核对联行来账科目的发生额和余额,填制"联行未达查清报告表"一式三份,经复核后加盖有关经办人员名章和联行专用章后,一份留存,另外两份逐级上报管辖行。

管辖分行将所属各行的"联行未达查清报告单"与总行电子计算中心的"全国联行往账最后余额通知单"和"全国联行来账最后余额通知单"核对相符后,填制"全辖汇总联行未达查清报告表"一式两份,一份附所辖各行"联行未达清查报告单"报送总行电子计算中心,另一份留存。

各管辖行收到上级行的上划通知后,逐级通知所辖各联行单位将上年联行往账科目和上年已核对联行来账科目余额上划管辖行,汇总后逐级上划总行。

二、集中监督、集中逐笔核对方式下联行往来业务核算

集中监督、集中逐笔核对主要内容:"直接往来、分别核算、往来报告、管辖逐笔配对监督、划分年度、结平账务。"业务流程为往来报告、分行录磁、总行对账。

联行业务发生时,发报行填制联行报单并寄给收报行,同时在有关联行往账科目中进行账务处理;收报行收到发报行寄来的联行报单或电子信息,在相应联行来账中反映。收报行和发报行分别按日编制来账和往账报告表,由省级分行电子计算机录入,传输到总行,由总行电子计算机逐笔进行配对核对,每月核对每月结清,在年终办理未达账项的彻底清查,并在未达账清查后将上年余额上划总行,集中结平。汇划业务发生行是发报经办行,汇划业务的接收行是收报经办行。市级分行清算行办理辖属行处的汇划款项清算业务,省级分行办理管辖行处内部资金调拨和内部资金利息汇划业务。总行清算中心则办理分行清算行之间的资金清算和资金拆借、账户对账等账务核对和管理。

1. 会计科目设置

集中逐笔核对方式也设置联行往账和联行来账科目。

（1）“联行往账”科目。本科目是全国联行往来专用科目，由发报行使用。核算发报行向省外联行填发联行报单，代理他行收付的款项。发出借方报单即代理他行付款时，借记本科目；发出贷方报单，即代理他行收款时，贷记本科目。

（2）“联行来账”科目。本科目也是全国联行往来专用科目，由收报行使用。核算收报行收到发报行寄来报单，代理他行收付的款项。收到贷方报单，即本行代理付款时，借记本科目；收到借方报单，即本行代理收款时，贷记本科目。

以上两个科目的年末余额，在新年度开始时，不通过分录直接转入相应的“上年联行往账”和“上年联行来账”科目。

（3）“上年联行往账”科目。这个科目是上年全国联行往账在未达账项查清前使用的科目。待未达账项查清后，办理余额上划时，通过本年度“联行往账科目”转销本科目余额。

（4）“上年联行来账”科目。收报行收到发报行寄来的上年度填发的报单应通过本科目办理转账。待未达账项查清后，办理余额上划时，经本年度“联行来账”科目转销本科目余额。

（5）“辖内往来”科目。本科目分为“分行辖内往来”和“支行辖内往来”两个专户。“分行辖内往来”用于核算省级分行辖内发由省辖联行行号的各行处之间款项划拨业务；“支行辖内往来”用于核算市级支行辖内行处之间款项划拨业务。

（6）“全国联行汇差”科目。参加全国联行往来的行处，对全国联行往来有关科目每日轧计的联行汇差资金通过本科目和“汇差资金划拨”科目核算。期末如果为借方余额，则表示应付全国联行汇差资金，如果为贷方余额，则表示应收全国联行汇差资金。本科目与“汇差资金划拨”科目金额相等，方向相反。

2. 会计凭证

集中逐笔核对方式下的基本会计凭证仍然是联行报单。但报单的种类与上面所述内容一样，有邮划借方报单、邮划贷方报单、电划借方报单、电划贷方报单、电划借方补充报单、电划贷方补充报单六种。但报单联次和用途有所不同。

3. 账务处理

（1）发报行核算

①填制和寄发报单的处理，这个过程与上所述分散核对方式下基本相同。

②编制联行往账报告表。在分散核对方式下也有这个步骤，经审核无误后，将一式两份的报告表一份连同第三联往账报告卡寄总行电子中心，另一份与第四联往账卡片一并留存保管。

③日终处理。每日营业终了，发报行根据报单第四联往账卡片汇总编制联行往账转账借、贷方传票，再据以编制科目日结单登记总账，与联行往账报告表核对。

（2）收报行核算

收报行对收到的联行报单和附件认真审查，并区别完整报单和不完整报单处理。每日营业终了，也要编制联行来账报告表。收报行的核算在两种方式下基本相同，就不赘述了。

（3）查清全国联行往来未达账项

集中核对方式下，查清全国联行往来未达账项分为逐笔查对未达报单和集中查清联行未达。

①逐笔查对未达报单。未达报单是超过正常邮程的来账未达和往达报单。总行对超过规定邮程尚未对账的未达报单，自逾期日先向已送报告卡的分行查询，当报告行答复“待查”时，应即向未送报告卡的分行发出查询。

报告分行接到总行查询，应先确定录磁是否正确，如果是录磁有误，应即更正并答复总行，录磁无误则答复总行“待查”，同时查询所属经办行。未达分行收到总行查询，应即查询下属经办行。

各经办行收到管辖分行的查询，应立即对有关原始资料和数据进行检查，经查实无误后，即退还一份查复书给管辖分行，并向对方经办行发出查询。如果属本行报告有误，应按规定更正后查复管辖行。未达经办行经查实确实没有该份报单,应查复管辖分行,并向发报行查询原因或要求布置抄本;如本行有误,应及时处理。

②集中查清联行未达。全国联行往来查清未达的期限为3个月,管辖分行接到总行的逐笔查询应于次日答复总行;需向经办行查询的,可以"待查"回复总行。

在未达清查期间,总行按月集中编制"未达报单清单",分别寄给报告分行和未达分行双向查询。双方管辖分行接到未达查询清单,应立即向各自经办行查询,并按规定尽快办理补制报单或冲正错误处理。

三、联行电子汇划清算

1. 联行电子汇划与资金清算的基本做法

在联行电子汇划中,通过计算网络系统,采取"汇划数据实时发送,各清算行控销进出,总行清算中心即时处理,汇划资金按时到达"的办法。

"汇划数据实时发送"是指发报经办行录入电子汇划数据后,全部即时发送到发报清算行。"各清算行控制进出"是指清算行辖属所有经办行资金汇划、查询查复等全部通过清算进出,清算行控制辖属经办行内资金清算。

"总行清算中心即时处理"是指总行清算中心对发报清算行传输来的电子汇划数据即时传输到收报经办行。实时业务由收报清算行即时传输到收报经办行,由收报清算行次日传输到收报经办行。总行清算中心当日更新各清算行备付金存款。

"汇划资金按时到达"是指实时业务即时到达,批量业务次日到达收报经办行。为了区分轻重缓急,实时业务实时处理,对紧急款项和查询查复事项即时处理,即时到达收报经办行,批量业务批量处理,可次日到达收报经办行。

2. 设置账户和会计凭证

(1)设置账户

全国联行汇差资金清算划拨使用的账户主要有两个:

①全国联行汇差账户。该账户是资产负债共同类账户,用以核算各行处当天发生的联行汇差资金。发生应收全国联行汇差时,记入贷方;发生应付全国联行汇差时,记入借方;余额由轧差反映。新年度开始,在本账户下按上年度、本年度分别设户,核算不同年度的联行汇差款项。

②汇差资金划拨账户。该账户是资产负债共同类账户,用以核算各级行处向上级行划转的清算汇差资金。上划应付汇差资金时,记入贷方;上划应收汇差资金时,记入借方;余额由轧差反映。新年度开始,本账户下按上年度、本年度分别设户,核算不同年度的联行汇差资金清算。

(2)会计凭证

办理联行汇差资金的会计凭证是汇差资金划拨凭证。该凭证一式三联。第一、第二联作转账借方、转账贷方传票,第三联为汇差资金划拨凭证。

3. 联行汇差的日终上划

(1)联行汇差的计算

经办行每日营业终了前,根据当天联行往账账户、联行来账账户借、贷方发生额轧算联行汇差。当联行往账账户、来账账户借方发生额合计大于这两个账户贷方发生额合计时,其差额为应收汇差;反之,即为应付汇差。

【例2-5-12】 工商银行海口支行本日联行往账账户借方发生额为120000元,贷方发生额为210000元;联行来账账户借方发生额为200000元,贷方发生额为100000元,计算该行当日联行汇差如下:

联行往账借方发生额+联行来账借方发生额-(联行往账贷方发生额+联行来账贷方发生

额）=120000+200000-（210000+100000）=10000（元）

联行往、来账借方发生额合计大于贷方发生额合计，差额为10000元，因此该行当日的应收汇差10000元。

(2)日终上划核算

日终上划核算是进行联行汇差清算的准备，日终上划核算以各基层行为起点，包括基层行、管辖分行及总行等行处的核算。

①基层行的处理

各基层行应于每日营业终了，根据轧算的全国联行应收（或应付汇差），编制汇差资金划拨凭证一式三联，第一、第二联作转账借方、贷方传票，由基层行办理转账。若当日轧算的联行汇差为应收汇差，则会计分录为：

借：汇差资金划拨——全国联行汇差资金

　　贷：全国联行汇差——总行户

若为应付汇差，则会计分录相反。

【例2-5-13】 工商银行海口支行当日联行汇差轧计结果应收汇差10000元，分录为：

借：汇差资金划拨——全国联行汇差资金　　10000

　　贷：全国联行汇差——总行户　　10000

转账后，将第三联汇差资金划拨凭证加盖联行专用章，邮寄管辖分行，如系电划，则凭第三联汇差资金划拨凭证拍发电报。

②管辖分行的处理

管辖分行收到辖属各基层行的汇差资金划拨凭证或电报，应分别应收汇差和应付汇差加计合计数并轧抵差额，据以编制全辖汇总的汇差资金划拨凭证一式三联，第一、二联作转账传票办理转账，各基层行寄来的汇差资金划拨凭证作传票附件。管辖行汇总后的差额若是应收汇差，则会计分录为：

借：汇差资金划拨——总行户

　　贷：汇差资金划拨——××行全国联行汇差资金

【例2-5-14】 工商银行海口支行所辖甲、乙、丙各行处汇差资金资料如下：甲行为应收汇差10000元，乙行为应付汇差30000元，丙行为应收汇差40000元，轧算结果，分行应收汇差20000元。分行所作会计分录如下：

借：汇差资金划拨——总行户　　20000

　　——乙行全国联行汇差资金户　　30000

　　贷：汇差资金划拨——甲行全国联行汇差资金户　　10000

　　　　——丙行全国联行汇差资金户　　40000

③总行的处理

总行收到各分行的电报或电传，应据以编制汇差资金划拨凭证，分别作转账借方、贷方传票，电报作传票附件。

如总行收到分行上划应收汇差时，会计分录为：

借：全国联行汇差——××分行户

　　贷：汇差资金划拨——××分行户

若收到分行上划应付汇差时，会计分录相反。

(3)联行汇差资金的清算

汇差资金清算的时间可结合实际需要确定，清算的过程采用逐级清算的方式，即总行负责与各管辖分行之间的清算，各管辖分行负责其辖内各基层行处之间的清算，汇差资金清算一律通过中央银行进行。

以总行与应收、应付资金分行之间的清算过程为例，说明其账务处理基本过程。假定总行要与一应收及另一应付资金分行之间进行清算，核算程序如图 2-5-1 所示。

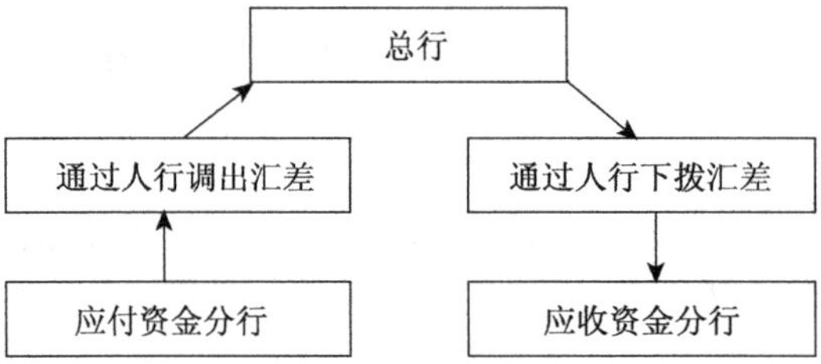

图 2-5-1　总行与应收、应付资金分行清算程序

①应付资金分行的处理

应付资金分行通过人民银行调出汇差资金，其会计分录为：

借：汇差资金划拨——总行户

　贷：存放中央银行款项

②总行的处理

总行收到应付资金分行的汇差资金，其会计分录为：

借：存放中央银行款项

　贷：汇差资金划拨——××分行户

然后，再根据应收资金分行的应收汇差，将汇差资金下拨给应收资金分行：

借：汇差资金划拨——××分行户

　贷：存放中央银行款项

③应收资金分行的处理

应收资金分行收到总行下拨的应收汇差，其分录为：

借：存放中央银行款项

　贷：汇差资金划拨——总行户

4. 年度查清结平

(1)为上划联行往、来账余额做准备

①新、旧年度账务结转

新年度开始，联行账务必须按本年度、上年度严格划分，不得混淆，各行应将联行往、来账户及联行汇差科目的余额，不通过会计分录，直接转入上年联行往账账户、上年联行来账账户及上年联行汇差账户，与新年度账务分别核算。同时发报行、收报行、管辖行、总行新年度开始，所经办的各项业务均要区分上年户、本年户分别对待。

②对上年联行账务的查对

上年联行未达账项，由总行按行号编制“联行往、来余额核对通知单”，发送管辖行，由管辖行组织所辖经办行核对，待核对无误后汇总编制全辖“××联行往、来余额核对报告单”上报总行，总行确认无误即可通知各行上划上年度联行各科目余额。

(2)逐级上划并结平账务

①经办行的处理

经办行接到管辖行上划余额通知时，应根据上年联行往账账户、上年联行来账账户及上年联行汇差账户余额，分别反其方向，编制特种转账借方或贷方传票，通过本年联行往来报单同时上划管辖行。例如，当上划上年联行往账科目借方余额时，分录：

借：分行清算资金往来

　　贷：上年联行往账

②管辖分行的处理

收到各行上划上年联行往账账户、上年联行来账账户及上年联行汇差三个科目的联行报单，经确认无误后根据随报单附来的特种转账借方、贷方传票办理转账。例如，当收到上划上年联行往账余额的借方报单时，其分录为：

借：上年联行往账

　　贷：分行清算资金往来

管辖分行最终其全辖行处的上年联行往账、上年联行来账两账户余额轧差数应与上年联行汇差账户余额核对相符。待接到总行通知上划时，将全辖的上年联行往来余额进行上划，上划方法同经办行上划。

③总行的处理

总行收到各管辖分行上划的上年联行往来余额，经核对无误后，办理转账（同管辖行收到经办行上划处理相同）。待全国各省（自治区、直辖市）分行余额全部划齐后，且上年联行往账与上年联行来账科目余额相等，表示全国上年度的联行往来结平。

5. 资金清算业务的核算

（1）科目设置

"清算资金往来"科目属于资产负债共同类，是发报经办行、收报经办行、发报清算行、收报清算行用来核算会计部门通过本行处清算中心办理划收款、划付款业务的款项。办理划付款业务记在该科目的借方，办理划收款业务时记在该科目的贷方。日终清算电子汇划款项汇差资金后，该科目的余额为零。该科目按往来清算中心设立分户账。

"存放系统内款项"科目属于资产类科目，是发报经办行、收报经办行用来核算各级行处放在往来清算中心备付金款项。存入备付金或结转应收汇差时记在该科目的借方，调减备付金或结转应付汇差时记在该科目的贷方。期末余额一般在借方，表示本行在往来清算中心存放的备付金款项。该科目按对方行设立分户账进行核算。

"系统内存放款项"科目属于负债类科目，是总行清算中心用来核算下级经办行处在本行存放的备付金款项。退回备付金时记在该科目的借方，收到存放的备付金时记在该科目的贷方。期末余额一般在贷方，表示下级经办行结存的备付金款项。该科目应按对方行设立分户账进行核算。

（2）上存与退回联行备付金存款

清算行在总行清算中心开立备付金存款账户。各级行处之间交存和退回的联行备付金存款应通过人民银行实汇资金。各级行上存和退回的用于清算电子汇划款项汇差的资金，分别在"存放系统内款项"和"系统内存放款项"核算。

上存联行备付金

①清算行向总行清算中心上存联行备付金存款，会计部门应根据资金计划部门填制的汇款书面通知填制汇款凭证，送人民银行办理汇款手续，其会计分录为：

借：存放系统内款项——存××行备付金户

　　贷：存放中央银行款项——备付金存款户

②总行清算中心收到辖属清算行交存的联行备付金存款时，以开户人民银行的收账通知作借方记账凭证，另填制特种转账贷方记账凭证一式二联进行会计处理。分录为：

借：存放中央银行款项——备付金存款户

　　贷：系统内存放款项——××行备付金存款户

退回联行备付金

清算行某一时期联行备付金存款账户余额过多，需要调回资金时，应由其资金计划部门向总行资金计划部门发出调回部分资金的申请，办理有关退回手续。其会计记账方向与上存相反。

(3)联行往来电子汇划款项业务的核算

发报经办行的处理

发报经办行为了核算与发报清算行之间的往来，设置“清算资金往来”科目进行核算，当发报经办行办理汇兑等贷报业务时，其发出的是划收信息，会计分录为：

借：××科目

　　贷：清算资金往来

【例2-5-15】 开户单位造船厂提交电汇凭证，金额为45000元，要求汇往异地钢铁厂用以支付货款。审核无误，办理转账。会计分录为：

借：吸收存款——活期存款——造船厂　　45000

　　贷：清算资金往来　　45000

发报经办行办理银行汇票等借报业务，则会计分录方向相反。

发报清算行的处理

发报清算行除了设置“清算资金往来科目”进行核算，还需要设置“存放系统内款项——上存总行备付金存款户”来核算自身在总行备付金存款余额的变化。当收到发报经办行传输来的跨清算行贷方汇划业务信息时(或划收信息)，如汇兑等，分录为：

借：清算资金往来

　　贷：存放系统内款项——上存总行备付金存款户

【例2-5-16】 沿用【例2-5-15】资料，收到发报经办行发来的贷方汇划业务，金额为45000元，会计分录为：

借：清算资金往来　　45000

　　贷：存放系统内款项——上存总行备付金存款户　　45000

反之，当收到发报经办行传输来的跨清算行借方汇划业务信息时(或划付信息)，如银行汇票解付信息，则会计分录方向相反。

总行清算中心的处理

总行清算中心设置“系统内存放款项——××清算行备付金存款户”科目来核算各清算行在总行备付金存款项余额的变化。当收到发报清算行传输来的跨清算行贷方汇划业务信息时(或划收信息)，会计分录为：

借：系统内存放款项——发报清算行备付金存款户

　　贷：系统内存放款项——收报清算行备付金存款户

当收到发报清算行传输来的跨清算行借方汇划业务信息时(或划付信息)，会计分录方向相反。

收报清算行的处理

收报清算行处理汇划信息的方式有集中制和分散制两种。收报清算行设置的会计科目与发报清算行相同。

①集中制。即清算行负责全辖汇划收报的集中处理。当收到总行清算中心传输来的贷方汇划业务信息时(或划收信息)，即时代辖属经办行记账，相关会计分录为：

借：存放系统内款项——上存总行备付金户

　　贷：清算资金往来

借：清算资金往来

　　贷：××科目

借方汇划业务会计分录方向相反。

【例 2-5-17】 收到总行清算中心电汇信息，金额为 50000 元，收款人为某支行的开户单位电线厂，会计分录为：

借：存放系统内款项——上存总行备付金户 50000

　贷：清算资金往来 50000

借：清算资金往来 50000

　贷：吸收存款——活期存款—电线厂 50000

②分散制。即收到总行传来的汇划数据后均传至收报经办行处理。当收到总行清算中心传输来的贷方汇划业务信息时（或划收信息），会计分录为：

借：存放系统款项——上存总行备付金存款户

　贷：清算资金往来

当收到总行清算中心传输来的借方汇划业务信息时（或划付信息），则会计分录方向相反。

【例 2-5-18】 收到总行清算中心划收款信息，金额为 20000 元，收款人为某支行的开户单位木器厂，会计分录为：

借：存放系统内款项——上存总行备付金户 20000

　贷：清算资金往来 20000

收报经办行的处理

收报经办行设置的会计科目与发报经办行相同，当收到收报清算行传输来的贷方汇划业务信息时（或划收信息），会计分录为：

借：清算资金往来

　贷：××科目

【例 2-5-19】收到清算行贷方汇划业务信息，金额为 6000 元，收款人为纺织厂，会计分录为：

借：清算资金往来 6000

　贷：吸收存款——活期存款——纺织厂 6000

当收到收报清算行传输来的借方汇划业务信息时（或划付信息），则会计分录方向相反。

【知识链接】

联行复核员兼系统管理员盗取联行资金案

1996 年 12 月 20 日至 2003 年 2 月 19 日，农业银行某支行营业部联行复核员王某采取虚增联行汇差资金，然后通过虚发电子汇兑往账并从中取现的方法，盗用联行资金 2890 万元。尽管公安机关在抓获案犯后为银行追回赃款 1300 余万元，但该案件最终仍然导致银行直接损失 1590 万元。王某作案的手法主要有四种：

1. 以虚发全国和省辖电子汇兑往账，人为造成收款人账号有误、无此收款行等原因让收报行退汇，使虚发往账变成真实来账，然后通过储蓄所往来和同城票据交换到其他银行提取现金。为平衡账务，其又虚发全国和省辖电子汇兑往账借方报单，作虚假解付银行汇票，被收报行以无此汇票退回后又向其他行虚发往账借报，如此反复不断以平衡联行账务。

2. 利用虚增"电子汇兑汇差"科目应付汇差和全国及省辖电子汇兑往来科目借贷方发生额，以全国或省辖电子汇兑往来账将款项汇出，又人为采取无此收款单位或用查询要求收报行退汇，再通过同城票据交换到其他行。

3. 采用把真实往账业务在电子汇兑系统做完合成后不发送，打印出真实的往告表和往账业务清单送记账员签章后作为档案保管。然后在电子汇兑系统虚发往账再合成后发送（不再打印含虚发往账的往账报告表和往账业务清单），次日清算汇差时在"电子汇兑汇差"科目增加虚发金额的应付汇差手段作案。

4. 由于银行计算机联行系统换代,为掩盖真虚增的联行应付汇差资金,以便顺利切换,擅自填制一份银行特种转账传票将“电子汇兑汇差”科目虚增资金和正常的汇差转入另一科目,待系统切换后又用特转将资金转回。

原因分析:

1. 银行严重违规设置联行岗位。银行未严格执行对联行系统管理员不得参与办理联行业务的规定。

2. 联行记账员不履行岗位职责,记账员密码形同虚设。银行营业联行记账员不按操作规程认真审查凭证,报单录入未经审核;记账员除每人录入正常的往账业务外,本应由记账员打印的往账报告表也由王某打印,并未对王某打印往账凭证与汇划凭证的有关内容是否一致进行审查;办理借记、贷记业务未按规定填制相关凭证;往、来账务处理未按要求进行;未履行汇差轧计以及查询查复工作职责,致使电子汇兑系统汇划联行资金没有做到以真实、合法、有效的原始凭证为依据。特别是记账员对其操作密码不仅没有定期更换,而且未对密码进行严格保密,致使王某通过联行记账员密码虚发往账业务。

3. 编押员严重失职,银行营业部联行编押员没有依据原始凭证进行编押,不仅对照计算机屏幕进行编押,没有审核凭证,失去了对电子汇兑业务的有效控制。这样,使用某盗用记账员密码虚发的往账业务得以具备完整的手续,并成为真实的数据信息进入联行清算系统。

4. 同城票据交换严重失职。银行票据交换员对王某提出的漏洞百出的票据不询问、不审查、不报告,一律放行,致使王某将对方行退回的虚假汇兑业务凭证通过同城票据交换提出后取现。

5. 营业部坐班主任严重失职。银行营业坐班主任没有履行工作职责,没有发挥有效监督作用:对联行经办员受理凭证来源的合法性、账务处理的合规性失于监督;未审查往账报告表的期初余额与上期期末余额是否一致。

6. 业务主管部门监管不落实。银行财会及有关部门对电子汇兑汇差科目余额的真实性、合理性进行常规分析不落实;对辖内汇差资金管理失控该营业部汇差清算资金未分设上、下年度账户进行控制,对营业部摆放的汇差科目余额过大没有引起重视,没有及时查清原因。

7. 重要岗位人员的岗位轮换不落实、思想教育不到位,致使管理失控。这些因素是导致王某长期作案而未被发现的重要原因。

反思与对策:

1. 建立与健全内部管理制度。

2. 加强政治思想教育。

3. 强化监督机制。

4. 强化内部机制和社会监督。

【项目小结】

联行往来是金融机构往来的组成部分,是同一银行系统内有关机构之间的资金和账务往来,是实现银行之间资金划拨的工具。随着经济的发展对银行资金划拨要求的提高以及电子通信技术的发展,各银行的联行往来不断改革,在划拨资金的规模、速度等方面较好地满足了社会需求。目前,各商业银行的联行往来做法有一定差别。

【课堂讨论】

1. 什么是联行及联行往来?

2. 简述联行往来的业务范围。

3. 简述联行往来电子汇划与清算业务的会计核算要求。

【项目训练】

习题一

（一）目的：练习手工全国联往来日常业务核算

（二）资料：工商银行海南省分行发生下列经济业务

1. 收到全国联行往来借方报单及所附信汇凭证，汇款金额为22000元，收款人为开户单位振华公司，经审核无误，办理转账。

2. 开户单位机械厂持一张面额为50000元，实际结算金额为48000元的银行汇票及两联进账单来行办理转账，银行汇票的签发行为山西大同支行，经审核无误，办理进账手续并划转款项。

3. 前办理贴现业务收入的面额为60000元的银行承兑汇票今到期，向承兑行北京市分行办理款项托收手续。

4. 收到杭州分行寄来委托收款凭证及商业承兑汇票各一份。金额为13800元，经审核无误，为开户单位机电公司办理转账支付手续。

5. 收到沈阳分行寄来的邮划贷方报单及信汇凭证三、四联，金额为20000元，经审查收款人为浙江分行开户单位金海公司，按规定留下报单，办理划转附件给浙江分行的手续。

要求：编制相关行处的会计分录。

习题二

（一）目的：练习联行汇差资金清算的核算

（二）资料：工商银行海南省分行发生下列经济业务：

1. 某支行当天联行往账借方发生额为150000元，贷方发生额为120000元，联行来账借方发生额为110000元，贷方发生额为40000元。

2. 某支行营业终了计算出当日应收汇差资金为130000元，办理划拨。

3. 某分行所辖甲、乙、丙各支行划来联行汇差资金情况如下：其中甲应收汇差100000元，乙应付汇差130000元，丙应收汇差55000元。汇总轧差后上划总行。

4. 承上题，总行收到分行划来汇差资金，办理转账。

要求：

1. 列出必要的算式。

2. 编制相关行处的会计分录。

项目六

金融机构往来核算

【项目目标】

为了完成本项目2个任务，你需要学习：

中央银行的业务范围、地位和作用

金融机构往来业务核算科目和账务处理方法

同业往来业务账务处理流程

【项目安排】

项目导入
相关知识
知识链接
项目小结
课堂讨论
项目训练

【技能目标】

通过完成本项目2个任务的实践(训),你应该能够:
初识金融机构往来业务的种类、科目设置和账户使用
掌握现代化支付系统核算和账务处理程序
熟练掌握同业往来业务的核算程序

【核心技能】

掌握中央银行往来业务核算与管理
掌握现代化支付系统的核算与管理
掌握同业往来业务的核算与管理
掌握同城票据交换业务的核算和管理

项目导入

现在人们已经不愿意携带大量现金去购物,而更习惯于采取刷卡的方式进行消费,比如超市购物、买家电、买车、购房等。我们在商家的POS机上刷卡的时候,我们所持有的银行卡账户上的资金直接转入到了商家的开户行账户中。而我们所持的银行卡和商家的开户行并不一定是同一个银行,很可能是不同的银行甚至是不同地区的不同银行。

我们作为消费者,只需要刷卡付账,买完东西就走,并不去关心不同银行之间的资金结算的问题。同学们知道这种在不同银行之间的资金清算是怎么进行的吗?其中又有些什么手续和规定呢?

相关知识

任务17　掌握中国人民银行往来业务核算

知识要点:中央银行大额支付系统的特点

商业银行大额与小额款项的区别就在于,商业银行系统内50万元及以上或者商业银行跨系统10万元及以上的款项划拨属于大额款项,要通过中央银行转汇和清算资金。小额划拨则可通过系统内联行和同业往来核算。

商业银行通过中央银行转汇和清算的大额款项划拨也有“先横后直”、“先直后横”和“先直后横再直”三种方式。

金融机构往来主要包括两部分内容：一是金融业中的各商业银行、非银行金融机构之间由于资金划拨、融通或相互代理货币结算而发生的各类往来业务；二是金融机构与人民银行之间发生的各种资金划拨、清算业务。商业银行与人民银行往来的核算，主要包括向中国人民银行支取和缴存现金、缴存存款、借款、同城票据交换和现代化支付系统的核算。

一、商业银行存取现金和缴存存款核算

1. 账户的设置

（1）“存放中央银行款项”，是资产类账户，用以核算商业银行缴存中央银行的法定准备金存款和超额准备金存款，增加在中央银行存款时记入借方，减少在中央银行存款时记入贷方，余额在借方，表示商业银行存放在中央银行的款项余额。

（2）“缴存中央银行财政性存款”，是资产类账户，用以核算商业银行向人民银行缴存的财政性存款，向人民银行缴存时记入借方，从人民银行退回时记入贷方，余额在借方，表示向人民银行缴存财政性存款的结余数。

（3）“缴存中央银行一般性存款”，是资产类账户，用以核算商业银行向人民银行缴存的一般性存款，向人民银行缴存时记入借方，从人民银行退回时记入贷方，余额在借方，表示向人民银行缴存一般性存款的结余数。

（4）“向中央银行借款”，是负债类账户，用以核算商业银行向中央银行借入款项的增减变化情况。向中央银行借入款项时记入贷方，向中央银行归还借款时记入借方，余额在贷方，表示向中央银行借入而尚未归还的借款。

2. 存取现金核算

人民银行与商业银行往来是通过在中央银行开立基本存款账户，通过这个账户进行资金流通。开立基本存款账户后，就可以办理现金的缴存或支取。

根据规定，商业银行需核定各行处业务库必须保留的现金限额，并报送中央银行发行库备案。当现金超过规定的库存现金限额时，需缴存中央银行发行库；当需用现金时，需签发现金支票到开户中央银行发行库提取。

办理现金缴存时，先办理业务库出库手续，并填制现金缴款单一式二联，连同现金一起交给中央银行发行库，清点无误后，中央银行加盖“现金收讫”章，见图 2－6－1。

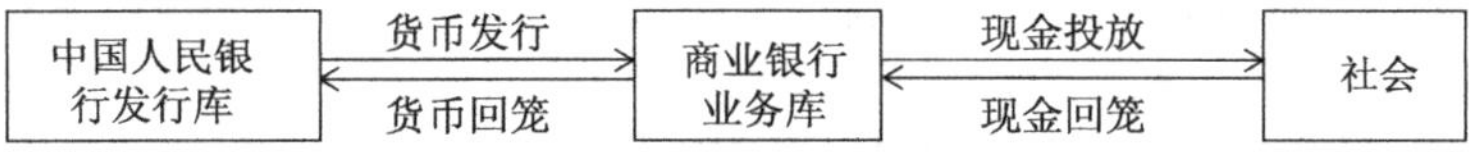

图 2－6－1　货币发行和货币回笼过程

商业银行的会计分录为：

借：存放中央银行款项

　　贷：库存现金

支取现金时，商业银行填制现金支票送交中央银行办理支取手续，分录为：

借：库存现金

　　贷：存放中央银行款项

3. 商业银行缴存存款的核算

商业银行缴存存款准备金是中央银行实施宏观调控的货币政策工具之一，是对金融企业进行监管的有效管理手段。商业银行和其他金融企业应按规定的比例向中央银行缴存存款准备金，包括法定存款准备金和超额存款准备金。

存款准备金制度是在中央银行体制下逐笔形成的，其主要作用是通过控制存款准备率，限制或扩张银行的派生性存款，调节银行的信用规模和货币供应量。对于商业银行来说，可以增强支付能力和资金后备力量。

(1)缴存存款的范围

缴存存款的范围主要是两类:财政性存款和一般性存款。

财政性存款主要包括:金融企业的分支机构代办的国库业务所吸收的中央预算收入、地方财政预算内外存款、待结算财政款项、地方金库款、代理发行国债等。

一般性存款主要包括:金融企业纳入法定存款准备金范围的存款，例如吸收的机关团体存款、财政预算外存款、个人储蓄存款、单位存款等。

(2)缴存存款的规定

①缴存比例。财政性存款和一般存款，相应的缴存比例是不同的。财政性存款属于中央银行集中掌握的信贷资金，商业银行不能占用，必须全部缴存中央银行，也就是说缴存比例为100%；一般性存款属于商业银行掌握和使用的资金。但中央银行为了控制信贷规模和派生存款，规定直接按存款总额的一定比例缴存法定存款准备金。这个比例央行可以根据宏观调控的比例进行调节。

②缴存的时间规定。商业银行向中央银行缴存存款的时间，除第一次按规定时间缴存外，城市分支行每旬调整一次，于旬后5日内办理；县支行及所属行处，每月调整一次，于月后8日内办理。最后一天进节假日顺延。

③缴存的方法。首先根据一般性存款、财政性存款的有关科目余额加计总数至角、分，再按缴存比例分别计算出应缴的存款额，缴存金额以千元为单位，千元以下四舍五入；然后查清已缴的存款额，将应缴的存款额与已缴的存款额进行比较，如应缴大于已缴，则为调增的数额，反之则调减。

调整缴存存款的金额起点为10万元。对财政性存款，应按每旬(月)增加或减少的实际数计算应缴存的数额；对于一般性存款，按增加或减少的总额，达10万元(含10万元)以上的进行调整，不足10万元的不做调整，但应在“交存款各科目余额表”或旬(月)末日计表中进行说明。

(3)缴存存款的核算

由于存在财政性存款和一般性存款的区别，相应的缴存存款也不同。

①缴存财政性存款

a. 调增或补缴。商业银行应缴存的财政性存款，由各级分支行直接向开户的人民银行缴存。各级分支行根据财政性存款科目的金额，填制“缴存(调整)财政性存款划拨凭证”一式四联。第一联作为贷方的记账凭证；第二联作为借方的记账凭证；第三、四联和一份应缴存财政性存款科目余额表送交人民银行，另一份应缴存财政性科目余额表作为“存放中央银行财政性存款”科目的记账凭证。

补缴财政性存款的会计分录为：

借:存放中央银行款项——存放中央银行财政性存款

　　贷:存放中央银行款项——存放中央银行存款

退缴则是相反的会计分录：

借:存放中央银行款项—存放中央银行存款

　　贷:存放中央银行款项—存放中央银行财政性存款

b. 存款不足，发生欠缴。当商业银行调整应缴存存款时，如果遇到在中央银行存款不足的情况，必须在规定的时间内及时筹集资金，办理调整缴存存款手续。若在规定的时间内不能调入资金，其不足支付的部分则构成欠缴存款。商业银行发生欠缴存款时，对本次实缴的部分按上述缴款的手续办理，但应将“缴存(调整)财政性存款划拨凭证”中的“本次应补缴金额”栏改为“本次能实缴金额”栏，并在备注栏中注明本次应缴金额和欠缴金额。实缴部分会计分录与调整补缴相同；

欠缴部分存款,另编制财政性存款欠缴凭证和表外科目存入传票,逐笔记入"待清算凭证"登记簿。欠缴凭证一式四联,各联用途与缴存凭证相同。表外会计分录如下:

收:待清算凭证—中央银行

然后将各科目余额表第三、四联划拨凭证和第三、四联欠缴凭证一并交中央银行;第一、二联欠缴凭证留存保管。

中央银行收到商业银行送来的本次实缴存款的划拨凭证和各科目余额表时,按正常的缴存手续办理分录与补缴时相同。对收到的欠缴凭证,应通过"待清算凭证"表外科目核算,记载登记簿,对欠缴凭证第三、四联妥善保管。

c. 扣收欠缴款和利息。当商业银行在中央银行存款有余额时,中央银行可以主动扣缴欠缴款。同时中央银行对商业银行的欠缴存款,应按规定处以0.4%的罚款,罚款的计算自旬后第5天或月后第8天起至欠款收回日的实际天数,算头不算尾。

商业银行在收到中央银行转来的有关扣收欠缴款的特种转账借贷方传票后,与原保存的欠缴凭证第一、二联一起办理转账,会计分录如下:

借:存款科目

　　贷:存放中央银行款项

借:营业外支出——罚款支出

　　贷:存放中央银行款项

转账后,填制"待清算凭证"表外科目付出传票,会计分录为:

付:待清算凭证——中央银行

②缴存一般性存款的核算

商业银行按规定的时间缴存一般性存款时,首先按有关账户余额填制"缴存(调整)一般性存款科目余额表"一式两份,再规定比例计算应缴存的金额,填写"缴存(调整)一般性存款划拨凭证"一式四联,以第一联为贷方传票,第二联为借方传票。调增或补缴的会计分录为:

借:存放中央银行款项——存放中央银行一般性存款

　　贷:存放中央银行款项——存放中央银行存款

调减或退缴时的分录相反。转账后,商业银行将缴存款划拨凭证第三、四联连同缴存款科目余额表一份一起交人民银行。人民银行收到商业银行交来的划拨凭证和缴存款科目余额表审核无误后,以第三、四联分别为转账借、贷方凭证:

借:××银行准备金存款——××商业银行

　　贷:××银行缴来一般性存款

二、再贷款业务核算

再贷款是商业银行重要的资金来源,是商业银行与央行往来核算的重要内容。

1. 再贷款的发放。商业银行向中央银行申请再贷款,填写再贷款申请书。中央银行批准后,商业银行会计部门按照批准的再贷款申请书内容和资金调拨通知单填写借款凭证,提交中央银行。中央银行的会计部门做如下分录:

借:××银行贷款——某行贷款户

　　贷:××银行准备金存款

商业银行转账后,会计分录为:

借:存放中央银行款项

　　贷:向中央银行借款——××借款户

2. 贷款到期收回。再贷款到期,商业银行办理贷款归还手续,填制还款凭证。中央银行办理

转账后,会计分录为:

借:××银行准备金存款

贷:××银行贷款——某行贷款户

金融企业往来收入——金融企业利息收入户如果贷款到期,商业银行主动办款手续,但只要其账户上有足够资金,中央银行会计部门在征得商业银行同意后主动填制特种转账借方、贷方传票办理转账收回贷款。

商业银行的会计分录为:

借:向中央银行借款——××借款户

金融企业往来支出——中央银行往来支出户

贷:存放中央银行款项

三、再贴现业务核算

再贴现是商业银行将已经贴现但尚未到期的商业汇票向中央银行贴付一定的利息所做的转让,目的是为了提前取得票款,以解决商业银行资金周转的不足。

1. 账户设置

再贴现期限一般为6个月。再贴现在中央银行是以"再贴现"科目核算,按各商业银行开立账户;商业银行则在"票据融资"科目下开立再贴现户。票据融资是商业银行的负债类科目,用来核算银行用贴人的未到期商业票据向央行办理再贴现和向其他商业银行办理转贴现而获得的现金。"票据融资"科目下有再贴现和转贴现两个明细科目。我们这里只谈与中央银行的再贴现。

2. 再贴现利息计算

与其他贷款不同,再贴现贷款要先扣除利息,将余额贷给商业银行。再贴现的金额为再贴现汇票金额减去再贴现利息。再贴现利息的计算公式如下:

再贴现利息 = 再贴现汇票金额 × 再贴现天数 × 再贴现日利率

由于再贴现是按天数计算的,所以相应的利率也应该是日利率。如果给定的是再贴现的年利率,要将年利率除以360得出日利率。

3. 再贴现的核算

(1)再贴现贷款发放。商业银行申请再贴现时,填制再贴现凭证。央行会计部门审查再贴现凭证与所附汇票的面额、到期日等有关内容是否一致。审核无误后,按规定的再贴现利率计算出再贴现利息和实付再贴现金额办理转账。央行分录:

借:贴现资产——某行再贴现

贷:××银行准备金存款

金融企业往来收入——再贴现利息收入户

商业银行收到央行的再贴现凭证,即填制特种转账借方、贷方传票办理转账:

借:存放中央银行款项

金融企业往来支出——中央银行往来支出户

贷:票据融资——再贴现

(2)再贴现贷款的收回。再贴现汇票到期,中央银行填制特种转账借方、贷方传票,从申请再贴现的商业银行存款账户内收取票款。会计分录为:

借:××银行准备金存款

贷:贴现资产——某行再贴现

商业银行的会计分录为:

借:票据融产——再贴现

贷:存放中央银行款项

四、商业银行大额汇划款项核算

1. 汇入行和汇出行都是双设机构地区(先横后直)

双设机构是指同一地区有商业银行和中央银行机构。当甲地商业银行汇往乙地商业银行大额款项时,采用“先横后直”的方式,通过当时中央银行转汇。核算程序如图 2-6-2 所示。

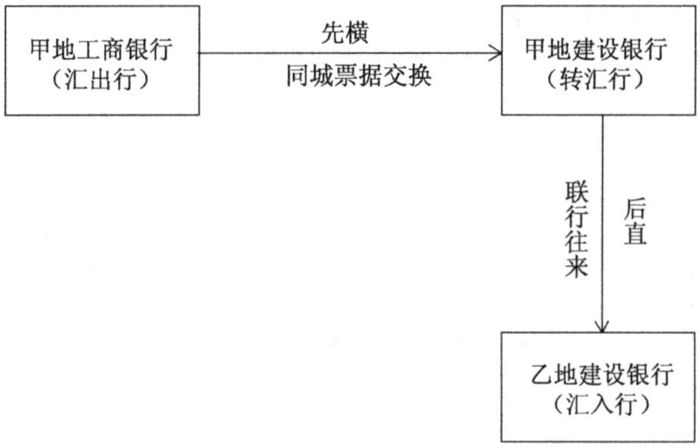

图 2-6-2 先横后直跨系统转汇流程

甲地商业银行会计分录为:

借:吸收存款——活期存款

　　贷:存放中央银行款项

甲地中央银行会计分录为:

借:××银行准备金存款(汇出行)

　　贷:联行科目

乙地中央银行会计分录为:

借:联行科目

　　贷:××银行准备金存款(汇入行)

乙地商业银行会计分录为:

借:存放中央银行款项

　　贷:吸收存款——活期存款

【例 2-6-1】 工商银行某分行营业部开户单位 A 商场要向中国银行某分行的开户单位 B 企业汇款 10 万元。汇划过程是,工商银行某分行营业部填写转汇清单和划款专用凭证,将款项划至中行某分行,再由中行某分行划至中行某分行。

工商银行某分行将款项划至中行某分行,会计分录如下:

借:吸收存款——活期存款——A 商场　　100000

　　贷:同业存放——中行　　100000

中行某分行转汇时,分录如下:

借:存放同业——工行　　100000

　　贷:联行科目　　100000

工行某分行收到款项,分录如下:

借:联行科目　　100000

贷:吸收存款——活期存款——B 企业　　100000

2. 汇出行为单设机构地区,汇入行在双设机构地区的转汇(先直后横)

汇出行为单设机构地区,汇入行在双设机构地区,其汇划款项的途径是先由汇出行将款项通过本系统联行转入汇入地联行,再由汇入地联行通过"同业存放"科目或同城票据交换,向跨系统的汇入行办理汇划和资金清算。核算程序如图 2-6-3 所示。

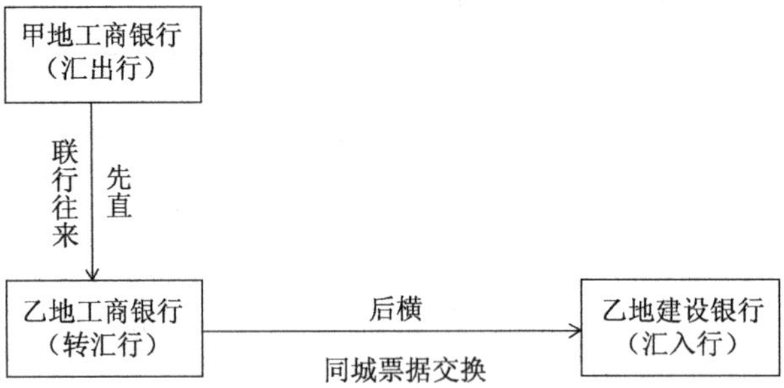

图 2-6-3　先直后横汇划过程

汇出行会计分录为:

借:吸收存款——活期存款(汇款单位户)

　贷:联行科目

代转行,即汇出行附近双设机构地区联行转汇,会计分录为:

借:联行科目

　贷:同业存放

转汇行,即双设机构地区的跨系统银行转汇,会计分录为:

借:存放同业

　贷:联行科目

汇入行会计分录为:

借:联行科目

　贷:吸收存款——活期存款一收款单位户

甲地 A 商业银行(汇入行)的会计分录为:

借:吸收存款——活期存款

　贷:联行科目

乙地 A 商业银行(系统内转汇行)会计分录为:

借:联行科目

　贷:存放中央银行款项

乙地中央银行会计分录为:

借:××银行准备金存款(乙地 A 商业银行)

　贷:××银行准备金存款(汇入行)

乙地 B 商业银行的会计分录为:

借:存放中央银行款项

　贷:吸收存款——活期存款

【例 2-6-2】　某县只有农行,开户单位 C 土产贸易公司要汇款给中国银行北京分行营业部的开户单位 D 进出口公司,金额为 10 万元。

某县农行办理进行联行划款时,会计分录如下:

借:吸收存款——活期存款——C 土产贸易公司　　100000

　　贷:联行科目　　100000

农行北京分行转汇时,会计分录如下:

借:联行科目　　100000

　　贷:同业存放——中行　　100000

汇入行中行北京分行做会计分录如下:

借:存放同业——农行　　100000

　　贷:吸收存款——活期存款——D 进出口公司　　100000

3. 汇出行和汇入行均在单设机构地区的核算(先直后横再直)

汇出行和汇入行均在单设机构地区,且两行为非同系统银行,发生款项汇划时,汇出行应将款项通过本系统联行划转附近双设机构地区联行,再由联行向同城的跨系统银行转汇及清算资金,然后再由该跨系统银行通过本系统联行将转汇款项划入本系统汇入地联行。汇划过程如图2 -6 -4所示。

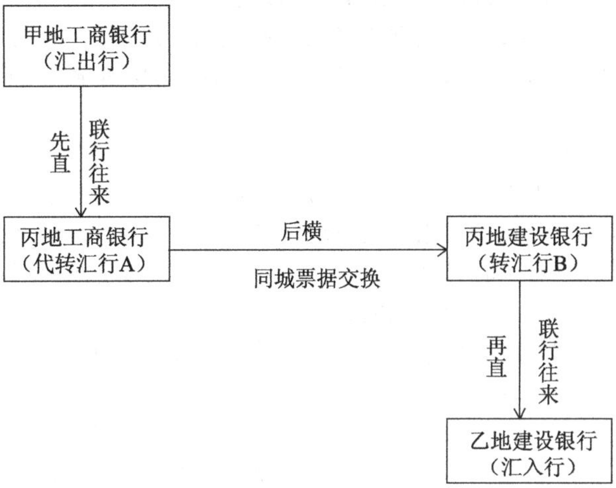

图 2 -6 -4　先直后横再直跨系统转汇流程

甲地 A 商业银行(汇出行)会计分录为:

借:吸收存款——活期存款

　　贷:联行科目

乙地 A 商业银行(转汇行)会计分录为:

借:联行科目

　　贷:存放中央银行款项

乙地中央银行会计分录为:

借:× ×银行准备金存款——汇出行系统内转汇行

　　贷:× ×银行准备金存款——汇入行系统内转汇行

乙地 B 商业银行会计分录为:

借:存放中央银行款项

　　贷:联行科目

丙地单设机构汇入行会计分录为:

借:联行科目

　　贷:吸收存款——活期存款

五、同城票据交换核算

金融企业往来中,很重要的一部分是同城票据交换。在同城的结算中,大量的与结算业务有关的收付款单位是在同城的不同行处开户。同城的银行之间业务往来交叉,业务量大,联系密切。如果每笔票据业务都采取逐笔送交对方行转账或逐笔清偿款项的话,必然使核算工作繁重,延缓凭证传递,也减缓了资金周转。因此,有必要在同城的各行之间的资金账务往来采取同城票据交换的办法,简化核算手续,加快凭证传递,缩短资金清算时间。在我国的各大、中城市建立了同城票据交换所,在交换所交换和清算相互之间的票据。

1. 同城票据交换的概念

同城票据交换是同一票据交换区内各行处之间相互代收、代付票据,每日按规定时间带到指定地点,集中进行交换,当场轧算的业务活动。这里所称的票据是指银行的全部会计凭证。同城票据交换业务,主要采用票据自动清分系统在同城票据清算中心进行资金清算。所谓的“同城”,在原来是局限于一个城市的范围,可以是直辖市也可以是县级市。但现在由于交通、计算机和网络的飞速发展、票据无纸化的应用,同城票据交换已经扩展到周边地区,由同城票据交换向“区域票据交换中心”转变。例如:京津票据交换区包括北京、天津、唐山等城市;上海票据交换区包括上海,还包括苏州等周边地区。

2. 同城票据交换的原理

我国现在的票据交换所由当地中央银行主办,各商业银行机构参加,每天各家银行机构派交换员按时参加票据交换。各行处在票据交换所当场提出票据和提回票据,并按轧抵后的差额清算。同城结算中,有时收款单位和付款单位在同一个行处开户,有时双方不在同一行处开户。在同一行处开户的结算业务,银行只要为收款和付款单位办理转账就行了,不涉及同一银行系统两个行处或者两家商业银行之间的账务往来,也就没有进行票据交换的必要。

不在同一行处开户的单位,银行为它们办理转账的同时,也必须进行银行之间的汇划往来和银行之间的资金清算。如果两个行处属同一银行系统,在票据交换后可以直接通过辖内联行系统清算差额,用填制报单的方式,记入辖内联行科目的借方或贷方,由管辖行负责清算;如果两个开户行是不同的银行系统,则资金清算是通过存放在中央银行的超额准备金账户进行清算,这种清算会引起资金增减变化。

3. 同城票据交换的基本做法

概括地说,同城票据交换的基本做法就是定时定点、集中交换、当场轧平、划转差额。中央银行各分支机构统一设立交换场所,规定统一的交换时间。参加清算的各行处需向中央银行申请,经批准并发给交换号码后才能参加交换。

票据交换分为提出行和提入行两个系统。向他行提出票据的是提出行;收回票据的是提入行。各行提入、提出的票据分为代收和代付两种类型。由分行开户单位付款,他行开户单位收款的各种结算凭证统称为代收票据;由分行开户单位收款、他行开户单位付款的各种结算凭证统称为代付票据。提出行提出代收票据和提入行提入代付票据表示为本行应付款项;提出行提出代付票据和提入行提入代收票据表示本行应收款项。在实际工作中,每个行处既要向他行提出票据,也要接受他行的票据。因此,每个行处既是提出行也是提入行,所以各行在每次交换中当场加计应

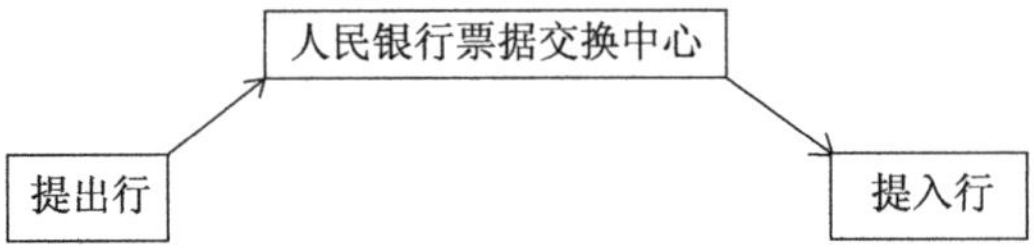

图 2-6-5　同城票据交换业务流程

收和应付款项并轧算出票据交换的应收或应付差额，由票据交换所汇总轧平各行处的应收、应付差额，转交中央银行办理转账和清算，如图 2－6－5 所示。

4. 票据提出行的处理

票据提出行将提出交换的票据，按代收票据和代付票据分别登记“代收票据交换登记簿”和“代付票据交换登记簿”，并加计出金额合计数。然后按提入行的交换号顺序整理，按各交换号汇总加计凭证张数和金额，填制“提出代收凭证计数单”和“提出代付凭证计数单”各一式两联，一联留存，另一联连同提出交换的代收、代付凭证送交票据交换所。另外，提出行将代收、代付计数通知单各自的笔数和金额加总，登记“清算总结表”中的“提出代收款”和“提出代付款”栏。经过上述处理后，在核对票据、计数通知单、登记簿和清算总结表一致的情况下，可以将清算总结表连同代收、代付计数通知单和提出的代收、代付票据由票据交换所进行定时交换。

(1)对提出的代收票据（贷方凭证），提出行的会计分录为：

借：吸收存款——活期存款——付款人户

　　贷：清算资金往来——同城票据清算

(2)对提出的代付票据（借方凭证），会计分录为：

借：清算资金往来——同城票据清算

　　贷：其他应付款——提出交换专户

退票时间过后，对他行未退回的代付票据为收款人进账，会计分录为：

借：其他应付款——提出交换专户

　　贷：吸收存款——活期存款——收款人户

对他行退回的代付票据，应将已退回的票据及其他有关凭证等退回收款人：

借：其他应付款——提出交换专户

　　贷：清算资金往来——同城票据清算

【例 2－6－3】 2008 年 2 月 20 日，工商银行海口支行收到本行开户单位中大五金电料厂交来的转账支票及三联进账单，出票人为中国银行南沙路支行开户的第一百货商场，支票金额为 120000 元。工商银行海口支行审核无误后，办理转账，会计分录为：

借：清算资金往来——同城票据清算　　　　120000

　　贷：其他应付款——中大五金电料厂　　　　120000

将二联进账单专夹保管，支票及时提出交换，当日交换后无退票：

借：其他应付款　　　　120000

　　贷：吸收存款——活期存款——中大五金电料厂　　　　120000

5. 票据提入行的处理

票据提入行在票据交换所提回本行票据时，将票据和通知单按应收和应付汇总加计票据笔数和金额，然后根据报告表中代收、代付合计数计算出差额。各家商业银行所属交换机构应根据差额，当场填制辖内报单清算系统内资金。各家商业银行的管辖行则于每场交换结束后，汇总所属各交换单位的交换差额报告表的数字，轧算出汇总的差额，填制交换差额表，集中由中央银行清算资金。

提入行根据提回的借方、贷方票据办理转账。

(1)对提回的代收票据（贷方票据），可以直接办理转账，会计分录为：

借：清算资金往来——同城票据清算

　　贷：吸收存款——活期存款——收款人户

如果因其他原因不能进账，应办理退票，会计分录为：

借：清算资金往来——同城票据清算

贷:其他应付款——退票专户

(2)对提回的代付票据(借方票据),若付款单位有足够的资金支付,则会计分录为:

借:吸收存款——活期存款——付款人户

贷:清算资金往来——同城票据清算

若付款单位账户资金不足支付或因票据要素错误无法办理支付,则应办理退票:

借:其他应收款——退票专户

贷:清算资金往来——同城票据清算

并将待退的票据专夹保管,以便下场交换时,退交原提出行。

【例2-6-4】 3月20日下午,工商银行海口支行当天交换提入一张支票,支票签发人为本行开户单位松江木材厂,在审核中发现密码有误,当即以电话通知退票,并填制退票理由书以备在下场交换时提出退票,当日会计分录为:

借:其他应收款	180000	
贷:清算资金往来——同城票据清算		180000

另按支票面额5%处以罚款,会计分录为:

借:吸收存款——活期存款——松江木材厂	9000	
贷:营业外收入——结算罚款收入		9000

3月21日,工商银行海口支行将退票及退票理由书于早场票据交换时提出:

借:清算资金往来——同城票据清算	180000	
贷:其他应收款——松江木材厂		180000

6. 票据清算轧差的处理

票据交换所中各行处的清算员首先将带来提出的应收、应付票据清算通知单和所附票据交给对方,然后再处理各行提交给本行的票据。提入行在处理完后,根据"清算总结表"中收入和付出栏轧算出差额,若收入大于付出,则为应收差额;若付出大于收入,则为应付差额。若本行为应收差额,则应向交换所填制中央银行存款账户的存款凭证。

应收金额 = 提出借方票据金额 + 提入贷方票据金额

应付金额 = 提出贷方票据金额 + 提入借方票据金额

如果应收金额大于应付金额,即为应收差额,反之为应付差额。每一个参加交换的银行要根据当天应收差额或应付差额进行资金清算。

各行交换员将已汇总的应收金额、应付金额及应收或应付差额与交换所打印的相应数据核对一致后,填写"同城票据清算划收(划付)专用转账凭证"一式四联。其中两联交票据交换所,另两联带回本行进行账务处理。

各行将提出、提入票据全部记入"同城票据清算"科目后,其余额应与本次通过人民银行划转存款的金额一致,应收、应付的方向也一致。然后根据带回"同城票据清算划收(划付)专用转账凭证"办理转账,结清"同城票据清算"科目余额。

①若本次交换为应付差额,会计分录为:

借:清算资金往来——同城票据清算

贷:存放中央银行款项

②若本次交换为应收差额,会计分录方向相反。

【例2-6-5】 工商银行海口支行第一场交换提出借方凭证金额合计为400000元,提出贷方凭证合计为100000元;提回借方凭证金额合计为600000元,提回贷方凭证金额合计为200000元,编制该行清算资金的分录。

该行应收金额合计 = 400000 + 200000 = 600000(元)

该行应付金额合计 = 100000 + 600000 = 700000(元)

应付差额 = 700000 - 600000 = 100000(元)

借:清算资金往来——同城票据清算　　100000

　贷:存放中央银行款项　　100000

【例 2-6-6】 见表 2-6-1。

表 2-6-1　票据交换账务核算实例

<table>
<tr><th colspan="2">交换行处
票据内容</th><th>中国工商银行</th><th>中国农业银行</th><th>中国建设银行</th></tr>
<tr><td colspan="2">本行应付票据</td><td>328000</td><td>312000</td><td>158000</td></tr>
<tr><td colspan="2">本行应收票据</td><td>215000</td><td>565000</td><td>18000</td></tr>
<tr><td rowspan="2">交换差额</td><td>应付差额</td><td>113000</td><td></td><td>140000</td></tr>
<tr><td>应收差额</td><td></td><td>253000</td><td></td></tr>
<tr><td colspan="2">各交换行会计分录</td><td>借:××存款　328000
　贷:××存款　215000
　　存放中央银行款项
　　113000</td><td>借:××存款　312000
　存放中央银行款项
　253000
　贷:××存款　565000</td><td>借:××存款　158000
　贷:××存款　18000
　　存放中央银行款项
　　140000</td></tr>
<tr><td colspan="2">人民银行会计分录</td><td colspan="3">借:中国工商银行存款　113000
　中国建设银行存款　140000
　贷:中国工商银行存款　253000</td></tr>
</table>

7. 退票的处理

(1)代收票据的退回

①提入行的处理。提入行提回的代收票据,因不能入账而发生退票时,应将其视同代收原来的提出行票据,于下次清算交换提出。如果当天不能退回,应先转入"其他应付款"科目核算,次日提出交换时,再从"其他应付款"科目中转出。

②提出行的处理。原提出行在收到退回的代收票据后,应查明原因,重新确定应提入的行处,于下次交换时提出。

(2)代付票据的退回

①提入行的处理。提入行退回的代付票据,由于各种原因不能转账时,应将其视同代付票据纳入下次清算交换退还给原提出行,并在退票时间以内,电话通知原提出行。如果当天不能退回,先转入"其他应收款"科目核算,次日提出交换时再从"其他应收款"科目予以冲销。

②提出行的处理。原提出行在接到电话退票后,应在票据交换登记簿中注明该笔退票原因,暂不办理转账手续。如果当天不能退回,则先通过"其他应付款"科目核算。次日退回票据时再从"其他应付款"中冲销。

六、中国现代化支付系统核算

下面,只对大额支付系统核算过程和方法进行介绍。

1. 大额支付系统核算

(1)业务流程

大额实时支付系统分为两级处理中心:国家处理中心和城市处理中心。一笔资金汇划业务顺次要涉及商业银行业务经办行(一般为支行)、商业银行管辖行(一般为省分行)、所在城市处理中心及国家处理中心等若干行处，其汇划信息传递流程：汇出地商业银行经办行将汇划信息划往省级分行，由省级分行通过本地处理中心转往国家处理中心，国家处理中心再将汇划信息通过汇入地处理中心转往汇入地省级分行，最后划往汇入地商业银行经办行，如图 2－6－6 所示。

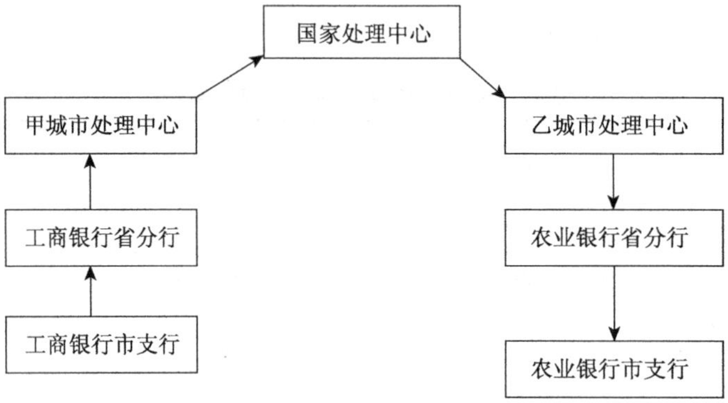

图 2－6－6　大额实时支付系统业务处理流程

（2）会计核算

汇出地商业银行经办行与所属省分行之间通过“系统内资金往来”科目核算资金账务往来，该科目属资产负债共同类会计科目。以贷方业务为例，汇出地商业银行经办行贷记该科目，汇出地商业银行省分行借记该科目，汇入地商业银行省分行借记该科目，汇入地商业银行经办行贷记该科目。

各地省分行之间通过“存放中央银行款项”账户完成资金清算。该科目属资产类账户。以贷方业务为例，汇出地省分行贷记该账户，汇入地省分行借记该科目。

①汇出地商业银行的处理

a. 以贷记业务为例，汇出地商业银行经办行会计分录为：

借：吸收存款——活期存款——××存款单位

　贷：系统内资金往来

如果是借方业务，则会计分录方向相反。

【例 2－6－7】　建设银行某支行受理开户单位购物中心提交的汇款凭证，金额为 1000000 元，要求将资金汇往异地某农行开户的服装厂，会计分录为：

借：吸收存款——活期存款——购物中心　　1000000

　贷：系统内资金往来　　1000000

b. 以贷方业务为例，汇出地商业银行省级分行会计分录为：

借：系统内资金往来

　贷：存放中央银行款项

如果是借方业务，则会计分录方向相反。

【例 2－6－8】沿用**【例 2－6－7】**　的资料，其省级分行收到汇划信息后，会计分录为：

借：系统内资金往来　　1000000

　贷：存放中央银行款项　　1000000

②汇入地商业银行的处理

a. 以贷方业务为例，汇入地商业银行省分行会计分录为：

借：存放中央银行款项

　贷：系统内资金往来

如是借方业务,会计分录方向相反。

【例2-6-9】沿用**【例2-6-7】** 的资料,汇入地农业银行省分行收到国家处理中心转来的资金汇划信息,金额1000000元,收款人为所属某支行开户单位服装厂,分录为:

借:存放中央银行款项　　1000000

　　贷:系统内资金往来　　1000000

b. 以贷方业务为例,汇入地商业银行经办行会计分录为:

借:系统内资金往来

　　贷:吸收存款——活期存款——服装厂

如是借方业务,会计分录方向相反。

【例2-6-10】沿用**【例2-6-7】** 资料,服装厂开户行即建行某支行收到资金汇划信息后,审核无误,办理转账,会计分录为:

借:系统内资金往来　　1000000

　　贷:吸收存款——活期存款——服装厂　　1000000

相关知识

任务18 掌握同业往来业务核算

知识要点:同业往来业务的核算

同业往来是指各商业银行之间由于办理同城结算、异地跨系统汇划款项、相互拆借资金等业务而引起的资金账务往来。同业往来是社会资金周转不可缺少的重要组成部分,也反映了各商业银行相互间的合作关系。其内容包括跨系统转汇、同业拆借等。

一、同业往来核算主要会计科目

(1)"存放中央银行款项"科目。本科目属于资产类科目,用于核算金融企业存放在中国人民银行的各种款项,包括业务资金的调拨、办理同城票据交换和异地跨系统资金汇划、提取或缴存现金等。金融企业缴存的法定存款准备金和超额准备金在本科目核算。该科目的期末借方余额,反映金融企业存放在央行的各种款项。

(2)"存放同业"科目。本科目属于资产类科目,用于核算金融企业存放于境内外银行和非银行金融机构的款项。本科目可以按存放款项的性质和存放的金融机构进行明细核算。期末借方余额反映金融企业存放在同业的各种款项。

(3)"拆出资金"科目。本科目属于资产类科目,核算金融企业拆借给境内外其他金融机构的款项。本科目可以按拆放的金融机构进行明细核算。期末借方余额反映金融企业按规定拆放给其他金融机构的款项。

(4)"贴现资产"科目。本科目属于资产类科目,商业银行买入他行票据或贴现企业的商业汇票后,因融通资金的需要,可在符合有关规定的前提下,将这部分票据再转卖给其他商业银行或中央银行,即向其他商业银行办理票据的转贴现或向中央银行办理票据的再贴现。这类业务在商业银行一般通过"贴现"或"票据融资"等科目进行核算。

(5)"向中央银行借款"科目。该科目属于负债类科目,可以按借款性质进行明细核算。商业银行从中央银行融通资金,除了向中央银行办理再贴现外,还可以向中央银行借款,这类借款一般以"向中央银行借款"科目进行核算。期末贷方余额反映金融企业尚未归还中央银行借款的余额。

(6)"同业存放"科目。因业务往来需要,其他商业银行与金融机构也会有一部分资金存入本行,这类存款通常是活期存款,通常以"同业存放"科目进行核算。"同业存放"是负债类科目,与"存放同业"相对应。可以按存放金融企业进行明细核算。期末贷方余额反映金融企业吸收的同业存放款项。

(7)"拆入资金"科目。商业银行因资金需求,可向同业拆入资金,这类业务主要是为了资金融通,通常以"拆入资金"科目核算。该科目属负债类科目。

与"拆出资金"相对应,可按客户进行明细核算。期末贷方余额反映企业尚未归还的拆入资金余额。

二、同业往来核算

金融企业往来包括商业银行与中央银行往来、金融企业间异地跨系统转汇和同业拆借三方面。

(一)异地跨系统转汇核算

异地跨系统转汇的核算方法适用于商业银行跨系统汇划款项金额在10万元以下的同业往来。

会计科目主要有两个,即"存放同业"和"同业存放"。"存放同业"是资产类科目,核算银行间为了日常结算往来而存入他行的各项存款。"同业存放"是负债类科目,核算为了日常结算,其他银行存入本行的各项存款。

根据商业银行结构设置,具体可以分为三种转汇方式。

(1)汇出行为双设机构地区的转汇(先横后直)。

(2)汇出行为单设机构地区,汇入行在双设机构地区的转汇(先直后横)。

(3)汇出行和汇入行均在单设机构地区的核算(先直后横再直)。

(二)同业拆借核算

同业拆借是商业银行之间临时融通资金的一种短期资金借贷行为,主要用于解决清算票据交换差额、系统内调拨资金不及时引起的临时性资金不足。同业拆借的主体是经中央银行批准,并在工商行政管理机关登记注册的具有法人资格的银行和非银行金融企业。它既可以在中央银行组织的资金市场进行,也可以在同城或异地商业银行间进行,但资金必须经中央银行划拨,不能相互直接拆借。跨地区拆借资金必须报中央银行管辖分行批准,跨省拆借必须报总行审批。

同业拆借的期限一般以日拆为主,最长不得超过1个月,通常不得展期。拆借的利率不得超过央行规定的最高限。拆入和拆出的商业银行双方应商定金额、利率、期限等条件,并签订协议,双方共同履行。

1. 拆出资金的核算

在同业拆借中,拆借的拆入行和拆出行以及中央银行有各自不同的会计分录。

(1)拆出行的处理。拆出行以拆入行的借款借据为依据,向当地中央银行分支机构填交转账支票和进账单,并编制特种转账传票予以转账,见图2-6-4。其会计分录如下:

借:拆放同业——拆入行

　　贷:存放中央银行款项

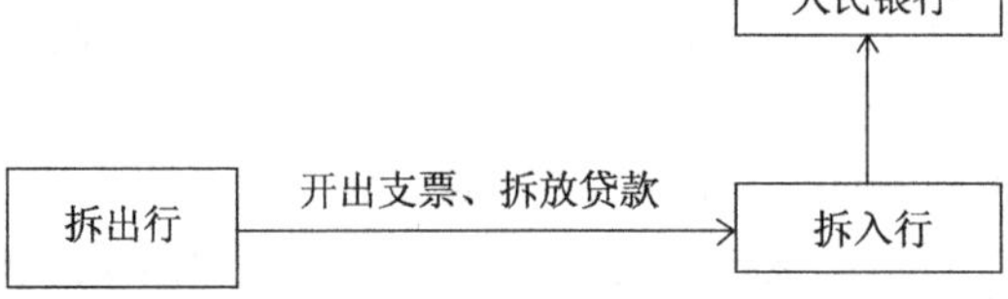

图2-6-7　拆出行拆放流程

(2)中央银行的处理。当地中央银行分支机构在收到拆出行送来的进账单和转账支票后,以此为转账凭证办理转账。转账后将回单转交拆入行。其会计分录如下:

借:××银行准备金存款——拆出行户

　　贷:××银行准备金存款——拆入行户

(3)拆入行的处理。拆入行根据进账回单,编制特种转账借方、贷方传票各一联,办理转账,见图2-6-8。其会计分录如下:

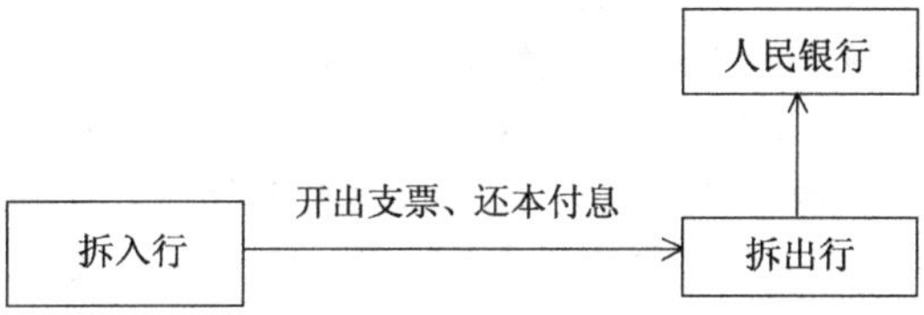

图2-6-8　拆入行还本付息流程

2. 拆借资金归还的处理

拆入行应按规定的利率计算利息,到期将本息一并归还拆出行。

(1)拆入行的处理。拆入行在借款到期后,按事先约定的利率计算利息,填制转账支票和进账单,送交当地中央银行。并按照进账回单联和支票存根联编制特种转账借方传票两联、贷方传票一联办理转账。其会计分录为:

借:同业拆入——拆出行

　　金融企业往来支出——同业拆借利息支出

　　贷:存放中央银行款项

(2)中央银行的处理。人民银行的分支机构在收到拆入行归还拆借款的进账单核转账支票后,以此为转账传票办理转账,转账后将进账单收账通知转交拆出行,会计分录为:

借:××银行准备金存款——拆入行

　　贷:××银行准备金存款——拆出行

(3)拆出行的处理。拆出行根据进账单收账通知联编制特种转账借方传票一联、贷方传票两联,办理转账,会计分录为:

借:存放中央银行款项

　　贷:拆放同业——拆入行

　　　　金融企业往来收入——同业拆借利息收入

【知识链接】

中国现代化支付系统概述

中国现代化支付系统(CNAPS)是中国人民银行按照我国支付清算需要,并利用现代计算机技术和通信网络自主开发建设的,能够高效、安全处理各银行办理的异地、同城各种支付业务及其资金清算和货币市场交易的资金清算的应用系统。它是各银行和货币市场的公共支付清算平台,是人民银行发挥其金融服务职能的重要的核心支持系统。中国人民银行通过建设现代化支付系统,将逐步形成一个以中国现代化支付系统为核心,商业银行行内系统为基础,各地同城票据交换所并存,支撑多种支付工具的应用和满足社会各种经济活动支付需要的中国支付清算体系。

为适应各类支付业务处理的需要,正在建设的现代化支付系统由大额实时支付系统(HVPS)和小额批量支付系统(HEPS)两个应用系统组成。

大额实时支付系统是中国现代化支付系统的重要组成部分，处理跨行同城和异地的金额在规定起点(10 万元以上)以上的大额贷记支付业务和紧急的小额贷记支付业务。大额支付系统实行逐笔实时处理，全额清算资金。建设大额支付系统的目的，就是为了给各银行和广大企业单位以及金融市场提供快速、高效、安全、可靠的支付清算服务，防范支付风险。同时，该系统对中央银行更加灵活、有效地实施货币政策具有重要作用。该系统处理同城和异地、商业银行跨行之间和行内的大额贷记及紧急的小额贷记支付业务，处理人民银行系统的贷记支付业务。

与大额实时支付系统相比，小额批量支付系统在一定时间内对多笔支付业务进行轧差处理，净额清算资金。建设小额批量支付系统的目的，是为社会提供低成本、大业务量的支付清算服务，支撑各种支付业务的使用，满足社会各种经济活动的需要。该系统处理同城和异地纸凭证截留的商业银行跨行之间的定期借记和定期贷记支付业务，中央银行会计和国库部门办理的借记支付业务，以及每笔金额在规定起点以下的小额贷记支付业务。小额批量支付系统采取批量发送支付指令，轧差净额清算资金。

【项目小结】

我国金融机构是以中央银行为核心、以商业银行为主体，其他金融机构并存的金融机构体系。银行往来业务是由于资金调拨、缴存存款、汇划款项和办理结算等业务而引起的各金融机构之间的相互代收、代付款项所发生的资金业务往来。其具体包括商业银行与中央银行的往来、同业往来和系统内往来等。

商业银行与中央银行往来是指各商业银行与中央银行之间因资金融通、调拨、汇划款项等引起的资金账务往来。商业银行与中央银行往来业务是非常广泛的，主要有商业银行向中央银行领取和缴存现金、按规定向中央银行缴存存款准备金、向中央银行申请再贷款和再贴现等。

同业往来是指金融企业之间由于办理跨系统结算、同业拆借等业务所引起的资金业务往来，主要有跨系统转汇和同业拆借等。

商业银行系统内往来是指系统内行处之间因日常结算、资金清算和经营管理需要而相互存放、缴纳等形式的资金账务往来。其主要表现在电子汇划、电子联行等业务。

【课堂讨论】

某行营业部副主任、主管会计姜某，利用职权之便，常亲自临柜受理业务，办理会计核算，亲自记账、结账，由此借机伪造汇款凭证、取款凭证，骗取联行资金，过后又篡改账务，以各级联行往来账科目和汇出汇款科目作掩盖，并互倒会计科目余额，以掩盖问题，后被发现，共盗用资金 36 笔，涉案金额达 179 万元。因年终进行全国账务核对，姜某自知不妙，先是畏罪潜逃，最终受到了应有的法律制裁。同时，银行有关失职人员受到了相应的纪律处分。

同学们请讨论：

1. 上述案件发生的原因在哪里？
2. 应如何改进？

【项目训练】

一、简答

1. 试述缴存存款的意义、范围和比例。
2. 什么是再贷款？试述再贷款的意义。
3. 什么是再贴现？试述再贴现的意义。
4. 简述大额支付系统的业务流程。
5. 同城票据交换时，作为提出行提出交换的代收、代付票据在会计核算上有什么不同？作为提入行提入代收、代付票据在会计核算上与提出行的处理有什么不同？

6. 商业银行跨系统相互转汇有哪几种情况？分别是如何处理的？

7. 什么是同业拆借？如何进行核算？

二、业务题

习题一

（一）目的：练习向中央银行缴存存款的核算

（二）资料：

工商银行海口支行有关各种存款账户期末余额合计数如下：

项　目	上期末余额	本期末余额	缴存比例
财政性存款	980000	1270000	100%
一般性存款	35001000	28600000	15%

要求：

1. 列出算式，计算本期应调整的两项缴存存款的金额。

2. 编制工商银行海口支行和中国人民银行相应的会计分录。

习题二

（一）目的：练习再贷款、再贴现业务的核算

（二）资料：

1. 2007 年 2 月 1 日工商银行海口支行向人民银行申请借款 5000000 元，期限 2 个月，月利率 2.925‰，4 月 1 日汇通银行归还贷款。按照逐笔计息的方法计算利息，并作出会计分录。

2. 2007 年 4 月 16 日工商银行海口支行向人民银行提交银行承兑汇票一份，申请再贴现。汇票面额 400000 元，3 月 1 日签发，3 月 25 日贴现，6 月 1 日到期，再贴现月利率为 2.745‰，人民银行同意办理再贴现。6 月 7 日向承兑申请人发出委托收款凭证，于 6 月 12 日收到汇票款。

要求：根据以上业务，计算利息并做出相关银行的会计分录。

习题三

（一）目的：大额支付系统的核算

（二）资料：

工商银行海口支行各行发生下列经济业务：

1. 受理开户单位购物中心提交的汇款凭证，金额为 2000000 元，要求将资金汇往异地某农业银行开户的服装厂。

2. 承上题，其省级分行收到汇划信息后，办理转账。

3. 汇入地中国工商银行省分行收到国家处理中心转来的资金汇划信息，金额为 6000000 元，收款人为本支行开户单位服装厂。

4. 承上题，服装厂开户行即本支行收到资金汇划信息后，审核无误，办理转账。

要求：编制相关会计分录。

项目七

外汇业务核算

【项目目标】

为了完成本项目 2 个任务,你需要学习:
外汇业务的概念、种类和特点
外汇买卖、存贷业务的核算
国际贸易结算业务的模式和核算

【项目安排】

项目导入
相关知识
知识链接
项目小结
课堂讨论
项目训练

【技能目标】

通过完成本项目 2 个任务的实践(训),你应该能够:
熟悉外汇买卖业务核算程序和账务处理
掌握外汇存贷业务的核算程序和账务处理
熟悉国际结算业务的核算程序和账务处理

【核心技能】

掌握国际结算业务的核算与管理要求
掌握外汇买卖业务会计核算程序和账务处理
掌握外汇存贷业务会计核算程序和账务处理

项目导入

现在,出国旅游对于人们来说已经不是一个新鲜词了,很多人都有过出国旅游的经历。出国旅游就要花钱,但是人民币并不能在国外旅游目的地流通,你用人民币付钱,人家也不收。一般人们在出国之前都要到银行兑换一点外币随身携带备用;也可以带上自己的银行卡,在境外兑换点兑换当地的货币;还可以直接刷卡消费,消费的外币金额将按一定汇率折算人民币加上一定的手续费从你的银行卡中直接扣除。

上述外币兑换和结算活动背后的银行业务手续是如何进行的?实际上外汇种类很多,业务范围也很广,具体有哪些程序和规定,你们了解吗?

相关知识

任务19　掌握外汇业务核算

知识要点:外汇业务的主要内容

目前,我国办理外汇业务的商业银行主要从事的外汇业务包括:外币存款、贷款,以及经中国人民银行批准的与外汇业务有关的本币存款、贷款;对外贸易和非贸易的国际结算;华侨汇款和其他国际汇兑;国际银行间的存款和贷款;外汇(包括外币)的买卖;国际黄金买卖;组织或参加国际银团贷款;根据国家授权,发行对外债券和其他有价证券;在外国和中国港澳等地区投资或合姿经营银行、财务公司或其他企业;国家许可和委托办理的其他外汇等。

一、了解外汇业务

外汇,就是外国货币或以外国货币表示的能用于国际结算的支付手段。我国1996年颁布的《外汇管理条例》第3条对外汇的具体内容作出了如下规定,外汇是指:①外国货币。包括纸币、铸币。②外币支付凭证。包括票据、银行的付款凭证、邮政储蓄凭证等。③外币有价证券。包括政府债券、公司债券、股票等。④特别提款权、欧洲货币单位。⑤其他外币计值的资产。外汇业务是工商银行重要业务之一,主要有代理外汇资金清算和外汇资金业务等。

1. 外汇业务的含义

外汇是国际汇兑(Foreign Exchange)的简称,有动态和静态两种含义:动态外汇是指外币兑换的行为,把一国币兑换成另一国币,用来清偿国际债务;静态的外汇则是指以外国货币表示的可以用于国际清偿和国际结算的支付手段和资产。外汇包括外国货币、外币有价证券、外币支付凭证、特殊债券以及其他外汇资金等。我国对外汇实行统一政策、集中管理的方针。国家设立外汇管理局,负责颁布外汇管理法规,管理外汇的收入与支出,公布外汇市场价格。国务院授权中国人民银行管理国家外汇业务。经中国人民银行核准各金融机构,在核准经营的范围内开展业务。

2. 外汇业务核算的特点

外汇业务是指以记账本位币以外的货币进行的款项收付、往来结算等业务。外汇业务的特点直接影响到作为反映和监督外汇业务的会计核算,使会计核算具有一定的特殊性。

(1)账务记载实行外汇分账制,又称原币记账法或多种货币制,是指经营外币的商业银行,采用原币为计量单位,对每种货币单位的收付,各设置一套明细账和总账,平时将所收到的外币,按照不同原币,分别填制凭证、记载账目、编制报表的一种特殊方法。目前我国商业银行对外汇业务的核算基本上都采用外汇分账制。

(2)设置特定"货币兑换"科目,依据复式记账原理,凡因外汇业务活动而发生的涉及两种或两种以上货币相互兑换时,必须通过"货币兑换"这个特定科目,在本币账和外币账上同时等值反映,既使本币账和有关外币账符合复式借贷原理,实现各自的平衡,又使外币资金活动与本币资金运用情况有机地紧密联系起来。

(3)联行、代理行往来账务关系的复杂性,在办理贸易和非贸易业务的国际结算中,既有各种外币资金结算,又有本币资金结算,既有国内联行、代理行和其他金融机构的资金结算,又有境外联行、代理行的资金结算。

(4)按国际惯例结算,外汇业务会计的另一个显著特点就是要受到国际惯例、通则的制约。

二、外汇买卖业务核算

(一)外汇买卖业务内容

商业银行的外汇买卖业务主要包括自营外汇买卖、代客外汇买卖和临柜业务中的结售汇等。

(1)结汇。我国对经常项目下的外汇收入实行结汇制。境内企事业单位、机关和社会团体按国家外汇管理政策的规定,将各类外汇收入按商业银行挂牌汇率结售给商业银行。商业银行购入外汇,付给人民币。

(2)售汇。境内企事业单位、机关和社会团体经常项目下的正常用汇,可以持有效凭证,用人民币到商业银行办理兑付。

(3)结售汇项下外汇/人民币平盘交易。商业银行为平盘结售汇敞口而进行的外汇/人民币买卖交易。按照我国现行外汇管理政策,国家对商业银行的结算周转外汇实行比例管理,各商业银行结算周转外汇的比例由中国人民银行根据其资产和外汇结算业务量核定。各商业银行持有超过其高限比例的结算周转外汇时,必须出售给其他商业银行或中国人民银行;持有的结算周转外汇降低到低限比例以下时,应及时从其他商业银行或中国人民银行购入补足。

(4)外币兑换,是指商业银行从个人手中买入外币付给人民币,或者收进人民币兑出外币。

(5)套汇。不同币种间没有直接的汇价,或者客户拥有的某种外汇与其支付所需要的币种不一致时,可以要求商业银行套算兑换。

(二)"货币兑换"科目的设置

"货币兑换"科目是外汇业务会计核算所特有的科目,它是联系外币账户和人民币账户的桥梁和纽带。在实际工作中,"货币兑换"通常仅指以外币兑换本币或以本币兑换外币这两种行为,而将用一种外币兑换成另一种外币的行为称为套汇。

1."货币兑换"科目性质

"货币兑换"科目属于资产负债共同类科目,为一级科目,核算商业银行间发生的外币买卖及兑换业务。当买入外汇时,借记有关科目(外币),贷记"货币兑换"科目(外币);相应付出本币时,借记"货币兑换"科目(本币),贷记有关科目(本币)。当卖出外汇时,借记"货币兑换"科目(外币),贷记有关科目(外币);相应借记有关科目(本币),贷记"货币兑换"科目(本币)。在填制会计凭证、编制会计分录、记载账务时,"外汇买卖"科目下外币和本币均应完整地加以反映。

分账货币在年终决算时,都要按决算日汇价折算为本币,与本币项下的"货币兑换"科目相比较计算汇兑损益,结转利润科目。发生汇兑收益,借记本科目,贷记"汇兑损益";发生亏损,借记"汇兑损益",贷记本科目。

2."货币兑换"科目凭证的使用

"货币兑换"科目的凭证主要有"货币兑换"科目借方凭证和"货币兑换"科目贷方凭证两种,凭证均为多联套写。其中主要的两联是"货币兑换"科目外币联和"货币兑换"科目本币联凭证。在结汇时,商业银行使用"货币兑换"科目贷方凭证;售汇时,使用"货币兑换"科目借方凭证。

3."货币兑换"科目账簿的设置

"货币兑换"科目设置总账和分户账两类账簿。"货币兑换"科目的分户账是一种特定格式的账簿,它把本币和外币金额记在同一张账页上,账簿格式由买入、卖出、结余三栏组成,买入、卖出栏内又各由外币、汇价和本币三栏组成。买入栏外币为贷方,本币为借方;卖出栏外币为借方,本币为贷方。结余栏则设借/贷外币,借/贷本币两栏。其格式如表2-7-1所示。

表 2 – 7 – 1　× ×行货币兑换科目账

货币：　　　　　　　　账户：

<table>
<tr><th colspan="2">年</th><th rowspan="3">摘要</th><th colspan="3">买　入</th><th colspan="3">卖　出</th><th colspan="4">结　余</th></tr>
<tr><th rowspan="2">月</th><th rowspan="2">日</th><th>外币(贷)</th><th rowspan="2">汇价</th><th>本币(借)</th><th>外币(借)</th><th rowspan="2">汇价</th><th>本币(贷)</th><th rowspan="2">借/贷</th><th>外　币</th><th rowspan="2">借/贷</th><th>本币</th></tr>
<tr><th>十亿位</th><th>十亿位</th><th>十亿位</th><th>十亿位</th><th>十亿位</th><th>十亿位</th></tr>
<tr><td></td><td></td><td></td><td></td><td></td><td></td><td></td><td></td><td></td><td></td><td></td><td></td><td></td></tr>
<tr><td></td><td></td><td></td><td></td><td></td><td></td><td></td><td></td><td></td><td></td><td></td><td></td><td></td></tr>
<tr><td></td><td></td><td></td><td></td><td></td><td></td><td></td><td></td><td></td><td></td><td></td><td></td><td></td></tr>
</table>

本币借方 = 买入外币(贷方) × 汇价

本币贷方 = 卖出外币(借方) × 汇价

如果买入外币大于卖出外币数，则外币结余以买入外币(贷)项数减去卖出外币(借)项数，余额为外币贷方结余数。本币则将买入外币本币(借)项数减去卖出外币本币(贷)项数，余额为本币借方结余数。结余额以外币与本币同时反映。由于“货币兑换”科目凭证是多联套写凭证，外币联与本币联内容相同，所以记账时凭“货币兑换”科目外币联凭证记账。

“货币兑换”科目总账用一般总账格式，按各币种分别设置。营业终了时，根据各个货币的“货币兑换”科目日结单借贷方发生额填记，然后根据上日余额加减本日发生额分别计算出本日余额，计入余额栏。

“货币兑换”科目的余额反映商业银行外币资金头寸余缺状况：商业银行检查某一外币资金余缺，只需看“货币兑换”科目余额在哪一方，如外币账户的余额在贷方，则表明该货币买入大于卖出，即为多头；如外币账户的余额在借方，则表明该外币卖出多于买入，即空头。商业银行对外币资金头寸的掌握，直接影响其风险损失的规避。

(三)外汇买卖业务账务处理

“货币兑换”科目进行核算与管理的外汇买卖业务主要包括：外汇结售汇、外币兑换、套汇、自营外汇买卖、结售汇项下外汇/本币平盘交易等。当商业银行发生上述外汇业务时，根据当时的汇率和业务类型编制相应的会计分录和填制凭证。

1. 结售汇核算

(1)买入外汇。即所谓结汇，包括结汇及外币兑本币业务。基本账务处理如下：

借：× ×科目(外币)

　　贷：货币兑换——汇(钞)买价(外币)

借：货币兑换——汇(钞)买价(本币)

　　贷：× ×科目(本币)

【例 2 – 7 – 1】 某人持 100 美元来银行兑换人民币。设业务发生时，美元现钞买入价为 USD100 = ¥691.39。其会计分录如下：

借：现金　　　　　　　　　　　　USD100

　　贷：货币兑换——钞买价　　　　　　　USD100

借：货币兑换——钞买价　　　　　¥691.39

　　贷：现金　　　　　　　　　　　　　　¥691.39

(2)卖出外汇。即所谓售汇，包括售汇及本币兑外币业务。基本账务处理如下：

借：× ×科目(本币)

贷:货币兑换——汇(钞)卖价(本币)

借:货币兑换—汇(钞)卖价(外币)

贷:××科目(外币)

【例2-7-2】 某外贸公司向商业银行购买10000美元支付进口货款。设业务发生时,美元汇卖价USD100=¥699.77。其会计分录如下:

借:××活期存款——某外贸公司户 ¥699.77

贷:货币兑换——汇卖价 ¥699.77

借:货币兑换——汇卖价 USD10000

贷:汇出汇款或有关科目 USD10000

若该外贸公司出口收汇,商业银行则发生结汇业务,当时美元汇买价为USD100=¥699.77。其会计分录如下:

借:汇出汇款或有关科目 USD10000

贷:货币兑换——汇买价 USD10000

借:货币兑换——汇买价 ¥699.77

贷:××活期存款——某外贸公司户 ¥699.77

2. 套汇的核算

套汇有两种具体情况:一是两种外币之间的套算,即一种外币兑换为另一种外币,必须通过人民币进行套汇,也就是先买入一种外币,按买入价折成人民币数额,再卖出另一种外币,把人民币数额按卖价折算为另一种外币。二是同种货币之间的套算,包括钞兑汇或汇兑钞,因为同一种外币体现在汇率上,现钞和现汇价值有所差异,所以也必须按套汇方法处理。

(1)两种外币之间的套算。套汇业务的基本账务处理如下:

借:××科目(A外币)

贷:货币兑换——汇(钞)买价(A外币)

借:货币兑换——汇(钞)买价(本币)

贷:货币兑换——汇(钞)卖价(本币)

借:货币兑换—汇(钞)卖价(B外币)

贷:××科目(B外币)

【例2-7-3】 某单位以其外汇美元存款申请汇往香港,以支付某客户货款港币10000元。设业务发生时,美元汇买价为USD100=¥696.97,港币汇卖价为HKD100=¥89.75。其会计分录如下:

借:××外汇活期存款——某单位户 USD1287.72

贷:货币兑换——汇买价 USD1287.72

借:货币兑换—汇买价 ¥8975

贷:货币兑换——汇卖价 ¥8975

借:货币兑换——汇买价 HKD10000

贷:汇出汇款 HKD10000

(2)同种货币之间的套算。套汇业务的基本处理如下:

借:××科目(A外币)

贷:货币兑换——汇(钞)买价(A外币)

借:货币兑换——汇(钞)买价(本币)

贷:货币兑换——汇(钞)卖价(A本币)

借:货币兑换——汇(钞)卖价(A外币)

贷：××科目(A外币)

【例2-7-4】 某港商持美元现钞USD1000要求汇往纽约。设业务发生时，美元钞买价为USD100=¥691.39，美元汇卖价为USD100=¥699.77。其会计分录如下：

借：现金　　USD1000
　贷：货币兑换——钞买价　　USD1000
借：货币兑换——钞买价　　¥699.77
　贷：货币兑换——汇卖价　　¥699.77
借：货币兑换——汇卖价　　USD988.02
　贷：汇出汇款　　USD988.02

(四)外汇存贷款业务核算

1. 外汇存款核算

外汇存款是商业银行外汇资金的主要来源之一，是商业银行以信用方式吸收的国内外单位和个人暂时闲置的并能自由兑换或在国际上获得偿付的外币资金。

(1)单位外汇存款的核算

单位外汇存款也称甲种外汇存款，凡在我国境内的机关、团体、企事业单位、部队以及业务经营中有外汇收付经商业银行同意开户的单位，均可开立该项存款。按存取期限方式不同，可分为活期和定期两种。根据存款对象不同，可开立现汇账户、外汇结算账户、外汇资本金账户、外汇贷款账户和还本付息账户等。所有存款对象只能开立现汇账户，不得开立外币现钞账户，以现钞存入或支取外币现钞时，应按要求进行外汇买卖。为便于单位外汇存款业务的会计核算，一般应设置“外汇活期存款”和“外汇定期存款”科目。

①存入的核算。

a. 以外币现钞存入。单位外汇存款一般为现汇账户，存入时应按存入日的现钞买入价和同货币现汇卖出价折算入账。其会计分录如下：

借：现金(外币)
　贷：货币兑换——钞买价(外币)
借：货币兑换——钞买价(本币)
　贷：货币兑换——汇卖价(本币)
借：货币兑换——汇卖价(外币)
　贷：××外汇活(定)期存款——××户(外币)

b. 直接以国外收汇或国内转汇存入。如存款单位以汇入原币存入，其会计分录如下：

借：汇入汇款或有关科目(外币)
　贷：××外汇活(定)期存款——××户(外币)

如汇入币种与存入币种不同时，则按当天两种外汇汇价套汇入账。其会计分录如下：

借：汇入汇款或有关科目(A外币)
　贷：货币兑换——汇买价(A外币)
借：货币兑换——汇买价(本币)
　贷：货币兑换——汇卖价(本币)
借：货币兑换——汇卖价(B外币)
　贷：××外汇活(定)期存款——××户(外币)

如境内机构转汇存入，其会计分录如下：

借：全国联行外汇往来(外币)
　贷：××外汇活(定)期存款——××户(外币)

②支取的核算。

a. 从现汇账户支取原币现钞时，经汇买钞卖套汇后，支取原币现钞。其会计分录如下：

借：××外汇活期存款——××户（A 外币）

　　贷：货币兑换——汇买价（A 外币）

借：货币兑换——汇买价（本币）

　　贷：货币兑换——汇卖价（本币）

借：货币兑换——汇卖价（B 外币）

　　贷：现金（A 外币）

b. 以原币汇往国外或国内异地时，其会计分录如下：

借：××外汇活期存款——××户（外币）

　　贷：汇出汇款等有关科目（外币）

凡汇款应按规定的收费标准计收等值本币手续费。

c. 支取货币与原存款货币不同时，经汇买汇卖套汇后办理。其会计分录如下：

借：××外汇活期存款——××户（A 外币）

　　贷：货币兑换——汇买价（A 外币）

借：货币兑换——汇买价（本币）

　　贷：货币兑换——汇卖价（本币）

借：货币兑换——汇卖价（B 外币）

　　贷：汇出汇款等有关科目（B 外币）

（2）个人外汇存款的核算

目前，商业银行根据对象不同开办的个人外汇存款包括乙种存款和丙种存款。

①乙种外汇存款的对象为居住在国外或港澳台地区的外国人、外籍华人、华侨、港澳台同胞、短期来华旅游者、居住在中国境内的驻华使领馆外交官、驻华代表机构外籍人员、外国专家学者、海员、留学生、实习生等外国人，以及按国家规定允许将外汇留存给居住在国内的中国人。

②丙种外汇存款（即境内居民外币定期存款）的对象为中国境内的居民，包括归侨、侨眷和港澳台同胞的亲属。

商业银行一般使用“个人外汇活期存款”和“个人外汇定期存款”科目核算乙、丙种存款。其账务处理基本与人民币存款业务及单位外汇存款业务相同。

【例 2-7-5】 客户××持外汇管理部门的批准证明，从其活期存款美元外汇账户支取 200 英镑的等值美元，申请用信汇方式汇往伦敦牛津大学以英镑交学费。客户按有关要求办妥汇款手续，交某商业银行审核无误后，办理汇出汇款。当天美元汇买价为 USD100 = ￥696.97，英镑汇卖价 GBP100 = ￥1399.35。其会计分录如下：

借：个人外汇活期存款——××户	USD401.55	
贷：货币兑换——汇买价		USD401.55
借：货币兑换——汇买价	￥2798.70	
贷：货布兑换——汇卖价		￥2798.70
借：货币兑换——汇卖价	GBP200	
贷：汇出汇款		GBP200
借：现金	￥27.99	
贷：手续费收入——结算手续费收入户（1%）		￥27.99

2. 外汇贷款核算

外汇贷款也称外汇放款，是商业银行外汇资金的主要运用形式。它是商业银行将外汇资金贷给具备贷款条件、需要外汇用款、能直接或间接创造外汇收入,并且有偿还能力的企业单位,以其外汇收入归还的一种贷款。外汇贷款种类较多,有现汇贷款、贸易融资(含进出口押汇、票据贴现、打包贷款)、买方信贷、银团贷款、外资贷款等。

外汇贷款的特点:借外汇还外汇,借什么货币还什么货币,收取原币利息,贷款使用的货币由借款人选择,汇率风险由借款人承担;实行浮动利率,计收承担费,利率按伦敦银行同业拆放利率加上商业银行管理费用计算得出,并不定期公布;借款单位必须具有外汇收入或其他外汇来源;贷款期限由提款期、宽限期、还款期组成;一般不发生派生存款,贷款发放是从贷款账户直接对外支付,不存在贷款转存款后对外支付,不会形成借款单位的派生性存款;政策性强、涉及面广、要求高。

(1)现汇贷款核算

现汇贷款是指企业根据业务需要采用信用证、托收或汇款等结算方式,在国际市场上采购适用商品,向商业银行申请的额度内外汇贷款或单笔外汇贷款。贷款到期,借款单位以外汇收入或其他外汇来源偿还本息。现汇贷款的核算主要包括贷款发放、计收利息、到期偿还三个环节。其主要通过"短(中)期外汇贷款"科目核算。

①贷款发放核算。直接使用贷款对外付汇,而不通过借款单位存款户。其会计分录如下:

借:短(中)期外汇贷款——××户(外币)

　　贷:存放国外同业或其他有关科目(外币)

若以非贷款货币对外付汇,其会计分录如下:

借:短(中)期外汇贷款——××户(贷款外币)

　　贷:货币兑换——汇买价(贷款货币)

借:货币兑换——汇买价(本币)

　　贷:货币兑换——汇卖价(本币)

借:货币兑换——汇卖价(支付货币)

　　贷:存放国外同业或其他有关科目(支付货币)

②现汇贷款计息及核算。外汇贷款的利率可以根据合同规定,采用浮动利率、固定利率和优惠利率。现汇贷款根据合同规定,按季或按月结息。结息时,应分别根据不同的贷款利率,算出结息期内共计应收利息,由商业银行填制"外汇贷款结息凭证"办理转账。结息期计收的利息,应区别不同情况进行处理。

借款单位以外汇存款偿还利息。其会计分录如下:

借:××外汇活期存款——××户(外币)

　　贷:利息收入——××贷款利息收入户(外币)

将利息转为贷款本金。其会计分录如下:

借:短(中)期外汇贷款——××户(外币)

　　贷:利息收入——××贷款利息收入户(外币)

借款单位不能主动偿还正常或逾期贷款利息,还本付息专户无足够余额时:

借:应收利息(外币)

　　贷:利息收入——××贷款利息收入户(外币)

借款单位付息时,其会计分录如下:

借:××外汇活期存款——××户(外币)

　　贷:应收利息(外币)

外汇贷款应收利息超过90天仍未收回的,以及呆滞、呆账贷款计提的应收未收利息,都不再纳入表内核算,而是通过表外"应收未收利息"科目核算:

收:应收未收利息——××借款人户(外币)

③现汇贷款偿还核算

借款单位用外汇存款偿还贷款本息。其会计分录如下：

借：××外汇活期——××户（外币）

　　贷：短（中）期外汇贷款——××户（外币）

利息收入——××贷款利息收入户（外币）

借款单位经批准用本币买汇偿还贷款本息。其会计分录如下：

借：××活期存款——××户（本币）

　　贷：货币兑换——汇卖价（本币）

借：货币兑换——汇卖价（外币）

　　贷：短（中）期外汇贷款——××户（外币）

利息收入——××贷款利息收入户（外币）

借款单位用非原贷款外汇存款偿还。其会计分录如下：

借：××外汇活期存款——××户（还款外币）

　　贷：货币兑换——汇买价（还款外币）

借：货币兑换——汇买价（本币）

　　贷：货币兑换——汇卖价（本币）

借：货币兑换——汇卖价（贷款外币）

　　贷：短（中）期外汇贷款——××户（贷款外币）

利息收入——××贷款利息收入户（贷款外币）

（2）买方信贷外汇贷款核算

买方信贷是出口国银行直接向买方或买方银行提供的贷款，用于向出口国购买技术和设备，解决买方一时筹集巨额资金的困难。买方信贷分为出口买方信贷和进口买方信贷。目前我国银行办理的主要是进口买方信贷，即从出口国银行取得并按需要转贷给国内借款单位使用的信贷。进口买方信贷是我国利用外资的重要形式。

买方信贷外汇贷款必须经出口国政府批准，签订贸易合同和贷款合同，用于购买支付出口国的货款、技术或劳务，贷款金额不得超过贸易合同金额的85%，其余15%由进口商以现汇支付定金，付定金才能使用贷款，分期按金额每半年还本付息一次。

买方信贷应包括对外签订协议、支付定金、使用贷款和收回贷款本息四个环节。分行采用“买方信贷外汇贷款”科目，总行采用“借入买方信贷款”科目核算。

①对外签订协议。商业银行总行根据国家的有关法规、政策与计划，统一对外谈判，签订买方信贷总协议，并通知各分行和有关部门，总协议下每个项目的具体信贷协议，或按贸易合同逐笔申请的贷款，由商业银行总行对外谈判签订，也可由商业银行总行授权分行谈判签订，分协议签订后，均由商业银行总行使用“买方信贷用款限额”表外科目核算，并登记“买方信贷用款限额登记簿”。其会计分录如下：

收：买方信贷用款限额（外币）

在使用贷款时，使用金额随时逐笔转销此表外科目。其会计分录如下：

付：买方信贷用款限额（外币）

②支付定金的核算。根据买方信贷的惯例，使用买方信贷外汇贷款前，一般要先付一定比例的定金。

a. 借款单位以本币购买外汇支付定金。其分录如下：

借：××活期存款——××户（本币）

　　贷：货币兑换——汇卖价（本币）

借:货币兑换——汇卖价(外币)

贷:存放国外同业或有关科目(外币)

b. 借款单位向商业银行申请现汇贷款支付定金。其会计分录如下:

借:短期外汇贷款——××户(外币)

贷:存放国外同业或有关科目(外币)

③使用贷款的核算。支用买方信贷对外付款有两种情况:

a. 进口单位无现汇,需取得买方信贷外汇贷款,到期时进口单位偿还贷款本息。

借:买方信贷外汇贷款——××户(外币)

贷:借入买方信贷款——××(外户)

同时冲销表外科目用款限额。

若进口单位与商业银行总行在异地,由辖属分行发放外汇贷款,其会计计分录如下:

借:买方信贷外汇贷款——××户(外币)

贷:全国联行外汇往来(外币)

商业银行总行收到其辖属分行发来报单后进行账务处理。其会计分录如下:

借:全国联行外汇往来(外币)

贷:借入买方信贷款——××户(外币)

同时冲销表外科目用款限额。

b. 进口单位有现汇,按正常手续向商业银行办理结汇,商业银行按规定收取结汇手续费,则由商业银行利用买方信贷资金,并承担买方信贷项下利息。

由商业银行总行办理结汇。其会计分录如下:

借:××活期存款户——××户(本币)

贷:货币兑换——汇卖价(本币)

借:货币兑换——汇卖价(外币)

贷:借入买方信贷款——××户(外币)

同时冲销表外科目用款限额。

由当地分行办理结汇。其会计分录如下:

借:××活期存款——××户(本币)

贷:货币兑换——汇卖价(本币)

借:货币兑换——汇卖价(外币)

贷:全国联行外汇往来(外币)

商业银行总行收到辖属分行发来的报单后进行账务处理。其会计分录如下:

借:全国联行外汇往来(外币)

贷:借入买方信贷款——××户(外币)

同时冲销表外用款限额。

④收回贷款本息的核算。贷款到期,由商业银行按照借款契约规定计算借款利息,并如期收回贷款本息。

a. 由商业银行总行负责偿还本息的核算。商业银行总行偿还国外借款利息:

借:利息支出——买方信贷外汇贷款利息支出户(外币)

贷:存放国外同业或有关科目(外币)

商业银行总行偿还本金。其会计分录如下:

借:借入买方信贷款——××户(外币)

贷:存放国外同业或有关科目(外币)

b. 单位偿还本息的核算。若进口单位取得了买方信贷外汇贷款,则在贷款到期时,商业银行应按时向借款单位收回本息。

借款单位在商业银行总行开户以人民币结汇偿还本息。其会计分录如下:

借:××活期存款——××户(本币)

　　贷:货币兑换——汇卖价(本币)

借:货币兑换——汇卖价(外币)

　　贷:买方信贷外汇贷款——××户(外币)

利息收入——买方信贷外汇贷款利息收入户(外币)

借款单位以外汇偿还。其会计分录如下:

借:××外汇活期存款——××户(外币)

　　贷:买方信贷外汇贷款——××户(外币)

利息收入——买方信贷外汇贷款利息收入户(外币)

如借款单位在分行开户,则通过"全国联行外汇往来"科目进行核算。

相关知识

任务 20　掌握国际结算业务核算

知识要点:国际汇兑业务的主要形式

国际汇兑是商业银行利用汇票和其他信用工具,通过联行或同业相互间款项的划拨代替现金运送,以清算处理在不同国家或地区间的买卖双方债权债务或款项授受的一种结算方式。其主要有信用证、托收、汇兑等形式。

一、国际汇兑业务核算

汇款方式按款项收付来划分,可分为汇出国外汇款和国外汇入汇款两种。商业银行办理汇出国外汇款业务,通过"汇出汇款"科目核算,办理汇入汇款业务,通过"汇入汇款"科目核算,签发旅行信用证,通过"开出旅行信用证"科目核算。

1. 汇出国外汇款的核算

汇出国外汇款,是银行接受汇款人的委托,以电汇、信汇、票汇的方式,将款项汇往国外收款人开户行的汇款方式。接受汇款人委托汇出款项的银行称为汇出行。汇出国外汇款,通常有电汇、信汇、票汇、旅行信用证和旅行支票五种形式。

(1)受理汇出汇款的核算。汇款人要求汇款时,应向银行提出申请,填制汇款申请书,按有关汇出汇款的管理规定提供相关部门核准件。经银行审核后,结合不同的汇款方式,计算业务手续费,填制不同的汇款凭证,办理汇出汇款手续。

①汇款人以现汇存款汇出。其会计分录如下:

借:××外汇活期存款——××户(外币)

　　贷:汇出汇款(外币)

借:现金或××活期存款——××户(本币)

　　贷:手续费收入——结算手续费收入户(本币)

②汇款人以本币购汇汇出。其会计分录如下:

借:××活期存款——××户(本币)

　　贷:手续费收入——结算手续费收入户(本币)

货币兑换——汇卖价(本币)
借:货币兑换——汇卖价(外币)
　贷:汇出汇款(外币)

(2)汇款解付后的核算。国外银行解付汇款后,将已解付汇款的借记报单寄回汇出行。汇出行在接到国外联行或代理行的借记报单时,即凭报单销账。其会计分录如下:

借:汇出汇款(外币)
　贷:存放国外同业或有关科目(外币)

【例2-7-6】 某包装进出口公司通过银行信汇给美国某商人 USD 1000,汇费费率为1%。设当天美元汇卖价为USD100 = ¥699.77。一周后,银行收到国外某代理行付讫借方报单,办理转账。其会计分录如下:

借:××活期存款——某包装公司	¥699.77	
贷:手续费收入——结算手续费收入户		¥20
货币兑换——汇卖价		¥699.77
借:货币兑换——汇卖价	USD1000	
贷:汇出汇款		USD1000

一周后,银行办理转账处理。其会计分录如下:

借:汇出汇款	USD1000	
贷:存放国外同业或有关科目——××代理行户		USD1000

旅行信用证通过"开出旅行信用证"科目核算,会计分录可参照汇出国外汇款办理,但在分录中将"汇出汇款"科目改为"开出旅行信用证"科目。

2. 国外汇入汇款的核算

国外汇入汇款是银行根据与国外联行、代理行约定,凭国外联行、代理行发出的电报或信汇委托书代为解付的汇款。国外汇入汇款常为汇交我国机关、企事业单位等的贸易或非贸易项下的款项,以及汇交个人和其他团体机构的非贸易汇款,包括华侨汇款、来华外宾、侨民、外交人员等汇款。出口贸易业务中的汇入款项,多为预收货款、来料加工费和罚金等。

(1)收到汇款资金头寸。

与汇出行直接开立账户往来或集中开户分散记账的分行,收到汇款资金头寸:

借:存放国外同业或有关科目(外币)
　贷:汇入汇款(外币)

对不实行分散记账的各行或汇出行在总行开立现汇账户的,汇入行收到汇款头寸时,通过"全国联行外汇往来"科目,随附存放国外同业等报单划总行。其会计分录如下:

借:全国联行外汇往来(外币)
　贷:汇入汇款(外币)

总行收到上划报单,会计分录如下:

借:存放国外同业或有关科目(外币)
　贷:全国联行外汇往来(外币)

(2)解付汇款。

解付汇款时,通过"货币兑换"科目办理结汇。其会计分录如下:

借:汇入汇款(外币)
　贷:货币兑换——汇买价(外币)
借:货币兑换——汇买价(本币)
　贷:××活期存款——××户(本币)

若汇款直接以外币转入有关单位或个人的外汇存款账户时，其会计分录如下：

借：汇入汇款（外币）

　　贷：××外汇活期存款——××户（外币）

【例2－7－7】 某银行收到日本东京银行代东洋航运公司电汇我外轮代理公司港口费用USD9000，授权借记该行在我总行开立的账户。

（1）经办行收到汇款通知。其会计分录如下：

借：全国联行外汇往来　　USD9000

　　贷：汇入汇款　　USD9000

总行收到上划报单。其会计分录如下：

借：全国联行外汇往来　　USD9000

　　贷：国外同业存款——日本东京银行户　　USD9000

（2）汇款解付，入收款人原币账户。其会许分录如下：

借：汇入汇款　　USD9000

　　贷：××外汇活期存款——某外轮代理公司户　　USD9000

如果银行收到汇款行寄来的以本行为付款行的票汇通知书后，经核对印鉴、密押及各项内容无误后，即先凭以转入“汇入汇款”科目，待持票人来行兑取。当持票人持已背书的汇票来行取款时，经验对印密押、有效期、付款金额各项内容无误，并与票汇通知书核对相符后，办理结汇。

二、托收业务核算

托收结算方式是由卖方开立汇票，委托出口地银行通过在国外的联行或代理行，向买方收取货款和劳务费用的一种结算方式。其基本特征是“收妥付汇，实收实付”。托收结算方式对委托人和付款人的资金风险不平衡，银行提供的融资也非常有限；但其运作的便利程度和支出成本小于信用证结算方式。

目前托收种类主要有光票托收和跟单托收两种。光票托收是卖方仅开立汇票而不附带任何货运单据，委托银行收取款项的一种托收；其主要用于非贸易结算。跟单托收是由卖方开立跟单汇票（即汇票连同一套货运单据）交给银行，委托银行代为收款的托收方式；其主要用于贸易货款的结算。

托收的结算程序包括出口商发货交单、出口地银行寄单托收、进口地银行提示单据、进口商承付或承兑、进口地银行付款或承兑交单偿付、出口地银行收妥结汇内容。

1. 出口托收业务核算

出口跟单托收结算方式，是出口商根据买卖双方签订贸易合同规定，在货物运出后，将有关货运单据和以进口商为付款人的汇票交给银行，由银行委托国外银行向进口商收取货款的一种结算方式。

（1）交单的处理和核算。出口商委托银行代收货款时，应备妥出口托收单据，填具“无证出口托收申请书”，连同出口单据一并送交银行办理托收。在托收申请书上应由申请人注明收款方式、交单条件和其他有关收款事项。银行审单后，根据申请书的要求，填制“出口托收委托书”，注明货款收妥后的处理方法，连同有关单据寄交国外代收银行委托收款。

银行在寄出托收委托书及有关单据时，为表示代表物权的单据已经寄出，而货款尚未收妥而对进出口各方的权责关系，应通过“应收出口托收款项”和“出口托收款项”对转科目进行核算，其会计分录如下：

借：应收出口托收款项（外币）

　　贷：出口托收款项（外币）

“应收出口托收款项”属资产类科目。凡受客户或银行同业委托,代向付款人收取贸易或非贸易项下款项用此科目。它反映托收银行对外所拥有收取票款的权益。

“出口托收款项”属负债类科目。凡受客户或银行同业委托,代向付款人收取贸易或非贸易项下款项,用此科目核算,它反映托收银行对出口商所负的责任。以上两个科目互为对转科目。

(2)收妥结汇核算。出口托收款项一律实行收妥结汇,国内托收银行接到国外代收银行收妥货款的报单或授权通知书后,与出口单位办理结汇。其会计分录如下:

借:出口托收款项(外币)

　　贷:应收出口托收款项(外币)

借:存放国外同业或有关科目(外币)

　　贷:货币兑换——汇卖价(外币)

借:货币兑换——汇卖价(本币)

　　贷:××活期存款——××户(本币)

如出口托收遇到国外拒付时,应核销上述对转科目。

2. 进口代收业务核算

进口代收结算方式是指国外出口商根据贸易合同规定,不通过开立信用证在货物发运后委托出口地银行寄单,通过进口地银行向进口商收取货款的一种结算方式。

(1)国外寄来进口代收单据处理。银行收到国外寄来的进口代收单据后,应将单据编列顺序号,并编制“进口代收单据通知书”,将汇票和单据连同进口代收通知书送进口商审核,请其确认付款。同时,填制有关凭证,进行账务处理。其会计分录如下:

借:应收进口代收款项(外币)

　　贷:进口代收款项(外币)

“应收进口代收款项”属资产类科目,凡代收银行收到进口代收单据,接受托收行委托代为向付款人收取款项时,用此科目核算,它反映代收行对付款拥有收取托收款项的权益。

“进口代收款项”属负债科目,凡代收银行收到进口代收单据,接受托收行委托代为向付款人收取款项时,用此科目核算,它反映代收行对委托人承担了付款的责任。

如进口商不同意承付,应提出部分拒付,在取得国外委托行同意后,按实际付款金额办理付款手续,并按部分付款的金额进行相应的转账。拒付时也应转销对转科目。

(2)进口单位确认付款,进口商审核同意承付后,将承付确认书交给银行,通知银行办理结汇并对外付款。远期汇票经进口商承兑后将已承兑汇票到期日通知国外委托行,待汇票到期日按即期付款手续处理。其会计分录如下:

借:××活期存款——××户(本币)

　　贷:货币兑换——汇卖价(本币)

借:货币兑换——汇卖价(外币)

　　贷:存放国外同业或有关科目(外币)

同时,转销对转科目,其会计分录如下:

借:进口代收款项(外币)

　　贷:应收进口代收款项(外币)

按照国际惯例,代收行应按规定费率计收进口代收手续费,此项费用若按规定由进口商负担的,当然向进口商计收,如委托书上没有明确由谁负担,则从收妥的进口代收款项中扣收等值外汇。出口商如有异议,由交易双方直接交涉,代收行不必过问。

进口代收款项收妥后,按托收委托书上规定的付款办法及付汇路线划入托收行。

三、信用证结算业务核算

信用证是开证银行根据开证申请人(进口商)的要求和指示向受益人(出口商)开立的一定金额,在一定期限内凭议付行寄来规定单据付款或承兑汇票的书面承诺,也是银行有条件保证付款的凭信。信用证结算方式是当前国际贸易结算的主要方式。它以银行信用为基础,以单据买卖为目的,使有关各方权责分明。开证银行的资信是检验这项保证的唯一因素,资力雄厚、信用良好的银行所开的信用证起到可靠的保证作用。因而,信用证是进口商进行国际贸易风险较小的一种结算工具。

信用证的特点是以银行信用保证代替商业信用保证,即开证银行以自己的信用作付款保证,承担第一性的、首要的付款责任。信用证是一项独立的保证文件,它虽以买卖双方交易合同为基础,但又不依附于交易合同,开证银行只对信用证负责。信用证业务处理的是代表货物所有权或证明货物已发运单据,而非货物,故信用证交易把合同的货物交易转变为只管单证是否相符的单据交易。银行对于信用证项下不能控制的一切事故免责,信用证主要是起保证作用和资金融通作用。

信用证的结算程序一般包括进口商申请开证,进口地银行开证,出口地银行通知信用证,出口商装货备单,出口银行议付、索汇、进口商赎单提货等内容。

1. 信用证项下出口业务核算

出口信用证结算是出口商根据国外进口商通过国外银行开来的信用证,按照合同条款规定,将出口单据送交国内银行,由银行办理审单议付,在向国外银行收取外汇后,对出口商办理结汇的一种结算方式。出口信用证结算方式的会计处理手续,主要包括信用证的受理与通知、交单议付、出口收结汇三个环节。

(1)受理与通知核算。银行接到国外开来的信用证时,首先应对开证银行的资信、资金实力、进口商的偿付能力和保证条款等进行全面审查,并明确表示信用证能否接受或如何修改。对有关贸易条款方面的问题由出口单位根据合同审查,如需修改,由出口单位与进口商联系。

信用证经审核无误后,即编制信用证通知流水号,并将信用证正本及时通知出口商,以便其备货出运。同时,根据信用证副本缮制"国外开来保证凭信"记录卡,并依据各联不同的作用分别处理。该过程未发生资金收付,但已在银行与进出口商之间形成了一种潜在的权责关系,为明确责任,应进行表外科目记录,其会计分录如下:

收:国外开来保证凭信(外币)

银行办理信用证通知后,应将信用证副本及"国外开来保证凭信"记录卡留底联归档严格保管,以后有关修改和使用情况,均需随时记录,以便查考。

"国外开来保证凭信"的表外科目,是用以核算境外联行及国外代理行开来委托国内银行代为通知各信用证受益人的保证凭信。该科目余额反映了一定时期银行经办出口结算业务的具体情况,是银行匡算待收外汇资金的依据,也是管理与监督出口商及时备货出运的手段。

如国外银行在开证时已预先汇入信用证项下部分或全部保证金,授权出口地银行在议付单据后进行扣抵,再在信用证留底及其他有关单证上详细记录,并通过"存入保证金"科目进行结算。其会计分录如下:

借:存放国外同业或有关科目(外币)

　　贷:存入保证金(外币)

出口商按信用证规定备妥出口单证,向银行交单议付时,即可使用保证金办理结汇,多退少补。

(2)交单议付核算。国外开证银行履行信用证的付款责任,是以信用证规定的条款为依据,以单证相符,单单一致为前提。出口商如同意接受国外开来的信用证,必须严格按照信用证规定条款办理,备妥一切单证,按期运出商品。

银行接受出口商送来办理议付的信用证和单据,应及时审核,要求单证相符、单单一致,以及单据内容正确完备,并经审核无误后,在信用证上批注议付日期及运输方式,并填制“出口寄单议付通知书”,销记表外科目。“出口寄单议付通知书”是银行出口收汇的索偿证书,也是出口收汇和结汇的主要业务凭证。其会计分录如下:

付:国外开来保证凭证(外币)

借:应收信用证出口款项(外币)

　　贷:代收信用证出口款项(外币)

“应收信用证出口款项”是资产类科目,凡出口商交来远(即)期信用证项下出口单证,经议付寄单时,用此科目核算,它反映议付行对国外付款银行所拥有的收取出口款项的权益。

“代收信用证出口款项”是负债类科目,凡议付行议付远(即)期信用证项下出口单证,经议付寄单时,用此科目核算,它反映议付行对出口商所负代收出口款项的责任。

以上两科目为对转科目。如信用证规定部分货款托收,或按信用证金额超额出口,在议付时,均需在“出口寄单议付通知书”上分别注明信用证议付金额,并另填制“出口托收委托书”,以便分别进行核算。

对在审单过程中发现的单据不符,银行应迅速向出口商反映,以便出口商及时与有关方面协商解决。

(3)出口收结汇核算。出口收结汇是银行办理出口信用证业务的最后环节,是议付行在议付单据或代为收妥出口款项后,按当日银行挂牌汇率。买入外汇,同时折算成相应的本币支付给出口商的结算过程。出口方议付行待接到国外银行付款入账的“已贷记”或“请借记”通知书,办理出口结汇手续。其会计分录如下:

借:代收信用证出口款项(外币)

　　贷:应收信用证出口款项(外币)

借:存放国外同业或有关科目(外币)

　　贷:××外汇活期存款——××户(外币)

如该出口商仅有本币账户,应按当日外汇牌价折成本币结汇入账。其会计分录如下:

借:存放国外同业或有关科目(外币)

　　贷:营业收入——国外银行费用收入户(外币)

借:货币兑换——汇买价(本币)

　　贷:××活期存款——××户(本币)

【例2-7-8】 某分行3月10日接到香港某联行开来即期信用证一份,购买服装,受益人为服装进出口公司,信用证金额为HKD 35000;4月6日公司将全套单据向某分行办理议付,单证相符;4月15日,分行收到香港某联行的贷记报单,办理结汇转账。设当天港币的买入价为HKD100 = ¥89.41,其会计分录如下:

3月10日收到信用证的核算:

收:国外开来保证凭信　　HKD35000

4月6日寄单索汇的核算:

付:国外开来保证凭信　　HKD35000

借:应收信用证出口款项　　HKD35000

　　贷:代收信用证出口款项　　HKD35000

4月15日收汇结汇的核算:

借:代收信用证出口款项　　HKD35000

贷:应收信用证出口款项　　HKD35000
借:港澳及国外联行往来——香港某联行户　　HKD35000
贷:货币兑换——汇买价　　HKD35000
借:货币兑换——汇买价　　¥31293.50
贷:××活期存款——某服装进出口公司户　　¥31293.50

2. 信用证项下进口业务核算

进口信用证结算是银行根据进口商申请开证的要求,向国外出口商(受益人)开立一定金额、在一定期限内按规定条件保证付款的信用证,凭国外寄来的按照信用证条款规定的单据,对国外付款,并向进口商办理结汇的一种结算方式。

进口信用证结算业务,主要包括开立信用证、修改信用证、审单与付款三个环节。银行开立信用证时要通过"应收开出信用证"与"开出信用证"两个科目进行核算,以反映银行开立信用证后对有关当事人间的责任关系。

(1)开立信用证核算。进口商和国外出口商签订贸易合同后,按照合同规定条件,填具"开立信用证申请书",并连同有关批件、证明一同交银行申请开立信用证。银行接到开证申请书及相关文件,应核实开证申请人是否在工商行政管理部门注册、具有法人资格、实行独立核算、有自营或代理进出口权、资信状况、偿债能力、进口货物的国内外市场情况、开证单位的经验素质,以及附属证明文件、进口合同和单据的真实性,经审核同意后,根据开证申请人的自身情况,酌情收取保证金,并选择信誉高、资本实力雄厚和经营能力强的国外银行作为代理行,签发信用证。信用证采用套写格式,一式数份。第一联为正本,其余各联均为副本。第一、二联通过国外联行或代理行转交国外出口商,第三联由开证行作信用证额度统计卡。第四、五联交进口商,通知进口商信用证已签发,其他数联代替凭证及信用证留底账卡等。

随着信用证的签发,银行对外承担了第一性付款责任。不论即期还是远期信用证,银行均对此办理相应的转账。其会计分录如下:

借:应收开出信用证(外币)
贷:开出信用证(外币)

"应收开出信用证"属资产类科目,凡开证行接受开证申请人申请而对外签发信用证后用此科目核算,它反映开证行对开证申请人拥有收取信用证所表明款项的权益。

"开出信用证"属负债类科目,凡开证行接受开证申请人的申请而对外签发信用证后用此科目核算,它反映开证行对受益人承担了保证付款的责任。

以上两科目为对转科目。为考核开证总量,更好地安排付款外汇资金头寸,科目数据必须保证准确。

(2)修改信用证核算。信用证开出后,如因情况变化,进口商提出修改信用证,银行应予同意,但需协助审核,如审核申请修改信用证号码、修改后的条款等;然后将修改条款通知国外代理或联行,转送国外出口商。如国外出口商要求修改原信用证,经进口商同意后,也可修改,并将修改内容分别与进出口双方及代理行联系,并在信用证留底账卡上加以批注。

如修改增额,其会计分录如下:

借:应收开出信用证(外币、增加额)
贷:开出信用证(外币、增加额)

如修改减额,其会计分录如下:

借:开出信用证(外币、减少额)
贷:应收开出信用证(外币、减少额)

(3)审单与付款核算。银行收到国外议付行寄来的单据后,应立即通知进口商,并与原信用证所要求的条款核对，做好收单审单工作。进口商提交海关申报单、涉外付汇申报单及外管局批文、付汇确认书，经银行审核确认付款后，由银行按信用证条款规定，在付款登记簿上详细登记信用证号码、付款日期、金额、账户行名称、寄单行名称及业务编号，办理付款或承兑，并对进口商办理结汇。

信用证付款方式，有即期付款和远期付款两种。

①即期付款信用证，包括以下几种形式。

a. 单到国内审单付款，即银行接到国外代理行寄来的单据后，立即送交进口商审核，并约定进口商于3日内通知银行对外结汇付款或提出拒付。银行在进口商确认付款后，即对国外发出付款通知，同时对进口商办理结汇转账手续。其会计分录如下：

借：××活期存款——××户（本币）

　　贷：货币兑换——汇卖价（本币）

借：货币兑换——汇卖价（外币）

　　贷：存放国外同业或有关科目（外币）

同时，转销对转科目。其会计分录如下：

借：开出信用证（外币）

　　贷：应收开出信用证（外币）

【例2-7-9】 某分行受某进口公司委托，于2月20日向香港华商公司开出即期信用证议付，金额为HKD35000，购买机械器材，信用证由香港国华商业银行寄来全套单据，金额为HKD35000及议付费用HKD300，共计HKD35300，随即通知某进口公司。某进口公司于3月13日送来确认承付书，全额承付，银行当即办理付汇与结汇手续。设结汇当天港币汇卖价为HKD100 = ¥89.75。

（1）2月20日开立信用证。其会计分录如下：

借：应收开出信用证	HKD35000	
贷：开出信用证		HKD35000

（2）3月13日对外付汇。其会计分录如下：

借：××活期存款——某进口公司户	¥31681.75	
贷：货币兑换——汇卖价		¥31681.75
借：货币兑换——汇卖价	HKD35300	
贷：港澳及国外联行往来——国华商业银行户		HKD35300
借：开出信用证	HKD35000	
贷：应收信用证		HKD35000

b. 国外审单主动借记付款，是指出口商将有关单据相符，议付行即可主动借记开证行在该行所开立的账户，并将单据连同借记报单一并寄送开证行。核算中，该种方式与单到国内审单付款的差别在于：账户使用不同，由于银行先垫款，进口商应负担自国外银行划款日起至其归还银行垫款日止的银行垫款利息。其会计分录如下：

借：××活期存款——××户（本币）

　　贷：货币兑换——汇卖价（本币）

借：货币兑换——汇卖价（外币）

　　贷：存放国外同业存款或有关科目（外币）

利息收入——××利息收入户（外币）

同时，转销对转科目。其会计分录如下：

借：开出信用证（外币）

　　贷：应收开出信用证（外币）

c. 国外审单电报索汇，是指由国外议付行审查单证无误后，并不立即借记开证行账户，而是用电报通知开证行，再由开证行用电汇或信汇汇交议付行。该种方法除付款行为表现为授权或主动借记不同，其他与单到国内审单付款完全一致。其会计分录详见单到国内审单付款。

②远期付款信用证，是指为进口商提供远期付款的便利，由开证行对出口商提供的一种银行担保，保证出口商提交远期跟单汇票时，在单单、单证一致的情况下，银行给予承兑，并在信用证到期时付款。

远期付款信用证分两个阶段进行，即承兑和到期付款。

a. 承兑。开证行收到远期信用证项下进口单据后，将单据连同“进口信用证单据通知书”送交进口商确认到期付款。进口商确认到期付款后，银行即办理远期汇票的承兑手续，并将已承兑汇票或承兑通知书寄国外议付行。汇票一经承兑，即反映承兑行对国外议付行承担到期付款的责任，也反映承兑行对进口商拥有的权益，对此，应办理承兑时的核算。其会计分录如下：

借：应收承兑汇票款（外币，到期值）

　　贷：承兑汇票（外币，到期值）

借：开出信用证（外币，开证金额）

　　贷：应收开出信用证（外币，开证金额）

“应收承兑汇票款”是资产科目，凡进口商办理远期信用证下进口业务，委托银行对外结算，汇票已经银行承兑，用此科目核算，反映承兑行对进口商所拥有的权益。

“承兑汇票”是负债类科目，凡收到寄来远期信用证项下进口单据，远期汇票已经银行承兑，用此科目核算，反映承兑行对国外议付行承兑到期付款的责任。以上两个科目互为对转科目。

b. 到期付汇。在远期汇票承兑到期时，开证行即办理对国外付款和对进口商结汇扣款手续。其会计分录如下：

借：承兑汇票（外币到期值）

　　贷：应收承兑汇票款（外币到期值）

【例 2-7-10】 某分行受某进口公司委托，于3月5日向美国美洲银行开出不可撤销的远期信用证 HKD30000，开证条款规定“承兑后60天付款”。3月15日，经有关方面同意，信用证修改减额 USD5000，开证行收到单据经审核相符，送该公司确认到期付款。开证行于4月5日承兑远期汇票，并对议付行寄发“已承兑通知书”通知到期日全部付款。承兑到期，银行对公司办理结汇，对外付汇。设支付日当天美元汇卖价为 USD100 = ￥699.77。

(1)3月5日开立信用证。其会计分录如下：

借：应收开出信用证　　USD30000

　　贷：开出信用证　　USD30000

(2)3月15日修改信用证。其会计分录如下：

借：开出信用证　　USD5000

　　贷：应收开出信用证　　USD5000

(3)4月5日承兑远期信用证。其会计分录如下：

借：应收承兑汇票款　　USD25000

　　贷：承兑汇票　　USD25000

借：开出信用证　　USD25000

　　贷：应收开出信用证　　USD25000

(4)6月5日到期付款，办理结汇，对外付款。其会计分录如下：

借：××活期存款——某进口公司户　　￥174942.50

　　贷：货币兑换——汇卖价　　￥174942.50

借:货币兑换——汇卖价　　USD25000
　贷:存放国外同业——美洲银行户　　USD25000
借:承兑汇票　　USD25000
　贷:应收承兑汇票款　　USD25000

【知识链接】

中华人民共和国外汇管理条例(摘要)

1. 国务院外汇管理部门及其分支机构(以下统称外汇管理机关)依法履行外汇管理职责,负责实施。

2. 外汇是指下列以外币表示的可以用作国际清偿的支付手段和资产:外币现钞,包括纸币、铸币;外币支付凭证或者支付工具,包括票据、银行存款凭证、银行卡;外币有价证券,包括债券、股票等;特别提款权;其他外汇资产。

3. 境内机构、境内个人的外汇收支或者外汇经营活动,以及境外机构、境外个人在境内的外汇收支或者外汇经营活动,适用本条例。

4. 国家对经常性国际支付和转移不予限制。国家实行国际收支统计申报制度。

5. 经营外汇业务的金融机构应当按照国务院外汇管理部门的规定为客户开立外汇账户,并通过外汇账户办理外汇业务。

6. 中华人民共和国境内禁止外币流通,不得以外币计价结算,但国家另有规定外。

7. 境内机构、境内个人的外汇收入可以调回境内或者存放境外;调回境内或者存放境外的条件、期限等,由国务院外汇管理部门根据国际收支状况和外汇管理的需要作出规定。

8. 国务院外汇管理部门依法持有、管理、经营国家外汇储备,遵循安全、流动、增值的原则。

9. 国际收支出现或者可能出现严重失衡,严重危机时,国家可以对国际收支采取必要的保障、控制等措施。

10. 经常项目外汇收支应当具有真实、合法的交易基础。经营结汇、售汇业务的金融机构应当按照国务院外汇管理部门的规定。外汇管理机关有权对前款规定事项进行监督检查。

11. 经常项目外汇收入,可以按照国家有关规定保留或者卖给经营结汇、售汇业务的金融机构。

12. 经常项目外汇支出,应当按照外汇管理部门关于付汇与购汇的管理规定,凭有效单证以自有外汇支付或者向经营结汇、售汇业务的金融机构购汇支付。

13. 携带、申报外币现钞出入境的限额,由国务院外汇管理部门规定。

14. 境外机构、境外个人在境内直接投资,经有关主管部门批准后,应当到外汇管理机关办理登记。境外机构、境外个人在境内从事有价证券或者衍生产品发行、交易,应当遵守国家关于市场准入的规定。

15. 国家对外债实行规模管理。国务院外汇管理部门负责全国的外债统计与监测,并定期公布外债情况。

16. 提供对外担保,应当向外汇管理机关提出申请,由外汇管理机关根据申请人的资产负债等情况作出批准或者不批准的决定。经国务院批准为使用外国政府或者国际金融组织贷款进行转贷提供对外担保的,不适用前款规定。

17. 金融机构经营或者终止经营结汇、售汇业务,应当经外汇管理机关批准。

18. 外汇管理机关对金融机构外汇业务实行综合头寸管理,具体办法由国务院外汇管理部门制定。

19. 金融机构的资本金、利润以及因本外币资产不匹配需要进行人民币与外币间转换的,应当经外汇管理机关批准。

20. 人民币汇率实行以市场供求为基础的、有管理的浮动汇率制度。

21. 经营结汇、售汇业务的金融机构和符合外汇管理部门规定条件的其他机构,可以按照国务院外汇管理部门的规定在银行间外汇市场进行外汇交易。

22. 外汇市场交易应当遵循公开、公平、公正和诚实信用的原则。

23. 国务院外汇管理部门依法监督管理全国的外汇市场。

24. 国务院外汇管理部门可以根据外汇市场的变化和货币政策的要求,依法对外汇市场进行调节。

【项目小结】

金融企业为了核算和监督本外币资产负债增减变化的情况及结果,必须采取专门的核算方法,具体有外汇统账制和外汇分账制两种方法。在外汇分账制下,买入和卖出外汇时,必须使用“货币兑换”科目。外汇业务主要有:外汇兑换业务(包括结售业务、套汇业务)、外汇存款业务、外汇贷款业务、国际结算业务等。

银行在办理外汇业务过程中,由于使用的币种不同,经常会发生外汇买卖业务,主要包括结汇、售汇、套汇等。结汇业务是指外汇指定银行按规定的人民币汇率买入企事业单位或个人的外汇,并支付相应人民币的外汇业务。售汇业务即卖出外汇,是指境内企事业单位、机关和社会团体持相关有效凭证,用人民币到外汇指定银行办理兑换外汇的业务。套汇业务是指银行按照挂牌人民币汇率,将一种外汇通过人民币折算,兑换成为另一种外汇业务的活动。

外汇存款业务核算主要有单位外汇存款业务和个人外汇存款业务的核算;外汇贷款业务的核算主要有短期外汇贷款和买方信贷外汇贷款的核算。

国际贸易结算业务是指不同国家(地区)之间,通过银行办理相互间由于商品交易而引起的货币收付或债权债务的结算。其核算主要包括:信用证结算的核算;国际汇兑结算的核算;托收业务的核算。

【课堂讨论】

某中行市分行7月25日接美国某银行开来的即期信用证,金额为25000美元,受益人为中国某纺织品公司,银行审查后通知受益人。半个月后某纺织品公司货运出后送全套单据随同信用证要求议付,该行审查后于第三天寄单索汇。但是直到两个月过后也没有音信,经核查,发现信用证条款含糊,初步认定涉嫌诈骗,想终止合同,但为时已晚,某纺织品公司已按美方指定账户付了履约保证金50万美元。

请同学们讨论:

在这个案例中,中国银行某支行有责任吗?银行在受理信用证业务时,要注意哪些问题?

【项目训练】

1. 什么是外汇?我国目前的外汇业务有哪些?什么是套汇?银行办理外汇买卖中的套汇与国际金融市场上的套汇有何不同?什么是外汇分账制,什么是外汇总账制,它们各有什么特点?

2. 什么是外汇汇率,其有哪些种类?汇率有哪几种标价?如何进行外汇存贷款核算?

模块三

非银行金融机构业务核算

【模块概要】

本模块从证券公司业务核算、信托投资公司业务核算、期货经纪公司业务核算、基金管理公司业务核算等4个项目8个任务(受篇幅限制,有关保险业务和租赁业务核算未作阐述)全面讲述非银行金融机构会计业务的流程、账务组织内容和账务处理基本核算方法等,引导您循序渐进地认识非银行金融机构业务核算会计业务常识、特点和会计处理程序。知识要点主要有非银行金融机构业务特点、各类会计业务的核算流程、方法及非银行金融机构会计工作的组织与管理等内容。

【知识目标】

掌握非银行金融机构会计科目设置、账户、凭证的使用和核算方法
正确运用非银行金融机构会计记账方法,掌握处理各种业务的操作能力
理解非银行金融机构会计工作组织与管理
熟练掌握非银行金融机构会计岗位相应业务处理及操作程序

【能力目标】

掌握非银行金融机构以及其业务特点
熟知非银行金融机构会计机构设置和内部控制制度
正确区分非银行金融机构会计与其他行业会计异同
掌握非银行金融机构各项会计业务及操作程序

项目一

证券公司业务核算

【项目目标】

为了完成本项目2个任务,你需要学习:
证券公司业务核算要求和账务处理程序
证券公司业务种类及特点
自营证券和证券营销等业务操作流程及管理

【项目安排】

项目导入
相关知识
知识链接
课堂讨论
项目训练

【技能目标】

通过完成本项目2个任务的实践(训),你应该能够:
熟悉证券业务的政策法规
熟悉证券公司业务种类和操作流程
熟练掌握证券公司会计核算和账务组织
掌握自营证券和证券承销业务的会计处理

【核心技能】

掌握证券公司各类业务核算方法和账务处理程序
掌握证券公司业务流程和管理规定

项目导入

最近几年,越来越多的人加入了炒股的行列,我们到证券公司办理完开户手续并到银行办理好第三方托管手续以后,就可以在家、办公室甚至用手机进行炒股和基金买卖了。

在这种股票买卖背后,银行、证券公司、股民、股份公司等之间的资金清算等会计手续是如何进行的,同学们了解吗?它们又有些什么规定?

相关知识

任务1 了解并掌握证券公司业务核算

知识要点:证券公司设立的条件

根据《证券公司管理办法》的规定,设立不同类型证券公司应满足以下条件:

(1)经纪类证券公司设立条件:除应当具备证券法规定的条件外,还应当符合以下要求:①具备证券从业资格的从业人员不少于15人,并有相应的会计、法律、计算机专业人员。②有符合中国证监会规定的计算机信息系统、业务资料报送系统。③符合中国证监会规定的其他条件。

设立专门从事网上证券经纪业务的证券公司,除应当具备上述条件外,还应当符合以下要求:①证券公司或经营规范、信誉良好的信息技术公司出资不得低于拟设立的网上证券经纪公司注册资本的20%。②有符合中国证监会要求的网络交易硬件设备和软件系统。③有10名以上计算机专业人员并能确保硬件设备和软件系统安全、稳定运行。④高管中至少有1名计算机专业技术人员。

(2)综合类证券公司设立条件:除应当具备证券法规定的条件外,还应当符合以下要求:①有规范的业务分开管理制度,确保各类业务人员、机构、信息和账户等方面有效隔离。②具备相应证券从业资格的从业人员不少于50人,并有相应的会计、法律、计算机专业人员。③有符合中国证监会规定的计算机信息系统、业务资料报送系统。④中国证监会规定的其他条件。

一、了解证券公司业务

1. 证券公司的定义和功能

(1)证券公司定义。

证券公司是指经国务院证券监督管理机构审查批准设立的从事证券经营业务的有限责任公司或者股份有限公司。证券公司不仅是证券市场上最重要的中介机构,也是证券市场的主要参与者。它承担着证券代理发行、证券代理买卖、资产管理以及证券咨询等重要职能。

(2)证券公司功能。

①资金供求的媒介。证券公司在媒介资金供求过程中不涉及债务转换问题,而是通过证券公司的桥梁作用,使投资者和筹资者直接接触,并且相互承担权利和义务。这种媒介资金供求的活动称为直接融资方式。在资金的侧重点上,商业银行因其自身性质和业务特点,主要侧重于短期资金市场,证券公司媒介资金主要侧重于中、长期资本市场。

②优化资源配置。证券公司通过发行股票和债券等方式引导社会剩余资金流向效益好的产业和企业,促进企业生产规模的扩大,引导产业的集中。

③维系证券市场有序发展。在证券市场上,证券公司把高质量的上市公司推荐给投资者,将从根本上影响市场发展的秩序。同时,证券公司以自营商、经纪商、坐市商等身份参与交易市场,对提高交易效率、维护场内秩序、保障交易活动的顺利进行都有重要作用。

2. 证券公司的种类

《中华人民共和国证券法》规定国家应对证券公司实行分类管理。我国目前将证券公司分为综合类证券公司和经纪类证券公司。

经纪类证券公司主要业务有:证券的代理买卖,代理证券的还本付息、分红派息,证券代保管、鉴证,代理登记开户。

综合类证券公司除可以从事经纪类证券公司各项业务外,还可以从事下列业务:证券的自营买卖,证券的承销,证券投资咨询(含财务顾问),信托投资管理,中国证监会批准的其他业务。《证券公司管理办法》同时规定,证券公司不得从事B股的自营买卖,中国证监会另有规定的除外。

二、证券业务核算

(一)自营证券业务核算

自营证券业务是证券公司为本公司买卖证券、赚取差价并承担相应风险的行为。自营证券业务包括买入证券和卖出证券。

自营证券业务主要有自营买入证券、自营证券配股派息、自营认购新股、自营卖出证券几类。

公司自营买入的证券,应按取得时的实际成本计价,其实际成本包括买入时成交的价款和交纳的各种税费。公司自营卖出的证券,应在与证券交易所清算时,按成交价扣除相关税费后的净额确认收入;卖出证券的实际成本,可以采用先进先出法、加权平均法、移动平均法等方法计算确定。方法一经确定,不得随意变更,如需变更,应在会计报表附注中说明变更的内容和理由及变更的影响等。

1. 证券业务会计科目的设置

(1)"结算备付金"科目属于资产类科目。用于核算公司为证券交易的资金清算与交收而存入指定清算代理机构的款项,期末借方余额反映公司和客户存入指定清算代理机构尚未使用的款项。本科目下设置"自有"和"客户"两个明细科目。"自有"明细科目核算公司为进行自营证券交易等业务的资金清算与交收,而存入指定清算代理机构的款项;"客户"明细科目核算公司代理客户进行证券交易等业务的资金清算与交收,而为客户存入指定清算代理机构的款项。

(2)"自营证券"科目属于资产类。用于核算公司为了获取证券买卖差价收入而买入的、能随时变现的股票、债券和基金等的实际成本。期末,自营证券的市价低于成本的差额,应当计提自营证券跌价准备,并计入当期损益。

(3)"证券销售"科目属于损益类。用于核算公司自卖中的销售收入、销售成本和差价。自营债券到期兑付的本金,也在本科目中核算。按证券种类设置明细账。

2. 自营证券业务核算

(1)自营证券买入的核算。

①公司买入证券时,按照清算日买入证券的实际成本入账,会计分录为:

借:自营证券

  贷:结算备付金——证券公司

【例3-1-1】 某证券公司从深圳证券交易所自营购入××公司股票100000股,每股市价15元,实际成本为152000元。该证券公司的会计分录如下:

借:自营证券——××股票 152000

  贷:结算备付金——某证券公司 152000

②采用包销方式代发行的证券,发行期结束,未售出的证券转为自营的,按合同规定由企业购入,应按承销价款,作会计分录为:

借:交易性金融资产

  或可供出售金融资产

  贷:代理承销证券

【例3-1-2】 某证券公司以余额包销的方式承销××股票,发行期结束时尚有未售出××公司股票10000股,按每股9元的承销价,预计两个月内可上市交易,由该证券公司购买并转为自营。其会计分录如下:

借:交易性金融资产——××公司 90000

  贷:代理承销证券——××公司 90000

(2)自营证券配股派息核算。

①公司因持有股票而享有的配股权,通过网上配股的,在与证券交易所清算配股款时,按实际清交的配股款,会计分录为:

借:自营证券——证券公司

  贷:结算备付金——证券公司

通过网下配股的,按实际支付的配股款入账,会计分录为:

借:自营证券——××公司

  贷:银行存款

②因持有股票而分得的股票股利(也称为送股),应于股权登记日,根据本公司持有股数和送股比例,计算确定本公司分配的股票股利数量,在自营证券"数量"栏中登记。

③自营股票持有期间取得的先进股利的会计分录为:

借:结算备付金——证券公司

  贷:投资收益

④自营买入分期付息到期还本的债券，其持有期间分期取得的利息，按实际取得的金额，作如下会计分录：

借：结算备付金——证券公司

或银行存款

贷：投资收益

【例3-1-3】 某证券公司持有A公司股票30000股，2001年3月，A公司宣布按10∶3比例在网上配股，配股价为5元/股。某证券公司可配股9000股，实际支付47000元配股款时，作如下会计分录：

借：自营证券——A公司 47000

贷：结算备付金——某证券公司 47000

该证券公司于2001年4月20日收到A公司发放的现金股利10000元，应作会计分录为：

借：结算备付金——某证券公司 10000

贷：自营证券——A公司 10000

(3)自营证券认购新股的核算。

①通过网上认购新股。公司通过网上认购新股，公司申购款被证券交易所从账户中划出并冻结时，会计分录为：

借：应收款项——应收认购新股占用款

贷：结算备付金——证券公司

认购新股与证券交易所清算中签款项时，按中签的实际成本入账，分录为：

借：自营证券

贷：应收款项——应收认购新股占用款

同时，退回的未中签款项的会计分录为：

借：结算备付金——证券公司

贷：应收款项——应收认购新股占用款

②公司通过网下认购新股。与网上认购有所不同，此时会计分录为：

借：应收款项——应收认购新股占用款

贷：银行存款

认购新股与证券交易所清算中签款项时，按中签的实际成本入账，分录为：

借：自营证券

贷：银行存款

【例3-1-4】 某证券公司通过网上认购××股份有限公司发行的新股，证券交易所从该公司的账户中划出500000元作为申购款中签款项为50000元。分录如下：

划拨申购款时：

借：应收款项——应收认购新股占用款 500000

贷：结算备付金——某证券公司 500000

中签认购新股时：

借：自营证券——××公司 50000

贷：应收款项——应收认购新股占用款 50000

退回未中签的申购款项时：

借：结算备付金——某证券公司 450000

贷：应收款项——应收认购新股占用款 450000

(4)自营卖出证券的核算。

①公司卖出证券，按清算日实际收到的金额作如下会计分录：
借：结算备付金——证券公司
银行存款
　　贷：证券销售
应收利息
②公司自营债券卖出的会计分录为：
借：结算备付金——证券公司（实际收到的价款）
或银行存款
　　贷：证券销售（买卖持有期间应计利息）
投资收益〔实际收到价款扣除买卖持有期间应计利息〕
③公司自营债券持有至到期兑付本息的会计分录为：
借：结算备付金——证券公司（兑付的金额）
或银行存款
　　贷：证券销售（到期兑付的金额扣除到期兑付的利息）
投资收益（到期兑付的利息）
④结转卖出证券成本
借：证券销售
　　贷：自营证券

【例3-1-5】 某证券公司在2010年8月售出C公司的股票，实际收到价款120000元，该笔股票的实际成本为90000元。该证券公司作会计分录如下：

借：结算备付金——某证券公司	120000	
贷：证券销售		120000

结转自营证券实际成本的会计分录如下：

借：证券销售	90000	
贷：自营证券——C公司		90000

期末结转证券销售利润的会计分录如下：

借：证券销售	30000	
贷：本年利润		30000

【例3-1-6】 某证券公司在深圳证券交易所售出自营200×年国债，面值为100万元，售价总额为105万元，买卖持有期间应计利息为1万元，会计分录为：

借：结算备付金——证券公司	1060000	
贷：投资收益		10000
证券销售		1050000

【例3-1-7】 某证券公司自营债券中持有200×年国债面值为100万元，现已到期，向某银行兑付本金和利息共计105万元，其中利息3万元。其会计分录为：

借：银行存款	1050000	
贷：证券销售		1020000
投资收益		30000

（5）自营证券的期末计价。

证券公司自营证券的期末计价，是指期末自营证券在资产负债表中反映的账面价值。证券公司的自营证券采用成本与市价孰低计价，按成本与市价孰低计价方法。

公司库存证券成本的计算，可采用加权平均法、移动加权平均法、先进先出法等，方法一经确定，不得随意改变。在实际工作中，证券公司购入证券分批进行，各批购入的实际成本并不相同，必须计算售出证券的实际成本。

按成本与市价孰低计价的方法，其会计处理程序如下。

①设置“自营证券跌价准备金”科目，作为“自营证券”的备抵科目，在资产负债表上作为自营证券项目的减项。

②自营证券跌价准备按季提取和清算。下一季度终了，按当季末自营证券的总市价与其总成本的差额调整自营证券跌价准备，如果上季末提取的自营证券跌价准备不足以弥补当季自营证券总成本差额的，按不足部分补提。如已计提跌价准备的自营证券的市价以后又恢复，则按恢复增加的数额（其增加数以补足以前入账的减少数为限）作如下会计分录：

借：自营证券跌价准备

　　贷：自营证券跌价损失

（二）证券承销业务核算

证券承销业务是指在证券发行过程中，证券公司接受发行人的委托，代理发行人发行证券的活动。

1. 证券承销业务会计科目设置

（1）“结算备付金”科目属于资产科目。用于核算证券公司为证券交易的资金清算与交收而存入指定清算代理机构的款项。证券公司向客户收取的结算手续费、向证券交易所支付的结算手续费也通过本科目核算。证券公司根据不同代理方式，进行相应会计处理。科目期末借方余额反映证券公司存在指定清算代理机构的款项。

（2）“代理承销证券款”科目属于负债类科目。用于核算证券公司接受委托，采用承购包销方式或代销方式承销证券所形成的、应付证券发行人的承销资金。证券公司根据不同的代理方式，进行相应的会计处理。本科目贷方余额反映证券公司承销证券应付未付给委托单位的款项。

2. 证券承销业务核算

证券公司经办证券承销业务时，采用全额包销、余额包销和代销三种方式。

（1）全额包销。

证券公司采用全额包销方式经办承销业务时，首先将全部待发行证券认购下来，再转售给投资人。发行期结束后，如有未售出的证券，应按承购价格转为公司的自营证券或长期投资。

①与证券交易所交割清算，按实际收到的金额作如下会计分录：

借：结算备付金

　　贷：代理承销证券款

②承销期结束，将承销证券款项交付委托单位并收取手续费，会计分录如下：

借：代理承销证券款

　　贷：手续费及佣金收入

　　　　银行存款

承销期结束，未售出的证券转为自营证券或长期债券投资、长期股权投资，按承购价作如下会计分录：

借：交易性金融资产

可供出售金融资产

　　贷：代理承销证券款

【例3-1-8】 某证券公司与本户签订协议，采用全额承购包销的方式代为发行股票2000万元，股票面值为1元，共发行2000万股，公司承购价为1.12元，对外售价为1.2元，发行期为20天，预计售完。

公司全额承购，与证券交易所交割清算，公司会计分录为：

借：结算备付金　　24000000

　　贷：代理承销证券款　　24000000

发行期结束后，会计分录如下：

借：代理承销证券款　　24000000

　　贷：手续费及佣金收入　　1600000

　　　　银行存款　　22400000

（2）余额包销。

公司以余额包销方式经办承销业务的，如为上网发行的，先在网上代为销售；发行期结束后，如有未售出的证券，应按约定的发行价格转为公司的自营证券或长期投资。代发行证券的手续费，发行期结束与发行人结算发行价款时确认收入。

①通过证券交易所上网发行的，在证券上网发行日，根据承销合同确认的证券发行总额，按承销价款，在备查登记簿中记录承销证券的情况。

②与证券交易所交割清算，按实际收到的金额作会计分录为：

借：结算备付金

　　贷：代理承销证券款

③未售出部分按规定由本公司认购，转为自营证券或长期投资，按发行价分录为：

借：交易性金融资产

　　可供出售金融资产

　　贷：代理承销证券款

④发行期结束，将所募集资金付给委托单位，并收取手续费，作会计分录为：

借：代理发行证券款

　　贷：银行存款

　　　　手续费及佣金收入——代发行证券手续收入

【例3-1-9】 某证券公司与客户签订合同，采用余额包销方式代客户发行股票。企业交来股票面值2000万股，每股1元。代发行手续费为2%。发行期结束时尚有100万元未售出，预计5个月内可上市交易，公司将其转作自营证券处理。

与证券交易所交割清算，证券公司的会计分录为：

借：结算备付金　　19000000

　　贷：代理发行证券款　　19000000

发行期结束后，尚未售出的100万元转作公司自营证券处理，会计分录为：

借：交易性金融资产　　1000000

　　贷：代理发行证券款　　1000000

将代发行证券款交给客户，并从中扣取手续费4万元，会计分录为：

借：代理发行证券款　　20000000

　　贷：银行存款　　19960000

　　　　手续费及佣金收入——代发行证券手续费收入　　40000

（3）代销。

公司以代销方式经办承销业务的，应在收到代发行人发售的证券时，按委托方约定的发行价格同时确认一项资产和一项负债；代发行证券的手续费收入，应于发行期结束后，与发行人结算发行价款时确认收入。采用代销方式代理发行证券（记名证券）的具体账务处理如下：

①通过证券交易所上网发行的，在证券上网发行日根据承销合同确认的证券发行总额，按承

销价款，在备查登记簿中记录承销证券的情况。

②网上发行结束后，与证券交易所交割清算，按网上发行数量和发行价格计算的发行款项减去上网费用，会计分录为：

借：结算备付金——证券公司

应收款项——应收代垫委托单位上网费

贷：代理发行证券款

③将发行证券交给委托单位，并收取发行手续费和代垫上网费用，分录为：

借：代理发行证券款

贷：应收款项——应收代垫委托单位上网费

手续费及佣金收入——代发行证券手续费收入

④发行期结束，将未售出的代发行证券退还委托单位，销记备查登记簿。

【例3-1-10】 某证券公司代客户发行企业债券105万元，发行期结束时全部售出，按合同规定收取手续费2万元，将所筹集资金交给客户。收到客户交来的代发行证券时，登记备查登记簿。发行期销售的会计分录为：

借：银行存款（或现金）	1050000	
贷：代理发行证券款		1050000

发行结束从代发行证券款中扣取手续费2万元，将所筹集资金交给客户，分录为：

借：代理发行证券款	1050000	
贷：银行存款		1030000
手续费及佣金收入——代发行证券手续费收入		20000

（三）其他证券业务核算

其他证券业务是指证券公司经批准在国家许可的范围内进行的除经纪、自营和承销业务以外的与证券业务有关的业务。公司的其他证券业务，应当按照国家规定的经营范围以及《证券公司会计制度》的规定分类单独进行核算。其他证券业务主要有拆出资金、买入返售金融资产、卖出回购金融资产和受托资产管理等。

1. 其他证券业务核算会计科目的设置

（1）“拆出资金”科目。“拆出资金”科目属于资产类科目，用来核算证券公司拆解给境内、外其他金融机构的款项。本科目可以按拆放的金融结构进行明细核算。拆出资金时，借记本科目，贷记银行存款等科目，收回资金时作相反的会计分录。本科目期末借方余额，反映证券公司按规定拆放给其他金融机构的款项。

（2）“买入返售金融资产”科目。“买入返售金融资产”科目属于资产类科目，用来核算证券公司按照返售协议约定先买入再按固定价格返售的票据、证券、贷款等金融资产所融出的资金。本科目按买入返售金融资产类别和融资方式进行核算。

当证券公司根据返售协议买入金融资产，应按实际支付的金额，借记本科目，贷记“结算备付金”、“银行存款”等科目。

资产负债表日，按照确定的买入返售金融资产的利息收入，借记“应收利息”科目，贷记“利息收入”科目。

返售日，应按实际收到的金额，记入“结算金”、“银行存款”等科目，按其账面余额，贷记本科目、“应收利息”科目，按其差额，贷记“利息收入”科目。本科目期末借方余额，反映证券公司买入的尚未到期返售金融资产摊余成本。

（3）“卖出回购金融资产款”科目。“卖出回购金融资产款”科目属负债类科目，用来核算证券公司按照回购协议先卖出再按固定价格买入的票据、证券、贷款等金融资产所融入的资金。本科目可按卖出回购金融资产类别和融资方式进行明细核算。

证券公司根据回购协议卖出票据、证券、贷款等金融资产，应按实际收到的金额，借记“结算备付金”、“银行存款”等科目，贷记本科目。

资产负债表日，按照计算确定的卖出回购金融资产的利息费用，借记“利息支出”科目，贷记“应付利息”科目。

回购日，按其账面余额，借记本科目、“应付利息”科目，按实际支付的金额，贷记“结算备付金”、“银行存款”等科目，按其差额，借记“利息支出”科目。

本科目期末贷方余额，反映证券公司尚未到期的卖出回购金融资产款。

2. 其他证券业务的核算

(1)拆出资金的核算。

证券公司向其他企业拆出资金，按拆出资金、计提利息、到期收回本息和逾期处理四个步骤进行。

①对拆出资金进行核算时，主要通过“拆出资金”科目进行核算。

拆出资金时，证券公司会计分录为：

借:拆出资金

　　贷:银行存款

②计提或收取资金利息时，会计分录为：

借:应收利息

　　银行存款

　　贷:金融企业往来收入

③到期收回拆出资金本息，会计分录为：

借:银行存款

　　贷:拆出资金(本金部分)

　　　　金融企业往来收入(本期应计利息)

④公司逾期未收回的拆出资金本息，转入应收款项，会计分录为：

借:应收款项——逾期拆出资金

　　贷:拆出资金

　　　　应收利息

(2)买入返售金融资产的核算。

买入返售金融资产，是指证券公司与其他企业以合同或协议的方式，按一定价格买入证券，到期日再按合同规定的价格将该批证券返售给其他企业，以获取买入价和卖出价的差价收入。证券公司应于买入某种证券时，按实际发生的成本确认为一项资产；证券到期返售时，按返售价格与买入成本价格的差额，确认当期收入。

①证券公司根据协议买入金融资产，应按实际支付的款项，作会计分录为：

借:买入返售金融资产

　　贷:结算备付金

　　　　或银行存款等科目

②资产负债表日，按照计算确定的买入返售金融资产的利息收入，作会计分录为：

借:应收利息

　　贷:利息收入

③证券到期返售，按实际收到的款项，作会计分录为：

借:结算备付金

或银行存款等科目
贷:买入返售金融资产
应收利息
利息收入

【例3-1-11】 某证券公司与客户签订协议,从上海证券交易所买200×年国债100万元,合同买入价为每百元107元,合同返售价为每百元110元,期限为3个月。

证券公司买入国债时,会计分录为:

借:买入返售金融资产 1070000
贷:结算备付金 1070000

3个月后返售时,公司的会计分录为:

借:结算备付金——证券公司 1100000
贷:买入返售金融资产 1070000
利息收入 30000

(3)卖出回购金融资产。

卖出回购金融资产是指证券公司与其他企业以合同或协议的方式,按一定价格卖出证券、票据等金融资产,到期日再按合同规定的价格买回该批金融资产,以获得一定时期内资金的使用权。证券公司应于卖出金融资产时,按实际收到的款项确认为一项负债;金融资产到期购回时,按实际支付的款项与卖出时实际收到的款项的差额,确认为当期费用。

①证券公司根据回购协议卖出票据、证券等金融资产,按实际收到款项,作会计分录为:

借:结算备付金
或银行存款等科目
贷:卖出回购金融资产款

②资产负债表日,按照计算确定的卖出回购金融资产的利息费用,作会计分录为:

借:利息支出
贷:应付利息

③到期购回该批金融资产时,作如下会计分录:

借:卖出回购金融资产款
或应付利息
利息支出等科目
贷:结算备付金
或银行存款等科目

【例3-1-12】 某证券公司与客户签订合同,从上海证券交易所卖给客户200×年国债100万元,合同卖出价为每百元105元,合同回购价为每百元107元,期限为6个月。卖出时,会计分录为:

借:结算备付金 1050000
贷:卖出回购证券款 1050000

6个月后证券公司回购时,会计分录为:

借:卖出回购证券款 1050000
利息支出 20000
贷:结算备付金 1070000

(4)受托资产管理。

受托资产管理是指公司接受委托负责经营管理受托资产的业务。公司受托经营管理的资产,应按实际受托资产的款项，同时确认为一项资产和一项负债；公司对受托管理的资产进行证券买卖，按代买卖证券业务的会计核算进行处理；合同到期，与委托单位结算收益或损失时，按合同规定比例计算的应由公司享有的收益或承担的损失确认为当期的收益或损失。

证券公司收到委托单位汇入款项，会计分录为：

借：银行存款

　　贷：代理业务负债

公司用受托资金购买证券，按实际成本，会计分录为：

借：代理业务资产

　　贷：结算备付金

　　　　或银行存款等科目

将购买的证券卖出，按实际收到的价款，会计分录为：

借：结算备付金——证券公司

　　或银行存款等科目

　　贷：代理业务资产

同时，按照借贷方差额，借记或贷记"代理业务资产——已实现未结算损益"。

与委托单位结算，如为收益，公司的会计分录为：

借：代理业务资产——已实现未结算损益

　　贷：代理业务负债

　　　　手续费及佣金收入——受托资产管理业务收入

到期退还委托管理的资金及损益，会计分录为：

借：代理业务负债

　　贷：结算备付金

　　　　或银行存款等科目

【知识链接】

华夏证券审计之十大问题

华夏证券公司，成立于1992年，曾是中国最早的三家全国性证券公司之一，但其在2001年7月至2004年6月期间出现了巨大的经营亏损。证监会2005年撤销华夏证券股份有限公司证券业务许可证。随后，华夏证券开始了清算工作。到2005年12月，华夏证券正式更名中信建投证券。北京市审计局对华夏证券主要负责人周济谱和赵大建2001年7月到2004年6月任职华夏证券期间的经济责任进行了审计，发现以下主要问题。

1. 法人治理结构不完善。2002年12月26日，华夏证券召开监事会创立大会，选举了监事会临时召集人。但此后的2003年、2004年两年均未开过监事会，也未设立监事长。

2. 重仓股亏损较大。截至2004年6月30日，华夏证券自营证券与受托投资管理业务总计持有太极集团6087.29万股，占该股票总股本的24.09%，流通股的81.16%；持有青海明胶1325.09万股，占该股事总股本的8.37%，流通股的20.72%；持有火箭股份9487.11万股，占该股票总股本的26.99%，流通股的46.12%。上述三只股票浮动亏损计8.6亿元。

3. 自营证券业务违规。违规开展B股自营业务。截至2004年6月30日，委托业务规模为美元719.72万元，港币14619.6万元，库存股票折合人民币合计14928.22万元，浮动亏损折合人民币合计4048.27万元。自营股票为上市公司贷款提供质押反担保，无协议及相关审批手续，收回后减值1041.39万元，卖出股票亏损5080.45万元。以他人名义从事自营业务。2004年5月，在下属营业部开立了三个资金账户，以B字头机构户账号名义进行股票自营。自营证券与受托投资管理业务之间证券对敲交易。

4. 受托投资管理业务违规。截至2004年6月30日,受托投资管理业务累计亏损168872.99万元,持有股票浮动亏损74349.49万元。受托投资管理业务违规签订保底收益率,自2001年6月至2004年6月30日,签订全权委托的补充协议共计140笔,收益率在3.85%~12%不等,金额为698356.04万元。受托资金合同主要审批人为赵大建。受托投资管理业务持股比例超标,风险加大。截至2004年6月30日,受托投资管理业务持有的太极集团和火箭股份均达到总股本的19%以上,超过证监会规定的10%的上限。挪券回购融资用以归还受托投资管理业务到期债务。截至2004年6月30日,发生无券回购46255万元。

5. 融资业务成本高。为维持资金链,截至2004年6月30日,以委托投资国债、国债托管、融券回购等名义从个人、银行、企事业单位融入资金190笔,余额为501114.65万元。从2002年至2004年6月30日,共计支付融资利息74085万元,融资成本较高,年利率在4.5%~10%之间。

6. 投行业务违规。在投行业务中,存在为上市公司报销费用、预留债券承销手续费收入、返还上市公司手续费、支付顾问费等问题。

7. 经纪业务违规。截至2004年6月30日,占用客户交易结算资金余额为16.06亿元。违规卖空国债、企业债标准券开展融资回购业务,涉及68820.31万元。下属三家营业部违规修改电脑数据。违规以经纪人提成为名为异户返佣,少交营业税,共计189个资金账户,返佣2214.7万元。通过资金账户为客户套取现金累计3557.52万元。

8. 不良资产比例高。截至2004年6月30日,华夏证券全系统不良资产余额415976.26万元,是实收资本的1.54倍,占总资产的26%。

9. 投资收益率低。截至2004年6月30日,华夏证券全系统长期投资余额41330.37万元,投资收益仅为4747.42万元。

10. 财务核算造假。2002年12月,通过将21家上市公司法人股转让给下属公司,虚增本年度利润51542.89万元,2003年9月、12月,分别计提两个应收债权项目的利息和罚息31753.93万元、13276.74万元,虚增2003年利润45030万元。

【项目小结】

在了解证券业务之前,先要掌握有关证券的一些专业知识,如证券公司和证券市场的概念、特征、包含内容以及证券公司的类型和业务范围等。

证券经纪业务的概念,以及核算所需的会计科目;如何进行证券经纪业务的会计核算,包括资金新户的核算、代理认购新股、代理买卖证券、代理兑付债券、代理配股派息。

证券自营业务的概念,以及核算所需的会计科目;如何进行证券自营业务的会计核算,包括自营业务买入、自营证券配股派息、自营认购新股、自营出售证券、期末计价。

证券承销业务的概念,以及核算所需的会计科目;如何进行证券承销业务的会计核算,包括全额包销方式承销、余额包销方式承销、代销。

其他证券业务的概念,以及核算所需的会计科目;如何进行其他证券业务的会计核算,包括拆出资金、买入返售证券、卖出返售证券、受托管理资金。

【课堂讨论】

2006年2月,我国新会计准则体系出台,所有上市公司将于2007年1月1日起开始执行新准则。新准则的出台给我国各行业的会计实务界带来了巨大挑战,其中包括证券业。

新旧准则对公允价值的确定有不同的规定。如某上市公司发行股票1000万股,证券公司以5元/股的价格承购并采取全额包销的方式承销,通过证券公司的承销,该公司1000万股以6元/股的价格发售,投资者的认购价格是6元/股。证券公司以5000万元的价格买下1000万股,但只销售出去800万股,获取了4800万元的收入,尚有200万股未销售。

案例讨论:

1. 该证券公司对此业务如何进行会计核算?

2. 如果证券公司需将这200万股未出售证券转入自营证券,按照新旧制度如何确认公允价值?

3. 你认为还有更为合理的核算方法吗?

【项目训练】

一、简答题

1. 自营证券业务的成本核算方法有哪些?

2. 有价证券的概念及基本特征是什么?

3. 证券公司的主要业务有哪些?

4. 什么是综合类证券公司?它的主要业务有哪些?

5. 自营证券业务证券公司期末如何计价?

6. 简述代理证券业务中,客户专项资金账户管理。

7. 其他证券业务的内容有哪些?

8. 简述证券承销业务中全额包销、余额包销和代销三种方式的概念和核算,说明它们各自的特点。

二、业务题

1. 某证券公司在上海证券交易所办理自营证券业务,开设了清算资金专户,存入清算资金2500万元,办理资金划拨手续,请写出会计分录。

2. 某证券公司与即将上市的A公司签订合同,采用全额承购包销方式发行企业股票24000万股,承购价格为每股2.5元,发行价格为每股3元。发行期结束时尚有400万股股票未售出。请写出代理发行相关的会计分录。

3. 上述业务,如采用代销方式,手续费为售出股票金额的5%,将如何核算?如果采用余额承购包销方式又该如何核算?

4. 某证券公司接受客户委托,通过上海证券交易所代理买卖证券。当日买入证券成交总额为8000万元,卖出证券成交总额为8800万元。公司缴纳交易所得税的税费为0.3%,收取客户的税费为0.5%,请写出分录。

项目二

信托投资公司业务核算

【项目目标】

为了完成本项目2个任务,你需要学习:

信托投资公司业务概述

信托投资公司委托存贷业务及处理程序

信托投资公司投资业务及处理程序

信托投资公司的其他业务及处理程序

【项目安排】

项目导入
相关知识
知识链接
项目小结
课堂讨论
项目训练

【技能目标】

通过完成本项目2个任务的实践(训),你应该能够:
熟悉信托投资公司经营种类、方式和管理流程
熟悉信托投资公司自营业务核算方法和账务处理程序
掌握委托存贷款、信托存贷款和其他信托业务核算方法和账务处理程序

【核心技能】

掌握委托存贷业务的核算和账务处理
掌握信托存贷业务的核算和账务处理
掌握信托投资业务和其他业务的核算和账务处理

项目导入

某酒店自建成以来,发展迅速,经营状况良好。由于老板突发疾病,手术和疗养期间,酒店疏于管理、人员流失,经营状况每况愈下。由于老板疾病未愈,无力继续经营酒店,寻找到一家精通酒店管理的信托投资公司,并与之签订了为期一年的委托经营合同,合同中只要求从信托投资公司获得酒店经营良好时一半水平的利润。在合同期间,酒店虽然只获得平时一半的利润,但也遏制了经营状况的持续下滑;同时信托投资公司也凭借自己丰富的经验从中获利不菲。

一年后,老板康复,顺利收回酒店的经营权,渡过了一次危机。双方获得了双赢。

同学们了解这种与信托投资相关的业务和规定吗?

相关知识

任务2　了解信托投资公司业务

知识要点:信托投资公司的性质、种类和多边关系

信托即信任委托。它是以信任为基础,以财富的积累为前提,以财产使用管理的效益为目的的经济行为。信托业务包括商业信托和金融信托。

信托是多边信用关系,必须具备委托人、受托人、受益人三方当事人。

一、信托投资公司

信托是指委托人基于对受托人的信任,将其财产委托给受托人,由受托人按委托人的意愿以

自己的名义,为受益人的利益或者特定目的进行管理或处分的行为。信托是社会经济发展到一定阶段的产物,是随着商品货币关系的发展而发展的,是以资产为核心,以信任为基础,以委托为方式的财产管理制度。

委托人是信托财产的所有者,他提出信托要求,是信托行为的起点;受托人是有经营能力的信托机构,它通过自身经营的信托业务,满足委托人的要求,使受益人获利,它是信托行为的桥梁;受益人是信托关系中得到实际利益的一方,他可以是委托人自身,也可以是委托人指定的第三者或不确定的多数人,也可同时为委托人和第三者,他是信托行为的终点。

信托有广义和狭义之分,广义信托包括商品信托和金融信托,狭义信托就是指金融信托。金融信托是一种具有融资和融物以及融资与财产管理相结合的金融性质的信托业务,是金融业的一个重要组成部分,标的物主要是委托人的资金或财产等。本项目主要介绍金融信托。

二、信托业务种类

1. 按性质分为信托业务和代理业务

信托业务,即财产所有者作为信托行为当事人的一方,为实现其指定人或自己的利益,将财产托付给可信任的另一方,要求按交办信托的目的,代行有效管理或妥善处理。

代理业务,即信托行为的一方依其既定的信托目的,授权另一方代为办理一定的经济事务。

2. 按信托受益对象,分为私益信托和公益信托

私益信托,是委托人为了自己和其他特定人的利益而设立的信托。私益信托的目的是为了实现私人利益,是为了实现委托人或其他某个或某些特定的人的利益。

公益信托,在英美法系中也被称为慈善信托,是指委托人为了社会公共利益而设立的信托。公益信托的目的是使整个社会或其中的部分公众获益。

3. 按信托服务对象分为个人信托和法人信托

个人信托,即以个人身份委托受托人办理信托业务。个人信托又分为生前信托和身后信托。生前信托是个人在世时就以委托人身份与受托人建立了信托关系,其信托契约限于委托人在世时有效;身后信托则根据个人遗嘱办理身后的有关信托事项,如执行遗嘱、管理财产、为保寿险者在身后代领赔款等,仅限于委托人去世后生效。

法人信托,又称公司信托,即委托人不是某个人,而是单位或公司等具备资格的法人委托受托人办理信托业务。

4. 按信托财产种类分为资金信托、实物信托、债权信托和经济事务信托

资金信托,又称金钱信托,是一种以货币资金为标的物的信托业务,如单位资金信托、公益资金信托、劳保基金信托、个人特约信托等。

实物信托,是一种以动产或不动产为标的物的信托业务。动产指原材料、设备、物资、交通工具;不动产指厂房、仓库和土地等。

债权信托,是一种以债权凭证为标的物的信托业务,如代为清理和代为收付款项、代收人寿保险公司赔款等。

经济事务信托,是一种以委托代办各种经济事务为内容、委托凭证为标的物的信托业务。如委托设计、专利转让、委托审查、委托代理会计事务等。

5. 按信托是否跨国,分为国内信托和国际信托

国内信托,即信托关系人及信托行为在国内进行,其业务主要有信托、委托、代理、租赁、咨询等。

国际信托,即信托关系人及信托行为跨国进行。其业务主要有国际信托投资、国际租赁、代理发行外币有价证券、对外担保见证及国际咨询业务等。

三、办理信托业务注意事项

(1)信托投资公司因接受信托而取得的财产,以及因信托资产的管理、处分或者其他情形而取得的财产叫信托资产。信托资产不属于信托投资公司的自有财产,也不属于信托投资公司对收益人的负债。因此,信托投资公司终止时,信托资产不属于其清算资产。

(2)信托投资公司管理不同类型的信托业务,应分别按项目设置信托业务明细账进行核算管理。信托投资公司的自有资产与信托资产应分开管理,分别核算。

(3)来源类科目应按类别、委托人等设置明细账,具体分为短期信托资产来源、长期信托资产来源。短期信托资产来源指不超过一年的信托资产来源,包括短期信托存款、代扣代缴税金、待分配信托收益、应付受托人收益及应付其他收益人款项等;长期信托资产来源指一年以上的信托资产来源,包括长期信托存款、委托存款、财产信托、公益信托、投资基金信托、有价证券信托等。

(4)运用类科目应按其类别、使用人和委托人等设置明细账,具体分为短期信托资产运用、长期信托资产运用。短期信托资产运用是指不超过一年的信托资产运用,包括信托货币资金、拆出信托资金、短期信托贷款、短期信托投资、信托财产等;长期信托资产运用是指一年期以上的资金运用,包括长期信托贷款、委托贷款、长期信托投资、信托租赁财产等。

相关知识

任务3　掌握信托投资公司业务核算

> **知识要点:信托业在我国金融企业中的地位**
>
> 信托业是我国金融业第四根支柱,随着我国市场经济的发展和金融体制改革的不断深入,信托投资公司成为市场中一个不可缺少的组成部分,也得到了迅速的发展。市场经济—金融—信托三者相互依存。目前,其开展的业务有:信托存贷、委托存贷和其他信托业务。

一、存款业务核算

1. 信托存款与委托存款的含义

信托存款的资金来源基本限于非直接经营单位可自行支配的专项资金。

按《金融信托投资机构资金管理暂行办法》的规定,信托机构可吸收以下5种1年期以上的信托存款:财政部门委托投资或贷款的信托资金、企事业主管部门委托投资或贷款的信托资金、劳动保险机构的劳保基金、科研单位的科研基金及各种学会、基金会的基金。

信托存款每笔资金都单独管理、独立核算。信托机构对信托存款的运用效益决定信托存款的收益,并且其收益由信托机构按合同规定支付给委托人本人或委托人指定的第三人。

信托存款与信托货币资金十分相似,其委托人对信托资金不指定运用范围,由信托机构负责管理运用并负责保本付息。委托人除保本之外,收取固定收益。信托机构的收益则来自支付委托利息外的资金营运的多余收入,而不是收取的手续费。

委托存款是指委托人将定额资金委托给信托机构,由其在约定期限内按规定用途进行营运,营运收益扣除一定信托报酬后全部归委托人所有的信托业务。它与一般的信托货币资金存在许多实质性的差异。

2. 信托存款的核算

客户提出申请,填写"存款委托书"后,信托机构应审查其资金来源,审查合乎规定后,与客户签订"信托存款协议书",写明信托存款金额、期限、信托受益支付方法、指定收益人、手续费等。信托机构为委托人开立账户，委托人将信托存款划转到信托机构开立的银行账户，信托机构相应签发存款凭证给委托人。

(1)账户设置。

信托机构为全面反映和监督对信托存款的吸收、归还、付息及结余情况，应设置“代理业务负债”、“应付利息”和“营业费用——利息支出”等科目。

①“代理业务负债——信托存款”属负债类科目，核算企业不承担风险的代理业务收到的款项，包括受托投资资金和受托贷款资金等。

②“应付利息”属负债类科目，贷方反映应计提的存款利息，借方反映实际支付的存款利息，期末贷方余额反映应付未付利息。

③“营业费用——利息支出”属损益类科目，借方反映预提的应付利息或实际支付的各项利息，会计期末应将本科目借方发生额从贷方转入“本年利润”科目借方，期末无余额。

(2)账务处理。

①开户。信托公司接受客户委托，为客户开立信托存款账户时，作会计分录为：

借：银行存款或存放中央银行款项或吸收存款

　　贷：代理业务负债——××单位信托存款户

②计息。信托存款是定期存款，原则上在期满后利随本清，但在存款期内根据权责发生制原则定期计算应付利息。

借：营业费用——××信托存款利息支出户

　　贷：应付利息——××单位户

③到期支取。存款单位在信托存款期满后，凭信托存款单向信托机构提取存款，并结清利息。如果存款单位因各种客观原因，与信托机构协商后，可提前支取，但利率按银行同期活期存款利率计算。

借：代理业务负债——××单位信托存款户

　　应付利息——××单位户

　　营业费用——××信托存款利息支出户

　　贷：银行存款

【例3-2-1】 2011年3月1日，海南某信托投资公司收到A公司存入信托存款500万元，存期1年，年利率3%，采取利随本清的结息方式，2012年3月1日A公司前来支取存款本金。

信托投资公司接收存款的会计分录为：

借：银行存款	5000000	
贷：代理业务负债——A公司信托存款户		5000000

2012年3月1日支付A公司到期存款的会计分录为：

借：代理业务负债——A公司信托存款户	5000000	
营业费用——信托存款利息支出	150000	
贷：银行存款		5150000

3. 委托存款的核算

客户与信托机构商定办理委托业务后，双方应签订“委托存款协议书”，标明存款的资金来源、金额、期限及双方的责任等。信托机构根据协议书为客户开立委托存款户，由客户将委托存款资金存入到信托机构开立的银行账户里，信托机构则向客户开出“委托存款单”。

(1)账户设置。

信托机构为全面反映和监督委托业务情况，应设置“代理业务负债——委托存款户”、“营业费用——委托存款利息支出”等科目。

“代理业务负债——委托存款户”属负债类科目，贷方反映公司代客户向指定的单位或项目进行贷款或投资而收到客户存入的款项，借方反映归还的委托资金，期末贷方余额反映尚未归还的委托存款资金。委托存款按委托业务持续时间不同，分为长期委托存款和短期委托存款，本科目应按存款客户设置明细科目。

(2)账务处理。

①开户。

借:银行存款

　　贷:代理业务负债——××单位委托存款户

②计息。信托机构按银行同期活期存款利率，按季给委托存款计息，计息的基数是委托存款与委托贷款余额的轧差数。

借:营业费用——××委托存款利息支出户

　　贷:应付利息——××单位委托存款户

③支取。委托人可随时支取委托存款，但只能限制在委托存款余额与委托贷款余额的轧差数之内。信托机构收到委托人支取委托存款的通知后，将款项划入委托人的银行账户。

借:代理业务负债——××单位委托存款户

　　贷:银行存款

【例3-2-2】 2011年3月2日，海南某信托公司接收A公司委托存款200万元，所作会计分录为:

借:银行存款　　2000000

　　贷:代理业务负债——A公司委托存款户　　2000000

二、贷款业务核算

1. 信托贷款的核算

借款单位向信托机构提出申请后，由信托机构进行审查。审查合格后，由借款单位出具借据，并按要求出具贷款担保，然后与信托机构签订“信托借款合同”，合同写明贷款的金额、期限、利率等。贷款到期，信托机构收回本息。如借款单位确有困难不能还款，应在到期前提出申请，有担保的还需原担保单位承诺担保，然后经信托机构审查同意办理一次续展，续展期最长不超过半年。

知识要点:信托贷款与委托贷款

信托贷款，是指信托机构运用自有资金、信托存款或筹集的其他资金，对自行审定的企业和项目，自主发放贷款的业务。

委托贷款，是指信托机构接受委托人委托，在委托人存入的委托存款额度内，按委托人指定的对象、用途、期限、利率及金额发放贷款，监督使用并到期收回本息的业务。信托机构对委托贷款不负任何经济责任。

(1)账户设置。

①“贷款——信托贷款”属资产类科目，核算信托项目管理运用、处分信托财产而持有的各项贷款。借方登记信托机构发放的信托贷款本金，贷方登记收回的信托贷款本金，期末借方余额表示发放的信托贷款的余额，具体分为期限不超过一年的短期信托贷款和一年期以上的长期信托贷款。

②“应收利息”属资产类科目，核算信托项目应收取的利息，包括债权投资、拆出资金、贷款、买入返售证券、买入返售信贷资产计提的利息等，借方登记信托机构应向借款单位收取的利息，贷方登记实际收回或预收的利息，期末借方余额表示应收未收利息。

③“利息收入”属损益类科目，核算贷方登记发生的各项贷款利息收入，期末贷方余额结转“本

年利润”贷方，结转之后无余额。

(2)账务处理。

①开户。

借:贷款——××单位信托贷款户

贷:银行存款或吸收存款

②计息。信托机构按季根据每个借款单位的借款积数分别计算利息。

借:应收利息

贷:利息收入——××贷款利息收入户

③收回。信托贷款到期后，信托机构要及时收回信托贷款本金。

借:银行存款

贷:贷款——××单位信托贷款户

应收利息——××贷款利息收入户

【例3-2-3】 海南某信托公司贷放给华能公司信托贷款300万元，年利率6.5%，期限1年，采取利随本清的结息方式，发放贷款的会计分录为：

借:贷款——华能公司信托贷款户 3000000

贷:银行存款 3000000

到期收回贷款本利的会计分录为：

借:银行存款 3195000

贷:贷款——华能公司信托贷款户 3000000

利息收入——华能公司信托贷款利息 195000

2. 委托贷款的核算

由委托人向信托机构提出办理委托贷款的申请，信托机构审查同意后与委托人签订委托贷款合同。委托人向信托机构交存委托基金，信托机构为其开立委托存款户，专项存储。信托机构按委托人指定的对象或项目、金额、期限及利率等发放贷款，并督促借款单位按期归还贷款。委托期满，信托机构将已收回的委托贷款和尚未发放的委托存款退回委托人，并收取规定的手续费。手续费按委托金额和期限征收，手续费率每月最高不超过视3%，付款方式、时间由双方商定。需要注意的是，如有到期未收回的委托贷款，信托机构应保留相应委托存款资金，待委托贷款全部收回再予以全部归还。

(1)账户设置。

①“代理客户资产——委托贷款”属资产类科目，核算信托机构接受客户委托代理发放的贷款。借方反映委托贷款的发放，贷方反映委托贷款的收回，期末借方余额反映委托贷款实有额。

②“应付受托人报酬”属负债类科目，贷方反映贷款使用方交来的应付给委托方的贷款利息（不含受托方按合同规定收取的手续费），借方反映交付给委托人的委托贷款利息，期末贷方余额反映已收回但尚未交给委托方的委托贷款利息，是公司的一项短期债务。

③“其他收入——委托贷款手续费收入”为损益类科目，核算信托机构收取的手续费，贷方反映各项手续费收入，期末将贷方余额结转“本年利润”科目贷方，结转之后无余额。

(2)账务处理。

①发放贷款。委托贷款的发放，事先要由委托人通过书面形式通知信托机构，内容包括贷款单位名称、贷款用途、贷款金额、贷款时间、贷款利率等。借款单位按规定要向信托机构报送有关资料，并填写借据，签订借款合同。然后，信托机构将贷款款项划到借款单位的银行账户里。

借:代理客户资产——××单位委托贷款户

贷:银行存款

②收取手续费。信托机构向委托方收取手续费,作为委托贷款业务的劳务收入。手续费计算基数以委托贷款额为准,按双方商定的比率收取。

借:银行存款

　　贷:其他收入——委托贷款手续费收入

如果按存贷利差收取手续费,则是在按季计算贷款利息时一并收取。

借:银行存款

　　贷:应付受托人报酬——××单位户

　　　　其他收入——委托贷款手续费收入

③结息。信托机构负责按季收取利息,在委托贷款到期时付给委托单位。

借:银行存款

　　贷:应付利息——××单位户

　　　　委托贷款到期时,由信托机构负责收回。

借:银行存款

　　贷:代理客户资产——××单位委托贷款户

如果协议规定贷款收回后终止委托,则将款项划转到委托方的存款账户里。

借:代理客户负债——××单位户

　　贷:银行存款

【例3-2-4】 海南某信托公司接受A公司委托,贷放给华兴公司委托贷款150万元,贷款期限1年,年利率为7%。双方约定信托公司在放款时按照贷款金额的1.5%收取手续费。放款时的会计分录为:

借:代理客户资产——华兴公司委托贷款	1500000	
贷:银行存款		1500000

收取手续费的会计分录为:

借:银行存款	22500	
贷:其他收入——委托贷款手续费收入		22500

贷款到期时,信托公司代为收回贷款本息,会计分录为:

借:银行存款	1605000	
贷:代理客户资产——华兴公司委托贷款		1500000
应付利息——A公司		105000

三、投资业务核算

知识要点:信托投资与委托投资

委托投资,是指委托人将资金事先存入信托机构作为委托投资基金,委托信托机构按其指定的对象、方式进行投资,并对资金的使用情况、被投资企业的经营管理和利润分配等进行管理和监督的业务。委托投资既可以直接投资于企业,也可用于购买股票、债券等有价证券。

信托投资,是指信托机构以投资者身份,直接参与企业的投资及其经营成果的分配,并承担相应的经济责任的业务。

信托投资的收益全部归信托机构,风险亦由其承担。信托投资包括短期信托投资和长期信托投资。

1. 信托投资业务的核算

信托投资通过“交易性金融资产”、“可供出售金融资产"以及“公允价值变动损益”进行核算。

(1)账户设置。

①"交易性金融资产"属于资产类科目,核算信托企业为交易目的所持有的债券投资、股票投资、基金投资等交易性金融资产的公允价值。本科目期末借方余额反映企业拥有的交易性金融资产的公允价值。

②"可供出售金融资产"属于资产类科目,核算信托企业持有的可供出售的金融资产的公允价值,包括可供出售的股票投资、债券投资等金融资产。本科目按可供出售金融资产的类别和品种分别"成本"、"利息调整"、"应计利息"、"公允价值变动"等明细科目核算。本科目期末借方余额反映信托企业拥有的可供出售金融资产的公允价值。

③"公允价值变动损益"属于损益类科目,核算信托企业交易性金融资产、交易性金融负债以及采用公允价值模式计量的投资性房地产、衍生金融工具、套期保值业务等公允价值变动形成的、应计入当期损益的利得或损失。期末,应将本科目余额转入"本年利润"科目,结转之后本科目应无余额。

(2)账务处理。

①交易性金融资产的核算。

信托公司对外投资取得交易性金融资产时作如下会计分录为,

借:交易性金融资产——成本

　　投资收益——交易费用

　　　　　　应收利息(已到付息期但尚未领取的利息)

　　　　　　或应收股利(已宣告但尚未发放的现金股利)

　　　　　　　贷:银行存款或存放中央银行款项或结算备付金

交易性金融资产持有期间被投资单位宣告发放的现金股利,或在资产负债表日按分期付息、一次还本债券投资的票面利率计算的利息,其会计分录为:

借:应收股利或应收利息

　　贷:投资收益

资产负债表日,交易性金融资产的公允价值高于其账面价值的差额,其会计分录为

借:交易性金融资产——公允价值变动

　　贷:公允价值变动损益

公允价值低于其账面价值的差额,做相反的分录。

信托公司出售交易性金融资产,作如下会计

借:银行存款或存放中央银行款项或结算备付金(实际收到的金额)

　　贷:交易性金融资产(账面价值)

按借贷方的差额,借记或贷记"投资收益",同时将原计入该金融资产的公允价值变动转出,贷记或借记"公允价值变动损益"科目,贷或借记"投资收益"科目。

【例 3-2-5】 海南某信托投资公司,2011 年 1 月 1 日,从二级市场支付价款 102 万元(含已到付息期但尚未领取的利息 2 万元)购入某公司发行的债券,另发生交易费用 2 万元。该债券面值 100 万元,剩余期限 2 年,票面年利率为 4%,每半年付息一次。信托公司将其划分为交易性金融资产。其他资料如下:

①2011 年 1 月 5 日,收到该债券 2010 年下半年利息 2 万元;

②2011 年 6 月 30 日,该债券的公允价值为 115 万元(不含利息);

③2011 年 7 月 5 日,收到该债券半年利息;

④2011 年 12 月 1 日,该债券的公允价值 110 万元(不含利息);

⑤2012 年 1 月 5 日,收到该债券 2011 年下半年利息;

⑥2012 年 3 月 31 日,信托公司将债券出售,取得价款 118 万元(含一季度利息 1 万元)。

假定不考虑其他因素，海南某信托公司的账务处理如下：

①2011 年 1 月 1 日，购入债券时，作如下会计分录：

借：交易性金融资产——成本　　1000000

　　应收利息　　20000

　　投资收益　　20000

　　贷：银行存款

②2011 年 1 月 5 日，收到该债券 2010 年下半年利息，作如下会计分录：

借：银行存款　　20000

　　贷：应收利息　　20000

③2011 年 6 月 30 日，确认债券公允价值变动和投资收益，作如下会计分录：

借：交易性金融资产——公允价值变动　　150000

　　贷：公允价值变动损益　　150000

借：应收利息　　20000

　　贷：投资收益　　20000

④2011 年 7 月 5 日，收到该债券半年利息，会计分录为：

借：银行存款　　20000

　　贷：应收利息　　20000

⑤2011 年 12 月 31 日，确认债券公允价值和投资收益，其会计分录为：

借：公允价值变动损益　　50000

　　贷：交易性金融资产——公允价值变动　　50000

借：应收利息　　20000

　　贷：投资收益　　20000

⑥2012 年 1 月 5 日，收到该债券 2011 年下半年利息，作如下会计分录：

借：银行存款　　20000

　　贷：应收利息　　20000

⑦2012 年 3 月 31 日，将该债券予以出售，作如下会计分录：

借：银行存款　　1180000

　　公允价值变动损益　　100000

　　贷：交易性金融资产——成本　　1000000

　　　　　　　　　　　——公允价值变动　　100000

　　　　投资收益　　180000

②可供出售金融资产的核算。

信托企业取得可供出售的金融资产为股票投资的，其会计分录为：

借：可供出售金融资金——成本（公允价值与交易费用之和）

　　应收股利（支付的价款中包含的已宣告但尚未发放的现金股利）

　　贷：银行存款或存放中央银行款项或结算备付金

信托企业取得可供出售的金融资产为债券投资的，作如下会计分录：

借：可供出售金融资产——成本（面值）

　　应收利息（支付的价款中包含的已到付息期但尚未领取的利息）

　　贷：银行存款或存放中央银行款项或结算备付金

按借贷方差额，借记或贷记“可供出售金融资产——利息调整”。

资产负债表日，可供出售债券为分期付息、一次还本债券投资的，应按票面利率计算确定的应收未收利息，其会计分录为：

借：应收利息

　　贷：投资收益（可供出售债务的摊余成本和实际利率计算确定的利息收入）

按借方、贷方差额，借记或贷记“可供出售金融资产——利息调整”。

可供出售债券为一次还本付息债券的，应于资产负债表日按票面利率计算确定的应收未收利息，其会计分录为：

借：可供出售金融资产——应计利息

　　贷：投资收益（可供出售债券的摊余成本和实际利率计算确定的利息收入）

按借贷方差额，借记或贷记“可供出售金融资产——利息调整”。

资产负债表日、可供出售金融资产的公允价值高于其账面余额的差额，其会计分录为：

借：可供出售金融资产——公允价值变动

　　贷：资本公积——其他资本公积

公允价值低于其账面余额的差额作相反的会计分录。确定可供出售金融资产发生减值的，其会计分录为：

借：资产减值损失（减记的金额）

　　贷：资本公积——其他资本公积（从资本公积中转出原计入资本公积的累积损失金额）

按借贷方差额，借记或贷记“可供出售金融资产——公允价值变动”。

对于已确认减值损失的可供出售的金融资产，在随后的会计期间内公允价值已上升且客观上与确认原减值损失事项有关的，应按照原确认的减直损失，作如下会计分录：

借：可供出售金融资产——公允价值变动

　　贷：资产减值损失

当可供出售金融资产为股票等权益工具投资的（不含在活跃市场上没有报价、公允价值不能可靠计量的权益工具投资），其会计分录为：

借：可供出售金融资产——公允价值变动

　　贷：资本公积——其他资本公积

出售可供出售的金融资产，应按实际收到的金额，作如下会计分录：

借：银行存款或存放中央银行款项或吸收存款

　　贷：可供出售金融资产——成本

　　　　　　　　　　　　——公允价值变动

　　　　　　　　　　　　——利息调整

　　　　　　　　　　　　——应计利息

按应从所有者权益中转出的公允价值累积变动额，借记或贷记“资本公积——其他资本公积”，按其差额贷记或借记“投资收益”科目。

【例3-2-6】 海南某信托公司于2011年7月13日从二级市场购入股票100万股，每股市价15元，手续费3万元。初识确认时，该股票划分为可供出售金融资产。信托公司2011年12月31日仍持有该股票，该股票当时的市价为每股16元。2012年2月1日，该信托公司将该股票出售，售价为13元，另支付交易费用1.3万元。假定不考虑其他因素，海南某信托公司的账务处理如下：

①2011年1月13日，购入股票，其会计分录：

借：可供出售金融资产——成本	15030000	
贷：银行存款		15030000

②2011年12月31日，确认股票价格变动，其会计分录：

借：可供出售金融资产——公允价值变动	970000	

贷:资本公积——其他资本公积　　970000

③2012 年 2 月 1 日,出售股票,其会计分录为:

借:银行存款　　12987000

资本公积——其他资本公积　　970000

投资收益　　2043000

贷:可供出售金融资产——成本　　15030000

——公允价值变动　　970000

2. 委托投资业务的核算

委托投资是信托机构接受企业的委托资金,按其指定的对象、范围和用途进行投资,信托机构受托监督投资资金的使用、被投资企业经营状况及利润分配等。委托投资的收益全部归委托人所有,信托机构一般只收取一定比例的手续费,投资的风险也由委托人承担。

(1)科目设置。

①"代理业务资产——委托投资"属资产类科目,核算信托机构接受客户委托代理客户进行的投资,借方反映受客户委托投出的资金,贷方反映收回的投资,期末借方余额反映尚未收回的委托投资,本科目按委托单位和投资种类设置明细账。

②"其他收入——委托投资手续费收入"为损益类科目,核算信托机构收取的手续费。贷方反映各项手续费收入,期末将贷方余额结转"本年利润"科目贷方,结转之后无余额。

(2)账务处理。

①委托投资。信托公司接受委托,收到委托资金对外投资时,其会计分录为:

借:银行存款

贷:代理业务负债——××单位委托存款户

借:代理业务资产——委托投资——××投资单位户

贷:银行存款

②分红。委托投资的资金分得的红利划到信托机构的银行账户,并转入委托人的委托存款账户时,其会计分录为:

借:银行存款

贷:代理业务负债——××单位委托存款户

③收取手续费。开办委托投资业务,信托公司收取手续费的核算与经办委托贷款业务收取手续费的核算相同。其会计分录为:

借:银行存款

贷:其他收入——委托投资手续费收入

【例 3-2-7】 海南某信托投资公司接受 A 公司存入资金 300 万元投资于 D 公司,经协商信托投资公司收取投资额 2% 的手续费。具体会计分录为:

收到投资资金时,其会计分录为:

借:银行存款　　3000000

贷:代理业务负债——A 公司委托存款　　3000000

对外投资时,其会计分录为:

借:代理业务资产——委托投资——D 公司　　3000000

贷:银行存款　　3000000

收取手续费,其会计分录为:

借:银行存款　　60000

贷:其他收入——委托投资手续费收入　　60000

四、其他信托业务核算

除上外，还包括财产信托、投资基金信托、公益信托和代理、咨询、担保等。

1. 财产信托业务的核算

财产信托是委托人将自己的动产、房产以及知识产权等财产、财产权，委托信托投资公司按照约定的条件和目的，进行管理和处置，财产信托按委托人、财产种类进行明细核算。具体账务处理如下：

(1)接受信托资产。

借：固定资产

　　贷：代理业务负债

(2)终止财产信托。

借：代理业务负债

　　贷：固定资产

(3)信托财产租赁。

借：经营(或融资)租出固定资产

　　贷：固定资产

(4)计提租金收入。

借：应收经营(或融资)租赁款

　　贷：租赁收入

(5)应付委托人收益。

借：营业费用

　　贷：应付受托人报酬

(6)支付收益时。

借：应付受托人报酬

　　贷：银行存款

2. 投资基金信托业务的核算

投资基金信托是信托公司受托经办国家有关法规允许从事的投资基金业务：

批准办理时，其会计分录为：

借：银行存款

　　贷：投资基金信托

终止时，其会计分录为：

借：投资基金信托

　　应付受托人报酬

　　贷：银行存款

3. 公益信托业务的核算

公益信托是信托投资公司为公益目的而设立的信托，公益项目包括救济贫困，扶助残疾人，发展教育、科技、体育、文化、艺术事业，发展医疗卫生事业、维护生态环境，发展其他有利于社会的公共事业。

当信托投资公司办理公益信托业务时，按实际收到的金额或财产价值，作如下会计分录：

借：银行存款

　　贷：公益信托

公益信托应按信托类别、委托人进行明细分类核算。

4. 拆出信托资金业务的核算

当信托公司拆出信托资金时,其会计分录:

借:拆出资金——××单位户

　　贷:银行存款

收到拆出信托资金利息时,作如下会计分录:

借:银行存款

　　贷:信托收入——拆出资金利息收入

收回拆出信托资金时,作如下会计分录:

借:银行存款

　　贷:拆出资金——××单位户

5. 代理、咨询、担保等业务的核算

代理业务不要求委托人转移其财产所有权,一般只是发挥财务管理职能的信用服务。信托机构办理的代理类业务主要有:代理收付款业务、有价证券业务,代保管业务,代理保险业务、担保签证业务、代理会计事务业务等。

信托公司办理代理业务,在一定程度上会影响信托机构的资产负债情况,如代收、代付款项,要涉及公司银行账户的变动,担保业务也可能会形成公司的一项负债,即或有负债,因此有必要对这些业务进行核算。

(1)办理代理业务收取手续费。

借:银行存款

　　贷:其他收入——××业务收入

(2)办理代付业务,当委托人拨来代付资金时。

借:银行存款

　　贷:代理收付款项——代理付款——××单位户

办理代付业务,付出款项时,作如下会计分录:

借:代理收付款项——代理付款——××单位户

　　贷:银行存款

(3)办理代收业务。

办理代收业务,代委托人收资金时,作如下会计分录:

借:银行存款

　　贷:代理收付款项——代理收款——××单位户

将款项交付委托人,作如下会计分录:

借:代理收付款项——代理收款——××单位户

　　贷:银行存款

(4)代保管业务。信托公司开办代保管业务所保管资产的所有权仍属委托者,应作为账外保管物品进行核算,进行备查登记。

(5)担保业务。信托机构办理担保业务,承担较大的风险,一旦被担保单位不能支付款项,信托机构就必须承担连带责任。因此,担保额形成信托机构的一项或有负债,在资产负债表外披露。信托机构必须对此类或有负债加强管理,在备查簿中按担保类别逐笔登记期限、金额等。

发生担保赔付时,作如下会计分录:

借:其他收入——其他信托收入

　　贷:银行存款

五、信托投资公司损益核算

1. 信托收入的核算

信托收入包括信托投资收入、信托贷款利息收入、信托租赁收入、拆出信托资金利息收入、手续费收入等。信托投资公司发生信托收入时，借记“银行存款”等科目，贷记“利息收入”、“投资收益”等科目。

信托按委托人和收入类别(信托投资收入、信托贷款利息收入、手续费收入、拆出信托资金利息收入、信托租赁收入等)进行明细核算。

2. 信托费用的核算

信托费用分为直接归集于某项信托资产和不可直接归集于某项信托资产两种。因办理某项信托资产业务而发生的费用，可直接归集于该项信托资产，由该项信托资产承担；因办项理某信托资产业务而发生的费用，不可直接归集于该项信托资产，由信托投资公司承担。

发生的由信托资产承担的费用，借记“营业费用”科目，贷记“银行存款”等科目，信托费用按委托人和信托费用的类别等进行明细核算。

3. 信托业务赔偿的处理

从事信托业务使受益人或公司受到损失的，按损失产生原因分别处理。

(1)属于信托公司违反信托目的，违背管理职责、管理信托事务不当造成信托资产损失的，以信托赔偿准备金赔偿。信托投资公司本身会计处理为：

借：信托赔偿准备金

　　贷：相关科目

(2)属于委托人自身原因导致对其信托资产司法查封、冻结，且须以其信托资产对第三人进行的补偿，仅能以其信托资产(扣除原约定费用和对未到期信托资产进行处置的违约金及相关费用后的资产)为限。

4. 损益的结转

期末，信托收入和信托费用转入信托损益科目，账务处理为：

借：信托收入

　　贷：本年利润

借：本年利润

　　贷：信托费用

斯末，信托投资公司应将未分配给受益人和委托人的信托收益结转为待分配信托收益，账务处理为：

借：本年利润

　　贷：利润分配

【例 3-2-8】 海南某信托投资公司 2011 年度共获得信托投资收入 1000 万元，信托贷款利息收入 500 万元，手续费收入 550 万元，发生各种信托费用 800 万元，日常办公费用 90 万元，结转损益会计分录知下：

借：本年利润	8900000	
贷：营业费用		8000000
管理费用		900000
借：投资收益	10000000	
利息收入	5000000	
其他收入——手续费收入	5500000	

贷:本年利润　　20500000

借:本年利润　　11600000

贷:利润分配　　11600000

【知识链接】

投资基金与信托的关系

投资基金是通过发售基金份额募集资金形成独立财产,由基金管理人管理、基金托管人托管,以资金组合方式进行投资,基金份额持有人按其所持份额享受收益和承担风险的投资组织。根据组织形式的不同,投资基金可分为信托制、公司制、合同制和有限合伙制基金等。

2005 年全国人大常委会会议审议的证券投资基金法草案中,将"契约型基金"统一正名为"信托型基金"。这意味着我国现有的投资基金体现的是一种信托关系,它的运作应当遵循信托原理。

当然,并不是所有的投资基金都体现为信托法律关系。只有当投资基金属于信托型时才需要遵循信托原理。但按照《证券投资基金法》的阐述,我国今后普遍采用的基金组织形式是信托制基金,并且规定采用公募的形式来募集资金。也正是从这一点出发,基于和已发布的《信托法》的衔接,《证券投资基金法》将"契约型基金"统一正名为"信托型基金"。可以说,我国目前的投资基金体现的是信托法律关系。

随着《信托法》的发布实施,自 2003 年以来信托公司已推出 300 例左右的信托产品。投资的领域为基础设施、房地产、证券等。从信托资金运用的角度来分析,信托产品分为特定信托、指定信托的无指定信托。但目前大多的信托产品属于特定信托,募集的资金主要投向房地产、基础设施、电力等。指定信托对受托人的理财能力、品牌、信誉都有较高的要求,其业务开展模式是从资金到项目。

可见,信托制基金,不论是证券投资基金还是实业投资基金都属于信托业务的范畴。而信托业务的指定计划无疑是信托型基金业务。从目前二者开展的业务状况来说,信托业务包括投资基金的业务。

【项目小结】

由于信托投资公司的经营业务范围的特殊性质,使得信托投资公司在会计核算方面具有与众不同的复杂性和特殊性。信托投资公司的业务囊括了银行、证券公司、租赁公司的相当大部分业务。因此,信托投资公司不但属于金融机构,而且是具有特殊性质的金融机构,其会计核算和财务管理也就具有明显的复杂性和特殊性,远较任何种类金融企业复杂、特殊。同时信托投资公司还具有投资管理公司的性质。由于信托投资公司可以运用自由资金在规定期限内进行对外投资,因此信托投资会形成一定规模的投资业务。

委托存贷款业务的核算主要包括:委托存款开户,计息,支取的核算;委托贷款发放,手续费收取,贷款利息计算,贷款到期收回的核算。

信托存贷款业务的核算主要包括:信托存款开户,计息,支取的核算;信托贷款发放,计息,到期收回的核算。

信托投资业务的核算主要包括:短期投资,长期股权投资,长期债券投资的核算。

信托投资基金的核算主要包括:基金资产的核算,基金发放和赎回的核算,基金收入和费用的核算。

【课堂讨论】

1. 信托投资公司业务种类有哪些?
2. 信托存款与委托存款存在哪些异同点?

3. 信托贷款与委托贷款存在哪些异同点?
4. 信托投资与委托贷款存在哪些异同点?

【项目训练】

A 信托投资公司 2006 年 5 月 4 日收到华新公司委托存款 1000 万元,按照合同规定,其中 500 万元作为委托投资,投放到荣欣公司,期限 3 年;另外,500 万元作为委托贷款,贷方给佳业公司,期限 2 年,利率为 5%,每年末结息。信托投资公司经办业务,每笔一次性收取业务额 3% 的手续费。作出信托投资公司经办上述业务的会计分录。

项目三

期货经纪公司业务核算

【项目目标】

为了完成本项目 2 个任务,你需要学习的知识:
期货经纪公司的业务概述
期货经纪公司的业务种类和政策法规
金融期货和商品期货的会计核算

【项目安排】

项目导入
相关知识
知识链接
项目小结
课堂讨论
项目训练

【技能目标】

通过完成本项目 2 个任务的实践(训),你应该能够:
熟悉期货经纪公司的业务流程
掌握期货经纪公司的经营模式和管理要求
掌握金融期货和商品期货的账务处理程序

【核心技能】

正确理解期货经纪公司的经营范围、特点和政策法规
掌握期货经纪公司业务核算方法
掌握期货经纪公司各种业务核算和账务处理程序

项目导入

一夜致富也许是个梦,天上不会掉馅饼,也许有同学们也会想到摸奖,但在实际生活中却有比

摸奖更有刺激的期货投资能实现致富梦。前不久，老张在五年前建材市场低迷的时候，经过市场分析和预测，认为海南的房地产未来的发展空间很大，于是决定通过海南某期货公司以非常低的价格购买大批的建材期货，五年后的今天，随着海南上升为国际旅游岛的战略决策，房地产升温，建材价格不断飙升，老张将建材出手后获得了巨大的利润。同学们，老张的致富之梦不是不可能，你们对期货业务的了解有多少？以上案例是否能激发你们对期货业务的学习兴趣？

相关知识

任务4　了解期货公司业务

知识要点：期货公司主要职能和业务特征

期货经纪公司作为代理客户在期货交易所进行交易的中介机构，它的主要职能表现在：接受客户的委托，按照客户下达的指令代客户买卖期货合约，办理各种交易手续，按客户的要求提供期货服务；向客户收取保证金，向期货交易所保证客户的履约责任，并随时向客户报告合约的交易情况和保证金的变化情况；为客户提供市场行情，充当客户的交易顾问，为客户提供咨询服务或培训等；代理客户进行实物交割。

期货经纪公司是代理客户从事期货交易的企业法人或由企业法人设立的分支机构。由中国证券监督管理委员（以下简称“中国证监会”）依法对期货经纪公司进行监督管理。

作为交易所与客户的中介，期货经纪公司在期货交易中负有双重责任。期货经纪公司的这种特殊地位，决定了它在期货交易中面临的风险不容忽视。为此，期货经纪公司都建立有较完善的结算制度。

一、与期货交易所对应的法规和制度

（1）登记结算制度。每份期货合约必须经过期货交易所登记、担保、结算，才能成为核算的期货合约。

（2）保证金制度。保证金是确保买卖双方履约的一种财力担保。对于期货经纪机构来说，保证金分为以下几种：

①基础保证金。期货经纪机构要预先向期货交易所交纳一笔巨额的基础保证金，在一般情况下，这笔保证金不得用作交易保证金或结算款项。

②交易保证金。作为期货交易的代理者，期货经纪公司要向期货交易所交纳持仓合约占用的保证金，主要有：初始保证金。在新开仓时，期货经纪公司存入一笔款项到交易所，用以担保初始买卖的期货合约，其数额由交易所规定；维持保证金，期货交易交易者必须维持的最低保证金水平；追加保证金。期货经纪机构补交的保证金，就是追加保证金。

（3）每日结算无负债制度。每日收市时交易所对每位会员进行交易结算，计算出各结算会员当日的盈亏，若经纪公司的代理业务发生亏损，必须补交差额资金；反之盈余，则交易所会将超过规定的保证金水平款项在第二天自动支付给各期货经纪公司。

（4）违约处理制度。若期货经纪公司破产或不能履约，交易所将根据违约处理制度来限制风险，保证履约，一般用交易保证金和结算准备金抵债，若仍不能完全弥补，则用经纪公司的基础保证金补足差额。

二、与客户对应的法规和制度

（1）账户分立制度。期货经纪公司应将所有客户交存的保证金在银行开立一个客户专用基金账户,然后再为每一客户分别开设分账户。客户专用基金与经纪机构自有资金不得相互混淆,各客户的资金也不能相互挪用。

(2)保证金制度。经纪公司要求客户为每一笔交易交纳保证金,以保证履行合约。保证金的水平由经纪公司自行确定,一般比经纪公司交给交易所的保证金比例略低。与经纪公司交给交易所的保证金相对应,客户交给经纪公司的交易保证金可区分为三种:初始保证金、维持保证金和追加保证金。

(3)每日结算制度。期货经纪公司对客户的未平仓合约及财务状况应进行逐日定市,每日计算。对于发生亏损,保证金数额低于维持保证金水平的客户,经纪公司要在下一个交易日开市前,书面通知客户结算状况,限期交纳追加保证金。

(4)强制平仓制度。若客户在规定的时间内没有追加保证金,则经纪公司有权对客户的未平仓合约进行强制平仓,直到账户中的保证金余额能够维持剩余头寸为止。

(5)手续费制度。无论交易者是卖还是买都必须交付一笔手续费,其支付金额由交易所规定,有的按成交金额的比例收取,有的按合约张数收取。经纪公司向客户收取的手续费构成经纪公司的主要业务收入来源。

期货交易是保证金交易,从参与期货交易的资金来讲,都是先以资金形态存在,然后因被持仓而转化为合约占用状态,通过买进或卖出合约平仓了结交易,合约占用形态的资金又转化为货币资金形态,这样周而复始的运转,并在周转过程中增值或减值。从而期货经纪公司与交易所、客户之间存在着手续费的支出和收入过程。期货市场这样正常有序的运转,也就构成了期货经纪公司的会计核算对象。

三、期货经纪公司会计核算的内容

期货经纪公司成立并取得期货交易所的会员资格后,还需缴纳年会费,以维持期货交易所的日常开支。同时还要向交易所购买席位,缴纳席位费。在替客户下单开始交易前,首先要求客户缴纳一笔保证金,为即将开始的期货交易作担保。期货经纪机构要将其作为结算准备金转交给交易所。客户下达指令开始交易后,则根据持仓和结算情况调整保证金。具体而言,期货经纪公司的业务核算包括以下几部分。

(1)与期货交易所的业务核算,包括与会员席位有关的业务核算和与日常交易有关的业务核算:①会员席位业务核算包括:取得会员资格缴纳的会员资格费、会员资格进行转让时取得的损益、自己本席位以外需要缴纳的席位占用费、退还席位时收回的席位占用费、期货经纪公司每年对期货交易所缴纳年会费;②与期货交易所日常交易业务有关的核算包括:期货经纪公司将期货保证金存入期货交易所、保证金的划回及保证金的提取、客户平仓后代扣的手续费、提交质押物进行融资的业务、代理客户对未平仓的合约进行实物交割,交易盈亏的结转。

(2)对客户业务,包括吸收客户期货保证金的核算和客户保证金清退的核算,平仓后从保证金中收取代理手续费的核算,对客户不能用货币资金追加保证金时接受保证金质押业务的核算,代理客户进行实物交割业务的核算,客户平仓盈亏的核算。

(3)其他业务的核算,包括期货经纪公司按规定提取风险准备金及其支付的核算,由于各种原因形成的错单交易的核算,对期货经纪公司存在的结算差异的反映;客户违约处罚的核算等。

相关知识

任务5　掌握期货经纪公司业务核算

知识要点:期货经纪公司账务处理的主要内容

期货公司的业务主要包括金融期货和商品期货,其主要核算流程主要包括会员费的核算、席位费的核算、缴纳会费的核算、开仓平仓与保证金的核算、平仓盈亏的核算、结算差异的核算、特许费的核算、实特交割的核算、提取和使用风险准备的核算和质押保证金的核算。

一、商品期货核算

1. 商品期货业务会计科目的设置

①"应收保证金"科目,对期货交易所(以下简称"交易所")划出和追加的,用于办理期货业务的保证金,应按交易所进行明细核算。

②"应收席位费"科目,为取得基本席位之外的席位而缴纳的席位占用费,本科目应按交易所进行明细核算。

③"应付保证金"科目,收到客户划入的保证金,本科目应按客户进行明细核算。

④"结算差异"科目,经纪公司同交易所及客户办理结算时,因采用的计算方式和结算程序形成的应收保证金与应付保证金之间的差额。

⑤"风险准备"科目,按规定从手续费收入中提取的期货风险准备。

⑥"应收风险损失款"科目,应设置"客户垫付"和"客户罚款"两个明细科目。"客户垫付"明细科目,核算经纪公司在违约客户保证金不足时,为客户实际垫付的风险损失款项;"客户罚款"明细科目,核算因客户存在违约、违规等行为对其实施的罚款,本科目应按客户进行明细核算。

⑦"长期股权投资"科目,下设置"期货会员资格投资"明细科目,核算为取得会员资格以缴纳会员资格费的形式对交易所的投资,本科目按交易所进行明细核算。

⑧"营业费用"科目,下设置"期货年会费"和"提取期货风险准备"明细科目。"期货年会费"明细科目,核算向交易所缴纳的年会费;"提取期货风险准备"明细科目,核算按规定提取的期货风险准备。

⑨"手续费收入"科目属损益类,核算从事代理业务取得的手续费收入。

⑩"应付账款"科目,下设置"代收手续费"明细科目,核算从客户保证金中划转的,为交易所代收、代付的手续费。

2. 期货经纪公司的账务处理

(1)会员资格费的核算

期货经纪机构向期货交易所缴纳的会员资格费,作为长期投资处理,并按历史成本核算。

会员资格费是一笔建设性的投资类似于公司的创建支出,不同于一般的费用,当期货经纪机构退出期货交易所时,可以在市场上公开出售这一会员资格。为了正确地体现期货交易中会员资格费的特殊性,"长期股权投资"科目中设置"期货会员资格投资"明细科目,用于核算期货经纪公司为取得会员资格。经纪公司为取得交易所会员资格而缴纳会员资格费时,应按实际支付的款项,

借:长期股权投资——期货会员资格投资

　　贷:银行存款

【例3-3-1】 宝岛期货经纪公司向A交易所缴纳会员资格费200万元,用银行存款支付。实际交付时会计分录如下:

借:长期股权投资——期货会员资格投资——A 交易所 2000000

贷:银行存款 2000000

当期货经营市场较为兴旺,因某种原因以比原购入资格费更高的价款让渡会员资格的,在清结期货交易后,对所欠期货交易所的各项费用应予补交,收到期货交易所退还缴纳会员资格费,作为长期投资处理,如有差额作为投资损益处理。按此规定可知,经纪公司转让或被取消会员资格,按实际收到的转让收入或交易所实际退还的会员资格费,借记"银行存款"科目,按经纪公司会员资格投资的账面价值,贷记"长期股权投资——期货会员资格投资"科目,其差额,借或贷记"投资收益"科目。

借:银行存款

(投资收益)

贷:长期股权投——期货会员资格投资

(投资收益)

【例 3-3-2】 承【例 3-3-1】宝岛经纪公司在经营过一段时期的期货业务后,决定转让在该期货交易所的会员资格,经交易所理事会批准后。转让给乙方,协商作价为 180 万元,转让手续已办妥,并收妥价款。会计分录如下:

借:银行存款 1800000

投资收益 200000

贷:长期股权投资——期货会员资格投资——A 交易所 2000000

(2)席位占用费的核算。

经纪公司在期货交易所认购了会员资格后,成为期货交易所的一名会员,并取得了一个基本交易席位,经纪公司若想取得更多的席位,则必须申请,并缴纳席位占用费。对于支付的席位占用费单独设置"应交席位费"科目,用于核算经纪公司为取得基本席位之外的席位而缴纳的席位占用费。当经纪公司因经营的需要,认为不必要占用太多的交易席位时,可以向交易所退还申请增加的交易席位,此时交易所应全额归还原来向会员收取的席位占用费。经纪公司取得的基本席位之外的席位不可转让。

经纪公司为取得基本席位之外的席位而向交易所缴纳的席位占用费时,其会计分录为:

借:应收席位费

贷:银行存款

如退还席位,收到交易所退还的席位占用费,做相反会计分录。

【例 3-3-3】 宝岛期货经纪公司在 A 交易所除获得基本席位外,考虑其经营业务,还另外购买两个交易席位,并支付席位占用费 50 万元。其会计分录如下:

借:应收席位费 500000

贷:银行存款 500000

(3)缴纳会费的核算。

期货经纪公司应按期货交易所的规定,每年向交易所缴纳年会费。年会费按占用席位和期货交易所理事会审议的标准缴纳。经纪公司向交易所缴纳年会费时,按实际支付的款项,作出的会计分录为:

借:营业费用——期货年会费

贷:银行存款

【例 3-3-4】 宝岛期货经纪公司按规定向甲期货交易所一次性交纳年会费 10 万元,其会计分录为:

借:营业费用——期货年会费　　100000
　　贷:银行存款　　100000

(4)开仓、持仓与保证金的核算。

①与期货交易所的保证金核算。

按经纪公司向交易所缴纳保证金是否被合约占用,分为结算准备金和交易准备金。

a. 结算准备金,是指期货经纪公司在期货交易所存入的,为交易结算预先准备的款项,它是尚未被合约占用的保证金。从资金管理角度还可进一步分为基础保证金和可用保证金。期货经纪公司应将基础保证金一次性存入保证金账户,会员单位在正常交易过程中不动用基础保证金。可用保证金大部分是经纪公司在下单买卖合约前存入交易所的款项,其他来源还包括:尚未提取的平仓盈利款及经纪公司将来交易需要增加存入的款项。期货经纪公司对这部分保证金拥有支配权,可以随时划回。不过经纪公司划回保证金必须经由交易所结算部门批准。

交易所只是在结算准备金账户中确定一个基本金额,在正常的交易中不允许使用,只有在会员单位其他的保证金不足时方可动用。交易所对会员单位可开仓头寸的控制是按结算准备金账户中的金额扣除基础保证金部分后的差额来确定。

【例3-3-5】 宝岛期货经纪公司在交易所下单买卖合约前,存入A交易所的保证金账户80万元。交易所要求会员单位存入的保证金中应保持50万元在正常的交易中不可动用(即基础保证金),只能在追加保证金不足时才可运用这笔资金。其会计分录如下:

借:应收保证金——A交易所　　800000
　　贷:银行存款　　800000

承上,该期货经纪公司在A交易所做多,买入合约后价格一路下跌,在某一结算日形成的浮动亏损为20万元。甲公司存入的保证金总额为80万元,已被合约占用20万元,基础保证金占用50万元,还有10万元可用与支付浮动亏损。在这种情况下,交易所要求甲公司追加保证金10万元,若甲公司不能及时追加保证金到位,交易所就会动用基础保证金先抵补这部分浮动亏损。向交易所支付追加保证金分录:

借:应收保证金　　100000
　　贷:银行存款　　100000

根据持仓合约的变化及浮动盈亏情况,交易所会减少结算准备金余额,而增加交易保证金余额,或者反之。在交易所要求追加保证金时,期货经纪公司应尽快补足被动用的基础保证金,会计分录为,借记"应收保证金"科目,贷记"银行存款"科目。

b. 交易保证金,是被合约占用的保证金,它随着交易量及结算价的变动而变动。交易保证金增加的情况包括:期货经纪公司开新仓及持仓合约发生异常变化,交易所要求增加交易保证金(如接近交割期,交易所为了保证合约的履行,一般要求增加保证金的水平)。交易保证金的减少是通过对冲平仓或实物交割了结期货交易,合约占用的保证金被释放退回到结算准备金账户中。

交易保证金还可进一步划分为初始保证金、维持保证金和追加保证金。在新开仓时从结算准备金账户中划转出的部分保证金称之为初始保证金。随着交易的进行,在每日收盘后,期货交易所结算部门将根据当时的盈亏情况调整会员单位的保证金账户,将盈利增加保证金金额,亏损减少保证金金额。若会员单位可用保证金账户出现亏损或因持有未平仓合约数量过多而使其保证金数额低于维持保证金水平,就必须在规定的时间内再存入一笔款项,增加交易保证金,使其达到初始保证金水平。这种补交的保证金通常称之为"追加保证金"。

客户向经纪公司下达开仓指令后,若开仓合约成交,则期货交易所结算部门就会根据成交合约的市价按一定的比例,将结算准备金账户中的可动用保证金划转到交易保证金中去。这部分被划转的保证金,经纪公司失去对其使用权,不能再将其用于开新仓或弥补交易亏损。开新仓的经济业务本身并不涉及期货经纪公司的账务处理,交易所结算部门进行的结算准备金向交易准备金的划转并不涉及期货交易所与经纪公司间的资金运动,经纪公司无须做出会计处理。只通过每日结算反映在结算单据上。

期货经纪公司按客户的指令开仓买入或卖出合约后,尚未对冲平仓前的状态称为持仓。持仓过程中,合约市价处于不断变化中,形成浮动盈亏。当浮动亏损达到一定程度时,可能会导致可动用的保证金低于结算准备金的最低水平,这时交易所就会发出追加保证金通知,经纪公司需追加保证金。交易所每天在交易结束后,计算每个会员的当日结算准备金金额,当会员的结算准备金低于最低准备金余额时,该结果即视为交易所向会员发出的追加保证金通知。交易所通过结算银行从会员的专用资金账户中划扣。经纪公司支付追加保证金时,其会计分录为:

借:应收保证金

　　贷:银行存款

【例 3－3－6】 宝岛经纪公司在 A 交易所进行期货交易,12 月 13 日持有的期货合约全线下跌,发生浮动亏损 80 万元,当日未发生出入金及开仓和平仓业务,上一交易日的结算准备金余额为 120 万元,交易所要求的结算准备金的最低余额为 50 万元。

该经纪公司当日的结算准备金余额为:120 － 80 = 40(万元),应追加的保证金为:50 － 40 = 10(万元),则交易所从经纪公司专用账户划拨资金。经纪公司的账务处理为:

借:应收保证金——A 交易所	100000	
贷:银行存款		100000

②与客户的保证金核算。

客户向经纪公司缴纳的保证金,是其履约的财力担保。与交易所对会员单位的保证金制度不同,目前我国经纪公司一般不要求客户缴纳基础保证金,只要缴纳交易保证金。因此,经纪公司收到的客户开户金,实际上就是客户最初存入经纪公司,准备用于下单买卖合约的保证金。经纪公司对客户的开户金额一般规定一个下限,客户可以根据自己将来要进行交易的数量向经纪公司预存一定数额的保证金。期货经纪公司必须按每一个客户开设保证金账户,进行明细分类核算。

经纪公司对收到的客户保证金,通过“应付保证金”科目核算。收到客户划入的保证金时,应按实际划入的款项,作出如下会计分录为:

借:银行存款

　　贷:应付保证金

客户划出的保证金,做相反会计分录。

【例 3－3－7】 宝岛经纪公司收到甲客户的开户保证金 100 万元,将其设专户存入。

借:银行存款	1000000	
贷:应付保证金——甲客户		1000000

承上例,甲客户在进行一段时间的交易后,因需要资金向经纪公司申请,将未被合约占用的保证金划出 10 万元。会计分录为:

借:应付保证金——甲客户	100000	
贷:银行存款		100000

经纪公司代客户下单成交以后,将成交合约应占用的保证金从客户交存的保证金账户中划出,形成交易保证金。经纪公司划转的客户交易保证金数额一般是在交易所划转的基础上略有增加。交易保证金的划转仅仅是结算需要,以确定是否追加保证金,并不涉及经纪公司与客户之间的真实资金运动,因此不涉及期货经纪公司同客户之间保证金的账务处理。

随着交易的进行,在每日收盘后,经纪公司将根据客户当日的盈亏情况调整客户的保证金账户,将盈利增加保证金金额,将亏损减少保证金金额。按交易所规定,会员的交易保证金账户必须维持其最低的保证金额度，经纪公司对客户也有相似的风险管理要求。若客户保证金账户划转交易保证金后出现亏损或因持有未平仓合约数量过多或合约价格向不利于客户的方向变动而出现浮动亏损，使其保证金数额低于维持保证金水平，就必须在规定的时间内再存入一笔款项，使保证金数额达到应有的水平，即追加保证金。追加保证金制度是经纪公司进行风险控制的有力手段之一，经纪公司一般是通过计算客户风险率和可动用保证金规模来进行日常保证金风险控制。不同的经纪公司所采取的风险控制的具体措施不同，在考核客户的风险程度及核定追加保证金的条件上也不尽相同。

【例3-3-8】 宝岛期货经纪公司代理M客户在湖南商品交易所做大米期货。5月20日，收取客户保证金12万元。5月28日接受客户指令以2300元/吨的价格开新仓卖出9月份期货合约100手，每手10吨计1000吨。期货经纪公司按5%的比率收取保证金。5月28日的结算价与成交价相同。5月29日的结算价为2270元。不考虑手续费，经纪公司的账务处理如下：

5月20日存入保证金：

借：银行存款　　120000

　　贷：应付保证金——M客户　　120000

5月28日开新仓，按成交价计算开新仓合约应占用的保证金为115000元(2300×100×10×5%)当日收盘价与成交价相同，当日可用的保证金大于合同占用的保证金，故无须追加保证金，不需进行账务处理。

5月29日发生浮动亏损。

期货价格下跌发生的浮动亏损为3000元[(2270-2300)×100×10]。

当日保证金余额为2500元(120000-115000-30000)。

由于浮动亏损，该客户在经纪公司的保证金可运用部分已成负数，期货经纪公司要求该企业在5月30日开盘前补交发生的浮动亏损30000元。收到保证金的分录为：

借：银行存款　　30000

　　贷：应付保证金——M客户　　30000

③结算准备金存款利息的核算。

经纪公司存入交易所的结算准备金是尚未被期货合约占用的保证金，对经纪公司来讲，这种结算准备金相当于在交易所的一种存款，交易所因此应支付相应的存款利息。一般情况，交易所按同期银行活期存款利率向经纪公司支付结算准备金存款利息。

交易所向经纪公司支付的结算准备金存款利息，是通过会员的保证金账户直接划转的。经纪公司收到交易所划转的保证金存款利息，借记“应收保证金”科目，贷记“财务费用”科目。

【例3-3-9】 在第二季度末，宝岛经纪公司在A交易所存入的结算准备金余额为80万元，其中基础保证金60万元，可用保证金20万元，经纪公司收到交易所支付的第二季度利息2000元。(设年利率按1%支付)

借：应收保证金——A交易所　　2000

　　贷：财务费用　　2000

【例3-3-10】 承上例，经纪公司将该笔存款利息从保证金账户中划出，会计分录为：

借：银行存款　　2000

　　贷：应收保证金——A交易所　　2000

(5)平仓盈亏的核算。

通过平仓买入或卖出而建仓的合约，以对冲平仓的形式予以了结是期货交易中最普通的业务，持仓合约通过对冲了结可能出现的情况有三种：一是平仓价等于开仓价，整个交易过程不盈不亏；二是多头的平仓价高于开仓价或空头的低于开仓价，实现平仓盈利；三是多头的平仓价低于开仓价或空头的平仓价高于开仓价，实现平仓亏损。期货交易所对会员单位合约所实现的平仓盈亏，通过结算准备金账户进行保证金的划转，对上述三种情况的处理也各不相同。

①不盈不亏。平仓价等于开仓价时，整个交易过程不盈不亏，此时交易所对经纪公司的结算业务只是将原合约占用的交易保证金划转为不被合约占用的结算准备金。因此，经纪公司不需要对这类业务进行账务处理，只需将结算单据作为资料备查即可。

②平仓盈亏。在平仓盈亏的情况下，交易所对经纪公司的结算包括两部分：一是将平仓会员实现的盈亏增加或减少其结算准备金；二是将原合约占用的交易保证金划转为不被合约占用的结算准备金，这部分不需进行账务处理。

经纪公司对平仓实现的盈亏通过“应收保证金”和“应付保证金”科目核算，按期货交易所结算单据载明的平仓盈亏金额，借记“应收保证金”，贷记“应付保证金”。

【例 3－3－11】 宝岛经纪公司代理一家客户在湖北商品交易所做钢铁期货交易。3 月 5 日，按客户指令买入 5 月份到期的大豆合约 40 手共 200 吨，成交价为 2400 元/吨。持仓到 5 月 15 日，客户下达平仓指令将大豆合约全部平仓了结。大豆合约的平仓成交价为 2500 元/吨。不考虑手续费，该期货经纪公司有关账务处理如下：

平仓盈利为：(2500－2400)×200＝20000(元)

借：应收保证金——湖北商品交易所　　20000

　　贷：应付保证金——客户　　20000

【例 3－3－12】 琼州经纪公司代理客户在上海期货交易所从事铜期货交易。3 月 5 日，按客户指令卖出 8 月份到期的铜期货 20 手共 100 吨，成交价为 17000 元/吨。3 月 15 日，8 月铜期货因国际市场影响价格上扬，该客户为减少风险决定先平掉 10 手，平仓成交价为 18000 元/吨。不考虑手续费，该期货经纪公司有关账务处理如下：

平仓亏损为：(17000－18000)×50＝－50000(元)

借：应付保证金——客户　　50000

　　贷：应收保证金——上海期货交易所　　50000

(6)结算差异的核算。

结算差异是由于交易所与经纪公司的平仓范围、顺序和结算方法的不同而产生的差异。会计上通过设置“结算差异”科目进行核算。当经纪公司与交易所及客户办理结算时，对应收保证金与应付保证金之间的差异通过本科目进行核算。交易所与经纪公司之间实行每日无负债结算和逐日盯市制度，交易所每天在交易结束后按当天的结算价进行计算，不再区分浮动盈亏和平仓盈亏，统一进行资金的结算和划拨；而经纪公司与客户之间的结算则必须区分已实现损益和未实现损益。从会计理论上讲，交易所同经纪公司之间的结算采用了会计市价原则，而经纪公司同客户的结算执行的仍是历史成本原则。这两种会计原则在期货业务中就是通过“结算差异”科目来进行的。

①由于交易所是按时间顺序平仓，而经纪公司是根据客户指定的交易价位进行平仓，两者计算的平仓盈亏不同而出现差额。由于这一原因形成的差异一般数额较小。

【例 3－3－13】 宝岛经纪公司某客户持有小麦合约 100 手共计 1000 吨，买入时间分别是 3 月 10 日和 3 月 15 日，买入价格分别是 1400 元/吨和 1350 元/吨，每次均购入 50 手。3 月 20 日客户指定平掉 3 月 15 日买入的合约，平仓价为 1600 元/吨。

不考虑因浮动盈亏产生的结算差异，经纪公司对该笔业务进行处理时，分录如下：

按交易所结算单计算的平仓盈利为：(1600－1400)×50＝10000(元)

按客户指令计算的平仓盈利为：(1600－1350)×50＝12500(元)

不考虑手续费，结算差异为：12500－10000＝2500(元)

借:应收保证金——交易所　　10000
　结算差异　　2500
　贷:应付保证金——客户　　12500

②结算差异形成的另一原因是因为交易所与经纪公司的结算方式不同而形成。浮动盈亏是指按持仓合约的当日结算价与其前一日的结算价或初始成交价计算出的潜在盈利或亏损金额,它是尚未实现的收益。浮动盈亏是反映期货交易者持仓风险情况的一个重要指标。

经纪公司对客户的保证金核算是按照客户的开仓价和平仓价计算平仓盈亏,对浮动盈亏不入账,月末仅对平仓盈亏入账,调整保证金账户。这样交易所和经纪公司计算出的保证金因对盈亏的计算口径不同而产生差异。这部分差异实质上是浮动盈亏。

对于期货合约当日计算的盈利,经纪公司应根据交易所计算单据列明的盈利金额(包括平仓盈利和浮动盈利),借记"应收保证金"科目,按照同客户结算的平仓盈利金额,贷记"应付保证金"科目,交易所结算金额小于经纪公司与客户结算金额的差额,借记"结算差异"科目(交易所结算金额大于经纪公司与客户结算金额的差额,贷记"结算差异"科目)。

对于期货合约当日结算的亏损,经纪公司应按照同客户结算的平仓亏损金额,借记"应付保证金"科目,根据交易所结算单据列明的亏损金额(包括平仓亏损和浮动亏损),贷记"应收保证金"科目,交易所结算金额小于经纪公司与客户结算金额的差额,贷记"结算差异"科目(交易所结算金额大于经纪公司与客户结算金额的差额,借记"结算差异"科目)。

【例 3-3-14】 宝岛经纪公司在 A 交易所进行期货交易,12 月 13 日收到交易所的结算单据,显示当日的结算结果为盈利 50 万元,其中持仓合约的盈利为 40 万元,当日的平仓盈利为 10 万元;经纪公司与客户的结算结果为平仓盈利 10 万元,对客户的浮动盈亏不划拨资金。经纪公司根据当日的结算单据进行账务处理如下:

借:应收接证金——A 交易所　　500000
　贷:应付保证——客户　　100000
　　结算差异　　400000

为了对经纪公司整体的持仓风险情况做出反映,经纪公司在资产负债表日,按结算价计算出全体客户持仓合约所形成的浮动盈亏,在会计报表补充资料中予以披露。

(7)手续费的核算。

在期货交易中,手续费是由提供期货交易服务的一方向接受服务的一方收取的服务报酬。期货交易所按成交情况向其会员单位收取手续费,期货经纪公司也按成交情况向客户收取手续费。在我国期货交易中手续费按单边收取,不管交易者是买入还是卖出,是开新仓还是对冲平仓,只要合约成交都必须按一定的标准缴纳手续费。按现行制度规定,期货交易所向会员收取的手续费不能超过成交合约金额的万分之五;期货经纪公司向客户收取的手续费一般不应低于其向交易所上交的部分。在实务中,交易所对不同的期货品种,收取的手续费标准也不同;不同的期货经纪公司向客户收取的手续费标准也不一样。

期货经纪公司向客户收取的手续费,除去上交给交易所的部分,其余构成了期货经纪公司营业收入。在收取手续费时,有的经纪公司是规定每张有一个绝对的手续费金额,手续费总额依成交手数的多少来计算确定;有的经纪公司则是按成交合约的交易金额的一定比例收取。由于经纪公司向客户收取的手续费并非全部归经纪公司所有,在进行账务处理时应区别对待。

经纪公司向客户收取交易手续费、交割手续费时,按实际划转的款项,借记"应付保证金"科目,按实际划转的款项中属于经纪公司收入的部分,贷记"手续费收入"科目,属于为交易所代收代付的部分,贷记"应付账款——代收手续费"科目。

向交易所支付的手续费,应按结算单据列明的金额,借记"应付账款——代收手续费"科目,贷记“应收保证金”科目。

【例 3-3-15】 甲期货经纪公司代理某客户在大连商品交易所进行大豆期货交易,12 月 13 日一次成交 100 手计 1000 吨,买入成交价为 2500 元/吨,大连商品交易所收取大豆合约的交易手续费为 4 元/手,甲经纪公司向客户收取手续费为 10 元/手。则经纪公司的财务处理如下:

①经纪公司从客户保证金账户中划转手续费时:

借:应付保证金——客户　　400

　贷:付账收手续费——大连商品交易所　　400

②交易所从甲经纪公司的结算准备金账户中划转手续费时:

借:应付账款——代收手续费——大连商品交易所　　400

　贷:应收保证金——大连商品交易所　　400

③12 月 31 日结转营业收入:

借:手续费收入　　600

　贷:营业利润　　600

(8)实物交割的核算。

实物交割是标准仓单的转手过程,具体是指期货合约到期时,交易双方通过该期货合约所载商品所有权的转移,了解未平仓合约的过程。当然,大部分期货交易是通过对冲平仓了结合约的,实物交割只占全部期货交易的 2% ~3%。由于期货交易是标准化合约的交易,所以作为交割的货物必须符合合约规定的商品标准和数量标准。

实物交割是期货交易和现货交易的交叉点,完整的实物交割程序可分为两步。第一步,实物交割双方先按最后交易日的交割结算价将合约对冲平仓完成期货交易过程;第二步,实物交割双方按最后交易日的实物结算价进行实物商品的现货交易。实物交割过程可分三个时间段,即第一通知日、最后交易日和最后交割日。第一通知日是进入交割月份的第一营业日,经纪公司收到交易所发出的准备交割通知单。在第一通知日卖方也可能已开始准备实物交割,并向交易所提交交货通知单。交易所按买方合约持仓时间长短、交割量大小、交割地点等因素,由计算机按优化和节约的原则自动撮合配对。第一通知日后,交易所一般会将保证金的水平逐步提高,以保证合约的正常履行,降低交割风险。最后交易日是交割月份的某一天,是未平仓合约可以对冲平仓的最后一个交易日,在最后交易日后仍未平仓的合约必须进行实物交割。最后交割日在交割期的最后一个工作日,实物交割必须在最后交割日前完成。第一通知日后的第一工作日到最后交割日前的一段时间为交割期,这期间每个工作日都可交割。

由于市场的逐日盯市制度,结算价变动引起的盈亏在每日的期货交易账户中反映,所以在最后交易日结束后买卖双方发生实物交割时均按最后交易日的结算价作为双方应收或应付的货款。对于以实物交割了解合约,按交割结算价先作对冲平仓处理。

经纪公司代理买方客户进行实物交割的,应按交易所计算的实物交割货款金额向客户收取。收到交易所转来的由买方提供的实物仓单及增值税专用发票应及时转交给买方客户。经纪公司代理卖方客户进行实物交割的,应按交易所的交割规定及时向交易所提供实物仓单,并向卖方开出增值税专用发票。在收到交易所结转的实物交割货款时,应及时划转给客户。

代理买方客户进行实物交割的,依据交易所提供的交割单据,按实际划转支付的交割货款金额(含增值税额,下同)借记“应付保证金”科目,贷记“应收保证金”科目。代理卖方客户进行实物交割的,依据交易所交割单据,按实际划转收到的交割货款,借记“应收保证金”科目,贷记“应付保证金”科目。

实物交割中有时会出现某一方违约的行为,即交割违约。如卖方客户不能按时向交易所提交货物仓单、提货凭单手续不全提不到货,实物质量不符合规定等。如买方客户不能及时足额的将货款汇入交易所账户,不按提货日规定的期限提货等。对于交割的违约行为,交易所往往对违约方处以交易金额一定比例的违约金和罚款。

期货经纪公司在代理客户进行实物交割时发生的违约罚款,通过"应收风险损失款——客户罚款"科目进行核算。代理客户向交易所缴纳的违约罚款支出,借记"应收风险损失款——客户罚款",贷记"应收保证金"科目;实际从客户保证金中划转违约罚款支出,借记"应付保证金",贷记"应收风险损失款——客户罚款"科目。

【例3-3-16】 宝岛经纪公司代理甲客户在沈阳商品交易所进行大豆期货的套期保值,5月15日买入10月份到期的合约100手,每手10吨计1000吨,成交价为2200元/吨,保证金率为5%。进入交割日准备进行实物交割。有关资料如下:

①第一通知日后交易所将保证金比例一次性提高到30%。第一通知日期前的保证金累计金额为60万元。

②第一通知日的结算价为2220元/吨。最后交易日的结算价为2300元/吨,前一交割日的结算价为2280元/吨。

③交易所要求支付的交割手续费为25元/手。

④甲客户未能按时将交割款汇入交易所,按规定被处以交易额1%的罚款。

对以上经济业务的账务处理如下:

5月15日支付保证金110000元,设甲客户在经纪公司的保证金专户中有足额存款,足够支付新开仓合约的保证金,经纪公司与客户间无账务处理的必要。

第一通知日后,按交易所规定追加交割保证金。应交保证金为666000元(2220×1000×30%),应追加保证金为66000元,即666000-600000=66000(元)。其会计分录如下:

借:应收保证金——沈阳商品交易所　　66000
　　贷:银行存款　　66000

按最后交易日的交割结算价将合约作对冲平仓处理。对客户而言,事项的平仓盈利为100000元,即(2300-2200)×1000;由于交易所与经纪公司之间实行每日盯市制度,其结算的平仓盈利应为20000元,即(2300-2280)×1000。会计分录如下:

借:应收保证金——沈阳商品交易所　　20000
　　结算差异　　80000
　　贷:应付保证金——甲客户　　100000

实际应向交易所支付交割货款230万元,经纪公司代甲客户存在交易所结算账户中的保证金总额为766000元,即666000+100000,尚需追加1534000元。收到客户支付的货款并划转给交易所。

借:银行存款　　1534000
　　贷:应付保证金——甲客户　　1534000

同时,

借:应付保证金——甲客户　　1534000
　　贷:应收保证金——沈阳商品交易所　　1534000

假设客户未能按时将交割款汇入交易所被处以罚款,交易所先从经纪公司的结算准备金账户扣除,会计分录为:

借:应收风险损失款——客户罚款　　15340
　　贷:应收保证金——沈阳商品交易所　　15340

客户向经纪公司缴纳交割违约款时,会计分录为:

借:应付保证金——甲客户　　15340

　贷:应收风险损失款——客户罚款　　15340

(9)提取和使用期货风险准备。

按现行制度规定,期货经纪公司应按客户收取的手续费净收入(凭手续费收入总额扣除为交易所代收、代付部分的余额)的5%提取,并计入营业费用。经纪公司提取风险准备时,按实际提取的金额,借记“营业费用——提取期货风险准备”科目,贷记“风险准备”科目。

经纪公司代理客户进行期货交易,发生错单的事情是不可避免的,如下单员向计算机输入客户指令时,输错了方向,将买单下成了卖单;输错数量、价格等。按现行财务制度的规定,错单合约平仓产生的亏损,按结算单据列明的金额,借记“风险准备”科目,贷记“应付保证金”科目;错单平仓实现的盈利,做相反的会计分录。

经纪公司出现风险事故应分清责任。因经纪公司自身原因造成的风险损失,应按照有关规定追究有关当事人的责任,按应由当事人负担的金额,借记“其他应收款”科目,按应由经纪公司负担的金额,借记“风险准备”科目,按实际向交易所或客户划转的金额,借记“风险准备”科目,按实际向交易所或客户划转的金额,贷记“应收保证金”或“应付保证金”科目。

因客户责任造成的风险损失,需要经纪公司代为客户垫付时,按实际向交易所划转的金额,借记“应收风险损失款——客户垫付”科目,贷记“应收保证金”科目;向客户收回垫付的风险损失款时,借记“应付保证金”科目,贷记“应收风险损失款——户垫付”科目;按规定对难以收回的风险损失垫付款予以核销时,借记“风险准备”科目,贷记“应收风险损失款——客户垫付”科目。

因客户有违约、违规等行为对其实施的罚款,在客户支付罚款前,借记“应收风险损失款——客户罚款”科目,贷记“营业外收入”,实际收到客户支付的罚款时,借记“应付保证金”或“银行存款”,贷记“应收风险损失款——客户罚款”科目。

【例3-3-17】 宝岛经纪公司10月份代理期货业务得到的手续费净收入为80万元,按5%的比例提取风险准备金。会计分录如下:

借:营业费用——提取期货风险准备　　40000

　贷:风险准备　　40000

【例3-3-18】 宝岛客户向某经纪公司下达交易指令,买入沈阳商品交易所的10月的大豆期货100手计1000吨。指定价位为2200元/吨,由下单员错输成了2300元/吨,这笔错单在当天收市后发现。按经纪公司的规定在第二天开市后尽快进行对冲平仓,平仓成交价为2250元/吨。错单交易造成的损失经批准后下单员承担50%,其余50%用风险准备金弥补。账务处理如下:

错单合约平仓实现亏损50000元,即(2250-2300)×1000=-50000(元)

借:应付保证金——客户　　50000

　贷:应收保证金——沈阳商品交易所　　50000

对经批准后的弥补方式处理如下:

借:其他应收款——下单员　　25000

　风险准备　　25000

　贷:应付保证金——客户　　50000

【例3-3-19】 宝岛经纪公司代理客户在上海期货交易所进行铝期货交易,因客户对市场变化判断失误,导致损失60万元,由经纪公司先为客户垫付。会计分录如下:

为客户垫付交易损失款时:

借:应收风捡损失款——客户垫付　　600000

　贷:应收保证金——上海期货交易所　　600000

为客户垫付款确认无法收回予以核销:

借:风险准备 600000

  贷:应收风险损失款——客户垫付 600000

(10)质押保证金的处理。

期货交易所与经纪公司间的资金往来一般是采用货币资金进行结算。根据交易所规定,会员单位也可采用质押的形式取得保证金。质押是指会员单位提出申请并经交易所批准,将持有的权利凭证移交交易所,作为会员履行保证金债务的担保行为。质押只可应用于会员保证金的担保,会员发生的交易亏损、费用、税金只能用货币结算。

可用于质押的权利凭证仅限于国债和交易所注册的标准仓单。质押价的确定方法为:以国债质押的,按同日(或验券交存日前一交易日)该品种上交所和深交所收盘价中较低价格作为基准价;以标准仓单质押的,以该品种最近已交割合约最后交易日的结算价(或交割结算价)作为基准价;质押不得高于基准价的80%。

用作质押的可上市流通的国债或标准仓单存入交易所后其所有权并未发生转移,仍归经纪公司或客户所有,一旦有了足够的货币资金作为保证金,经纪公司就可以赎回质押品。对于质押品的核算,可以不单独设置一级科目,而是作为报表补充资料以披露,对于质押品完整的业务过程,可以通过质押品备查登记簿做出全面、完整的反映。对于获取的质押品额度通过结算部门来掌握,不进行单独的会计核算。

同期货经纪公司向交易所质押保证金相同,客户也可以向经纪公司质押保证金。对于可用于质押的资产的要求及政策,经纪公司向交易所质押和客户向经纪公司质押相同。可上市流通的国债,按不小于10%的折价比率提供保证金;套期保值的标准仓单,参照交易所的规定以一定的质抵率提供保证金。对于客户质押业务的处理只作报表附注披露,不再单独进行核算。期货公司应当对质押业务做出详尽的备查登记,完整记录和反映客户的质押情况。

二、金融期货核算

本任务仅对金融期货和其他期货业务处理进行介绍。

1. 金融期货

以外汇、利率和股票价格指数等金融工具为标的物的期货合约的交易活动,称为金融期货交易。

(1)外汇期货是指协约双方同意在未来某一时期,根据约定价——汇率,买卖一定标准数量的某种外汇的可转让的标准化协议。外汇期货涉及的币种主要有:日元、英镑、德国马克、瑞士法郎、荷兰盾、法国法郎、加拿大元、美元等。

(2)利率期货是指协议双方同意在约定的将来某个日期,按约定条件买卖一定数量的某种长短期信用工具的可转让的标准化协议。利率期货交易的对象有长期国库券、政府住宅抵押证券、中期国债、短期国债等。

(3)股票指数期货是指协议双方同意在将来某一时期按约定的价格买卖股票指数的可转让的标准化合约。

金融期货交易的对象是虚拟化了的金融证券的合约,而非具有实物形态的商品。

2. 金融期货特点

金融期货和商品期货在交易机制、合约特征、机构安排方面并无二致,但二者也有不一样的地方:

(1)金融期货一般没有真实的标的资产(如股指期货等),而商品期货交易的对象是具有实物形态的商品,如农产品等。

(2)股价指数期货在交割日以现金清算,利率期货可以通过证券的转让清算,商品期货则可以通过实物所有权的转让进行清算。

(3)金融期货合约到期日都是标准化的。商品期货合约的到期日,根据商品特性的不同而不同。

(4)金融期货适用的到期日比商品期货要长。

(5)持有成本不同。各种商品需要仓储存放和仓储费用,金融期货合约的标的物所需的储存费用较低,有些如股指甚至不需要储存费用。存放在金融机构还有利息,有时这些利息会超出存放成本,产生持有收益(即负持有成本)。

(6)投机性能不同。由于金融期货市场对外部因素的反应比商品期货更敏感,期货价格的波动更频繁、更大,因而比商品期货具有更强的投机性。

3. 金融期权

金融期权是一种颇受投资者欢迎的套期保值的新工具。

(1)期权是指未来一定时期可以买卖的权利,是买方向卖方支付一定数量的金额(指权利金)后拥有在未来一段时间内或未来某一特定日期以事先规定好的价格(指履约价格),向卖方购买(指看涨期权)或出售(指看跌期权)一定数量的特定标的物的权利,但不负有必须买进或卖出的义务。期权交易事实上就是这种权利的交易。买方有执行的权利也有不执行的权利,完全可以灵活选择。

(2)期权合约是指期权买方向期权卖方支付了一定数额的权利金后,即获得该项在规定的期限内按事先约定的敲定价格买进或卖出一定数量相关商品期货合约权利的一种标准化合约,期权合约的构成要素主要有:买方、卖方、权利金、敲定价格、通知日和到期日等。

(3)按期权的权利来划分,主要有看涨期权和看跌期权以及双向期权三种。

①看涨期权,是指期权的买方享有在规定的有效期限内按某一具体的敲定价格买进某一特定数量的相关商品期货合约的权利,但不同时负有必须买进的义务。

②看跌期权,是指期权的买方享有在规定的有效期限内按某一具体的敲定价格卖出某一特定数量的相关商品期货合约的权利,但不同时负有必须卖出的义务。

③双向期权,是指期权的买方既享有在规定的有效期限内按某一具体的敲定价格买进某一特定数量的相关商品期货合约的权利,又享有在商定的有效期限内按同一敲定价格卖出某一特定数量的相关商品期货合约的权利。

(4)期权的履约有以下三种情况。

①买卖双方都可以对冲的方式实施履约;

②买方也可以将期权转换为期货合约的方式履约;

③任何期权到期不用,自动失效。

(5)期权交易与期货交易之间既有区别又联系。其联系是:

①两者均是以买卖远期标准化合约为特征的交易;

②在价格关系上,期权交易的敲定价格是以期货合约所确定的远期买卖同类商品交割价为基础,而两者价格的差额又是权利金确定的重要依据;

③期货交易越发达,期权交易的开展就越具有基础,期货市场发育成熟和规则完备为期权交易的产生和开展创造了条件;

④期货和期权交易可以做多做空,交易者不一定进行实物交收;

⑤由于期权标的物为期货合约,因此期权履约时买卖双方会得到相应席位。

【知识链接】

金迪期货公司挪用客户保证金案

2004 年,中国证监会对浙江金迪期货经纪公司挪用客户保证金及允许客户在保证金不足的情况下进行期货交易案进行了查处，并向媒体通报了查处情况。2004年3月至12月，金迪期货上海营业部在客户保证金不足的情况下允许客户继续进行期货交易，金迪期货从交易中非法获取手续费收入两万余元；同年10月19日，上海营业部某客户可用资金余额为3800万元，而当日公司自有资金余额为1000余万元，公司实际挪用其他客户保证金2790万元，同样的情况还存在于2004年10月20日至11月1日期间。根据当事人违法行为的事实、性质、情节与社会危害程度，证监会决定，给予金迪期货警告，没收违法所得并处20万元罚款。此外，金迪期货相关责任人也受到了不同程度的处罚。

证监会期货部有关负责人强调，各期货公司要共同维护我国期货市场健康发展的大好形势，树立依法经营、规范发展意识，加强内部控制，合规经营；监管部门将坚定不移地严格执法，对破坏、损害投资者合法权益的违法违规行为，采取严厉打击，发现一起，查办一起，并严肃追究相关负责人的责任，绝不姑息。

【项目小结】

期货经纪业务是指代理客户进行期货交易的中介业务，客户不能与期货交易所进行交易，整个流程是：客户通过期货公司的席位与期货交易所交易，交易所收取期货经纪公司手续费，期货经纪公司再向客户收取手续费。

期货经纪公司的主要职能有：接受客户的委托，按照客户下达的指令代客户买卖期货合约，办理各种交易手续，按照客户的要求提供期货服务。向客户收取保证金，向期货交易所保证客户的履约责任。同时在期货市场的风险控制中起着核心作用。

期货经纪公司的主要业务有：商品期货、金融期货。

期货经纪的会计业务核算，按照《期货经纪公司商品期货会计业务处理暂行规定》要设置相应的会计科目：应收保证金、应收席位费、应付保证金、结算差异、风险准备、应收风险损失款、长期股权投资、营业费用、手续费收入等。

期货经纪公司的账务处理主要包括：会员资格费的核算、席位占用费的核算、缴纳会费的核算、开仓持仓与保证金的核算、平仓盈亏的核算、结算差异的核算、手续费的核算、实物交割的核算、提取和使用期货风险准备的核算、抵押担保金的核算等。

【课堂讨论】

乙方杨某通过某期货公司（甲方）职员张某介绍，于2010年8月2日与该公司签订期货经纪合同一份。双方就委托、保证金、强行平仓、通知事项等事项进行了约定。在通知事项中约定：在每个交易日闭市后，直至下一交易日开市前，甲方按照约定向乙方（杨某）发出每日交易结算单，并送乙方到甲方结算部签收，而乙方授权张某签领；每月前5个交易日内甲方向乙方提供上月交易结算月报并请乙方到甲方结算部签收，乙方同样授权张某签领交易结算月报。

同学们：你们认为本案例中甲、乙双方所签期货合同符合规定吗？为什么？

【项目训练】

1. 期货经纪公司的业务范围有哪些？期货经纪公司的业务核算应该设置哪些科目？
2. 商品期货有哪些政策规定？金融期货有哪些特点？商品期货与金融期货有哪些区别？
3. 期货交易所的保证金是如何进行核算的？期货经纪公司与客户的保证金是如何核算的？

项目四

基金管理公司业务核算

【项目目标】

为了完成本项目2个任务,你需要学习:
基金管理公司业务概述
基金管理公司的业务种类和管理要求
基金管理公司业务核算方法、流程和账务处理程序

【项目安排】

项目导入
相关知识
知识链接
项目小结
课堂讨论
项目训练

【技能目标】

通过完成本项目2个任务的实践(训),你应该能够:
熟悉基金管理公司业务流程和政策法规
掌握基金管理公司业务种类、核算方法和要求
掌握基金管理公司业务的会计处理和损益计算

【核心技能】

熟悉基金管理公司业务范围、特点和管理要求
掌握基金管理公司各项业务的核算流程和账务处理方法
熟悉基金业务损益的核算

项目导入

近年来,很多股民从股票市场上并没有获得收益甚至赔本,于是很多人特别是没有时间来关注股市的人转向了购买基金,把资金交给基金管理公司来打理,一方面可以降低风险,另一方面可以做甩手老板。只要选择了一个好的基金,也可以获得不错的收益。

同学们,你们了解投资人与基金管理公司之间的资金清算、基金投资损益核算是如何进行的吗?又有哪些程序和规定?它与证券、信托、期货等又有何联系和区别?

相关知识

任务6　了解基金管理公司业务

知识要点:证券投资基金的基本概况

证券投资基金是指一种利益共享、风险共担的集合证券投资方式,即通过发行基金单位,集中投资者的资金,由基金托管人托管,由基金管理人管理和运用资金,从事股票、债券等金融工具投资。

按照基金单位是否可以增加或赎回,基金可以分为开放式基金和封闭式基金;按照组织形式的不同,基金可以分为契约型基金和公司型基金;按照基金经营目标的不同,基金可以分为积极成长型基金、成长型基金、成长及收入型基金、平衡型基金、收入型基金等;按照投资对象的不同,基金可以分为股票基金、债券基金、货币市场基金、期货基金和期权基金。

总的来说,证券投资基金有以下四方面的当事人:基金发起人、基金持有人、基金管理人和基金托管人。

基金管理公司应依法为基金份额持有人的利益管理和运用基金财产。中国证监会对基金管理公司及其业务活动实施监督管理。我国证券投资基金开始于1998年3月,在较短的时间内就成功地实现了从封闭式基金到开放式基金、从资本市场到货币市场、从内资基金管理公司到合资基金管理公司、从境内投资到境外理财的几大历史性的跨越,取得了举世瞩目的成绩。证券投资基金目前已经具有相当规模,成为我国证券市场的最重要机构投资力量和广大投资者的最重要投资工具之一。

一、证券投资基金分类

证券投资基金的种类繁多,根据研究角度不同,可以分为以下几种。

1. 按照基金单位是否可以增加或赎回,基金可以分为开放式基金和封闭式基金

(1)开放式基金与封闭式基金相对应,基金发行总额不固定,基金单位可根据需要追加发行,投资者也可决定退回或增加购买基金单位份额。开放式基金不在证券交易所上市,而投资者可以在规定的营业场所,依据基金单位净值申购或赎回一定数量的基金单位,随时可能发生基金的赎回,开放式基金必须保持足够的现金或者国家债券,以备支付赎金,所以与封闭式基金相对比而言开放式基金进行长期投资会受到一定的限制。

(2)封闭式基金发行总额和存续期是事先确定的,在发行完毕后和规定的期限内,除非发生扩募等特殊情况,基金单位总数保持不变。我国规定封闭式基金存续期不得少于5年,最低募集数额不得少于2亿元。封闭式基金在证券交易所上市,投资者不能对基金进行申购或赎回,如果要购买或出售所持的基金份额,只能在证券交易市场按市场价格进行买卖。

2. 按照组织形式的不同,基金可以分为契约型基金和公司型基金

(1)公司型基金是一种专门的股份公司,公司依法成立,以盈利为目的、通过发行股票将集中起来的资本投资于各种有价证券的投资机构。公司型基金在组织结构、筹资、利润分配等方面与股份有限公司类似。公司型基金发行普通股票,供投资人购买并享有收益,然后基金将集中起来的资金进行专业性投资管理,以此分散风险、提高收益。基金公司就是基金本身,募集一个基金即成立一家公司,基金投资人即为公司股东。基金的实际管理和经营由管理公司负责,管理公司也称投资顾问,由其负责基金的投资组合和日常经营活动。

(2)契约型基金又称信托型基金,契约型基金本身不成立公司,一般由基金管理公司、基金托

管机构和投资者签订基金契约，并依据基金契约发行受益凭证设立基金并运作，筹集资金的方式一般是发行基金受益券或者基金单位，凭借所有权参与投资权益的分配。契约型基金与公司型基金相比，契约型基金不具有法人资格，不能向银行借款来扩大基金运营规模。

3. 按照基金经营目标的不同，基金可以分为积极成长型基金、成长型基金、成长及收入型基金、平衡型基金、收入型基金等

（1）积极成长型基金也称为高成长投资基金、最大成长投资基金，这类基金把追求最大资本利润作为其投资目标，当期收入不在其考虑范围之内，通常投资风险很大。基金一般投资于具有资本增值潜力的小盘、成长型公司的股票。

（2）成长型基金又称作长期成长基金，这类基金追求资本的长期增值，因此将基金资产主要投资于资信好，具有资本增值潜力的已经运转良好的公司。

（3）成长及收入型基金以既能提高当期收入又能实现资本长期成长为目标，兼顾长期资本增值与稳定的投资收益。主要投资于运转良好，具有未来成长性并且能长期稳定支付股利的普通股。

（4）平衡型基金是指具有多重投资目标的投资基金。这类基金主要有三个投资目标：确保投资者的投资本金、支付当期收入、资本与收入的长期成长。此类基金一般将基金资产按比例投资于债券、优先股、普通股等各种证券上。平衡型基金的资本成长潜力不如成长型基金，但是它能满足投资者的双重投资目标，既追求当前收入又注重资本成长，大大降低了本金损失的风险。

（5）收入型基金不以资本增值为其目标，它追求能为投资者带来高水平的当期收入。其投资对象主要是能带来稳定收入的各种证券。收入型基金保证了投资者投资目标的实现，降低了本金遭受损失的风险，同时也丧失了投资于风险较大但具有成长潜力的有价证券的机会，削弱了基金的发展能力。

4. 按照投资对象的不同，基金可以分为股票基金、债券基金、货币市场基金、期货基金和期权基金

（1）股票基金是以股票为主要投资对象的基金，包括优先股和普通股。股票基金既可以赚取资本收益，又可使资本增值，同时风险也比较高。

（2）债券基金以债券为投资对象。债券是一种获利稳定、风险较小的，长短皆宜的有价证券，因此投资于债券基金可以保证投资者获得稳定的投资收益，而且面临的风险小。一般情况下，债券基金会定期派息，基金回报率比较稳定，但是债券基金风险较低，其回报率往往也比较低。

（3）货币市场基金，是指在货币市场上以短期有价证券作为投资对象的一种基金。该基金主要投资于短期货币工具如国库券、政府短期债券、商业票据、银行可转让存单等短期有价证券。由于货币市场是一个低风险、流动性高的市场，因此货币市场基金具有收益高、流动性强、购买限额低、资本安全性高的特点。

（4）期货基金是以各类期货市场为主要投资对象的一种基金。期货是一种高收益、高风险的投资方式，具有较强的投机性，具有可以以较小的投资获得较高收益，同时风险也较大的特点。

（5）期权基金是指以前分配股利的权作为投资对象的基金。

二、证券投资基金当事人

1. 基金发起人

基金发起人是以基金的设立和组建为目的，采取必要措施和步骤来设立和组建基金的法人。契约型基金的发起人在基金成立后一般成为该基金的管理人，或组建一家专门的基金管理公司来管理该基金，发起人为该基金管理公司的主要股东。在公司型基金中，发起人是基金管理公司的主体，它发行股票筹措资金，股东就是基金持有人。

并非任何法人都可以发起设立基金，基金的设立必须经中国证券监督管理委员会审查批准。

我国《证券投资基金管理暂行办法》规定了申请设立基金应当具备的条件。

(1)主要发起人为按照规定设立的证券公司、信托投资公司、基金管理公司。

(2)每个发起人的实收资本不少于3亿元,主要发起人有3年以上从事证券投资经验、连续盈利的记录,但是基金管理公司除外。

(3)发起人、基金托管人、基金管理人有健全的组织机构和管理制度,财务状况良好,经营行为规范。

(4)基金托管人、基金管理人有符合要求的营业场所、安全防范设施和与业务有关的其他设施。

(5)中国证监会规定的其他条件。

另外,申请设立开放式基金,还必须在人才和技术设施上能够保证每周至少一次向投资者公布基金资产净值和申购、赎回价格。基金发起人必须在发起时认购并在基金存续间持有一定比例的基金单位。

2. 基金持有人

基金持有人是基金单位的持有者,是基金投资人,是基金资产的最终拥有人,享有基金资产的一切权益,并对此资产负有限责任。基金持有人的权利是通过基金持有人大会上的表决权来行使的。

基金持有人享有如下权利:

①出席或者委派代表出席基金持有人大会;②取得基金收益;③监督基金经营情况,获取基金业务及财务状况的资料;④申购、赎回或者转让基金单位;⑤取得基金清算后的剩余资产;⑥基金契约规定的其他权利。

基金持有人应当履行如下义务:

①遵守基金契约;②缴纳基金认购款项及规定的费用;③承担基金亏损或者终止的有限责任;④不从事任何有损基金及其他基金持有人利益的活动。

3. 基金管理人

基金管理人是根据法律、法规及基金章程或基金契约的规定,运用基金资产,凭借专门的知识与经验,进行科学的投资和决策,以期所管理的基金资产不断增值,使基金持有人获得尽可能多收益的机构。

在我国,基金设立后一般委托管理公司进行管理。主要发起人应当是依法设立的证券公司或信托投资公司,可以是有限责任公司也可以是股份有限公司。

基金管理人是基金资产的管理者和运用者,基金管理公司管理和运用基金资产的水平直接决定了基金的收益水平,因此必须对基金管理公司严格把关。我国《证券投资基金管理办法》规定,申请设立基金管理公司,必须经中国证监会审查批准。设立基金管理公司,具体应当具备如下条件:

①主要发起人为按照国家有关规定设立的证券公司、信托投资公司;②主要发起人经营状况良好,最近3年连续盈利;③每个发起人实收资本不少于3亿元;④拟设立的基金管理公司的最低实收资本为1000万元;⑤有明确可行的基金管理计划;⑥有合格的基金管理人才;⑦中国证监会规定的其他条件。

基金管理公司作为基金管理人应当履行如下职责:

①按照基金契约的规定运用基金资产投资并管理基金资产;②及时、足额向基金持有人支付基金收益;③保存基金的会计账册、记录15年以上;④编制基金财务报告,及时公告,并向中国证监会报告;⑤计算并公告基金资产净值及每一个基金单位资产净值;⑥基金契约规定的其他职责;⑦开放式基金的管理还应当按照国家有关规定和基金契约的规定,及时、准确地办理基金的申购和

赎回。

4. 基金托管人

经批准设立的基金,应当委托商业银行作为基金资产托管人。基金的组织必须实行经营与保管严格分开的原则,根据管理公司只负责基金的日常管理和操作,对投资者提供基金买卖和咨询服务,下达投资决策指令。基金托管人必须将其托管的基金与托管人的自有资产严格分开,对不同基金分别设置账户,根据基金管理公司的指令对基金资产进行处理。

基金托管人必须经中国证监会和中国人民银行审查批准。应当具备如下列条件:

①设有专门的基金托管部;②实收资本不少于80亿元;③有足够的熟悉托管业务的专职人员;④具备安全保管基金全部资产的条件;⑤具备安全、高效的清算、交割能力。

基金托管人应当履行如下职责:

①安全保管基金的全部资产;②执行管理人的投资指令,并负责办理基金名下的资金往来;③监督基金管理人的投资运作,发现基金管理人的投资指令违法、违规的,不予执行,并向中国证监会报告;④复核、审查基金管理人计算的基金净值及基金的价格;⑤保存基金的会计账册、记录15年以上;⑥出具基金业绩报告,提供基金托管情况,并向中国证监会和中国人民银行报告;⑦基金契约、托管协议规定的其他职责。

相关知识

任务7　掌握基金管理公司业务核算

知识要点:基金管理公司业务核算要求

基金管理公司对所管理的基金以基金作为会计核算主体,独立建账、独立核算,不同基金之间在名册登记、账户设置、资金划拨、账簿记录等方面都是相互独立的。

一、基金发行与赎回核算

1. 基金发行核算

证券投资基金发起人要发起设立或扩募基金必须向中国证监会提交必要的文件,在其设立或扩募基金的申请被中国证监会批准后,就要向投资者推销基金单位、募集资金,这称为基金发行。基金的发行按其选择的投资者的不同可以分为公募发行和私募发行;按是否通过券商或其他中介机构发行分为自办发行和代理发行;按是否通过与证券交易所的交易系统联网的全国各地的证券营业部向广大社会公众发售基金单位而分为网上发行和网下发行。基金的发行价格往往与票面面值不同,按发行价格与票面面值的关系,可以将基金发行分为溢价发行、平价发行和折价发行。

基金设立申请被批准后开始向社会募集资金,称为基金的募集期。封闭式基金的募集期限为3个月,自该基金批准之日起计算。封闭式基金自批准之日起3个月内募集的资金超过该基金批准规模的80%的,该基金方可成立。开放式基金自批准之日起3个月内净销售额超过2亿元的,该基金方可成立。如果基金未能成立,则基金发起人必须承担基金募集费用,已募集的资金并加计银行活期存款利息必须在30天内退还基金认购人。

封闭式基金事先确定发行总额,在封闭期内基金单位总数不变。基金成立时,实收基金按实际收到的基金单位发行总额入账。基金发行收入扣除相关费用后的结余,作为其他收入处理。

基金募集发行期结束,按照实际收到的金额,作如下会计分录为:

借:银行存款

　　贷:实收基金

其他收入

开放式基金的基金单位总额不固定，基金单位总数随时增减。基金成立时，实收基金按实际收到的基金单位发行总额入账。基金募集发行期结束，按照实际收到金额，作如下会计分录为：

借：银行存款

贷：实收基金

"实收基金"科目期末贷方余额反映封闭式基金或开放式基金的基金单位总额。

【例3-4-1】 20××年3月1日，某开放式基金XYZ基金募集期满，基金规模为5亿元。编制会计分录如下：

借：银行存款　　500000000

贷：实收基金　　500000000

2. 开放式基金的申购和赎回的核算

开放式基金每周至少有一天应为基金的开放日，办理基金投资人申购、赎回、变更登记、基金之间转换等业务申请。开放式基金的申购价格和赎回价格是依据申购或赎回日基金单位资产净值加、减有关费用计算得出的。

(1)基金净值和基金单位资产净值的计算。

基金资产净值是指在某一基金估值时点上，对全部基金资产进行估值的总市值扣除总负债以后的余额。基金单位资产净值是每一基金单位所代表的基金资产的净值，应当按照开放日闭市后基金资产净值除以当日基金单位的余额数量计算。基金单位资产净值的计算公式为：

$$基金单位资产净值=(总资产-总负债)\div 基金单位总数$$

上式中，总资产是指基金所持有的所有资产，总资产按照当日的公允价值进行计算。总负债是指基金在运作过程中所形成的各种应付款项、短期借款等。基金单位总数是指开放日发行在外的基金单位的余额数量。

开放式基金的基金管理人——基金管理公司应于估值日计算基金净值和基金单位净值，并于每个开放日的第二天公告开放日基金单位资产净值。基金单位资产净值计算错误时，基金管理人应立即公告、予以纠正，计价错误偏差达到基金资产净值的0.5%时，基金管理人应当通报基金托管人并报中国证监会备案。

【例3-4-2】 XYZ开放式基金20××年3月1日的资产负债表如表3-4-1所示，计算该基金单位资产净值。

表3-4-1　资产负债表

编报单位：XYZ基金　　20××年3月1日　　单位：元

资产	行次	年初数	期末数	负债与持有人权益	行次	年初数	期末数
资产：				负债：			
银行存款	1		300000000.00	应付证券清算款	31		5033040.00
结算备付金	2		200000000.00	应付赎回款	32		
应收利息	8		20833.33	应付管理人报酬	35		20547.95
应收申购款	9			应付托管费	36		3424.66
股票投资市值	13		16500000.00	应付佣金	37		12750.00
其中：股票投资成本	14		15045750.00	应付利息	38		7000.00
债券投资市值	15			卖出回购证券款	45		10000000.00

续表

资产	行次	年初数	期末数	负债与持有人权益	行次	年初数	期末数
其中:债券投资成本	16			负债合计	52		15076762.6
其他资产	29			持有人权益:			
				实收基金	53		500000000.00
				未实现利得	55		1454250.00
				未分配收益	58		-10179.28
				持有人权益合计	59		501444070.72
资产总计	30		516520833.33	负债及持有人权益总计	60		516520833.33

注:基金单位资产净值=(总资产-总负债)÷基金单位总数

$$=(516520833.33-15076762.6)\div 500000000\approx 1.0029$$

(2)开放式基金申购的核算。

开放式基金成立初期,在基金契约和招募说明书上一般都规定有只接受申购,不办理赎回的期限,这一期间称作封闭期,但封闭期最长不得超过3个月。在封闭期结束后,投资者即可进行基金的申购和赎回。基金管理人应当在收到投资人申购、赎回申请之日起3个工作日内,对该交易的有效性进行确认。

开放式基金的投资者在进行申购时,是按购买的金额提出申请,而不是按购买的份额提出申请,即开放式基金的申购金额里包含了申购费用和净申购金额。投资者在进行申购时要缴纳申购费,我国《开放式证券投资基金试点办法》规定申购费率不得超过申购金额的5%。申购费可以在申购基金时收取,也可以在赎回时从赎回金额中扣除。办理申购业务的机构按规定收取的申购费,如在基金申购时收取的,由办理申购业务的机构直接向投资人收取,不纳入基金会计核算范围;如在基金赎回时收取的,待基金投资人赎回时从赎回款中抵扣。对某一笔申购金额可以买到的基金单位计算:

申购费用=申购金额×申购费率

净申购金额=申购金额-申购费用

申购份数=净申购金额÷申购当日基金单位资产净值

基金管理公司应当在接受基金投资人有效申请之日起3个工作日内收回申购款项,尚未收回之前作为“应收申购款”入账。

①基金申购确认日时,作如下会计分录为:

借:应收申购款

　　贷:实收基金

　　　　未实现利得

　　　　损益平准金

②收到有效申购款时,作如下会计分录为:

借:银行存款

　　贷:应收申购款

“应收申购款”科目应按办理申购业务的机构设置明细账,进行明细核算。期末,“应收申购款”科目的借方余额反映尚未收回的有效申购款。

【例3-4-3】 承**【例3-4-2】**,20××年3月2日,投资者申购XYZ开放式基金100万元,当日该基金单位资产净值为1.0029,申购费率为1%,那么:

申购费用＝申购金额×申购费率＝1000000×1%＝10000(元)

净申购金额＝申购金额－申购费用＝1000000－10000＝990000(元)

申购份数＝净申购金额÷当日基金单位资产净值＝990000÷1.0029≈987137.30

借:应收申购款　　990000

　　贷:实收基金　　987137.30

　　　　未实现利得　　2879.42

　　　　损益平准金　　－16.72

目前我国基金采取“1＋1”交割方式,即在交易日的第二天进行款项的交割,则3月3日款项交割时的会计分录为:

借:银行存款　　990000

　　贷:应收申购款　　990000

(3)开放式基金赎回的核算。

开放式基金可以根据基金管理运作的实际需要收取赎回费,赎回费率一般不超过赎回金额的3%,赎回费收入在扣除基本手续费后,余额归基金所有。基金赎回是按份额赎回,即投资者在提出赎回申请时是按卖出的份额提出申请,而不是按卖出的金额提出。基金赎回时投资者所得到的金额是赎回总额扣除赎回费用的部分,公式为:

赎回总额＝赎回份数×赎回当日基金单位净值

赎回费用＝赎回总额×赎回费率

赎回金额＝赎回总额－赎回费用

基金管理公司应当在接受基金投资人有效申请之日起7个工作日内支付赎回款项,尚未支付之前作为“应付赎回款”入账。开放式基金按规定收取的赎回费,其中基本手续费部分归办理赎回业务的机构所有,尚未支付之前作为应付赎回费入账;赎回费在扣除基本手续费后的余额归基金所有,作为其他收入入账。

①基金赎回确认日时,作如下会计分录为:

借:实收基金

　　损益平准金

　　贷:应付赎回款

　　　　应付赎回费

　　　　其他收入——赎回费

②支付投资人赎回款时,作如下会计分录为:

借:应付赎回款

　　贷:银行存款

“应付赎回款”应按办理赎回业务的销售机构或申请赎回业务的投资人设置明细账,进行明细核算,期末贷方余额反映尚未支付的基金赎回款。

③向办理赎回业务的机构支付赎回费时,作如下会计分录为:

借:应付赎回费

　　贷:银行存款

“应付赎回费”应按办理赎回业务的机构设置明细账,进行明细核算,期末贷方余额反映尚未支付的基金赎回费用。

【例3－4－4】　承**【例3－4－2】**,20××年3月2日,投资者申请赎回XYZ开放式基金50万份,当日该基金单位资产净值为1.0029,赎回费率为0.5%,应付给代为办理赎回业务的Y银行300元,那么:

赎回总额 = 赎回份数 × 赎回当日基金单位净值 = 500000 × 1.0029 = 501450(元)

赎回费用 = 赎回总额 × 赎回费率 = 501450 × 0.5% = 2507.25(元)

赎回金额 = 赎回总额 - 赎回费用 = 501450 - 2507.25 = 498942.75(元)

会计分录为:

借:实收基金　　500000

　损益平准金　　1450

　贷:应付赎回款　　498942.75

　　其他收入——赎回费　　2207.25

　　应付赎回费——Y 银行　　300

20××年 3 月 3 日,款项交割时会计分录为:

借:应付赎回款　　498942.75

　贷:银行存款　　498942.75

如果在某一开放日,基金净赎回申请超过了上一日基金总份额的 10% 即认为发生了巨额赎回。在出现巨额赎回时,如果基金管理公司认为有能力兑付投资人的全部赎回申请,按正常赎回程序执行,对投资人的利益没有影响。如果基金管理公司认为兑付投资人的赎回申请有困难,可在当日接受赎回比例不低于上一日基金总份额 10% 的前提下,对其余赎回申请延期办理。对于当日的赎回申请,应当按照单个账户赎回申请量占赎回申请总量的比例,确定当日受理的赎回份额,未受理部分可延迟至下一个开放日办理,并以该开放日的基金资产净值为依据计算赎回金额。投资者可以在申请赎回时选择将当日未获受理部分予以撤销。如果连续发生巨额赎回,基金管理人可以按照基金契约及招募说明书载明的规定,暂停接受赎回申请;已经接受的赎回申请可以延缓支付赎回款项,但不能超过正常支付时间 20 个工作日,并应在中国证监会指定的信息披露媒体公告。

二、基金投资业务核算

我国《证券投资基金管理暂行办法》规定:基金投资于股票、债券的比例,不能低于资产总值的 80%,投资于国家债券的比例,不得低于该基金资产净值的 20%。

1. 股票投资的核算

为证券交易的资金交割与交收而存入证券登记结算机构的款项通过“结算备付金”科目核算。

将款项存入证券登记结算机构,会计分录为:

借:结算备付金

　贷:银行存款

从证券登记结算机构收回资金,会计分录为:

借:银行存款

　贷:结算备付金

“结算备付金”科目按不同证券登记结算机构,设置明细账,进行明细核算。期末,“结算备付金”科目借方余额反映存入证券登记结算机构尚未使用的款项。

(1)购入股票的核算。

基金在证券市场购买股票通过“股票投资”、“证券清算款”两个科目核算。买入股票应于成交日确认为股票投资。股票投资按成交日应支付的全部价款(包括成交总额和相关费用)入账。

①买入股票成交日时,会计分录为:

借:股票投资(股票成交总额加相关费用)

　贷:证券清算款(应支付的证券清算款)

应付佣金(应付给券商的佣金)

证券公司收取的证券交易佣金是证券公司为客户提供证券代理买卖服务收取的报酬,其计算公式为:

$$佣金 = 交易金额 \times (佣金费率 - 经手费率 - 证管费率)$$

②资金交收日,按实际支付的价款与证券登记结算机构进行清算,会计分录为:

借:证券清算款

贷:结算备付金

③申购新股,股票如果是通过交易所网上发行的,按实际交付的申购款,会计分录为:

借:证券清算款

贷:结算备付金

④申购新股中签时,按确认的中签金额,会计分录为:

借:股票投资

贷:证券清算款

⑤收到退回余款(未中签部分),会计分录为:

借:结算备付金

贷:证券清算款

⑥如果是通过网下发行的,按实际预交的申购款,会计分录为:

借:其他应收款

贷:银行存款

⑦申购新股确认日,如果实际确认的申购新股金额小于已经预交的申购款的,按实际确认的申购新股金额,会计分录为:

借:股票投资

贷:其他应收款

⑧收到退回余款,会计分录为:

借:银行存款

贷:其他应收款

⑨如果实际确认的申购新股金额大于已经预交的申购款的,按实际确认的申购新股金额,会计分录为:

借:股票投资

贷:其他应收款

⑩补付申购款时,按支付的余额金额,作如下会计分录为:

借:其他应收款

贷:银行存款

"股票投资"科目应按股票的种类设置明细账,进行明细核算,期末借方余额反映持有各类股票的实际成本。

【例3-4-5】 20××年3月1日,XYZ基金在上海证券中央登记结算公司购入150万股A股票,购入价格为10元/股,应付佣金12750元,其他各项费用3000元,印花税率为2%,那么:

股票投资的成本 = 15000000 + 12750 + 3000 + 15000000 × 2% = 15045750(元)

借:股票投资——A股票　　15045750

贷:证券清算款——上海证券中央登记结算公司　　15033000

应付佣金——上海证券中央登记结算公司　　12750

次日为资金交收日,会计分录为:

借:证券清算款——上海证券中央登记结算公司　　15033000

　贷:结算备付金——上海证券中央登记结算公司　　15033000

(2)卖出股票的核算。

卖出股票应于成交日确认股票差价收入。股票差价收入按卖出股票成交总额与其成本和相关费用的差额入账。卖出股票应逐日结转成本,结转采用移动加权平均法。

①卖出股票成交日,按应收取的证券清算款,作如下会计分录为:

借:证券清算款

　贷:股票投资(结转的股票投资成本)

应付佣金(按应付券商佣金)

贷或借:投资收益(按其差额)

②资金交收日,按实际支付的证券清算款,作如下会计分录为:

借:结算备付金

　贷:证券清算款

【例3-4-6】 承【例3-4-5】,20××年3月2日,XYZ基金以12元/股的价格卖出A股票50万股,应支付的佣金为5100元,其他费用1150元,印花税率为2%,则:

应收取的证券清算款=6000000-1150-6000000x2%=5986850(元)

应结转的股票投资成本=15045750x50/150=5015250(元)

会计分录为:

借:证券清算款　　5986850

　贷:股票投资——A股票　　5015250

　　应付佣金——××交易所　　5100

　　投资收益　　966500

3月3日为资金交收日,会计分录:

借:结算备付金——××交易所　　5986850

　贷:证券清算款——××交易所　　5986850

(3)股票持有期间分派的股票股利、现金股利和配股权证的核算。

股票持有期间上市公司分派的股票股利(包括送红股和公积金转增股本)应于除权日根据上市公司股东大会决议公告,按股权登记日持有的股数及送股或转增比例,计算确定增加的股票数量,在"股票投资"账户"数量"栏进行记录。

①因持有股票而享有的配股权,从配股除权日起到配股确认日止,按市价高于配股价的差额逐日进行估值,其会计分录为:

借:配股权证

　贷:利润分配——未实现

②向证券交易所确认配股时,其会计分录为:

借:股票投资

　贷:证券清算款

同时,将配股权的估值冲减为零,其会计分录为:

借:利润分配——未实现

　贷:配股权证

③资金交收日,实际支付配股款时,其会计分录为:

借:证券清算款

　贷:结算备付金

④在配股期限内没有向证券交易所确认配股而放弃配股权的，应将配股权的估值冲减为零，其会计分录为：

借：利润分配——未实现

　　贷：配股权证

⑤股票投资应分派的现金股利，在除息日按照上市公司宣告的分红派息比例确认投资收益实现，其会计分录为：

借：应收股利

　　贷：投资收益

⑥实际收到现金股利时，其会计分录为：

借：结算备付金

　　贷：应收股利

“应收股利”科目应按债务人设置明细账，进行明细核算，期末借方余额反映尚未收取的现金股利。

【例3-4-7】 承【例3-4-6】，20××年3月3日，上市公司宣布A股票股利政策：以20××年3月3日为除权日，每10股送3股、转2股、配2股、派发1元现金股利，配股价为5元/股，当日收盘价为8元/股，则：

由于送红股和现金股利都要缴纳所得税（所得税率20%），XYZ基金可得到的现金股利收入为：1000000×[0.1×(1-20%)-0.3×20%]=20000（元）。

借：应收股利——A股票　　　　20000

　　贷：投资收益　　　　20000

XYZ基金可得到的股票股利共为50万股，分别为送红股30万股（100×3÷10）和公积金转增股本20万股（100×2÷10）在“股票投资”账户“数量”栏增加50万股，金额不变。

关于因持有股票而享有的配股权，在实际操作中，常常在配股除权日就记入“股票投资”科目，并单独为其设立明细科目进行核算，同时在配股除权日起到配股确认日止，按市价高于配股价的差额逐日进行估值，借记“配股权证”科目，贷记“未分配利润”科目。如果在配期限内未向证券交易所配股，再将其冲销。则配股权核算：

借：股票投资——A股票（配股权）　　　　1000000（5×1000000×2÷10）

　　贷：应付股票投资款　　　　1000000

借：配股权证——A股票　　　　600000×[(8-5)×1000000×2÷10]

　　贷：利润分配——未实现　　　　600000

2. 债券投资的核算

（1）买入债券的核算。

买入上市债券应于成交日确认债券投资。债券投资按成交日应支付的全部价款入账，应支付的全部价款中包含的自债券起息日或上次除息日至购买日止的利息，应作为应收利息单独核算，不构成债券投资成本。资金交收日，按实际支付的价款与证券登记结算机构进行资金交收。

①买入上市债券时，按成交日应支付的证券清算款扣除债券起息日或上次除息日至购买日止的利息，作如下会计分录为：

借：债券投资

　　应收利息（债券起息日或上次除息日至购买日止的利息）

　　贷：证券清算款（应支付的证券清算款）

②买入非上市债券应于实际支付价款时确认债券投资。债券投资按实际支付的全部价款入账，如果实际支付的价款中包含自债券起息日或上次除息日至购买日止的利息，应作为应收利息

单独核算，不构成债券投资成本。买入非上市债券，按成交日应支付的证券清算款扣除债券起息日或上次除息日至购买日止的利息，作如下会计分录为：

借：债券投资

　应收利息（债券起息日或上次除息日至购买日止的利息）

　贷：银行存款

购入新发行的国债，根据承购合同规定，按国债面值，作如下会计分录为：

借：债券投资

　贷：其他应付款

实际付款时，会计分录为：

借：其他应付款

　贷：银行存款

"债券投资"科目应按债券的种类设置明细账，进行明细核算。期末，"债券投资"科目的借方余额反映持有各项债券的实际成本。

【例3－4－8】 20××年3月1日，XYZ基金在上交所购入B债券10万张，含息价110元/张，每张含息5元，支付各种手续费1100元，会计分录为：

借：债券投资——B债券	10501100	
应收利息——应收B债券利息	500000	
贷：证券清算款——上海证券中央登记结算公司		11001100

3月2日，资金交收时：

借：证券清算款——××交易所	11001100	
贷：结算备付金——××交易所		11001100

（2）卖出债券的核算。

卖出上市债券应于成交日确认债券差价收入。债券差价收入按卖出债券应收取的全部价款与其成本、应收利息和相关费用的差额入账。卖出债券的成本应逐日进行结转，结转的方法采用移动加权平均法。

①卖出上市债券时，按成交日应收取的证券清算款，作如下会计分录为：

借：证券清算款

　贷：应收利息（应收利息）

　　债券投资（债券投资成本）

贷或借：投资收益（按其差额）

②卖出非上市债券应于实际收到全部价款时确认债券差价收入，债券差价收入按实际收到的全部价款与其成本、应收利息的差额入账。卖出债券的成本应逐日进行结转，结转的方法采用移动加权平均法。卖出非上市债券，按实际收到金额，作如下会计分录为：

借：银行存款

　贷：债券投资（已售债券成本）

　　应收利息

贷或借：投资收益（按其差额）

购入到期还本付息的国债，在持有到期时，按实际收到的本息，

借：银行存款

　贷：债券投资

　　应收利息

【例3－4－9】 承【例3－4－8】，20××年3月2日，以含息价112元/张的价格卖出B债券5

万张,支付手续费560元,会计分录为:

借:证券清算款——上海证券中央登记结算公司　　5599440
　贷:债券投资——B债券　　5250550
　　应收利息——应收B债券利息　　250000
　　投资收益　　98890

基金经理一般每天都要对多种股票和债券进行大量买入和卖出操作,可以将所有买卖交易合并处理,证券成交日,如果买入证券成交总额大于卖出证券成交总额,作如下会计分录为:

借:有关科目
　贷:证券清算款和有关科目

如果卖出证券成交总额大于买入证券成交总额,作如下会计分录为:

借:证券清算款和有关科目
　贷:有关科目

资金交收日,如果买入证券成交总额大于卖出证券成交总额,按资金交收日实际支付金额(买入证券与卖出证券成交总额的差额加相关费用),作如下会计分录为:

借:证券清算款
　贷:结算备付金

如果卖出证券成交总额大于买入证券成交总额,按资金交收日实际收到的金额(买入证券与卖出证券成交总额的差额,减相关费用),作如下会计分录为:

借:结算备付金
　贷:证券清算款

3. 对证券投资估值增值的核算

基金估值的目的是为了准确、真实反映基金相关金融资产和金融负债的公允价值。

(1)估值的基本原则。

①估值日有市价的,应采用市价确定公允价值。估值日无市价,应采用最近交易市价确定公允价值。估值日无市价,参考类似投资品种的现行市价及重大变化因素,调整最近交易市价,确定公允价值。

②对不存在活跃市场的投资品种,应采用市场参与者普遍认同,且被以往市场实际交易价格验证具有可靠性的估值技术确定公允价值。

③有充足理由表明按以上估值仍不能客观反映相关投资品种公允价值的,基金管理公司应根据具体情况与托管银行进行商定,按最能恰当反映公允价值的价格估值。

(2)具体投资品种的估值。

①交易所上市、交易品种的估值。交易所上市股票和权证以收盘价估值,上市债券以收盘净价估值,期货合约以结算价格估值。交易所以大宗交易方式转让的资产支持证券,采用估值技术确定公允价值,在估值技术难以可靠计量公允价值的情况下,按成本进行后续计量。

②交易所发行未上市品种的估值。首次发行未上市的股票、债券和权证,采用估值技术确定公允价值,在估值技术难以可靠计量公允价值的情况下,按成本计量;送股、转增股、配股和公开增发新股等发新股等发行未上市股票,按交易所上市的同一股票的市价估值;首次公开发行有明确锁定期的股票,同一股票在交易所上市后,按交易所上市的同一股票的市价估值;非公开发行有明确锁定期的股票,按本文附件确定公允价值。

③交易所停止交易等非流通品种的估值。因持有股票而享有的配股权,以及停止交易、但未行权的权证,采用估值技术确定公允价值。

④全国银行间债券市场交易的债券、资产支持证券等固定收益品种,采用估值技术确定公允

价值。

估值日对基金持有的股票、债券估值时，如为估值增值，按所估价值与上一日所估价值的差额，作如下会计分录为：

借：投资估值增值

　　贷：利润分配——未实现

如为估值减值，按所估价值与上一日所估价值的差额，作如下会计分录为：

借：利润分配——未实现

　　贷：投资估值增值

“投资估值增值”科目应按所估资产的种类设置明细账，进行明细核算，期末“投资估值增值”科目借方余额反映未实现资产估值增值，贷方余额反映未实现资产估值减值。

【例3-4-10】 承**【例3-4-5\6\7\8\9】**，20××年3月1日，B债券的收盘价为含息价110元/张，A股票的收盘价为11元/股，3月2日，B债券的收盘价为含息价112元/张，A股票的收盘价为12元/股，则：

3月1日A股票估值增值为：1500000×11－15045750＝1454250（元）

借：投资估值增值——股票　　1454250

　　贷：利润分配——未实现　　1454250

3月2日A股票估值增值为：1000000×12－10030500－1454250＝515250（元）

借：投资估值增值——股票　　515250

　　贷：利润分配——未实现　　515250

3月2日B债券估值增值为：50000X（112－5）－5250550＝99450（元）

借：投资估值增值——债券　　99450

　　贷：利润分配——未实现　　99450

4. 买入返售证券和卖出回购证券款的核算

（1）进行融券业务发生的实际成本通过“买入返售金融资产”科目核算。按买入返售证券的种类设置明细账，进行明细核算。期末，“买入返售金融资产”科目借方余额反映已经买入但尚未到期返售证券的实际成本。

①通过证券交易所进行融券业务，按成交日应付金额，作如下会计分录为：

借：买入返售金融资产

　　其他费用

　　贷：证券清算款

②资金交收日，按实际支付金额，作如下会计分录为：

借：证券清算款

　　贷：结算备付金

③逐日计提利息，作如下会计分录为：

借：应收利息

　　贷：利息收入——买入返售证券收入

④证券到期返售时，按返售证券的应收金额，作如下会计分录为：

借：证券清算款

　　贷：买入返售金融资产

　　应收利息

⑤资金交收日，按实际收到金额，作如下会计分录为：

借：结算备付金

贷:证券清算款

⑥通过银行间市场买入证券,按实际支付的价款,作如下会计分录为:

借:买入返售金融资产

贷:银行存款

⑦逐日计提利息,作如下会计分录为:

借:应收利息

贷:利息收入——买入返售证券收入

⑧证券到期返售时,按实际收到金额,作如下会计分录为:

借:银行存款

贷:买入返售金融资产

应收利息

【例 3-4-11】20××年 3 月 1 日,XYZ 基金买入返售证券 1000 万元,其他费率为 0.004%,3 日后反售,利息为 21000 元,其会计分录为:

3 月 1 日,记录该笔业务并计提应收利息:

借:买入返售金融资产——三日返售	10000000	
其他费用——手续费	40	
贷:证券清算款——上海证券中央登记结算公司		10000040
借:应收利息	7000	
贷:利息收入——买入返售证券收入		7000

3 月 2 日、3 日计提应收利息:

借:应收利息	7000	
贷:利息收入——买入返售证券收入		7000

3 月 4 日,证券到期返售:

借:证券清算款——上海证券中央登记结算公司	10021000	
贷:买入返售金融资产——3 日返售		10000000
应收利息		21000

(2)在国家规定的场所进行证券回购业务卖出证券取得的款项通过"卖出回购金融资产款"科目核算。按证券种类等设置明细账,进行明细核算,期末贷方余额反映卖出尚未回购的证券款。

①通过证券交易所卖出证券成交时,按成交日应收金额,作如下会计分录为:

借:证券清算款

其他费用

贷:卖出回购金融资产款

②资金交收日,按实际收到的价款,作如下会计分录为:

借:结算备付金

贷:证券清算款

③在融资期限内逐日计提融资利息支出,作如下会计分录为:

借:利息支出——卖出回购证券支出

贷:应付利息

④到期购回该批证券时,作如下会计分录为:

借:卖出回购金融资产款

应付利息(按已提未付利息)

贷:证券清算款

⑤资金交收日，按实际支付金额，作如下会计分录为：

借：证券清算款

　　贷：结算备付金

⑥通过银行间市场卖出回购证券，按卖出证券实收金额，作如下会计分录为：

借：银行存款

　　贷：卖出回购金融资产款

⑦在融资期限内逐日计提融资利息支出，作如下会计分录为：

借：利息支出——卖出回购证券支出

　　贷：应付利息

⑧到期购回该批证券时，作如下会计分录为：

借：卖出回购金融资产款

　　应付利息

　　贷：银行存款

三、基金业务损益核算

1. 基金收入核算

(1)股票投资收入。

证券投资基金投资于股票就是为了获利，这种获利来源有二：一是股息和分红，二是股票价值增长，即买卖股票所实现的差价收入。一般来说，投资于股票的基金，尤其是一些以积极成长为经营目的的基金所看重的并非是股票所分配的股利，它们更看价格的增长，它们按照“低进高出”原则进行断线股票交易，以赚取股票差价利润。

基金通过证券交易所购买股票进行投资，在股票持有期间因上市公司分红派息而确认的股利收入通过“投资收益——股利收入”科目核算。股利收入应于除息日确认，并按上市公司宣告的分红派息比例计算的金额入账。

①基金持有股票，于除息日按上市公司宣告分红派息比例计算确认的股利收入，作如下会计分录为：

借：应收股利

　　贷：投资收益——股利收入

“投资收益——股利收入”科目应按股票种类设置明细账，进行明细核算。期末，应将“投资收益”科目的贷方余额全部转入“本期收益”科目，结转后本科目无余额。

通过证券交易所买卖股票所实现的差价收入在“投资收益”中核算。股票差价收入应于卖出股票成交日确认，并按卖出股票成交总额与其成本和相关费用差额入账。

②卖出股票成交日，按应收取的证券清算款，作如下会计分录为：

借：证券清算款

　　贷：股票投资

　　应付佣金

贷或借：投资收益——股票差价收入

“投资收益——股票差价收入”科目按股票种类设置明细账，进行明细核算。期末，应将本科目的余额全部转入“本期收益”科目，结转后本科目应无余额。

(2)债券投资收入。

证券投资基金投资于债券与投资于股票相似，其获利来源也分为两部分：一是债券利息收入，二是买卖债券所实现的差价收入。

基金进行债券投资在债券持有期间实现的利息收入通过“利息收入——债券利息收入”科目核算。在债券持有期间收到的自债券起息日或上次除息日至购买日止的利息,不作为利息收入,直接冲减“应收利息”科目。债券利息收入应在债券实际持有期内逐日计提,并按债券票面价值与票面利率计提的金额入账。

①买入的上市债券,逐日计提持有期债券利息时,作如下会计分录为:

借:应收利息

　　贷:利息收入——债券利息收入

债券除息日,按应收利息,作如下会计分录为:

借:证券清算款

　　贷:应收利息

资金交收日,按实收债券利息,作如下会计分录为:

借:结算备付金

　　贷:证券清算款

买入非上市债券,逐日计提持有期债券利息时,作如下会计分录为:

借:应收利息

　　贷:利息收入——债券利息收入

收到债券利息时,作如下会计分录为:

借:银行存款

　　贷:应收利息

“利息收入——债券利息收入”科目应按债券种类等设置明细账,进行明细核算。期末,应将本科目的贷方余额全部转入“本期收益”科目,结转后本科目应无余额。

买卖债券现券实现的差价收入通过“投资收益”科目核算。卖出上市债券,于成交日确认债券差价收入,并按应收取的全部价款与其成本、应收利息和相关费用的差额入账;卖出非上市债券,于实际收到价款时确认债券差价收入,并按应收取的全部价款与其成本、应收利息的差额入账。

②卖出上市债券时,按成交日应收取的证券清算款。

借:证券清算款

　　贷:应收利息

　　　　债券投资

贷或借:投资收益——债券差价收入

卖出非上市债券,按实际收到的金额,作如下会计分录为:

借:银行存款

　　贷:债券投资

　　　　应收利息

贷或借:投资收益债券差价收入

“投资收益——债券差价收入”科目应分别债券种类,如国债、企业债、转换债等设置明细账,进行明细核算。期末,应将本科目的余额全部转入“本期收益”科目,结转后本科目应无余额。

(3)存款利息收入。

基金将货币资金存入银行或将结算备付金存入证券交易所就会产生存款利息收入,因存款而实现的利息收入通过“存款利息收入”科目核算。存款利息收入应逐日计提,并按本金与适用的利率计提的金额入账。

逐日计提银行存款、结算备付金存款等各项存款利息时,作如下会计分录为:

借:应收利息

贷:存款利息收入

实际结息时,作如下会计分录为:

借:银行存款

结算备付金

贷:应收利息

"存款利息收入"科目应分别银行存款、结算备付金存款等设置明细账,进行明细核算。期末,应将"存款利息收入"科目贷方余额全部转入"本期收益"科目,结转后本科目应无余额。

(4)买入返售证券收入。

当通过购入债券并约定由卖出证券的一方在约定的日期回购证券,发生这种交易时,通常由买卖双方事先约定好回购日期和利息。在国家规定的场所进行融券业务而取得的收入通过"买入返售证券收入"科目核算。买入返售证券收入应在证券持有期内采用直线法逐日计提,并按计提的金额入账。

买入返售证券在融券期限内逐日计提的利息,作如下会计分录为:

借:应收利息

贷:利息收入——买入返售证券收入

"利息收入——买入返售证券收入"科目应按证券种类等设置明细账,进行明细核算。期末,应将"买入返售证券收入"科目贷方余额全部转入"本期收益"科目,结转后本科目应无余额。

(5)其他收入。

除上述收入以外,在基金运作过程中还会发生其他一些收入项目,如赎回费扣除基本手续费后的余额、配股手续费返还等。在基金运作过程中发生的其他各项收入,在"其他收入"科目核算。

发生的其他收入,作如下会计分录为:

借:有关科目

贷:其他收入

"其他收入"科目应按其他收入种类设置明细账,进行明细核算。期末,应将"其他收入"科目的贷方余额全部转入"本期收益"科目,结转后本科目应无余额。

2. 基金费用和税收核算

(1)基金管理年费。

基金管理公司经营、管理基金每年要从基金资产中提取一定的管理费,用于基金管理公司该年度的各项必要开支。基金管理费按照基金资产净值的一定比率收取,基金管理费的提取比例为基金资产净值的0.25% ~2.5%,一般是逐日累计,按月支付。提取基金管理费时按照前一日的基金资产净值乘以按当年实际天数折算的日费率计算。计算方法如下:

$$管理人报酬=前一日基金资产净值\times 年管理费率\div 当年天数$$

按基金契约和招募说明书的规定计提的基金管理人报酬,包括管理费和业绩报酬,在"管理人报酬"科目核算。管理人报酬应按照基金契约和招募说明书规定的方法和标准计提,并按计提的金额入账。

计提基金管理费和业绩报酬时,作如下会计分录为:

借:管理人报酬

贷:应付管理人报酬

支付基金管理人报酬时,作如下会计分录为:

借:应付管理人报酬

贷:银行存款

"应付管理人报酬"科目和"管理人报酬"科目都应分别管理费和业绩报酬设置明细账,进行明细核算。期末,应将“管理人报酬”科目的借方余额全部转入“本期收益”科目,结转后“管理人报酬”科目应无余额,“应付管理人报酬”科目期末贷方余额反映尚未支付给基金管理人的基金管理费和业绩报酬。

(2)基金托管费。

基金托管人保管并处理基金资产也要收取一定费用,即托管费。托管费的年费用标准一般为基金资产净值的0.2%,计提方式也是逐日累计,按月支付。其方法如下:

基金托管费 = 前一日基金资产净值 × 年托管费率 ÷ 当年天数

按基金契约和招募说明书的规定计提的基金托管费通过“基金托管费”核算。基金托管费应按照基金契约和招募说明书规定的方法和标准计提,按计提的金额入账。

计提基金托管费时,作如下会计分录为:

借:基金托管费

　　贷:应付托管费

支付基金托管费时,作如下会计分录为:

借:应付托管费

　　贷:银行存款

期末,应将“基金托管费”科目的借方余额全部转入“本期收益”科目,结转后“基金托管费”科目应无余额,“应付托管费”科目的贷方余额反映尚未支付给基金托管人的基金托管费。

(3)卖出回购证券支出。

在国家规定的场所进行证券回购业务发生的卖出回购证券支出通过“卖出回购证券支出”科目核算。卖出回购证券支出应在该证券持有期内采用直线法逐日计提,并按计提的金额入账。

卖出回购证券在融资期限内逐日计提的利息支出,作如下会计分录为:

借:利息支出——卖出回购证券支出

　　贷:应付利息

“利息支出——卖出回购证券支出”科目应按卖出回购证券的种类等设置明细账,进行明细核算。期末,应将“卖出回购证券支出”科目的借方余额全部转入“本期收益”科目,结转后本科目应无余额。

(4)利息支出。

基金运作过程中发生的利息支出,如银行借款利息支出在“利息支出”科目核算。利息支出应在借款期内逐日计提,并按借款本金与适用的利率计提的金额入账。

计提利息支出时,作如下会计分录为:

借:利息支出

　　贷:应付利息

“利息支出”科目应按利息支出的种类设置明细账,进行明细核算。期末,应将“利息支出”科目的借方余额全部转入“本期收益”科目,结转后本科目应无余额。

(5)其他费用。

基金运作过程中发生的除上述费用支出以外的其他各项费用,如注册登记费、上市年费、信息披露费用、持有人大会费用、审计费用、律师费用等通过“其他费用”科目核算。

发生的其他费用如果影响基金单位净值小数点后第五位的,即发生的其他费用大于基金净值十万分之一,应采用待摊或预提的方法,待摊或预提计入基金损益。发生的其他费用如果不影响基金单位净值小数点后第五位的,即发生的其他费小于基金净值十万分之一,应于发生时直接计入基金损益。

发生的其他费用,如不影响估值日基金单位净值小数点后第五位,发生时直接计入基金损益,作如下会计分录为：

借:其他费用

　　贷:银行存款

已经发生的其他费用,如影响估值日基金单位净值小数点后第五位,采用待摊方法的．发生时,作如下会计分录为：

借:待摊费用

　　贷:银行费用

摊销时,作如下会计分录为：

借:其他费用

　　贷:待摊费用

采用预提方法的,预提时,作如下会计分录为：

借:其他费用

　　贷:预提费用

实际支付费用时,作如下会计分录为：

借:预提费用

　　贷:银行存款

“其他费用”科目应按费用种类设置明细账,进行明细核算。期末应将“其他费用”科目的借方余额全部转入“本期收益”科目,结转后本科目应无余额。

(6)基金的税收。

目前,对证券投资基金(封闭式证券投资基金、开放式证券投资基金)管理人运用基金买卖股票、债券的差价收入,采取免征营业税和企业所得税的做法。

基金管理人运用基金买卖股票按照1%的税率缴纳印花税。对投资者(包括个人和企业)买卖基金单位或申购和续回基金单位,暂不征收印花税。基金管理人运用买卖股票时发生的印花税费,通常计入买卖股票的成本之中,通过“股票投资”核算。

3. 基金收益与分配核算

(1)基金净收益。

基金净收益是指基金收益扣除按照有关规定应扣除的费用后的余额。本期实现的基金净收益(或基金净亏损)通过“本期收益”科目核算。

期末,结转基金收益时,作如下会计分录为：

借:投资收益

　　存款利息收入

　　利息收入——债券利息收入

　　　　　　——买入返售证券收入

　　其他收入

　　贷:本期收益

借:本期收益

　　贷:管理人报酬

　　基金托管费

　　利息支付——卖出回购证券支出

　　其他费用

本期收入和支出相抵后即结出本期实现的净收益。期末。将本期实现的净收益转入“收益分配”科目贷方,借记“本期收益”科目,贷记“收益分配——未分配收益”科目;如为净亏损,作相反分录,结转后“本期收益”科目应无余额。

(2)收益分配。

基金收益按照有关规定扣除必要的费用后的基金净收益再扣除应纳的税额即为基金可分配的收益,由于我国目前对基金免征营业税和所得税,而股票交易的印花税在股票交易的同时已经缴纳,所以目前基金可分配的收益就是基金净收益。我国《证券投资基金管理暂行办法》规定:基金收益分配应当采用现金形式,每年至少1次。基金收益分配比例不得低于基金净收益的90%,按规定分配给基金持有人的净收益以及历年分配后(或弥补亏损后)的借存余额,通过“收益分配”科目核算。

除权日,根据基金收益分配方案,作如下会计分录为:

借:收益分配——应付收益

　　贷:应付收益

基金持有人用分配的红利再投资时,作如下会计分录为:

借:应付收益

　　贷:实收收益

　　损益平准金

期末,应将本期实现的净收益,作如下会计分录为:

借:本期收益

　　贷:收益分配——未分配收益

如为净损失,做相反会计分录;将“损益平准金”科目转入“收益分配”科目,作如下会计分录为:

借:损益平准金

　　贷:收益分配——未分配收益

同时,将“收益分配——应付收益”明细科目的余额转入“收益分配——未分配收益”明细科目。

借:收益分配——未分配收益

　　贷:收益分配——应付收益

“收益分配”科目应分别应付收益、未分配收益设置明细账,进行明细核算。“收益分配”科目期末贷方余额反映基金历年积存的未分配收益,借方余额反映未补亏损。

(3)以前年度损益的调整。

本年度发生的调整以前年度损益的事项通过“以前年度损益调整”科目核算。本年度资产负债表日至财务会计报告批准报出日之间发生的需要调整报告年度损益的事项也在“以前年度损益调整”科目中核算。

本年度发生的调整以前年度的事项,应当调整本年度会计报表相关项目的年初数或上年实际数;在年度资产负债表日至财务报告批准报出日之间发生的调整报告年度损益的事项,应当调整报告年度会计报表相关项目的数字。

调整增加的以前年度收益和调整减少的以前年度亏损,作如下会计分录为:

借:有关科目

　　贷:以前年度损益调整

调整减少的以前年度收益或调整增加的以前年度亏损,作如下会计分录为:

借:以前年度损益调整

　　贷:有关科目

经上述调整后,应同时将本科目的余额转入“收益分配——未分配收益”科目;如为贷方余额,借记“以前年度损益调整”科目，贷记“收益分配——未分配收益”科目；如为借方余额，做相反会计分录。结转后本科目应无余额。

【项目小结】

证券投资基金是指一种利益共享、风险共担的集合证券投资方式，即通过发行基金单位，集中投资者的资金，由基金托管人托管，由基金管理人管理和运用资金，从事股票、债券等金融工具投资。

按照基金单位是否可以增加或赎回，基金可以分为开放式基金和封闭式基金；按照组织形式的不同，基金可以分为契约型基金和公司型基金；按照基金经营目标的不同，基金可以分为积极成长型基金、成长型基金、成长及收入型基金、平衡型基金、收入型基金等；按照投资对象的不同，基金可以分为股票基金、债券基金、货币市场基金、期货基金和期权基金。

总的来说，证券投资基金有以下四方面的当事人：基金发起人、基金持有人、基金管理人和基金托管人。

基金管理公司业务核算包括以下三大块：

1. 基金管理公司基金发行与赎回的核算（基金发行的核算；开放式基金的申购和赎回的核算）。

2. 基金投资业务的核算（股票投资的核算；债券投资的核算；对证券投资估值增值的核算；买入返售证券和卖出回购证券款的核算）。

3. 基金公司基金业务损益的核算（基金收入的核算；基金费用和税收的核算；基金的收益与分配的核算）。

【课堂讨论】

2007 年 5 月中国证监会查实上投摩根基金公司老鼠仓，并对涉嫌违规的成长先锋基金经理唐某立案调查。据了解，这是我国证券市场第一起涉嫌内幕交易被查处的案例。

据媒体披露，唐某自担任基金经理助理起便以其父亲和第三人账户，先于基金建仓前便买入新疆众和的股票（其父的账户买入近 6 万股，获利近 29 万元，另一账户买入 20 多万股，获利 120 多万元），总共获利逾 150 万元。现唐某已被上投摩根辞退。

上投摩根基金管理公司 5 月 16 日发布公告，公司收到中国证监会的正式通知，对公司员工唐某个人涉嫌利用内幕信息从事违规投资活动立案调查。公司在积极配合监管机构调查的同时，对唐某的问题作了进一步查证，发现唐某涉嫌利用掌握的信息进行违规投资活动，也未按照公司制度如实申报个人及家属的投资行为，欺骗公司，严重违反了公司制度。唐某原任上投摩根成长先锋股票型证券投资基金经理。根据相关法律法规以及我公司制度，公司已于 15 日免去唐某担任的成长先锋基金经理及其他一切职务，并予以辞退，公司并保留进一步追究其法律责任的权利。

请根据以上案例讨论：

1. 从以上案例中能看出基金公司管理存在哪些问题？应该吸收什么教训？

2. 应如何规范基金公司管理？有什么好的建议和意见？

【项目训练】

1. 基金管理公司设立的条件有哪些？

2. 证券投资基金有哪些种类，各有什么特点？发行有什么要求和程序？

3. 基金发行如何进行核算？应该设置哪些科目？

4. 开放式基金的申购和赎回如何进行核算？应该设置哪些科目？

5. 股票投资基金如何进行核算？应该设置哪些科目？

6. 债券投资基金如何进行核算？应该设置哪些科目？

7. 对证券投资估值增值如何进行核算？应该设置哪些科目？
8. 买入返售证券和卖出回购证券款如何进行核算？应该设置哪些科目？
9. 基金收入如何进行核算？应该设置哪些科目？
10. 基金费用和税收如何进行核算？应该设置哪些科目？
11. 基金的收益与分配如何进行核算？应该设置哪些科目？
12. 基金管理公司基金发行与赎回如何进行核算？应该设置哪些科目？
13. 基金投资业务如何进行核算？应该设置哪些科目？
14. 基金公司基金业务损益如何进行核算？应该设置哪些科目？

模块四

损益与财务报告

【模块概要】

本模块属于金融企业损益与财务报告,通过对所有者权益、收入成本费用、年终结算和财务报表编制三大项目六大任务,引导您循序渐进地认识金融企业损益和财务报告的常识,掌握以上项目内容的账务处理流程和会计核算程序。

知识要点主要有金融企业损益和会计报表的特点,收入和费用的核算要求、年终结算和财务报表的编制和分析方法。

【知识目标】

理解金融损益与财务报告的定义、种类和特点
掌握金融企业损益类会计科目设置、账户使用
掌握金融企业会计财务报表的种类、原则以及编制方法
掌握金融企业财务报表的组织与管理

【能力目标】

掌握金融企业损益业务的特点和流程
掌握收入、成本费用的核算方法以及利润和利润分配的会计处理程序
掌握金融企业财务报表的组成及编制要求
熟练掌握金融企业账务报表的编制方法

项目一

损益的核算

【项目目标】

为了完成本项目4个任务,你需要学习的知识:
金融企业损益的分类和特点
金融企业收入、成本费用的构成以及核算要求
金融企业的利润结构和形成

【项目安排】

项目导入
相关知识
知识链接
项目小结
课堂讨论
项目训练

【技能目标】

通过完成本项目4个任务的实践(训),你应该能够:
熟悉金融企业损益和财务报告的内容
掌握金融企业收入、成本费用的核算方法和账务处理程序

【核心技能】

正确掌握金融企业会计损益核算以及报表编制的原则和方法
熟练掌握金融企业收入、成本费用的核算方法和账务处理程序

项目导入

张先生以前在一家电梯生产厂家从事销售工作,几年后积累了一笔资金,于是用100万元注册了一家建材销售公司。注册后又向朋友借款100万元作为流动资金,公司正式开始运作。两年后,张先生的公司已拥有了近1000万元的总资产。公司的总资产扣除应付货款和其他应付款等各项负债500万元后,公司两年时间,净资产的增值率已达到了4倍。同学们你们是否知道张先生投入100万元,净资产两年增长了4倍,是如何计算出来的。

相关知识

任务1 了解金融企业所有者权益

知识要点:金融企业所有者权益的特点

1. 除非发生减资、清算或分派现金股利,企业不需要偿还所有者权益;
2. 企业清算时,只有在清偿所有的负债后,所有者权益才返还给所有者;
3. 所有者凭借所有者权益能够参与企业利润的分配。

所有者权益包括实收资本(或者股本)、资本公积、盈余公积和未分配利润。其中,盈余公积和未分配利润又合称为留存收益。

一、所有者权益性质

所有者权益是指企业资产扣除负债后由所有者享有的剩余权益。

任何企业形成资产的来源都有两个:一是债权人对企业的要求权形成企业的负债,二是所有者对企业的要求权形成企业的所有者权益。所有者权益来源于所有者投入的资本、直接计入所有者权益的利得和损失、留存收益等。直接计入所有者权益的利得和损失,是指不应计入当期损益的、会导致所有者权益发生增减变动的、与所有者投入资本或者向所有者分配利润无关的利得或者损失。

二、所有者权益分类

1. 实收资本

实收资本是指投资者按照章程、协议约定,实际投入的资本。商业银行根据法律法规的规定,可以采用吸收货币资金、实物和无形资产或发行股票的方式筹集资金。

2. 资本公积的规定

资本公积包括资本溢价(或股本溢价)和直接计入所有者权益的利得和损失等。

资本溢价(或股本溢价),是收到投资者超出其在银行注册资本(或股本)中所占份额的投资。形成资本溢价(或股本溢价)的原因有溢价发行股票、投资者超额缴入资本等。

直接计入所有者权益的利得和损失是指不应计入当期损益的、会导致所有者权益发生增减变动的、与所有者投入资本或者向所有者分配利润无关的利得或者损失。

3. 留存收益的规定

留存收益包括盈余公积和未分配利润两个部分。

(1)盈余公积的规定

盈余公积是指按规定从净利润中提取的银行积累资金。它按照用途,分为法定盈余公积和任意盈余公积。法定盈余公积是按照规定从税后净利润中10%提取的积累资金。任意盈余公积,用于弥补亏损、经批准转增实收资本金或向投资者分配利润。

(2)未分配利润的规定

未分配利润是经弥补亏损、提取法定盈余公积、提取任意盈余公积和向投资者分配利润等,是商业银行留待以后年度分配的历年结存的利润。

未分配利润通过"利润分配——未分配利润"明细科目进行核算。年度终了,应将全年实现的净利润或发生的净亏损,自"本年利润"科目转入"利润分配——未分配利润"科目,并将"利润分配"科目所属其他明细科目的余额,转入"未分配利润"明细科目。结转后,"利润分配——未分配利润"科目如为贷方余额,表示累积未分配的利润数额,如为借方余额,则表示累积未弥补的亏损数额。其具体核算在项目二收入、成本费用及利润核算中详细叙述。

相关知识

任务2　所有者权益核算

知识要点:我国股份制商业银行股票发行的有关规定

除股份制商业银行外的其他商业银行,在创立时,投资者认缴的出资额与注册资本一致,一般不会产生资本溢价。但在商业银行重组或有新投资者加入时,常会出现资本溢价。溢价列入"资本公积"账户。

我国发行股票方式只许按面值和溢价发行。股份制商业银行以筹集股本按面值发行股票,银行发行股票取得的收入应全部为股本处理;若溢价发行股票,超出股票面值溢价作股本溢价处理,列入"资本公积";发行中相关手续费、佣金等,如是溢价发行,从溢价中冲减资本公积(股本溢价);无溢价发行或溢价金额不足抵扣,将不足抵扣的部分冲减盈余公积和未分配利润。

一、实收资本核算

为了反映投资者实收资本的情况,除股份制商业银行以"股本"科目核算外,其他商业银行以"实收资本"科目核算。"实收资本"是所有者权益类账户,贷方登记实际收到投资者投入的资本、按法定程序结转的资本公积、盈余公积转增资本的增加数;借方登记商业银行按法定程序报经批准退出资本的减少数;余额在贷方,表示银行实有资本的数额。实收资本应按投资者进行明细分类核算。

1. 投资者以现金投入资本的核算

(1)非股份制金融企业。投资者以现金等投入的资本,当以实际收到或者存入金融企业开户银行的金额,借记“银行存款”等科目,贷记“实收资本”科目。

借:银行存款

或存放中央银行款项

贷:实收资本——国家投资

——其他单位投资

——个人投资

(2)股份制金融企业。股份制金融企业的股本应当在核定的股本总额及核定额股份总额的范围内发行股票或股东出资取得。金融企业发行股票,收到现金等资产:

借:银行存款

贷:股本

资本公积——股本溢价

2. 投资者以固定资产、无形资产等非现金资产投入资本的核算

收到投资者以固定资产、无形资产进行的投资时,可按投资各方确认的价值,借记“固定资产”、“无形资产”账户;按投资确认的价值在注册资本中所占的份额部分,贷记“实收资本”账户;以两者之间的差额贷记“资本公积”账户。其会计分录为:

借:固定资产(无形资产等)

贷:实收资本(股本)

资本公积——资本溢价

【例4-1-1】 工行海口支行收到新投资者嘉禾公司投入房屋一幢,该房屋账面原价15 000 000元,已提折旧为1 500 000元,投资各方确认以13 000 000元入账,房屋已验收使用,其会计分录为:

借:固定资产 13000000

贷:实收资本 13000000

3. 资本(股本)增减变动的核算

金融企业资本(或股本)除下列情况外,不得随意变动,我国企业法人登记管理条例中规定,除国家另有规定外,企业注册资金与实收资本应一致。符合增资条件,并经有关部门批准增资的,在实际取得股东的出资时,登记入账。金融企业按法定程序报经批准减少注册资本的,在实际发还投资时登记入账。采用收购本企业股票方式减资的,在实际购入本企业股票时,登记入账。金融企业应当将因减资而注销股份、发还股款,以及因减资需要更新股票的变动情况,在股本账户的明细账及有关备查簿中详细记录。股东规定转让其出资的,金融企业应当于有关的转让手续办理完毕时,将出让方所转让的出资额,在资本(或股本)账户的有关明细账户及各备查登记簿中转为受让方。

(1)实收资本(或股本)增加。一般企业增加资本有三个途径:接受投资者追加投资、资本公积和盈余公积转增资本。非股份制金融企业的资本公积和盈余公积转增资本时,其会计分录如下:

借:资本公积

盈余公积

贷:实收资本

股份制金融企业资本公积和盈余公积转增资本时,其会计分录如下:

借:资本公积

盈余公积

贷:股本

(2)实收资本(或股本)减少。非股份制金融企业按法定程序报经批准减少注册资本的,在实

际发生时,登记入账。其会计分录如下:

借:实收资本

　贷:银行存款

当股份制金融企业采用收购本企业股票方式减资,按股票面值和注销股数计算的股票面值总额冲股本,按注销库存股的账面余额与所冲减股本的差额冲减股本溢价,股本溢价不足冲减的,再冲减盈余公积直至未分配利润。如果回购股票支付的价款低于面值总额的,所注销库存股的账面余额与所冲减股本的差额作为增加股本的溢价处理。

当股份制金融企业回购本银行股票时,购回股票支付的价款大于面值总额:

借:库存股

　贷:银行存款

同时,注销本银行股票时,其会计分录如下:

借:股本

　资本公积——股本溢价

　贷:库存股

当股份制金融企业回购本银行股票时,购回股票支付的价款低于面值总额:

借:库存股

　贷:银行存款

同时,注销本银行股票时,其会计分录如下:

借:股本

　贷:库存股

　　资本公积——股本溢价

二、资本公积核算

资本溢价(或股本溢价)的核算

"资本公积"是所有者权益类账户,贷方登记商业银行收到投资者的超出其在银行注册资本(或股本)中所占份额的投资等;借方登记银行按规定程序将资本公积金转增资本的金额;余额在贷方,表示资本公积金结存的数额。

1. 资本(股本)溢价

资本(或股本)溢价是指金融企业投资者投入的资金超过其在注册资本中所占份额的部分。按投资者所缴付的全部资金,借记有关资产科目,按其认缴的资本金贷记"实收资本"。当发行股票时,按其认购的股票面值总额贷记"股本",大于"实收资本"或"股本"的部分,记入"资本公积——资本(或股本)溢价"。

(1)非股份制金融企业收到投资者投入的资金。其会计分录如下:

借:银行存款(实际收到金额)

　贷:实收资本(在注册资本中所占份额)

　　资本公积(资本溢价)

(2)股份制金融企业溢价发行股票。其会计分录如下:

借:银行存款(实际收到的金额)

　贷:股本(股票面值和核定的股份总额的乘积计算的金额)

　　资本公积—股本溢价(溢价部分)

(3)境外上市的金融企业以及在境内发行外资股企业收到股款。其会计分录如下:

借:银行存款等(收到股款当日的汇率折合人民币的金额)

贷:股本(确定的人民币股票面值和核定的股份总额的乘积计算的金额)

资本公积——股本溢价(溢价部分)

2. 其他资本公积

(1)资本公积用于转增资本:

借:资本公积

贷:实收资本

(2)股权投资准备,是指金融企业对被投资单位的长期股权投资采用权溢法核算时,因被投资单位直接计入所有者权益的利得和损失等引起的变动。当被投资企业计入所有者权益利得时,投资方按其持股比例计算应享有份额变动:

借:长期股权投资

贷:资本公积——其他资本公积

当被投资企业发生计入所有者权益损失时,投资方按其持股比例计算应享有的份额变动作相反的会计分录。

【例4-1-2】 工行海口支行原有注册资本540000000元,留存收益20000000元。现东方公司准备参与投资,经双方协商,同意其投资218000000元,将注册资本增至750000000元,东方公司占28%。今收到东方公司出资的转账支票218000000元,存入该行存款户,其会计分录为:

借:银行存款	218000000	
贷:实收资本		210000000
资本公积——资本溢价		8000000

三、盈余公积核算

盈余公积是指金融企业按照有关规定从净利润中提取的企业积累资金。为了加强对盈余公秘的核算和管理,设置"盈余公积"科目,用以核算从净利润中提取的盈余公积。该科目属于所有者权益类,贷方登记提取的盈余公积的数额,借方登记盈余公积的支用和减少的数额,期末贷方余额为提取的盈余公积结余数。该科目下分别按法定盈余公积、任意盈余公积等进行明细核算。

1. 提取盈余公积

按照规定的比例,从税后利润中提取盈余公积金时,会计分录为:

借:利润分配——计提盈余公积

贷:盈余公积——法定盈余公积金

——任意盈余公积金

【例4-1-3】 工行海口支行全年净利润为800000元,按10%的比例提取法定盈余公积金,按5%的比例提取任意盈余公积金,会计分录为:

借:利润分配——计提盈余公积	120000	
贷:盈余公积——法定盈余公积金		80000
——任意盈余公积金		40000

2. 以盈余公积转增资本

以盈余公积转增资本金的,其会计分录为:

借:盈余公积

贷:实收资本(股本)

3. 以盈余公积弥补亏损

以盈余公积弥补亏损的,其会计分录为:

借:盈余公积

　贷:利润分配

4. 以盈余公积发放现金股利或利润

以盈余公积发放现金股利或利润时,宣告分派股利的,其会计分录为:

借:盈余公积

　贷:应付股利

支付股利的,其会计分录为:

借:应付股利

　贷:银行存款

5. 用盈余公积派送新股

其会计分录如下:

借:盈余公积

　贷:股本

四、未分配利润核算

未分配利润是金融企业留待以后年度进行分配的结存利润,属于所有者权益的组成部分。

年度终了,金融企业将各收入、支出科目的余额通过"本年利润"科目结转出当年的净利润,再将"本年利润"科目余额转入"利润分配——未分配利润户"。在按规定作了各种分配后,将"利润分配"科目其他各账户的余额转入"未分配利润"账户。结转后,"未分配利润"账户的贷方余额是未分配利润,如出现借方余额,则表示为未弥补亏损。

年度终了,将全年实现的净利润,自"本年利润"科目转入"利润分配":

借:本年利润

　贷:利润分配——未分配利润

如为亏损,作相反会计分录。

同时,将"利润分配"科目下其他明细科目的余额转入"未分配利润"科目:

借:利润分配——未分配利润

　贷:利润分配——其他明细科目

结转后,除"未分配利润"明细科目外,利润分配科目的其他明细科目无余额。"未分配利润"明细科目贷方余额为历年积累的未分配利润,借方余额为历年未弥补的亏损。

五、一般风险准备核算

金融企业进行利润分配时,在按一定比例提取了法定盈余公积、任意盈余公积后,还应按一定比例计提一般风险准备。计提比例由董事会综合考虑金融企业所面临的风险状况等因素确定。在提取一般风险准备时,其会计分录如下:

借:利润分配——提取一般风险准备

　贷:一般风险准备

按规定使用一般风险准备弥补亏损时,其会计分录如下:

借:一般风险准备

　贷:利润分配——一般风险准备补亏

相关知识

任务3 了解金融企业营业收入、成本费用及利润

知识要点：金融企业收入、成本费用及利润的构成

新《企业会计准则》规定：金融企业提供金融商品或服务所取得的营业收入，主要包括利息收入、手续费收入、保费收入、分保费收入、租赁收入、其他业务收入、汇兑损益、公允价值变动损益、投资收益。

金融企业的成本费用可分为营业支出、营业税金及附加、营业支出三大类。金融企业的利润包括营业利润、利润总额和净利润。

一、金融企业营业收入

1. 金融企业营业收入的构成

金融企业的营业收入是指金融企业在一定时期内对外提供劳务或对外提供特殊商品而取得的收入。按照金融企业经营业务，可分为主营业务收入和其他业务收入。

(1)利息收入，是指金融企业根据收入准则确认的利息收入，包括发放的各类贷款(包括银团贷款、贸易融资、贴现和转贴现融出资金、协议透支、信用卡透支和垫款等)、与其他金融机构(包括中央银行、同业等)之间发生资金往来业务、买入返售金融资产等所取得的利息收入等。

(2)手续费收入，是指金融企业根据收入准则确认的手续费收入，包括办理结算、咨询、担保、代保管等代理业务以及办理受托贷款及投资业务等取得的手续费。

(3)保费收入，是指金融企业根据原保险合同准则确认的原保险合同保费收入。

(4)分保费收入，指根据再保险合同准则确认的再保险合同分保费收入。

(5)租赁收入，是指金融企业根据租赁准则确认的租赁收入。

(6)其他业务收入，是指金融企业根据收入准则确认的除主营业务以外的其他经营活动实现的收入，包括出租固定资产、出租无形资产实现的收入。

(7)汇兑收益，是指金融企业外币货币性项目因汇率变动而形成的收益或损失。

(8)公允价值变动损益，是指在初始确认时划分为以公允价值计量且其变动计入当期损益的金融资产或金融负债(包括交易性金融资产或金融负债和直接指定为以公允价值计量且其变动计入当期损益的金融资产或金融负债)，以及采用公允价值模式计量的衍生工具、套期业务中公允价值变动形成的应计入当期损益的利得或损失。

(9)投资收益，是指根据长期股权投资准则确认的投资收益或投资损失。

2. 收入核算的基本要求

(1)金融企业的收入要严格按照国家有关法律、法规的规定准确计息，认真核实，正确反映，加强监督检查，以保证其损益的真实性。

(2)金融企业的收入要按照规定分别列入有关收入项目，不得截留或作其他财务处理。发生少收或多收时，要查找原因，并由有关经办人员提出凭据，经有关主管人员批准后，从有关收入中退还或补收入账。严格禁止向借款人及客户以佣金、劳务费、手续费等名义坐支收入或进行私分。

3. 收入的确认

金融企业为客户提供金融产品服务取得的收入，应在满足两个条件予以确认：

(1)与交易相关的经济利益能够流入银行；

(2)收入的金额能够可靠的计量。

二、金融企业营业成本费用

1. 金融企业营业成本费用的构成

金融企业应遵循权责发生制和收入费用配比原则确认经营费用。依据权责发生制，凡属本期发生的费用，无论其款项是否支付，均确认为本期费用；反之，不属于本期发生的费用，即使其款项在本期支付，也不能确认为本期的费用。所谓配比原则，是根据收入与费用的内在联系，要求将一定时期内的收入与取得该收入所发生的费用在同一期间进行确认和计量。根据收入与费用的相关程度，费用可分为：

（1）直接费用，是指直接为取得营业收入而发生的费用，即与当期的营业收入有直接因果关系的费用，如利息支出、手续费支出等。在确认营业收入的当期，就可以直接确认这些营业费用。

（2）期间费用，是指那些仅仅有助于当期营业收入的实现，或者数额不大，不便于或不值得在各期分配的费用，如业务招待费等。期间费用在发生时即可确认为费用，与当期的营业收入相配比。

（3）跨期费用，是指受益期限在一个会计期间以上的费用，即应当按照配比原则，按规定方法在受益期间进行分配的费用，如固定资产折旧费等。跨期费用发生后不能直接确定为当期费用，要采用系统而合理的方法，将资产成本在各受益期内进行分摊，计入各期费用，从各期收入中得到补偿。

2. 成本、费用核算的基本要求

（1）要严格按照规定如实反映成本支出，不准随意摊提成本费用，不准擅自提高开支标准，不准扩大开支范围，不准挥霍国家资财，不准截留收入，正确计算本期损益，保证银行经营成本的真实性。

（2）划清本期成本、费用和下期成本、费用的界限，不得任意预提和摊销费用，不得提前或延后列支成本。

（3）划清成本支出与营业外支出的界限，不属于成本开支的范围，不得列入成本，应在成本开支的费用，也不得列入营业外支出。

（4）成本核算要以月、年为成本计算期，同一计算期内的成本与收入核算的起讫日期、计算范围和口径必须一致。

（5）加强基础工作，保证成本资料真实可靠。在进行成本核算时，必须严格执行会计制度，确保成本核算资料的完整、真实、准确，如实反映经营过程中的各项支出。有关成本核算的原始凭证、账册、成本汇总表、统计资料，必须按规定格式和内容真实记载、填写和汇总，不得弄虚作假。

3. 金融企业成本费用的内容

（1）营业支出

①利息支出，是指金融企业由于吸收的各种存款（单位存款、个人存款、信用卡存款、特种存款和转贷款资金）、与其他金融机构（中央银行、同业等）之间发生资金往来业务、卖出回购金融资产等产生的利息支出以及按期分摊的未确认融资费用。

②手续费支出，是指金融企业发生的各项手续费、佣金等支出。

③提取未到期责任准备金，是指金融企业提取的原保险合同未到期责任准备金和再保险合同分保未到期责任准备金。

④提取的保险责任准备金，是指金融企业提取的包括未决赔款准备金、寿险责任准备金、长期健康险责任准备金在内的保险责任准备金。

⑤赔付支出，是指金融企业支付的原保险合同赔付款项和再保险合同赔付款项。

⑥保户红利支出，是指金融企业按原保险合同约定支付给投保人的红利。

⑦退保金，是指金融企业按照寿险原保险合同约定应当退还投保人的保险费。

⑧分出保费，是指金融企业（再保险分出人）向再保险接受人分出的保费。

⑨分保费用，是指金融企业（再保险接受人）向再保险分出人支付的分保费用。

⑩业务及管理费，是指金融企业在业务经营和管理过程中所发生的各项费用，包括折旧费、业务宣传费、业务招待费等在内的各项费用。

⑪其他业务支出，是指金融企业除主营业务活动以外的其他经营活动所发生的支出，包括出租固定资产的累计折旧、出租无形资产的累计摊销等。

(2)营业税金及附加，是指金融企业经营活动发生的营业税、消费税、城市维护建设税、资源税和教育费附加等相关税费。

(3)营业外支出，是指金融企业发生的与其经营活动无直接关系的各项净支出，包括处置非流动资产损失、非货币性资产交换损失、债务重组损失、罚款支出、捐赠支出、非常损失等。

(4)所得税费用，金融企业所得税是对我国境内金融企业，在一定期间内的经营所得和其他所得征收的一种税。新《企业会计准则》从资产负债表出发，通过比较资产负债表上列示的资产、负债，按照准则规定确定的账面价值与按照税法规定确定的计税基础，对于两者之间差额形成的应纳税暂时性差异与可抵扣暂时性差异，确认相关的递延所得税负债与递延所得税资产，并在此基础上确定每一期间利润表中的所得税费用。

1)所得税费用核算的基本要求

①递延所得税资产、递延所得税负债的确认。所得税费用核算是以企业的资产负债表及其附注为依据，结合相关账簿资料，分析计算各项资产、负债的计税基础，通过比较资产、负债的账面价值与其计税基础之间的差异，确定应纳税暂时性差异和可抵扣暂时性差异。

资产的账面价值大于其计税基础或者负债的账面价值小于其计税基础，产生应纳税暂时性差异；资产的账面价值小于其计税基础或者负债的账面价值大于其计税基础，产生可抵扣暂时性差异。按照税法规定允许抵减以后年度利润的可抵扣亏损，视同可抵扣暂时性差异。按照暂时性差异与适用所得税税率计算的结果，确定递延所得税资产、递延所得税负债以及相应的递延所得税费用。其中，确认由可抵扣暂时性差异产生的递延所得税资产，应当以未来期间很可能取得用来抵扣可抵扣暂时性差异的应纳税所得额为限，该应纳税所得额为未来期间企业正常生产经营活动实现的应纳税所得额，以及因应纳税暂时性差异在未来期间转回相应增加的应税所得，并应提供相关的证据。

②递延所得税资产、递延所得税负债的转回。递延所得税负债和递延所得税资产确认后，相关的应纳税暂时性差异或可抵扣暂时性差异于以后期间转回的，应当调整原已确认的递延所得税资产、递延所得税负债以及相应的递延所得税费用。

③所得税费用在利润表中的列示。利润表中应当单独列示所得税费用。所得税费用由两部分内容构成：一是按照税法规定计算的当期所得税费用（当期应交所得税），二是按照上述规定计算的递延所得税费用，但不包括直接计入所有者权益项目的交易和事项以及企业合并的所得税影响。

所得税费用核算的关键在于确定资产、负债的计税基础，资产、负债的计税基础一经确定，即可计算暂时性差异并在此基础上确认递延所得税资产、递延所得税负债以及递延所得税费用。

2)资产、负债的计税基础

①资产的计税基础，是指企业收回资产账面价值过程中，计算应纳税所得额时按照税法规定可以自应税经济利益中抵扣的金额。通常情况下，资产取得时其入账价值与计税基础是相同的，后续计量因会计准则规定与税法规定不同，可能造成账面价值与计税基础的差异。

例如，按照会计准则规定，资产的可变现净值或可收回金额低于其账面价值时，应当计提相关的减值准备；税法规定，企业提取的减值准备一般不能税前抵扣，只有在资产发生实质性损失时才允许税前扣除，产生了资产的账面价值与计税基础之间的差异即暂时性差异。

②负债的计税基础，是指负债的账面价值减去未来期间计算应纳税所得额时按照税法规定可予抵扣的金额。一般而言，短期借款、应付票据、应付账款、其他应交款等负债的确认和偿还，不会对当期损益和应纳税所得额产生影响，其计税基础即为账面价值。某些情况下，负债的确认可能会涉及损益，进而影响不同期间的应纳税所得额，使得其计税基础与账面价值之间产生差额，如金融企业因或有事项确认的预计负债。会计上对于预计负债，按照最佳估计数确认，计入相关资产成本或者当期损益。按照税法规定，与预计负债相关的费用在实际发生时多在税前扣除，该类负债的计税基础为0，形成会计上的账面价值与计税基础之间的暂时性差异：

金融企业应于每个资产负债表日，对资产、负债的账面价值与其计税基础进行分析比较，两者之间存在差异的，确认递延所得税资产、递延所得税负债及相应的递延所得税费用。金融企业合并等特殊交易或事项中取得的资产和负债，应在购买日比较其入账价值与计税基础，确认相关的递延所得税资产或递延所得税负债。

三、金融企业营业利润

利润是金融企业在一定会计期间业务经营活动的最终结果，是金融企业最终的财务成果。它包括营业利润、利润总额和净利润。利润表现为金融企业净资产的增加(亏损则为减少)。但需要注意一点，银行净资产的增加，并非都是因为利润。在经营过程中，银行所有者追加投资也会导致净资产的余额增加。同样，所有者撤回部分投资、金融企业向所有者分配利润也会导致净资产的减少。

1. 营业利润，是指营业收入减去营业成本和营业费用加上投资净收益后的净额。

2. 利润总额，是指营业利润减去营业税金及附加，加上营业外收入，减去营业外支出后的金额。

3. 净利润，是指扣除资产损失后的利润总额减去所得税后的金额。

营业利润 = 营业收入 - 营业成本 - 营业费用 + 投资净收益

利润总额 = 营业利润 - 营业税金及附加 + 营业外收入 - 营业外支出

净利润 = 扣除资产损失后的利润总额 - 所得税

相关知识

任务4　掌握收入、成本费用及利润核算

知识要点：金融企业损益业务核算基本要求

损益业务核算基本要求：按权责发生制确认收入，按配比的原则确认成本并真实、准确地核算费用，只有这样才能客观地反映其经营成果。

一、收入核算

1. 利息收入

利息收入在金融企业营业收入中占有较大比重，应通过“利息收入”科目予以反映。本科目按照业务类别进行明细核算。资产负债表日，银行应按照合同约定的名义利率计算确定的应收未收利息，借记“应收利息”科目，按照收入准则或按照贷款等摊余成本和实际利率计算确定的利息收入，贷记“利息收入”科目，差额记入“贷款——利息调整”科目。期末应将“利息收入”科目余额转

入“本年利润”科目，结转后“利息收入”科目无余额。

(1)当期金融企业在计息当期划收利息时，填制有关凭证，办理转账，其会计分录如下：

借：吸收存款——××户

　贷：利息收入——××利息收入户

(2)计提应收利息的核算。按权责发生制原则，凡属于金融企业本期应收取的利息，应确认收入的实现，计入当期损益。依据新《企业会计准则》的规定，资产负债表日，金融企业应按合同约定的名义利率计算确定的应收利息的金额，按收入准则或金融工具确认和计量准则计量确定的利息收入金额，差额调整相应科目，其会计分录如下：

借：应收利息或买入返售金融资产

贷款溢价

　贷：利息收入——××利息收入户

或

借：应收利息或买入返售金融资产

　贷：利息收入——××利息收入户

贷款折价

实际收到利息时，其会计分录如下：

借：吸收存款——××户

　贷：应收利息

③利息收入结转利润的核算。期末，利息收入结转利润时，其会计分录如下：

借：利息收入——××利息收入户

　贷：本年利润

2. 手续费及佣金收入

手续费收入也是金融企业财务收入的主要来源之一。其结算方式可以采用现金结算，也可以采用转账结算。由于手续费收入同同于其他营业收入，所以，在会计核算中单独设置“手续费收入”科目进行核算。

“手续费收入”科目，属于损益类科目，贷方反映发生的各项手续费收入；期末结转利润时，借记本科目，贷记“本年利润”科目。本科目余额应反映在贷方，期末结转利润后，本科目应无余额。“手续费收入”科目的明细科目可设置为：结算手续费收入；佣金收入；业务代办手续费收入；基金托管收入；咨询服务收入；担保收入；受托贷款手续费收入；代保管收入；等等。

金融企业收取手续费的时间根据具体情况而定，既可定期，也可逐笔向有关单位和个人收取。收取手续费的方式有现金和转账结算两种。

(1)确认手续费时，其会计分录如下：

借：应收账款或代理承销证券款等科目

　贷：手续费收入——××收入户

(2)实际收到手续费收入时，其会计分录如下：

借：现金或存放中央银行款项或结算备付金或吸收存款等科目——××户

　贷：应收账款等科目

(3)期末余额结转利润时，其会计分录如下：

借：手续费收入——××收入户

　贷：本年利润

3. 保费收入

“保费收入”科目，属于损益类科目，专门用于核算金融企业根据原保险合同准则确认的原保险合同保费收入的增减变动情况，按照险种进行明细核算。“保费收入”科目贷方反映发生的保费收入；期末结转利润时，借记本科目，贷记“本年利润”科目。本科目余额应反映在贷方，期末结转利润后，本科目应无余额。

(1)金融企业确认保费收入时，其会计分录如下：

借：应收账款或预收账款或现金或利息支出或投资收益等科目

  贷：保费收入——××收入户

(2)非寿险原保险合同提前解除的，按原保险合同约定计算确定的应退还投保人的金额，其会计分录如下：

借：保费收入——××收入户

  贷：现金等科目

(3)期末余额结转利润时，其会计分录如下：

借：保费收入——××收入户

  贷：本年利润

(4)分保费收入的核算

“分保费收入”科目属于损益类科目，专门用于核算金融企业根据再保险合同准则确认的再保险合同分保费收入的增减变动情况，按照险种进行明细核算。“分保费收入”科目贷方反映发生的分保费收入；期末结转利润时，借记本科目，贷记“本年利润”科目。本科目余额应反映在贷方，期末结转利润后，本科目无余额。

①金融企业确认的分保费收入时，其会计分录如下：

借：应收分保账款

  贷：分保费收入——××收入户

②收到分保业务账单时，按账单标明的金额对分保费收入进行调整，若调整增加额，其会计分录为：

借：应收分保账款

  贷：分保费收入——××收入户

若调整减少额，做相反的会计分录。

③期末余额结转利润时，其会计分录如下：

借：分保费收入——××收入户

  贷：本年利润

(5)租赁收入的核算

“租赁收入”科目属于损益类科目，专门用于核算金融企业根据租赁准则确认的租赁收入的增减变动情况，按照租赁资产类别进行明细核算。“租赁收入”科目贷方反映发生的租赁收入，期末结转利润时，借记科目，贷记“本年利润”科目。科目余额应反映在贷方，期末结转利润后，本科目应无余额。

①企业确认的租赁收入，其会计分录如下：

借：未实现融资收益等科目

  贷：租赁收入——××收入户

②实际收到租金时，其会计分录如下：

借：现金

  贷：租赁收入——××收入户

③期末余额结转利润时，其会计分录如下：

借：租赁收入——××收入户

贷:本年利润

4. 汇兑损益

(1)汇兑损益的内容

汇兑损益是指银行进行外汇买卖和外币兑换等业务时,由于汇率和业务发生的时间不同而产生的损益。

"汇兑损益"是损益类账户,用以核算银行进行外汇买卖和外币兑换等业务而产生的收益和损失。银行取得汇兑收益时记入贷方,发生损失时记入借方;期末将汇兑收益结转"本年利润"账户,期末一般无余额。"汇兑收益"应按外汇买卖币种设置明细分类账户。

银行的外汇买卖和外币兑换是通过"外汇买卖"账户核算的。

(2)汇兑损益的核算

发生收益时:

借:货币兑换

贷:汇兑损益

发生损失时:

借:汇兑损益

贷:货币兑换

期末余额结转利润时,其会计分录为:

借:汇兑损益

贷:本年利润

5. 其他业务收入

(1)其他业务收入的内容

其他业务收入是指商业银行根据收入准则确认的除主营业务以外的其他经营活动实现的收入,包括出租固定资产、出租无形资产、出租包装物和商品、销售材料、用材料进行非货币性交换(在非货币性资产交换具有商业实质且公允价值能够可靠剂量的情况下)或债务重组等实现的收入。

"其他业务收入"是损益类账户。银行取得各项其他业务收入时,记入贷方,期末将其他营业收入结转"本年利润"账户时,记入借方。期末一般无余额。

(2)其他业务收入的核算

①确认的其他业务收入,其会计分录为:

借:应收账款(或银行存款等科目)

贷:其他业务收入

②期末余额结转利润时,其会计分录为:

借:其他业务收入

贷:本年利润

6. 公允价值变动损益

(1)公允价值变动损益的内容

公允价值变动损益是指商业银行由于交易性金融资产、交易性金融负债,以及采用公允价值模式计量的衍生工具、套期保值业务中公允价值变动形成的应计入当期损益的利得或损失。

"公允价值变动损益"是损益类账户。该科目按照交易性金融资产、交易性金融负债等进行明细核算。期末,应将本科目余额转入"本年利润"科目,结转后无余额。

(2)公允价值变动损益的核算

①交易性金融资产的公允价值变动

资产负债表日,若交易性金融资产的公允价值高于其账面余额时,其会计分录为:
借:交易性金融资产——公允价值变动
　贷:公允价值变动损益
若公允价值低于其账面余额,作相反的会计分录。
若出售交易性金融资产,以实际收到金额入账,其会计分录为:
借:存放中央银行款项
　贷:交易性金融资产——成本(公允价值变动)
(或借)投资收益
同时,按照“交易性金融资产——公允价值变动”科目的余额,
借记或贷记“公允价值变动损益”科目,
贷记或借记“投资收益”科目。
②交易性金融负债的公允价值变动
资产负债表日,若交易性金融负债的公允价值高于其账面余额时,其会计分录为:
借:公允价值变动损益
　贷:交易性金融负债
若公允价值低于其账面余额,作相反的会计分录。
出售交易性金融负债。以实际的金额入账,其会计分录为:
借:交易性金融负债(账面余额)
　贷:存放中央银行款项
　(或借)投资收益
同时,按照“交易性金融负债——公允价值变动”科目的余额,
借记或贷记“公允价值变动损益”,贷记或借记“投资收益”科目。

7. 投资收益

投资效益是指银行在规定的范围内向外进行投资,按照合同或协议的规定分得的股利、利润和利息,以及处置投资时所取得的收益。

“投资收益”是损益类账户,用以核算银行对外投资取得的收入或发生的损失。银行取得投资收益或将投资净损失结转“本年利润”账户时,记入贷方;发生投资损失或将投资净收益结转“本年利润”账户借方,期末一般无余额。

8. 营业外收入

营业外收入是指与商业银行的经营活动无直接关系的各项净收入、包括处置非流动资产的利得,非货币性资产交换利得、债务重组利得、罚没利得、政府补助利得、确实无法支付按程序经批准后转作营业外收入的应付款项、捐赠利得、盘盈利得等。

“营业外收入”是损益类账户,用以核算银行发生的与经营业务无直接关系的各项收入。银行取得各项营业外收入时,记入贷方;期末将营业外收入结转“本年利润”账户借方,期末一般无余额。

借:相关科目
　贷:营业外收入——××收入户
期末将营业外收入转入结转本年利润时,其会计分录为:
借:营业外收入——××收入户
　贷:本年利润

二、成本、费用核算

1. 利息支出

利息支出是指银行以负债形式筹集的各种资金，按照国家规定的利率应向企业及个人支付的利息。银行对存款按照权责发生制原则分别按季结付和预提利息支出。利息支出是指商业银行吸收的各种存款(单位存款、个人存款、信用卡存款、特种存款和转贷款资金等)、与其他金融机构(中央银行、同业等)之间发生资金往来业务、卖出回购金融资产等产生的利息支出以及按期分摊的未确认融资费用等。对于利息支出，商业银行设置“利息支出”科目进行核算，并按照利息支出项目进行明细核算。期末，应将本科目余额转入“本年利润”科目，结转后科目无余额。

资产负债表日，银行将按照金融工具确认和计量准则计算确定的各项利息费用的金额，记入“利息支出”科目，将按照合同约定的名义利率计算确定的应付利息的金额，记入“应付利息”等科目，其差额记入“吸收存款—利息调整”等科目。其会计分录为：

发生利息支出时，其会计分录如下：

借：利息支出——××利息支出户

　贷：现金或××活期存款——××户

预提应付利息时，金融企业在资产负债表日，按金融工具确认和计量准则计算确定的各项利息费用的金额，借记本科目，按合同约定的名义利率计算确定的应付利息的金额，贷记“应付利息”、“卖出回购金融资产款”等科目，按其差额，借记或贷记“吸收存款一溢折价”等科目。其会计分录如下：

借：利息支出——××利息支出户

吸收存款——折价

　贷：应付利息或卖出回购金融资产款

或

借：利息支出——××利息支出户

　贷：应付利息或卖出回购金融资产款

吸收存款——折价

实际支付已预提的应付利息时，其会计分录如下：

借：应付利息

　贷：吸收存款——××户

期末结转利润时，其会计分录如下：

借：本年利润

　贷：利息支出——××利息支出户

2. 手续费及佣金

手续费及佣金是指商业银行委托其他单位办理存款、结算等业务所发生的手续费、佣金等支出。

“手续费及佣金支出”是损益类账户，用以核算银行委托其他单位办理业务而支付的各种手续费。银行支付各种手续费及佣金支出时，记入借方；期末结转“本年利润”账户时，记入贷方。期末一般无余额。“手续费及佣金支出”应按手续费及佣金支出的种类设置明细分类账户。手续费支出按付费标准如实列支，不得预提。

借：手续费及佣金支出

　贷：库存现金(或相关科目)

期末按“手续费支出”科目余额结转利润时，其会计分录如下：

借：本年利润

　贷：手续费支出——××手续费支出户

3. 营业税金及附加

营业税金及附加主要核算企业经营活动发生的营业税、消费税、城市维护建设税、资源税、教育费附加等相关税费;与投资性房地产相关的房产税、土地使用税也在本科目核算。期末,应将本科目余额转入“本年利润”科目,结转后本科目无余额。

发生相关税费时,借记本科目,贷记“应交税费”等科目,其会计分录为:

借:营业税金及附加

　贷:应交税费

收到返还的消费税、营业税等原记入本科目的各种税金,按照实际收到的金额,借记“银行存款”等科目,贷记“营业外收入”科目,其会计分录为:

借:银行存款

　贷:营业外收入

营业税金及附加计算公式:营业税 = 计税营业收入额 × 营业税率

城市维护建设税 = 计税营业收入额 ×5% × 适用税率

教育费附加 = 计税营业收入额 ×5% × 费率

商业银行统一执行 8% 的营业税率(其中 5% 上缴国家税务部门,3% 上交地方税务部门)。从 2001 年起,每年下调一个百分点(下调的税率为上交国税的 5% 部分),分 3 年将商业银行的营业税率从 8% 降低到 5% 。城市维护建设按纳税人所在地的不同设置了 3 档差别比例税率。所在地为市区的,税率为 7% ;所在地为县城、建制镇的,税率为 5% ;所在地不在市区、县城、建制镇的,税率处为 1% 。教育费附加费率为 3% 。

4. 业务及管理费

是指银行在业务经营和管理过程中发生各项费用主要包括折旧费、业务宣传费、业务招待费、电子设备运转费、钱币运送费、安全防范费、邮电费、劳动保护费、外事费、印刷费、低值易耗品摊销、职工工资、差旅费、水电费、职工教育经费、工会经费、税金、会议费、诉讼费、公证费、咨询费、无形资产摊销、长期待摊销费用摊销、取暖降温费、聘请中介机构费、技术转让费、绿化费、董事会费、财产保险费、劳动保险费、待业保险费、住房公积金、物业管理费、研究费用、提取保险保障基金。

对于业务及管理费,商业银行应设置“业务及管理费”科目,并按照费用项目进行明细核算。“业务及管理费”科目的期末余额应转入“本年利润”科目。

业务及管理费有关账户的支出,除财政部有规定可先提后用外,其他一律据实列支,不得预提。各行对于待摊和预提的费用,应根据权责发生制的原则,结合本行的具体情况确定。现根据重要性原则,对其中的重要项目简述如下:

(1)业务宣传费

发生的业务宣传费根据支付凭证入账,其会计分录为:

借:业务及管理费

　贷:库存现金(或相关科目)

(2)职工工资、福利费、工会经费、职工教育经费

职工工资的核算设“应付职工薪酬”科目,属负债性质,即应付给职工的劳动报酬。分配时根据“工资分配表”填制贷方记账凭证办理转账其会计分录为:

借:业务及管理费——职工工资

　贷:应付职工薪酬

职工福利费按照职工工资总额的 14% 提取,设“应付福利费”科目核算,其会计分录为:

借:业务及管理费——职工福利费

　贷:其他应付款

工会经费按照职工工资总额的 2% 提取,拨交工会使用,其会计分录为:

借:业务及管理费——工会经费

贷:其他应付款——工会经费

职工教育经费按照职工工资总额的1.5%提取,其会计分录为:

借:业务及管理费——职工教育经费

贷:其他应付款——职工教育经费

(3)税金

业务及管理费中的税金是指银行按照规定支付的允许在成本中列支的税金,包括房产税、土地使用税、车船税、印花税等,期末按规定计算应缴的税金,其会计分录为:

借:业务及管理费——税金

贷:应交税费——应交××税

印花税不通过“应交税金”科目核算,商业银行一次性交足印华税款,其会计分录为:

借:业务及管理费

贷:库存现金(或相关科目)

上述有关业务宣传费、业务招待费、业务管理费等,在期末应按规定结转本年利润。结转时,其会计分录如下:

借:本年利润

贷:业务及管理费用——××费用户

(4)其他业务支出

是指金融企业除主营业务活动以外的其他经营活动所发生的支出,包括出租固定资产的累计折旧、出租无形资产的累计摊销等。

发生其他业务支出时,其会计分录如下:

借:其他业务支出——××户

贷:累计折旧或累计摊销等科目

期末按“其他业务支出”科目余额结转时,其会计分录如下:

借:本年利润

贷:其他业务支出——××户

5. 资产减值损失

银行应根据资产减值等准则计提各项资产减值准备(包括坏账准备、存货跌价准备、长期股权投资减值准备、持有至到期投资减值准备、固定资产减值准备、在建工程——减值准备、工程物资——减值准备、无形资产减值准备、商誉——减值准备、贷款损失准备、抵债资产——跌价准备等)所形成的损失。对资产减值损失,银行设置“资产减值损失”科目,并按照资产减值损失的项目进行明细核算。期末,应将本科目余额转入“本年利润”科目,结转后本科目无余额。确定资产发生减值时,其会计分录为:

借:资产减值损失

贷:贷款损失准备等

银行计提坏账准备、存货跌价准备、持有至到期投资减值准备、贷款损失准备等后,相关资产价值又得以恢复,应在原计提得减值准备金额内,按照恢复增加的金额冲回,其会计分录为:

借:贷款损失准备等

贷:资产减值损失

6. 所得税费用

是银行根据所得税准则确认的应从当期利润总额中扣除的所得税费用。在经济领域中,财务会计和税收会计是两个不同的分支。其区别在于财务会计是按照会计制度核算收益、费用、损失、资产、负债等,税收会计是按照税收法规确认收益、费用、损失、资产、负债等。因此,按照财务会计方法计算的税前利润与按照税法规定计算的应税所得之间的结果不一定相同。

对所得税费用,银行设置"所得税费用"科目核算,并设置"当期所得税费用"、"递延所得税费用"进行明细核算。期末,应将本科目余额转入"本年利润"科目,结转后本科目无余额。其主要账务处理如下:资产负债表日,银行按照税法计算确定的当期应交所得税金额,记入所得税费用科目,其会计分录为:

借:所得税费用——当期所得税费用

　贷:应交税费——应交所得税

资产负债表日,根据所得税准则应予确认的递延所得税资产大于"递延所得税资产"科目余额的差额,贷记本科目和"资本公积"等科目,其会计分录为:

借:递延所得税资产

　贷:所得税费用——递延所得税费用

　　资本公积

当应予确认的递延所得税资产小于"递延所得税资产"科目余额的差额时,做相反的会计分录。银行应予确认的"递延所得税负债"的变动,比照上述原则调整"所得税费用"、"递延所得税负债"科目及有关科目。

7. 营业外支出

是指与银行经营业务无直接关系的各项支出,包括固定资产盘亏、处置固定资产净损失、债务重组损失、计提固定资产减值准备、罚款支出、捐赠支出和非常损失等。

"营业外支出"是损益类账户,用以核算银行发生的与经营业务无直接关系的各项。银行发生各项营业外支出时,记入借方;期末将营业外支出结转"本年利润"账户时,记入贷方。期末一般无余额。"营业外支出"按营业外支出项目设置明细分类科目。业务发生时,其会计分录为:

借:营业外支出

　贷:库存现金(或相关科目)

期末时结转的会计分录为:

借:本年利润

　贷:营业外支出

三、利润及利润分配核算

1. 利润结转

银行实现的利润净额或亏损额一律通过"本年利润"进行核算,期末将各损益收入科目余额转入"本年利润"科目的贷方,各损益支出科目余额转入"本年利润"科目的借方,结平各损益类收支科目的余额,其会计分录如下:

借:利息收入

　　手续费及佣金收入

　　汇兑收益

　　其他营业收入

　　投资收益

　　营业外收入

　　公允价值变动损益

　贷:本年利润

借:本年利润

贷：利息支出
　　手续费及佣金支出
　　营业税金及附加
　　业务及管理费
　　其他营业支出
　　营业外支出
　　所得税费用等

结转利润后，如果“本年利润”账户余额在贷方，表示盈利；如果“本年利润”账户余额在借方，则表示亏损。年度终了，应将本年收入和支出相抵后结出的本年实现的净利润，转入“利润分配”账户的贷方，其会计分录为：

借：本年利润
　贷：利润分配——未分配利润

或者，将本年收入和支出相抵后结出的本年实现的净亏损，转入“利润分配”账户的借方，其会计分录为：

借：利润分配——未分配利润
　贷：本年利润

2. 利润分配的核算

（1）利润分配的内容

银行当期实现的净利润，加上年初未分配利润（或减去年初未弥补亏损）和其他转入后的余额，为可供分配的利润，并作下列分配：

①抵补已交纳的在成本和营业外支出中无法列支的有关惩罚性或赞助性支出，包括被没收的财物损失，延期交纳各项税款的滞纳金和罚款，少交或迟交中央银行准备金的加息等。

②弥补连续5年税前利润上为弥补完的以前年度亏损。银行历年提取的法定盈余公积金和任意公积金也可以用于弥补亏损。

③提取法定盈余公积金。按照税后净利润的10%提取。当提取的法定盈余公积金累计额为总行注册资本的50%以上时，可以不再提取法定盈余公积金。法定盈余公积金弥补亏损和转增资本后的余额，不得低于注册资本的25%。

④提取公益金。国有商业银行提取公益金比例由国家核定；股份制商业银行由董事会、股东大会决定提取比例。

⑤提取各项准备金和基金。从事存贷款业务的商业银行，按规定提取的一般风险准备也应作为利润分配处理；外商投资商业银行应当按照法律、行政法规的规定，按净利润提取储备基金、银行发展基金、职工奖励基金及福利基金等。

⑥向投资者分配利润或股利

⑦未分配利润。未分配利润可留待以后年度进行分配。银行未分配的利润（未弥补的亏损）应当在资产负债表的所有者权益项目中单独反映。

（2）利润分配的核算

银行设置“利润分配”账户核算，用以核算银行利润的分配（或亏损的弥补）和历年分配（或弥补亏损）后的余额。发生利润分配时，记入借方；发生亏损弥补以及年终将“本年利润”账户余额转入时，记入贷方。若余额在贷方，表示未分配利润；若余额在借方，则表示未弥补亏损。该科目应设置“盈余公积补亏”、“提取法定盈余公积”、“提取任意盈余公积”、“应付现金股利或利润”、“未分配利润”、“提取一般风险准备”等明细科目。

①以利润弥补亏损的核算

根据我国财务制度规定,银行发生年度利润亏损后,可以用下一年度的税前利润弥补,若下一年度利润不足弥补的,可以在五年内延续弥补。若五年以内还没有以税前利润将亏损弥补足额,从第六年开始,则只能以税后利润弥补亏损。

由于以前年度的亏损反映为"利润分配"账户的借方余额,而本年度内实现的利润反映为"本年利润"账户的贷方余额,年终清算后,"本年利润"账户的余额转入"利润分配"账户贷方时,即对以前年度的亏损作了弥补。因此,无论以税前利润弥补亏损,还是以税后利润弥补亏损,均不必另行编制会计分录。

②提取盈余公积金的核算

盈余公积金分为法定盈余公积金、任意盈余公积金和法定公益金,其会计分录为:

借:利润分配——提取盈余公积

　贷:盈余公积——法定盈余公积金

　　盈余公积——任意盈余公积金

　　盈余公积——法定公益金

③以盈余公积补亏的,其会计分录为:

借:盈余公积

　贷:利润分配—盈余公积补亏

④提取一般风险准备的,其会计分录为:

借:利润分配——提取一般风险准备

　贷:一般风险准备金

银行用一般风险准备弥补亏损,其会计分录为:

借:一般风险准备

　贷:利润分配——般风险准备补亏

⑤分配给投资者利润的核算

银行实现的净利润,在提取了盈余公积金后,剩余的利润可作为投资者的收益,按投资的比例分配给投资者。

借:利润分配——应付优先股股利

　　　　　——应付普通股股利

　贷:应付股利

银行经股东大会或类似机构决议,向投资者分配股票股利,应办理增资手续:

借:利润分配—转作股本的股利

　贷:股本

　　资本公积——股本溢价(差额)

银行在分配给投资者现金股利或利润时,可以将历年结余的未分配利润,并入本年度向投资者分配。

⑥本年利润和利润分配账户的结转

由于"本年利润"账户归集了全年实现的净利润,而"利润分配"账户归集了全年已分配的数额和历年积存的未分配利润。在年终利润分配完毕后,应将"本年利润"账户余额和"利润分配"账户下"提取盈余公积"和"应付股利"等明细分类账户的余额全部转入"利润分配"账户下的"未分配利润"明细分类账户。将"本年利润"账户余额转入"利润分配——未分配利润"账户,其会计分录为:

借:本年利润

　贷:利润分配——未分配利润

将利润分配各有关明细分类账户余额转入“利润分配——未分配利润”明细分类账户，会计分录为：

借：利润分配——未分配利润

　贷：利润分配——提取法定盈余公积

　　　　　　　——提取任意盈余公积

　　　　　　　——提取一般风险准备金

　　　　　　　——应付股利

借：利润分配——其他转入户

　贷：利润分配——未分配利润

进行结转后，利润分配科目除“未分配利润”账户外，其他账户应无余额，“未分配利润”账户如是贷方余额为留存收益，作为下年初的未分配利润；如是借方余额为下年初的未弥补亏损，在年终资产负债表上保留所有者权益的一部分。

【知识链接】

完善金融审计，防控金融风险

金融审计是为规范金融机构经营、维护金融秩序，以国家相关法律法规为依据，对金融机构的业务、财务等方面进行强制性监督检查，天然地具有金融系统免疫功能。

透视巨额金融违规案件，完善金融审计势在必行

近几年，金融违规案件呈高发、频发态势。尤其是2008年以来，危机过境，金融违规案件随之激增，暴露出国际国内金融风险的不断升级。金融违规案件趋向涉案金额大、波及面广，对社会经济秩序造成了极大干扰，甚或危及国家金融安全。

国际国内出现过多起巨额金融违规案件。这些案件均引起了各方的高度重视，金融机构的内部稽核是否确实发挥了效能以及监管部门监管职能的履行情况遭到质疑。

国际国内的诸多金融违规案件证实，内控不严、监管不力是巨额金融违规案件发生的根本原因。在这种背景下，迫切需要国家审计机关加强金融审计，防控金融风险。

多措齐施，完善金融审计

当前实践中，金融审计在存在着效率低下、行政色彩浓厚、职能定位不准等问题，这在一定程度上阻碍了金融审计免疫功能的有效发挥。目前经济企温回升，但经济形势依旧复杂严峻。在这种背景下，本着“经济性”、“高效性”、“效果性”的原则，完善金融审计将对完善金融监管体系、防控金融风险做出重要贡献。鉴于当前形势，为完善金融审计，达到防控风险之目的，可采取以下措施：

（一）加大信息技术审计力度，提高审计效率。

（二）提高审计人员素质，提升审计水平。

（三）加强金融审计的常态化、长期化，建立审计监督的长效机制。

（四）运用多种方式方法，提高审计的针对性和灵活性。

（五）建立审计机关与金融监管部门的协调机制，优化金融监管体系。

发挥金融审计免疫功能，防控金融风险

金融审计免疫职能的发挥主要体现在以下几个方面：

（一）金融审计的强制性、客观性、独立性、全面性使其能够以独特的视角进行金融监管，有助于国家审计机关加强对金融机构的事前监管力度，防患于未然。

（二）对金融机构资产质量的审计有助于提高金融机构的资产质量，提高金融机构防范和抵御风险的能力。

（三）对金融领域存在的重大违法犯罪问题和存在的风险隐患的审计有助于稳定金融秩序，促进市场机制的安全运行和金融市场的稳健发展。

（四）对金融机构各项管理活动效率的审计有助于保证会计核算的真实、完整、合法、合规。

（五）对金融监管机构职责履行情况的审计，有助于改善监管机构监管乏力的现况，使得金融监管更加及时、到位、有效。金融监管部门的职责不到位、金融监管机制的不健全也是导致金融风险的重要原因。

（六）对热钱出入情况的审计，有助于保持我国社会经济的安全、稳定。

【项目小结】

会计损益是指金融企业一定时期内各项收入和支出相抵后的结果。真实、准确地核算损益对于加强企业内部财务管理，严肃金融行业财经纪律具有非常重要的意义。

收入是指企业在日常活动中形成的、会导致所有者权益增加的、与所有者投入资本无关的经济利益的总流入。金融企业收入主要包括利息收入、金融企业往来收入，手续费收入、贴现利息收入、保费收入、证券发行差价收入、证券自营差价收入、买入返售证券收入、汇兑收益和其他业务收入。本节主要核算业务：营业收入的核算、投资收益的核算等。

金融企业在从事业务经营活动中，不仅大量吸收资金而相应地支付利息，而且还支付业务经营和管理人员的工资等项费用，同时耗费一定的物品，所有这些耗费用货币价值形式表现出来，就构成了成本和费用，费用核算之前必须对其进行确认与计量。主要核算业务：营业成本的核算，包括利息支出、金融企业往来支出、手续费及佣金支出、卖出回购支出等；营业费用的核算；营业税金及附加的核算等。

利润是金融企业在一定会计期间的经营成果，包括营业利润、利润总额和净利润。金融企业所得税费用。利润的结转与分配。

【课堂讨论】

某市地税局稽查局在对一城市商业银行 2005 年度的纳税情况进行检查时，对其第四季度的利息收入确认情况提出了不同意见。

一是截止到 2005 年 12 月 20 日（第四季度的结息日），该行贷出的贷款由于本金已经超过归还期限 90 天未能收回而作为非应计贷款的金额达 6200 万元，因此该行将 2005 年第四季度这部分非应计贷款的应收未收利息 124 万元作为表外核算，没有计入当年的应税收入。而地税局稽查局认为仍应将这 124 万元的应收未收利息作为表内利息核算，确认当期利息收入。只有当这部分利息收入至 2006 年 3 月 20 日（利息逾期 90 天）而没有收回时，才可以再冲减 2006 年第一季度（利息计算期间为 2004 年 12 月 21 日至 2005 年 3 月 20 日）的利息收入。因此要核增该利息收入 124 万元，补缴营业税 37200 元、城市维护建设税 2604 元，补缴教育附加费 1116 元，核增当年应纳税所得额 1199080 元（利息收入 1240000 － 营业税 37200 － 城市维护建设税及教育费附加 3720）。

二是至 2005 年 12 月 20 日（第四季度的结息日），该行贷出的一笔贷款由于本金尚未至期，但因 2005 年第四季度以前的这笔应收利息已经超过 90 天未能收回，将这部分贷款第四季度应收未收的贷款利息 150 万元作为表外核算，没有计入当年的应税收入。而地税局稽查局也认为做错了。要求该行补缴 2005 年度的营业税 45000 元、城市维护建设税 3150 元、教育附加费 1350 元、企业所得税 874361.40 元 ＝（1199080 ＋ 1450500）× 33%。

【案例讨论】

1. 对于第 1 笔贷款，该行将这笔贷款和利息作为表外处理，不计入应纳税额核算是否正确？为什么？

2. 第 2 笔贷款利息的处理，该行的做法有没有违反规定？为什么？

【项目训练】

1. 编制工行海口支行的会计分录。

(1)2010 年 1 月 1 日,工行海口支行接受黄海银行投入的货币资金 35000000 元,存入本行存款户。

(2)2010 年 2 月 3 日,工行海口支行接受黄海银行投入房屋一幢,双方确认的价格为 4500000 元,已验收使用。

(3)2010 年 3 月 10 日,工行海口支行接受大通银行投入管理专有技术,双方确认的价格为500000 元。

(4)2010 年 12 月 31 日,工行海口支行实现净利润 7900000 元,按 10% 的比例提取法定盈余公积金,按 5% 的比例提取任意盈余公积金。

(5)2010 年 12 月 31 日,工行海口支行经上级批准,用法定盈余公积金 1000000 元转增资本。

2. 某金融企业发生如下会计业务:

(1)提取第一季度某企业贷款利息收入 78000 元,写出会计分录。

(2)收取某企业手续费 15000 元,写出会计分录。

(3)本季度末计算出应缴营业额 43608 元,教育费附加 1308. 24 元城市维护建设税 3052. 56 元,按计划利润额计算应缴所得税 69772. 80 元,请写出分录。

(4)收到国外某团图捐赠的一套电子设备,价值 900 万元,请写出分录。

(5)支付给某企业存款利息 84000 元,请写出会计分录。

(6)支付给中央银行借款利息 78000 元,请写出分录。

3. 编制各项业务的会计分录。结转各损益账户,确定本年利润。

12 月 20 日,工行海口支行发生下列业务:

(1)计算应收取中长期贷款利息 900000 元;(2)计算定期储蓄存款利息 200000 元;(3)收到中央银行准备金存款利息 15000;(4)计算单位活期存款利息 150000;(5)本月应交营业税金8000元,应交城建税 560 元,教育费附加 240 元。

12 月 31 日各损益账户余额为:

利息收入	12300000
其他业务收入	240000
营业外收入	36000
利息支出	9600000
其他业务支出	86000
营业外支出	13500
营业税金及附加	415000

项目二

年度决算和财务报告编制

【项目目标】

为了完成本项目2个任务,你需要学习的商业银行知识:
年度决算的意义和有关要求
年度决算前、后的准备工作
年度决算的程序
年度决算的账务处理流程和核算方法
财务报表的组成以及编制要求和方法

【项目安排】

项目导入
相关知识
知识链接
项目小结
课堂讨论
项目训练

【技能目标】

通过完成本项目2个任务的实践(训),你应该能够:
正确认识年度决算的意义和作用
理清年度决算的工作程序
熟悉掌握年度决算的账务处理和核算方法
掌握年度各种报表的编制

【核心技能】

正确掌握年度决算的意义和年度决算的主要工作
掌握年度决算的账务调整和各类报表的编制及分析

项目导入

临近春节,单位正准备召开年终总结大会。小王来财务工作几个月,当然也与同事们一起汇总材料,进行账务处理,编制财务报表等为年终决算加班加点。财务报表出来从相关数据看,今年的经营成果喜人,各项指标都达到了年初的预算目标。公司上下一片喜庆,股东们等着分红了。

其实,一个企业,在一年的经营活动中,无论经历多么艰难与困苦。最终的经营成果会集中反映在会计报表中。同学们,你们是否知道企业的经营成果好坏是如何计算并以何种形式反映出来的。

相关知识

任务5 年度决算

知识要点:金融企业会计年度决算主要工作

凡属独立会计核算单位,都必须办理年度决算,附属会计核算单位则通过并账或并表的方式,由管辖机构合并办理年度决算。

年度决算前的准备工作主要包括清理资金、盘点财产、清理账务、核实损益、编制试算平衡表。

年度决算日的主要工作:全面处理和核对账务、检查各项库存、计算外汇买卖损益、核实应交税款、结转本年损益、办理新旧账目的结转。

一、年度决算的意义

年度决算是指会计年度自公历1月1日起至12月31日止,以12月31日为年度决算日。认真、及时、准确地做好年度决算工作具有重要的意义。

1. 全面核实和整理各项会计资料

银行的年度决算,要求对日常的会计资料进行全面地核实和整理。年度决算过程就是对会计工作全面检查、总结的过程,是确保会计资料真实性,维护国家财产安全,准确反映业务和财务活动的有效措施。通过进行年度决算,有利于提高会计工作质量。

2. 综合反映全年业务活动和财务情况

年度决算主要是根据日常会计核算资料,加工整理成具有内在联系的年度综合指标体系,编制内容完整、数字正确、反映真实的年度会计报表和财务状况说明书,可以总括反映银行全年资产、负债、所有者权益的增减变动、经营成果、资金的取得来源和运用情况,以及具体说明资金增减变动的原因等,有利于吸取教训,总结经验,找出差距,进一步提高银行的经营管理水平。

3. 系统反映宏观经济决策的信息数据

银行是国民经济的综合部门,是全国信贷、结算、现金出纳、货币发行和外汇收支的中心。其会计日常记录的各项会计资料,是国民经济各部门、各单位经济活动的综合反映。通过年度决算,将一年来所记录的会计资料加以核实和整理,利用报表形式,逐级汇总,能更集中、更加系统地反映国民经济的活动情况,对宏观经济决策具有重要意义。

二、年度决算前的准备工作

银行的年度决算工作包括:决算前准备工作、决算日工作、编制决算报表和决算说明书三个阶段。银行年度决算前的准备工作主要有以下几个方面:

1. 清理资金

对资金的清理主要包括以下四方面内容:

(1)清理存款资金。在各类存款账户中,由于各种原因,长期不发生收付活动(一年以上没有收付往来),经联系又查找不到存户的,视为"久悬户"。对这类存款户要逐户清理,查清原因,主动与有关部门联系,妥善处理,及时办理并户和销户手续。

(2)清理贷款资金。贷款是银行的主要资产,为保证信贷资产不受损失,会计部门应与信贷部门配合，落实各项贷款。对到期贷款，应争取如期收回；对非正常贷款，应弄清情况，积极进行清理收回或按照规定范围、审批程序和审批权限用损失准备予以核销；对收不回的抵押贷款，应根据合同对抵押品依法处置，以保证贷款的流动性、效益性。

（3）清理结算资金。年度决算前，应对各种结算资金进行全面清理，包括托收承付、商业汇票、应解汇款等。对于各种结算资金，该划出的要及时划出，应收回的要积极催收。

（4）清理内部资金。年度决算前，要对各种暂收和暂付的临时性资金逐项进行清理，该上缴的上缴，该收回的收回，该报损的报损。经过清理仍暂时无法解决的，要注明原因，以备日后查考和清理。

2. 盘点财产

对实物财产的清理主要包括现金及各种票证和实物清理，具体内容为：

（1）对现钞、铸币、金银、面额单证、重要空白凭证、收费凭证、代保管有价证券等，应根据有关账簿进行盘点，账面余额要与实际库存保持一致。若发现溢缺，应按规定程序进行调整，做到账实相符。

（2）对房屋、器具、设备等固定资产及低值易耗品，应配合有关部门根据相关账簿进行盘点，发现问题及时处理。通过盘点财产，做到账实相符。

3. 清理账务

年度决算前，要对所有的账、簿、卡、据进行一次全面检查和核对，切实做到账账、账款、账据、账实、账表、内外账务六相符。决算前应全面核对内外账务。对各单位的存款、各项贷款等账户，应于11月底前向各单位填发对账单，如有未达账项，应查明情况，及时正确处理。另外，应对当年会计科目的使用进行检查，会计科目是各项业务分类的依据，是会计核算的基础，必须正确运用才能保证年度决算报表数字的真实有效。因此，在年度决算前必须将当年各科目的归属和使用情况，进行全面的复查，如有不当，应立即核实并改正。

4. 核实损益

年度决算前要对构成损益的各项收入、费用成本等账户进行全面复查，重点应复查利息收支的计算，包括复查利率使用、积数计算、利息计算是否正确等。同时注意审查应付利息、贷款损失准备是否按照规定提取和使用，营业外支出是否按国家有关部门规定列报，并按权责发生制核实全年的收入、支出及费用的划分、入账的时间是否与制度的要求一致。发现不符，及时进行账务调整，以保证年度利润计算准确无误。

5. 编制试算平衡表

在资金、财产、账务、收支核实的基础上，为保证年度决算工作的顺利进行，各银行应于每年11月底根据总账各科目累计发生额和借贷方余额编制试算平衡表，进行试算平衡。如有差错要采取措施，加以解决，从而减轻决算日工作的压力，为正式编制报表打下可靠的基础。

三、年度决算日的主要工作

在我国，每年12月31日，无论是否节假日，均为银行的年度决算日。在决算日（12月31日），除了将当日发生的业务全部入账，轧平账务外，在年度决算准备的基础上，还应着重做好以下几项工作：

1. 全面处理和核对账务

为尽可能减少未达账项，决算日发生的业务应于当日全部入账。因此，在决算日应当延长工作时间，增加同城票据交换次数，使当日收到的联行往来凭证和同城行处代收、代付款项全部得以转账，不留到下年处理。决算日对外营业终了，要对各科目总账、分户账进行全面核对，以保证账务的正确。

2. 检查各项库存

年终查库工作量大,不宜在决算日进行,查库日期须有随机性,一般在12月间,抽一天傍晚营业终了后进行。对库存现金、外币、金银以及有价单证、有价实物的实存数进行检查和核对,确保实存数与账面、登记簿上的记录相一致。检查核对相符,应在有关库存簿和登记簿上签名或盖章;如发现不符的,应在查库记录中记载,并查明原因。对发现巨额款项短缺的,应立即报告有关部门,采取相应措施。

3. 计算外汇买卖损益

在决算日,应将各种外币买卖账户上的外币余额,一律按决算当日公布的外汇牌价折算成人民币,并与外币买卖账户上的人民币余额进行比较,其差额为本年度外汇买卖损益,计入相关损益类账户。

4. 核实应交税款

按规定的税率,核实各项税款缴纳情况,先计算出本年应交纳的各种税款总数,然后减去一至三季度已交税款,即为第四季度应交数,在决算日当日办理转账。

5. 结转本年损益

决算日营业终了,应将各损益类账户的最后余额,分别结转至"本年利润"账户,以计算本年损益。若"本年利润"科目的余额在贷方,则为全年净利润;若"本年利润"科目的余额在借方,则为全年净亏损。

6. 办理新旧账目的结转

决算日在核实结转全部账务后,应当及时办理新旧账簿结转。结转时,除卡片账不办理结转,储蓄分户账可继续沿用外,其余分户账、登记簿以及总账等应办理结转,更换新账页。

相关知识

任务6 财务报表编制

知识要点:金融企业财务报表的组成及编制要求

金融企业财务报表主要包括资产负债表、利润表、现金流量表、所有者权益(或股东权益)变动表、附注。必须遵守以下要求:

1. 金融企业应当以持续经营为基础,根据实际发生的交易和事项,按照基本准则和具体准则的规定进行确认和计量。

2. 财务报表项目的列报应当在各个会计期间保持一致,不得随意变更。

3. 在编制财务报表的过程中,对于性质或功能不同的项目要单独列报,但不具有重要性的项目除外;对于性质或功能类似的项目要予以合并。

4. 财务报表中的资产项目和负债项目的金额、收入项目和费用项目的金额不得相互抵消,但另有规定的除外。

5. 当期财务报表的列报,至少应当提供所有列报项目上一可比会计期间的比较数据,以及与理解当期财务报表相关的说明,但另有规定的除外。

一、资产负债表

资产负债表是反映企业在某一特定日期的财务状况的报表,是静态报表,是企业财务报表的核心报表之一。商业银行作为特殊企业,也必须编制资产负债表。

1. 资产负债表的格式

我国金融企业的资产负债表采用账户式结构,表的左边列示资产项目,右边列示负债和所有者权益项目,直观体现了“资产=负债+所有者权益”这一平衡公式。左方资产项目,大体按资产的流动性大小排列,右方负债及所有者权益项目,一般按要求清偿时间的先后顺序排列。以商业银行为例年度资产负债表的具体格式见表4-2-1:

表4-2-1 资产负债表

会商银01表

编制单位: ____年____月____日 单位:元

资 产	行次	期末余额	年初余额	负债及所有者权益(或股东权益)	行次	期末余额	年初余额
资产:				负债:			
库存现金及存放同业款项				同业存放款项			
存放中央银行款项				向中央银行借款			
贵金属				拆入资金			
拆出资金				交易性金融负债			
交易性金融资产				衍生金融负债			
衍生金融资产				卖出回购金融资产款			
买入返售金融资产				吸收存款			
应收利息				应付职工薪酬			
贷款				应交税费			
贴现资产				应付利息			
可供出售金融资产				预计负债			
持有至到期投资				应付债券			
长期股权投资				递延所得税负债			
投资性房地产				其他负债			
固定资产				负债合计			
无形资产				所有者权益(或股东权益):			
递延所得税资产				实收资本(或股本)			
其他资产				资本公积			
				减:库存股			
				盈余公积			
				一般风险准备			
				未分配利润			
				所有者权益(或股东权益)合计			
资产总计				负债和所有者权益(或股东权益)总计			

单位负责人: 会计机构负责人: 复核: 制表:

2. 资产负债表的编制方法

资产负债表各项目均需填列“年初余额”和“期末余额”两栏。其中“年初余额”栏内各项数字,应根据上年末资产负债表的“期末余额”栏内所列数字填列。“期末余额”栏主要有以下几种填列方法:

(1)根据总账科目余额填列。如“存放中央银行款项”、“拆出资金”、“交易性金融资产”、“应付职工薪酬”等项目均可以直接按相应的账户余额填列。

(2)根据同类科目余额相加后填列。如“现金及存放同业款项”项目就是根据“现金”和“存放同业款项”科目的期末余额相加后填列。

(3)根据总账余额和分户账余额分析计算填列。如“长期借款”项目,需根据“长期借款”总账科目余额扣除“长期借款”科目所属明细科目中将在一年内到期,且企业不能自主地将清偿义务展期的长期借款后的金额计算填列。

(4)根据有关科目余额减去其备抵科目余额后的净额填列。如资产负债表中的“长期股权投资”科目,应当根据“长期股权投资”科目的期末余额减去“长期股权投资减值准备”科目余额后的净额填列。“固定资产”项目,应当根据“固定资产”科目的期末余额减去“累计折旧”、“固定资产减值准备”备抵科目余额后的净额填列。

二、利润表

利润表是反映企业在一定会计期间的经营成果的报表,是动态报表。

1. 利润表的格式

我国企业的利润表采用多步式格式,它能充分揭示收支项目之间的增减关系,为使用者提供科学的数据结构。多步式利润表采用上下分步式结构,根据构成利润的主要内容分为营业收入、营业支出、营业利润、利润总额、净利润、每股收益几个大项目,各项目之间通过分步式的加减关系计算得出。利润表如表4-2-2所示:

表4-2-2 利润表

会商银02表

编制单位: ____年____月 单位:元

项目	行次	本期金额	上期金额
一、营业收入			
利息净收入			
利息收入			
利息支出			
手续费及佣金净收入			
手续费及佣金收入			
手续费及佣金支出			
投资收益(损失以“—”号填列)			
其中:对联营企业和合营企业的投资收益			
公允价值变动收益(损失以“—”号填列)			
汇兑收益(损失以“—”填列)			
其他业务收入			
二、营业支出			
营业税金及附加			
业务及管理费			
资产减值损失			
其他业务支出			
三、营业利润(损失以“—”号填列)			
加:营业外收入			
减:营业外支出			
四、利润总额(损失总额以“—”号填列)			
减:所得税费用			
五、净利润(净亏损以“—”号填列)			
六、每股收益			

续表

项　　目	行次	本期金额	上期金额
(一)基本每股收益			
(二)稀释每股收益			

单位负责人：　　　　会计机构负责人：　　　　复核：　　　　制表：

2. 利润表的编制方法

"本期金额"栏反映各项目的本期实际发生数。报表中各项目主要根据各损益类科目的发生额分析填列。其具体填列方法如下：

(1)"营业收入"项目,反映"利息净收入"、"手续费及佣金净收入"、"投资收益"、"公允价值变动收益"、"汇兑收益"、"其他业务收入"等项目的合计金额。

(2)"利息净收入"项目,反映"利息收入"项目金额减去"利息支出"项目金额后的余额。

"利息收入"、"利息支出"项目,反映企业经营存贷款业务等确认的利息收入和发生的利息支出。

(3)"手续费及佣金净收入"项目,反映"手续费及佣金收入"项目金额减去"手续费及佣金支出"项目金额后的余额。

"手续费及佣金收入"、"手续费及佣金支出"项目,反映企业确认的包括办理结算业务等在内的手续费、佣金收入和发生的手续费、佣金支出。

(4)"汇兑收益"项目,反映外币货币性项目因汇率变动形成的净收益。

(5)"营业支出"项目,反映"营业税金及附加"、"业务及管理费"、"资产减值损失"、"其他业务支出"等项目的金额合计。

(6)"业务及管理费"项目,反映在业务经营和管理过程中发生的电子设备运转费、安全防范费、物业管理费等费用。

三、现金流量表

现金流量表,是反映企业一定会计期间现金和现金等价物流入和流出的报表,是动态报表。它既反映了企业在一定的会计期间现金总流量的情况,又分别反映了企业经营活动、投资活动和筹资活动引起的现金流量的变化。

1. 现金流量表概述

现金流量,是指商业银行一定时期的现金和现金等价物的流入和流出。

现金是指商业银行库存现金以及可以随时用于支付的存款,包括库存现金、银行存款等。不能随时用于支付的存款不属于现金。

现金等价物,是指商业银行持有的期限短、流动性强、易于转换为已知金额现金、价值变动风险很小的投资。期限短,一般是指从购买日起三个月内到期。

现金流量分为经营活动现金流量、投资活动现金流量和筹资活动现金流量三类。

(1)经营活动产生的现金流量,是指除商业银行投资活动和筹资活动以外的所有交易和事项。其所产生的现金流量包括:对外发放的贷款和收回的贷款;吸收的存款和支付的存款;同业存款和存放同业存款;向其他金融机构拆借的资金;利息收入和利息支出;收回的前已核销的贷款及融资租赁所收到的现金。经营活动产生的现金流量是商业银行通过运用所拥有的资产自身创造的现金流量,主要是与银行的净利润有关的现金流量。

(2)投资活动产生的现金流量,是指商业银行长期资产的构建和不包括现金等价物范围内的投资及其处置活动。包括购建固定资产、处置子公司及其他营业单位等流入和流出的现金和现金等价物。

(3)筹资活动产生的现金流量,是指商业银行资本及债务规模和构成发生变化的活动。包括吸收投资、发行股票、分配利润、发行债券、偿还债务等流入和流出的现金和现金等价物。商业银行的现金流量项目的归类与其他行业相比,有其特殊性。在编制现金流量表时,应根据其行业特点和现金流量实际情况合理确定。

2. 现金流量表的格式

我国企业现金流量表采用报告式结构,分类反映经营活动产生的现金流量、投资活动产生的现金流量和筹资活动产生的现金流量,最后汇总反映商业银行某一期间现金及现金等价物的净增加额。商业银行的现金流量表格式见表 4 –2 –3 所示。

表 4 –2 –3 现金流量表(参考格式)

会商银 03 表

编制单位: ____年____月 单位:元

项 目	本期金额	上期金额
一、经营活动产生的现金流量		
客户存款和同业存放款项净增加额		
向中央银行借款净增加额		
向其他金融机构拆入资金净增加额		
收取利息、手续费及佣金的现金		
收到其他与经营活动有关的现金		
经营活动现金流入小计		
客户贷款及垫款净增加额		
存放中央银行和同业款项净增加额		
支付手续费及佣金的现金		
支付给职工及为职工支付的现金		
支付的各项税费		
支付其他与经营活动有关的现金		
经营活动现金流出小计		
经营活动产生的现金流量净额		
二、投资活动产生的现金流量		
收回投资收到的现金		
取得投资收益收到的现金		
收到其他与投资活动有关的现金		
投资活动现金流入小计		
投资支付的现金		
购建固定资产、无形资产和其他长期资产支付的现金		
支付其他与投资活动有关的现金		
投资活动现金流出小计		
投资活动产生的现金流量净额		
三、筹资活动产生的现金流量		
吸收投资收到的现金		
发行债券收到的现金		
收到其他与筹资活动有关的现金		
筹资活动现金流入小计		
偿还债务支付的现金		
分配股利、利润或偿付利息支付的现金		
支付其他与筹资活动有关的现金		
筹资活动现金流出小计		

续表

项目	本期金额	上期金额
筹资活动产生的现金流量净额		
四、汇率变动对现金的影响		
五、现金及现金等价物净增加额		
加:期初现金及现金等价物余额		
六、期末现金及现金等价物余额		

单位负责人:　　　　会计机构负责人:　　　　复核:　　　　制表:

3. 现金流量表的编制方法

在我国,企业应当采用直接法列示经营活动产生的现金流量,通过现金收入和现金支出的主要类别列示经营活动的现金流量。现金流量一般应按现金流入和现金支出总额列报,但代客户收取或支付的现金,以及周转快、金额大、期限短项目的现金流入和现金流出,可以按照净额列报。采用直接法编制经营活动的现金流量时,一般以利润表中的营业收入为起点,调整与经营活动有关的项目的增减变动,然后计算出经营活动的现金流量。

【知识链接】

金融企业会计报表分析的内容及方法

商业银行的会计报表分析,是指在日常核算和年度决算的基础上,根据会计报表所反映的业务活动和财务收支状况的各项数据,采用各种分析方法,正确评价本行在计划年度内经营管理、经济活动的成效及对国民经济影响,是发挥银行会计职能作用、预测经济前景、参与经营决策、加强资金管理、实现金融宏观控制的重要方法。

(1)会计报表分析方法。进行会计报表分析的方法主要有比较分析法、因素分析法、结构分析法、动态分析法、本量利分析法等。

(2)会计报表分析内容。现代商业银行的经营原则、经营方针、最终经营目标都是实现最优的资产负债的安全性、流动性和盈利性。会计报表分析的目的是为了银行的经营管理服务,因此,商业银行会计分析的内容就是对资产负债的安全性、流动性和盈利情况进行分析。

【项目小结】

年度决算是金融企业运用日常会计核算资料,对一年来的业务活动和财务活动所进行的数字总结和文字说明,是对全年各项业务和财务活动进行的总结反映。做好年度决算工作具有非常重要的意义。年度决算包括决算前准备和决算日工作两部分。

财务会计报告是指金融企业对外提供的反映企业某一特定日期财务状况和某一会计期间经营成果、现金流量的文件,金融企业的财务会计报告分为年度、半年度、季度和月度财务会计报告。主要有资产负债表、利润表和现金流量表。资产负债表、利润表和现金流量表的格式及编制方法。

【课堂讨论】

1. 通过前面所学习的知识,请大家讨论一下影响金融企业经营业绩的因素有哪些?应该如何加以分析?

2. 请同学们列举金融企业会计报表与其他行业的会计报表在内容项目上、报送时间上和编制方法上有哪些不同?

【项目训练】

一、简答题

1. 什么是金融企业的年度决算?我国金融企业的年度决算日是怎样规定的?

2. 年度决算前的准备工作主要包括哪些内容?

3. 金融企业的年度财务报表包括哪些内容?有哪些编制要求?

4. 如何编制金融企业资产负债表?如何编制金融企业行利润表?如何编制金融企业现金流量表?

5. 财务会计报告按编制时间分主要有哪些?财务会计报告如何报送?

二、业务题

2010 年工行海口支行业务资料

1. 期初余额

期初各科目余额表

2010 年 12 月 31 日

单位:元

一、资 产 类	借方余额	二、负 债 类	贷方余额
库存现金	380000	吸收存款	175200000
银行存款	2700000	财政性存款	780000
存放中央银行款项	46000000	向中央银行借款	6000000
存放同业款项	680000	应解汇款及临时存款	1020000
联行占用款项	1200000	汇出汇款	180000
拆出资金	7000000	保证金	310000
拆放金融性公司	8800000	本票	100000
贷款	107200000	应付利息	750000
贴现资产	1300000	其他应付款	14000
贷款损失准备	-1081000	应付职工薪酬	64000
应收利息	560000	应交税费	800000
坏账准备	-17000	应付利润	
其他应收款	22000	预提费用	28000
短期投资	210000	长期借款	500000
长期债权投资	5000000	长期债券	4000000
减:资产减值准备		长期应付款	60000
固定资产	3222000	三、所有者权益	
累计折旧	-700000	实收资本	4000000
在建工程	700000	资本公积	200000
无形资产		盈余公积	200000
长期待摊费用	30000	本年利润——未分配利润	
其他长期资产			
四、资产负债共同类			
联行往账			
联行来账			
上年联行往账			5000000
上年联行来账	12000000		
分行辖内往来			3000000

续表

一、资　产　类	借方余额	二、负　债　类	贷方余额
全国联行汇差			8000000
汇差资金划拨	7000000		
信贷资金调拨	8000000		
货币兑换			
合计	210206000		210206000

2. 本期发生以下业务

(1)市土特产公司存入销货款现金 8 万元;

(2)电视机厂将活期存款 30 万元转存 1 年期定期;

(3)本行向鸿图公司发放短期信用贷款 50 万元;

(4)本行向康健公司发放 100 万元 3 年期抵押贷款;

(5)美尔服装厂持 2009 年 2 月 18 日到期的金额 50 万元省外银行承兑汇票申请贴现,本行于 2008 年 12 月 18 日受理,贴现率为 2.1‰;

(6)同业转来本行存款利息收入 10 万元;

(7)本行发行 3 年期金融债券 200 万元;

(8)本行开户单位纺织厂申请使用银行汇票,本行审查后予以受理,签发汇票,金额 180 万元;

(9)本行开户单位水泥厂申请使用银行本票,本行予以受理,签发面额 40 万元银行本票;

(10)敏捷家电商场短期贷款 80 万元本日已到期不能偿还转作逾期;

(11)本行向佳信电子公司发放 3 年期贷款 100 万元;

(12)向同业拆出资金 85 万元;

(13)向金融企业拆出资金 50 万元;

(14)投资购入短期国债 180 万元,通过人民银行付款;

(15)投资购入长期国债 100 万元,通过人民银行付款;

(16)吸收财政性现金存款 50 万元;

(17)存入同业款项 80 万元;

(18)吸收个人活期储蓄存款 170 万元;

(19)吸收个人定期储蓄存款 100 万元;

(20)吸收同业存款 40 万元;

(21)向人民银行缴存现金 240 万元;

(22)上划上年联行往账贷方余额 500 万元,上划上年联行来账借方余额 1200 万元,

(23)解付应解汇款 100 万元,其中纺织厂 40 万元,敏捷家电商场 60 万元;

(24)支付单位活期存款利息 68 万元;

(25)计提长期贷款利息收入 200 万元;

(26)向人民银行借款 70 万元;

(27)应客户申请开出国内信用证,收取保证金现金 4 万元;

(28)收回 3 个月到期短期债券投资 15 万元,同时收取利息 2700 元;

(29)摊销长期待摊费用 15000 元;

(30)计提固定资产折旧 5 万元;

(31)计提各类贷款损失准备 110 万元;

(32)计提坏账准备 2 万元;

(33)发生长期投资减值准备5万元；
(34)收到省外系统内银行电汇贷方报单，汇入本行应解汇款10万元；
(35)受理开户单位无缝钢厂电汇省外系统内银行开户单位货款5万元；
(36)办公用房五间完工交付使用，总价值55万元；
(37)计提同业存放款项应计利息8万元；
(38)核算应缴营业税5万元，城市维护建设税3400元及教育费附加1000元；
(39)收到人民银行代收贷款利息收入150万元收账通知；
(40)上年所得税40万元上划总行；
(41)现金支付职工工资5万元；
(42)根据上述联行业务轧计联行汇差(假定上述联行业务均在12月同一日发生)；
(43)将各收入、支出科目余额结转本年利润；
(44)结转本年应缴所得税(所得税率33%)；
(45)将本年利润余额结转利润分配——未分配利润科目；
(46)分别按税后利润10%和5%比例提取法定盈余公积和公益金；
(47)将公积金结转利润分配——未分配利润账户。

要求：(1)完成各项业务会计分录；(2)过入"T"字账户，轧计各科目期末余额；(3)编制资产负债表、利润表、利润分配表及现金流量表。

参考文献

[1]王允平．金融会计．北京：清华大学出版社．
[2]刘学华．金融企业会计．上海：立信会计出版社．
[3]李桂荣、郑师有．金融审计．北京：中国金融出版社．
[4]关新红．金融企业会计实务．北京：电子工业出版社．
[5]温红梅、刘兴革、梁运吉．银行会计．大连：东北财经大学出版社．
[6]潘丽娟．金融企业会计．大连：大连出版社．
[7]中华人民共和国财政部发布．金融企业会计制度．
[8]中华人民共和国财政部发布．企业会计准则．
[9]中国银行业监督委员会．金融租赁公司管理办法、证券公司管理办法、期货经纪公司管理办法．
[10]全国人大常委会．中华人民共和国商业银行法．
[11]全国人大常委会．中华人民共和国公司法．
[12]全国人大常委会．中华人民共和国个人所得税法．
[13]财政部发布．信托业务会计核算办法．
[14]中华人民共和国财政部网站：www. mof. gov. cn.
[15]中国证券监督管理委员会网站：www. csrc. gov. cn.
[16]中国银行业监督管理委员会网站：www. cbrc. gov. cn.